复旦中文学科建设丛书
鲁迅研究卷

使先生和后生相印

郜元宝 编选

商务印书馆
The Commercial Press
创于1897

图书在版编目(CIP)数据

使先生和后生相印/郜元宝编选.—北京:商务印书馆,2017
(复旦中文学科建设丛书·鲁迅研究卷)
ISBN 978-7-100-15482-6

Ⅰ.①使… Ⅱ.①郜… Ⅲ.①鲁迅研究-文集 Ⅳ.①K825.6-53

中国版本图书馆 CIP 数据核字(2017)第 273746 号

权利保留,侵权必究。

使先生和后生相印
复旦中文学科建设丛书·鲁迅研究卷
郜元宝 编选

商 务 印 书 馆 出 版
(北京王府井大街36号 邮政编码100710)
商 务 印 书 馆 发 行
苏州市越洋印刷有限公司印刷
ISBN 978-7-100-15482-6

2018年1月第1版　开本710×1000　1/16
2018年1月第1次印刷　印张 26
定价:70.00元

前　言

复旦大学中文学科的开始，追溯起来，应当至1917年国文科的建立，迄今一百年；而中国语言文学系作为系科，则成立于1925年。1950年代之后，汇聚学界各路精英，复旦中文成为中国语言文学教学和研究的重镇，始终处于海内外中文学科的最前列。1980年代以来，复旦中文陆续形成了中国语言文学研究所（1981年）、古籍整理研究所（1983年）、出土文献与古文字研究中心（2005年）、中华古籍保护研究院（2014年）等新的教学研究建制，学科体制更形多元、完整，教研力量更为充实、提升。

百年以来，复旦中文潜心教学，名师辈出，桃李芬芳；追求真知，研究精粹，引领学术。复旦中文的前辈大师们在诸多学科领域及方向上，做出过开创性的贡献，他们在学问博通的基础上，勇于开辟及突进，推展了知识的领域，转移一时之风气，而又以海纳百川的气度，相互之间尊重包容，"横看成岭侧成峰"，造成复旦中文阔大的学术格局和崇高的学术境界。一代代复旦中文的后学们，承续前贤的精神，持续努力，成绩斐然，始终追求站位学术前沿，希望承而能创，以光大学术为究竟目标。

值此复旦中文百年之际，我们编纂本丛书，意在疏理并展现复旦中文传统之中具有领先性及特色，而又承传有序的学科领域及学术方向。其中的文字，有些已进入学术史，堪称经典；有些则印记了积极努力的探索，或许还有后续生长的空间。

回顾既往，更多是为了将来。我们愿以此为基石，勉力前行。

陈引驰
2017年10月12日

出 版 说 明

本书系为庆祝"复旦大学中文学科百年"所策划的丛书《复旦中文学科建设丛书》之一种。该丛书是一套反映复旦中文百年学术传统、源流，旨在突出复旦中文学科特色、学术贡献的学术论文编选集。由于所收文章时间跨度大，所涉学科门类众多，作者语言表述、行文习惯亦各不相同，因此本馆在编辑过程中，除进行基本的文字和体例校订外，原则上不作改动，以保持文稿原貌。部分文章则经作者本人修订后收入。特此说明。

编辑部

2017 年 11 月

目　　录

鲁迅与世界文学

鲁迅与柴霍甫
　　——在复旦大学讲演 ………………………………… 赵景深　003
鲁迅与写实主义 ………………………………………… 刘大杰　009
鲁迅小说艺术向域外小说的吸取 …………………… 王运熙　014
鲁迅：中西文化冲突中的选择
　　——纪念鲁迅先生逝世五十周年 ………………… 陈鸣树　029
汪洋辟阖　独开一江
　　——鲁迅文学创作源流探析 ………………… 苏永延　唐金海　045
《野草》与《梦十夜》 …………………………………… 李振声　055
《诗人挖目记》的真面目 ……………………………… 杨新宇　059

鲁迅与中国古代文学

中国小说史家的鲁迅先生 …………………………… 赵景深　067
《中国小说史略》勘误 ………………………………… 赵景深　070

《中国小说史略》笺补拾零 ·················· 丁锡根 076
试论鲁迅关于中国古典文学的观点 ·················· 章培恒 098
鲁迅小说的民族风格 ··············· 吴中杰 高 云 112
鲁迅《狂人日记》的历史渊源
　　——对其创新所在的别一种理解 ·················· 谈蓓芳 137

鲁迅与现代人物

鲁迅与章太炎 ·················· 陈子展 157
今天仍在受凌辱的伟大逝者 ·················· 章培恒 160
再论鲁迅的骂人 ·················· 陈思和 170
关于鲁迅和沈从文 ·················· 吴立昌 182
关于鲁迅讥评"胡适之法"的几个问题 ·················· 朱文华 198

鲁迅作品解读

《呐喊》与《彷徨》与《野草》 ·················· 刘大杰 215
谈《祝福》与《弟兄》 ·················· 赵景深 221
鲁迅《唐朝的钉梢》 ·················· 陈子展 225
《孔乙己考》及《再谈〈孔乙己〉》 ·················· 陈子展 226
"立此存照"解 ·················· 陈子展 229
谈谈《阿Q正传》的艺术特色
　　——1981年9月12日在日本大阪外国语大学的一次报告
·················· 蒋孔阳 231
《朝花夕拾》的艺术 ·················· 潘旭澜 244

《狂人日记》塑造"狂人"形象的艺术特点 ······ 邓逸群 256
造人·"伪士"·日常生活
　　——重读《伤逝》，兼及"五四"新文化运动的意义 ······ 金　理 264

鲁迅思想综论

我们所以哀悼鲁迅先生 ······ 陈子展 291
鲁迅的前期和后期
　　——以"人性的解放"为中心 ······ 章培恒 293
鲁迅精神的当代意义 ······ 吴中杰 308
"五四"前夕思鲁迅：全球化时代如何造就伟大的个体 ······ 陈思和 321
类型的美 ······ 王安忆 328
"为天地立心"
　　——鲁迅著作所见"心"字通诠 ······ 郜元宝 333
主体的确立、主体位置的降落和主体内部的分裂
　　——鲁迅现代思想意识的心灵线索 ······ 张新颖 365

鲁迅研究的研究

《鲁迅全集》的一条注 ······ 章培恒 385
"历史文本"是这样构造出来的
　　——《鲁迅全集》注释献疑 ······ 张业松 391
鲁迅研究中一种政治表达的完成
　　——冯雪峰的《回忆鲁迅》与鲁迅研究 ······ 周双全 397

编后记 ······ 404

鲁迅与世界文学

鲁迅与柴霍甫

——在复旦大学讲演

赵景深

鲁迅与柴霍甫是怎样拉在一起的？

也许有人要说："大约因为两个人都是有名的短篇小说家罢？在俄国，柴霍甫是短篇小说的白眉；在中国，鲁迅是短篇小说的白眉，所以便拉在一起说了。"

但我所要说的，却并不这样滑稽而且简单，虽然自己也不敢说没有牵强附会的地方。丹麦大批评家勃兰特是作家比较论的圣手，在他所著的《十九世纪文学主潮》里，很精细地分别诺伐利斯的宗教思想与雪莱的无神论，又以雪莱的乐观哲学来与拜伦的悲观哲学作为鲜明的对照，更以缪塞的躁急来衬出乔治桑的坚忍。日本坪内逍遥博士把近松尊为日本的莎士比亚，列举出十八条例证。这都是先辈的好例。我也想学着他们，把一个天南的鲁迅与一个地北的柴霍甫放在一处，作一番尝试。

可是说话也要有因头，不能凭空乱拉；说得不对，也许要像德国某大学教授把哈姆生比作他们贵国的汤默斯曼（Thomas Mann）似的，结果是哈姆生声明他并未读过汤默斯曼的著作，而且也不懂德文，除了一本挪威的译文以外，弄得自讨一场没趣。不过我得声明，我不像那位先生那样武断，以为哈姆生是受了汤默斯曼的影响，我只是说，至少在许多地方，鲁迅与柴霍甫是有了巧合，即使不是受影响。

不行！这样圆溜溜的话还是不说好，得要证据。那么，请看《当代》第一编

所译美国巴特勒特的《新中国的思想界的领袖》。这一篇文章说起作者访问鲁迅,鲁迅向他说:

> 柴霍甫是我顶喜欢的作者。此外如哥郭里,屠格涅甫,杜思退益夫斯基,高尔基,托尔斯泰,安特列夫,显克微支,尼采,释勒等,我也特别高兴。

由这几句话看来,我们可以说,鲁迅把柴霍甫特提出来说,可见他喜欢柴霍甫是要胜过一切近代的文豪,这是没有疑惑的。

因了鲁迅自己的话的证明,我便开始做我比较的工作。我想分为生活、题材、思想、作风四项来讲。

先就生活来说。

谁都可以立即想到,鲁迅与柴霍甫都是学医的。后来两个人都"抛弃了医业,以致力于文艺的创造"。就是巴特勒特也观察到了这一点。所不同的是,柴霍甫在医学校读了五年书,得了学位;而鲁迅则于仙台医学专门学校读了两年书,即已辍学。再者,入学的动机也不大相同,柴霍甫是为了家穷想借医业糊口;鲁迅则是为了要救像他"父亲似的被误的病人的疾苦"(《呐喊》序)。虽然入学动机与年限有所不同,但两个人都学过医却是相同的,他们俩后来都拿锐利的刀来解剖心理,在这时已打好基础了。医学与文学本来是极接近的。我国时人如郭沫若等也曾学过医,西洋如圣佩韦显尼志势、霍尔姆士(Holmes)等也都是在学医以后半路出家,改习文学的。有一次我在中美图书公司点卯,发现一本"A Doctor Looks on Literature"(《一个医生的文学观》)以细密的医生头脑来研究细密的文学作品,大约总还不错罢?可惜我没有钱,不能把这本书买来一读,现在也许早被捷足先得了。

再就题材来说。

耿济之从伊尔库次克来信给我说:"检阅柴氏全集本,计长短作品五百五十八种。"但加耐特女士的英译本却只译了二百零一种。即在这依篇数计算比原文少了一半也不止的英译本里,柴霍甫已展开了各种不同的世界。加耐特曾略依性质分类,如《女巫》(The Witch)集中大半是乡村生活的描写,《主教》(The

Bishop）集中大半是宗教生活的描写，《妻子》（*The Wife*）多写恋爱，《女厨子嫁人》（*The Cook's Wedding*）又多写儿童。单就这四本结集而言，已显出鲁迅的描写范围较小。关于儿童生活与宗教生活，在《呐喊》和《彷徨》里很难见到。《呐喊》里的《故乡》《社戏》《兔和猫》虽也是写的儿童生活，但似偏于诗意的描绘方面，与柴霍甫的《牡蛎》《孩子们》等篇注重儿童个性的不大相同，倒是《朝花夕拾》可说是与《女厨子嫁人》集走着同一个方向。至于宗教生活，我一时竟想不起来。《长明灯》的背景虽是社庙，《阿Q正传》里虽也写过静修庵，但主人翁却都不是潜心修道的僧尼，而是后先辉映的疯子。柴霍甫因了看惯父亲在教堂里替人唱赞美诗，作出许多经验过的故事，自在我们意料之中，这就是柴霍甫多写宗教生活的缘故。鲁迅没有此种经验，因此也就没有此种小说了。恋爱生活鲁迅也不大多写。《呐喊》出后，Y生就说："全集中没有一篇与一段，描写男女两性的爱与婚姻问题。"《彷徨》出后，方璧就说："《彷徨》中的十一篇，《幸福的家庭》和《伤逝》是鲁迅所不常做的现代青年的生活的描写。恋爱是这两篇的主题。然当书中人出场在小说的时候，他们都已过了恋爱的狂热期，只剩下幻灭的悲哀了。"所以即使说鲁迅完全不曾写过恋爱，亦不算过甚其辞。鲁迅自己似乎也这样说过：写青年心理我不如许钦文，写乡村许钦文不如我。那么再说乡村生活描写的比较罢。鲁迅的《孔乙己》《明天》《风波》等篇把鲁镇及其咸亨酒店介绍给了我们，柴霍甫也在《套中人》《洪礼》《我的生涯》中把泰甘庐介绍给了我们，这犹之哈代的Wessex、拉绮洛孚的Märbacka一样，可说是地以人显了。但柴霍甫的《女巫》集中如《邮差》《伊葛花》《圣诞节》《愉快》等篇，却尤其美丽曼妙。就上面所说，下个简单的结论，就是柴霍甫所描写的宗教生活与恋爱生活，尤其是前者，鲁迅都不曾出力描写过，这是不同之处；儿童生活鲁迅的虽较有诗意，柴霍甫的虽较为质朴，总之两个人都曾写过，乡村生活描写更是鲁迅与柴霍甫的特长，这是相同之处。

在题材上还忘了很重要的一方面，那就是医学上的经验。柴霍甫的《黑衣僧》《六号室》《热病》等都是病理的解剖。此外如《一个医生的出诊》《敌人》《一

使先生和后生相印

个绅士》《朋友》《蚱蜢》等篇也都是直接或间接与医业有关的。差不多可说柴霍甫把医药经验用在小说里的,俯拾即是,不胜枚举。鲁迅的《呐喊》集中《药》和《明天》也写的是医病,但前者的药是人血馒头,后者的医生是何小仙,结果两个生病的小主人公都死了,大约鲁迅是愤愤于他父亲(也即是全人类的各个人)为庸医所杀罢?《朝花夕拾》中的《藤野先生》篇态度自然又不同了,我曾为此篇的温煦大大的感动。

在量上说,鲁迅自然不及柴霍甫,但鲁迅将来还可以创作下去,现在我急急地拿柴霍甫与鲁迅作比较研究,应该怪我不是。现在权就目前的情形来说,在描写乡村、儿童和医学的经验上,鲁迅和柴霍甫却都是非常丰富的。

复就思想来说。

鲁迅和柴霍甫虽然都是悲观主义者,但却并不绝望。他们俩都热烈地希望美丽将来的实现。鲁迅在《呐喊》的序上说:

> 我往往不恤用了曲笔,在《药》的瑜儿的坟上平空添上一个花环,在《明天》里也不叙单四嫂子竟没有做到看见儿子的梦。……自己……不愿将自以为苦的寂寞,再来传染给也如我那年青时候似的正做着好梦的青年。

我们倘再看《狂人日记》结尾的话:

> 没有吃过人的孩子或者还有?
>
> "救救孩子……"(《呐喊》P.20)

和《故乡》结尾的话:

> 我在朦胧中,眼前展开一片海边碧绿的沙地来,上面深蓝的天空中挂着一轮金黄的圆月。我想:希望是本无所谓有,无所谓无的。这正如地上的路;其实地上本没有路,走的人多了,也便成了路。(《呐喊》P.111)

便知道鲁迅是多么切盼着,希望着没有吃过人的孩子的产生,又是多么想有人走那没有路的路。前年(1927)鲁迅序黎锦明的《尘影》,说《尘影》赍来的是重压。

> 然而在结末的《尘影》中却给我喝了一口好酒。他将小宝留下,不告诉我们后来是得死,还是得生。作者不愿意使我们太受重压罢。然这是好

的,因为我觉得中国现在是进向大时代的时代。(《而已集》P.170)

去年(1928)鲁迅的《看司徒乔君的画》其中也有同样意义的两句话:

> 胁下的矛伤尽管流血,而荆冠上却有天使的嘴唇。(《语丝》第四卷第十四期)

重压似乎使人悲观,而留下小宝,却使人乐观了;胁下的矛伤虽也使人悲观,而有了天使之吻,也就使人乐观了——总之,悲观里有着乐观,鲁迅相信未来会变成美丽的世界。有人以《药》与《故乡》的结尾为蛇足,但我却以为这两篇的结尾正是鲁迅的立意所在处,我们不能把小说的技巧看得太重了。

现在我们再来看看柴霍甫,柴霍甫的思想也是在悲观中含有乐观或是希望的。我们只要看库普林的《柴霍甫回忆》,便可明白:

> 柴霍甫在他亚儿金地方的一个小花园里,看着那花草和树木自己幻想着:"再过二三百年,生活是多么样的好呵!我才到这儿来的时候,还是一片荒芜的景象;还都是些砂石成堆、荆棘满地的景象呵!我到了这儿之后,就把这满目荒芜的地方,变成了这样美丽可爱的花园!"他又带着很坚决的信仰和很庄严的面庞,郑重说道:"你知道,再过二三百年之后,全世界都变成了这样美丽而且可爱的花园了!那时的生活,是何等的幸福,何等的愉快呵!"

柴霍甫又在《三姊妹》里借韦世英的口说:

> 再过二三百年以至于一千年——时间是没有关系的——那新鲜而幸福的生活就来到了。

柴霍甫又在最后的小说《订婚》中借女主人公的口说:

> 呵,我愿这些光明的新生活快些来到,那时我可以……觉得……我们是愉快而且自由的!这样美丽的生活,早晚是一定要来的呵!

从上面所举的一些例看来,可知鲁迅与柴霍甫都是对于将来有着热烈的希望的。鲁迅的《白光》叙陈士成想发掘藏银,柴霍甫的《愉快》(Happiness)也叙乡民想发掘藏银。这藏银的发掘并非是事奉玛门(Mammon),实在只是一个象征,藏银所象征的亦即是将来无穷尽的希望。

但是，所谓希望，也只是渺茫的，正如鲁迅所说："希望是本无所谓有，无所谓无的。"自己安慰着自己，欺骗着自己，其质地终于还是悲观的，不能掩去的悲观。我们只要看在《彷徨》里的吕纬甫（《在酒楼上》）和魏连殳（《孤独者》）那样的彷徨无路，那样的一世潦倒，使我们不禁想起柴霍甫的《漂泊者》（Uprooted）来。俄国人都是这样悒郁的，屠格涅甫所写的"罗亭"，不是研究过科学，做过开河的工人，又当过大学教授么？柴霍甫所写的"漂泊者"不是也做过学徒，读过文法，学过兽医，开过矿山，还当过小学教师么？鲁迅也是这样，他所写的魏连殳不是也研究过动物学，当过历史教员，还当过杜师长的顾问么？终于罗亭呀，漂泊者呀，孤独者呀，都没有成就，他们的悲观，对于世事的无可挽回，便都露骨地显现出来了。

最后就作风来说。

这又是人人可以见到的，鲁迅与柴霍甫都很幽默，又都善于讽刺，即在很小的比喻上，鲁迅可以把一群围观的人比作一串提着颈子的板鸭；而柴霍甫也可以把一个胖子形容他的大肚皮上可以安放一排茶杯，不至倾落。

最相似的是鲁迅的《幸福家庭》与柴霍甫的《不要响》。这两篇都写的是一个穷苦的作家为家务所扰。是泪是笑，我辨不清了。

柴霍甫的《扰乱》（In Trouble）也颇似鲁迅《阿Q正传》的最后一节。银行里的办事员犯了法连自己都不知道，还很高兴，真有点阿Q相了。

我想说这番话，已经有了一年，但因人事扰扰，结果不能对于鲁、柴二氏作确切的比较，但轮廓打起了，也是颇为高兴的事。现在再总结前面所说，略述几句：

在生活上，鲁迅与柴霍甫都是弃医学文的。

在题材上，鲁迅与柴霍甫都是描写乡村的能手。

在思想上，鲁迅与柴霍甫都是对于将来有无穷的希望，但质地总是悲观的。

在作风上，鲁迅与柴霍甫都是幽默而且讽刺的。

原载《文学周报》第8卷第19期，1929年6月

鲁迅与写实主义

刘大杰

鲁迅自己说:"在我的生活里,没有爱,也没有诗。"这便是鲁迅的人生与文学的基础。一个在自己的生活里感着没有爱也没有诗的人,社会与人生的种种现象,反映到他的眼光里,自然会现出黑暗、虚伪、腐败与恶毒。过去的生活经验,好像一把钢刀,把他的眼光,磨炼得格外锐敏。他能看到旁人所看不到的,感到旁人所感不到的,表现出旁人所表现不出的。过去的历史,使他清楚地认识了现在的社会与人生。现在社会上扮演的种种丑恶虚伪的把戏,都瞒不住他那双锐敏的眼睛。

五四前后,浪漫主义精神迷漫中国的文化界,鲁迅始终是带着冷静的态度,对于社会人生,加以深刻的注视。庚子事变、辛亥革命时代的种种社会情态,在他的脑里,早已酿成了成熟的文学的粮食。1918年登在《新青年》的《狂人日记》,便是鲁迅披上写实主义的服装,出现于中国新文坛的第一声。在当时,刚刚从古典主义解放出来的青年们,对于他的作品,还不能深深地接受,倒是晚出的创造社的充满着伤感与热情的作品,大受青年们的欢迎。创造社的批评家,打着"为艺术而艺术"的旗帜,对于这位作者的作品,下过几次严厉的批判,他并不因此就放弃他的写实主义,并且,他愈到后来,愈是精进。在他的笔下,替写实主义奠定了稳固的根基。我们可以说,中国的写实主义,从鲁迅的手开始,由鲁迅的手完成。

使先生和后生相印

我翻开历史一看,这历史没有年代,歪歪斜斜的每页上都写着仁义道德几个字,我横竖睡不着,仔细看了半夜,才从字里看出来,满本都写着两个字是吃人。(《狂人日记》)

我们不必说,狂人就是作者自己,作者借着狂人这个名目,把他自己的思想反映出来。这思想确实有点新奇,也有点大胆。当日的遗老遗少,不知怎的没有注意到这种危险,大概是胡适之的白话文学问题闹得太凶了,遮掩了遗老遗少们的眼珠。其次,它的形式、它的表现方法、它的字句的构造,都呈现着崭新的姿态,在中国新文学运动的最初期,便出现了成功的写实主义的作品。由《呐喊》到《彷徨》,他没有改变过他的态度,他不管当日浪漫派如何的猖獗,他老是冷静地走着他的路,这一条路使他得到了光明。一直到《野草》,才稍稍带了一点象征主义与神秘主义的倾向。

鲁迅的作品,使人看了感觉有一点不舒服,这是不足怪的。他不能像浪漫主义者那样,自己厌恶了现实的社会,抛弃它,离开它,在空虚想象的境界,另外创造一个美丽的"乌托邦"来安慰自己;他不能坐在象牙塔里,孤独地做着香草美人的甜梦,高兴的时候赞美人生,愤怒的时候诅咒人生。这一现实的社会,好像一只无所不包的垃圾桶,又脏又臭又黑暗。浪漫主义者实在太聪明,把盖子盖好了,轻轻地走了过去。写实主义者则不然,既然这一只桶里,全是我们社会人生的真面目,管他脏的臭的黑暗的,为什么要把盖子盖住呢?不仅不盖住,还要把桶里面的内容,倒了出来,让大家看个清白。易卜生、托尔斯泰、托司退也夫司基、佛劳贝尔、莫泊桑、左拉,都是欧洲文学界倒垃圾桶的人。不用说,他们的作品,戴纱帽的官僚、维持道统的伪君子、挂十字架的牧师、假仁假义的绅士,看了个个要头痛。为什么呢?因为他们的阴私和恶德、虚伪和奸谋,都从那桶里一点一滴地露出原形来,使得他们无处藏躲。于是,倒垃圾桶的人,便成了时代的前进者、社会的创造者、人生病的医生、危险的思想家、正统派的仇人。写实主义者就在这一方面,成就了他们的文学理论,表现了他们的伟大精神。

真的猛士,敢于直面惨淡的人生,敢于正视淋漓的鲜血。这是怎样的哀痛者和幸福者？然而造化又常常为庸人设计，以时间的流驶，来洗涤旧迹，仅使留下淡红的血色和微漠的悲哀。在这淡红的血色和微漠的悲哀中，又给人暂得偷生，维持着这似人非人的世界，我不知道这样的世界，何时才是一个尽头！（《记念刘和珍君》）

自己背着因袭的重担，肩住了黑暗的闸门，放他们到宽阔光明的地方去……（《坟》）

叛逆的猛士出现于人间，他屹立着，洞见一切已改和现有的废墟和荒坟，记得一切深广和久远的苦痛，正视一切重叠淤积的凝血，深知一切已死，方生，将生和未生。（《淡淡的血痕中》）

因为鲁迅是一个直视人生，背着因袭的重担，出现于人间的猛士，所以在他的作品里，找不到甜蜜柔媚的爱情，找不到堤畔墙边的花香，也找不到悦耳销魂的歌声，只有阴凉病态的心理、蔷薇上的刺、伪善者的灵魂、青年们的血。这一切使鲁迅在写实主义的作品上，得到了极大的成就。《阿Q正传》《孔乙己》《祝福》《在酒楼上》《示众》《孤独者》《高老夫子》这几篇小说，成了鲁迅不朽的作品。

鲁迅的作品，无疑是受了俄国文学的影响。他的气质和他过去生活的环境，使他对于俄国文学，有着同情与喜悦，二十年来，他翻译了不少的俄国作品。这些作品，不仅对于他自己，便是对于中国文坛，都发生了极大的力量。Bartlett在写的《新中国的思想界领袖鲁迅》那篇文章里，鲁迅自己坦白地表示了俄国文学给予他的影响。

鲁迅前期的文学理论，始终是以厨川白村的见解作为基础的。我们只要看他在北京大学、中山大学教《文学概论》的时候，都用《苦闷的象征》那本书作为讲义的事，便可稍稍明白。他那时不赞成文学是政治的工具、斗争的武器。他主张政治在先，文学在后，文学有他本身的价值与自由，应当与政治独立。这些议论，在他前期的杂感里，到处都是，表现得最明显最有条理的，是1927年在

使先生和后生相印

"黄埔军官学校"讲的《革命时代的文学》,1929年在"燕京大学"讲的《新文学概论》两篇讲演辞。

这样的理论,大大的触怒了从浪漫主义转到革命文学去的创造社。于是当时革命文学派的许多刊物,对于鲁迅,便取了围攻的阵容。什么阿Q时代死去了,什么"醉眼朦胧",什么"华盖下的绅士"……种种的口号,都往鲁迅的头上堆。鲁迅并不退却,始终是以孤枪短剑应战,表面上这场恶战好像没有分什么胜负,其实鲁迅是投降了,说得好听一点,鲁迅是转变了。他从此抛弃了厨川白村的文学理论,《苏俄文艺政策》,Plekhanov的《艺术论》,Lunacharsky的《文艺与批评》,接连地出了好几本。于是死去了的阿Q也复活了,《阿Q正传》变成了无产文学的杰作。从此以后,鲁迅的文学态度,便非常的鲜明,在论第三种人那篇文章里,所发表的议论,比起在黄埔在燕京那两篇讲演来,完全是两个人。从那时到现在,鲁迅成了左翼文坛的巨头。

鲁迅吸引青年的力量,与其说是他的小说,不如说是他的杂感。他那种反封建的不妥协的精神,都从杂感里表现出来,使得社会上一般前进的青年,都感着欢喜与兴奋。我们无论从思想或是从力量上看,他的小说同他的杂感,确实隔着相当的距离。杂感在鲁迅的笔下,成就了一种精美的文体,现在已经有许多人在模仿他,将来也会有许多人要模仿他。杂感文是鲁迅作战的武器,是一把锋利无比的钢刀。这把刀一到他的手里,便没有人抵挡得住。

鲁迅是一个辛勤的战士,他从没有休息过。二十年来,创作的,翻译的,他遗留下来几十本书。这都是他的灵魂,他的精神,替我们青年开了路,负担了人类的罪恶。在那些书本上的字里行间,残留着鲜红的血迹和模糊的泪痕。现在,他是死了,在自然界,好像梧桐树上落下一片叶子,什么也不关心,太阳依旧照在床边,小小的菊花,在篱笆旁,微微地笑。这自然界是多么平和!多么死寂!鲁迅就在这平和的自然界,带去了身体,留下了光荣。

伊可维支(M.Ickowicz)批评易卜生说:

> 易卜生对于资产阶级社会的批评,勇敢而大胆的直及其深处。他以锐

敏的眼光,观察社会组织的全部,而检出其中所包含的腐败的事物。在他的作品中,易卜生把家庭的崩坏,教会的虚伪,支配阶级的伪善与腐败,妇人所苦的不平的状态……显示给我们。他揭示了社会一切的缺陷。他想把这一切加以毁灭;但是同时,他感到这腐败的现象是非常的深,并且是普遍的,在现今的状态中,实无法可施。因此之故,在他的作品里,虽常有伟大的革命的气息,对这许多弊害表示反抗,但是却含着一种无政府主义……

我想把这一段话赠给鲁迅,看起来是相当确切的。易卜生说"世界上最强的人,便是那最孤独的",鲁迅现在好像并不孤独!

惯于长夜过春时,挈妇将雏鬓有丝。

梦里依稀慈母泪,城头变幻大王旗。

忍看朋辈成新鬼,怒向刀丛觅小诗!

吟罢低眉无写处,月光如水照缁衣!

(鲁迅作)

今夜正是清寒的月光,映在窗前的树枝上,院子里是虫声,远远的街头,是断断续续的更声,我低声地读着这首诗的时候,清清楚楚地看见了作者的泪痕。

十月末日夜十二时

原载《宇宙风》第 30 期,1936 年 12 月 1 日

鲁迅小说艺术向域外小说的吸取

王运熙

一个作家的作品,必须植根在现实生活里;也就是说,他必须亲身体验生活,然后他的作品始有真实的丰富的材料。同时,他也不能不吸收以往及同时代的作家的果实来营养自己,壮大自己,这样他的作品始能有更为美好的成绩,不论在内容上,还是在形式上。

以鲁迅先生的小说来说,也是如此。在《我怎么做起小说来》(见《南腔北调集》)一文中,鲁迅对自己的小说泉源,曾有坦白的自我分析:

> 因为所求的作品是叫喊和反抗,势必至于倾向了东欧,因此所看的俄国、波兰以及巴尔干诸小国作家的东西就特别多。也曾热心的搜求印度埃及的作品,但是得不到。记得当时最爱看的作者,是俄国的果戈理(N. Gogol)和波兰的显克微支(H. Sienckiewitz)。日本的,是夏目漱石和森鸥外。
>
> ……大约所仰仗的全在先前看过的百来篇外国作品和一点医学上的知识,此外的准备,一点也没有。
>
> ……
>
> 所写的事迹,大抵有一点见过或听到过的缘由,但决不全用这事实,只是采取一端,加以改造,或生发开去,到足以几乎完全发表我的意思为止。人物的模特儿也一样,没有专用过一个人,往往嘴在浙江,脸在北京,衣服

在山西,是一个拼凑起来的脚色……

这里,上二节说明百来篇外国作品和一些外国作家果戈理等给他的深重影响,这是对文学遗产的吸取。底下一节,说明了他如何从现实生活中吸取材料,这是作家的生活基础。本文所要讲的,是第二道泉源,而且侧重于对外国作品格局、情节、人物刻画等的学习和改造上面。

一、《狂人日记》

这是鲁迅先生自己讲的话:

> 一八三四年项,俄国的果戈理就已经写了《狂人日记》,一八八三年项,尼采(Fr. Nietzsche)也早借了苏鲁支(Zarathustra)的嘴,说过"你们已经走了从虫豸到人的路,在你们里面还有许多份是虫豸。你们做过猴子,到了现在,人还尤其猴子,无论比那一个猴子的……"但后起的《狂人日记》意在暴露家族制度和礼教的弊害,却比果戈理的忧愤深广,也不如尼采的超人的渺茫。(《中国新文学大系小说二集序》,收入《且介亭杂文二集》)

果戈理的《狂人日记》,有耿济之的译文,登载于《小说月报》十二卷第一期(1921年1月号)。它描写旧俄社会中一个平凡的小公务员,生活在污浊的空气中,由于地位低微,不能满足下意识的欲望,遂至发疯,以自大狂来弥补现实生活的缺憾。它以自叙式的日记体来记述狂人无组织的思想的格式,显然为鲁迅所仿用。但鲁迅的《狂人日记》,意在暴露家族制度和礼教的弊害,因此除掉体裁风格以外,两者在内容上是颇不相同的。

孙伏园在《鲁迅先生逝世五周年杂感二则》中说:"鲁迅先生特别欢喜尼采的文章,例如萨拉图斯脱拉语录,说是文字的刚劲,读起来有金石声。而他的学说的精髓,则在鼓励人类的生活,思想,文化,日渐向上,不长久停顿在琐屑的,卑鄙的,只注意于物质的生活之中。"鲁迅很早就翻译了《察拉图斯忒拉的序言》,登载在1920年6月的《新潮杂志》(第二卷五号)上,这后来被收入《集外集拾遗》中。"你们已经走了从虫豸到人的路"云云,即是序言中的一小段。这在《狂人日记》,也是一种借用。尼采叫人做超人,是英雄主义;鲁迅叫人做不吃人的人,是人道主义;两者是颇不相同的。《狂人日记》它包含着果戈理的风格、尼采的教训。①

二、《药》

鲁迅先生在《中国新文学大系小说二集序》中说:"药的收束,也分明的留着安特莱夫(A. Andreeu)式的阴冷。"鲁迅早年"深好安特来夫"(周作人《关于鲁迅之二》中《瓜豆集》),在周作人编译的《域外小说集》和《现代小说译丛》中,各有安特来夫的短篇小说两篇,都是鲁迅所翻译的。

《药》的收尾,写革命烈士夏瑜被杀后,他母亲在清明节到他坟上去祭奠的情况:

> 西关外靠着城根的地面,本是一块官地;中间歪歪斜斜一条细路……路的左边,都埋着死刑和瘐毙的人,右边是穷人的丛冢。两面都已埋到层层叠叠,宛然阔人家里祝寿时候的馒头。
>
> ……
>
> 小路上又来了一个女人,也是半白头发,褴褛的衣裙,提一个破旧的朱漆圆篮,外挂一串纸锭,三步一歇的走。……
>
> ……那老女人徘徊观望了一回,忽然手脚有些发抖,跄跄踉踉退下几步,瞪着眼只是发怔。
>
> ……这坟上草根还没有全合,露出一块一块的黄土,煞是难看。再往上看时,却不觉也吃一惊;——分明有圈红白的花,围着那尖圆的坟顶。

---

① 鲁迅虽喜欢尼采,但两人的基本思想是不同的,故尼采终成为侵略者的偶像,而鲁迅却成为民主的斗士。

……那老女人又走近几步,细看了一遍……他想了又想,忽又流下泪来,大声说道:——

"瑜儿,他们都冤枉了你,你还是忘不了,伤心不过,今天特意显点灵,要我知道吗?"她四面一看,只见一只乌鸦,站在一枝没有叶的树上,便接着说,"我知道了。——瑜儿,可怜他们坑了你,他们将来总有报应,天都知道;你闭了眼睛就是了。你如果真在这里,听到我的话,——便教这乌鸦飞上你的坟顶,给我看吧。"

微风早经停息了;枯草支支直立,有如铜丝。一丝发抖的声音,在空气中愈颤愈细,细到没有,周围便都是死一般静。两人(另一人为华大妈)站在枯草丛里,仰面看那乌鸦;那乌鸦也在笔直的树枝间,缩着头,铁铸一般站着。

在《城外小说集》中,有一篇安特来夫的《默》。这篇小说,描写牧师伊革那支的女儿威罗,因为父亲不给她自由而自杀;她的沉默的死,使她父母陷溺到忧伤的大海里。在《默》的末尾,安特莱夫描写伊革那支到威罗墓头的景象,非常恐怖,我们将它与《药》的收束对照一下,便可明白鲁迅先生所谓"留着安特莱夫式的阴冷",大约即是指此而言。

一日,午食早已,伊革那支趋赴墓场,威罗葬后,此其初次矣。其地炎热静谧,杳无人踪,虽夏日如在月夜。牧师欲挺身徐行,肃然四顾,自谓弗异,往时,而不知二足已孱,风度亦变,须髯皓白,如被严霜。墓场前道路修坦,渐高如坡坂,其端墓门,幽黑有光,若张巨口,四周则白齿抱之。威罗葬于杪端,至是已无沙砾。伊革那支旁皇隁路中,左右悉为丘垅,遍长莓苔,久不得出。其间时见断碑,绿华斑驳,或坏槛废石,半埋土中,如见抑于幽怨。内则有威罗新坟,短草就黄,外围嫩绿,榛楛依枫树而立,胡桃柯干,交于墓顶,新叶蒙茸。伊革那支坐邻坟,吐息四顾,上见昊天,净无云气,日轮如如不动,乃初觉在幽宅中。每当风定,万籁辍声,则寂寞满其地。其寂至莫可比方,此刹那间,并起幽默,默似远涉幽宅之垣,且逾垣直至市集……

使先生和后生相印

伊革那支耸其肩,运目至威罗墓上,观纠结之草久久。……伊革那支乃去广缘黑冠,自摇其发,微呼曰,"威罗!"

言已,惧入人耳,则起登坟颠,越十字架外望,见绝无生人,于是复扬其音曰,"威罗!"

此牧师伊革那支垂老之声也。其声干涸,如求如吁,异哉!祈求之切如是而无应也。曰,"威罗!"

时声朗而定矣。比默,恍忽有应者出于渊深,若复可辨。伊革那支复四顾屈其身,倾耳至于草际,曰,"威罗答我!"则有泉下之寒,贯耳而入,脑几为之坚凝。顾威罗则默,其默无穷,益怖益闷。伊革那支力举其首,面失色如死人,觉幽默颤动,颞气随之,如恐怖之海,忽生波涛,幽默偕其寒波,滔滔来袭,越顶而过,发皆荡漾,更击胸次,则碎作呻吟之声……

……默出自碧色垅中,十字架亦各嘘气,地怀僵蜕,孔孔均吐幽波……

这么相似的手法,说不是仿拟,恐怕是不可能的吧。关于《药》的题材的来源,孙伏园在《药》一文(见《鲁迅先生二三事》)中,曾有一段透彻的分析,现在也抄在下面:

鲁迅先生和我说过,在西洋文艺中,也有和《药》相类的作品。例如俄国的安特来夫,有一篇《齿痛》(原名 Ben Tobit),描写耶稣在各各他钉在十字架上的那一天,各各他附近有一个商人患着齿痛。他和老栓小栓们一样,觉得自己的疾病,比起一个革命者的冤死来,重要得多。

《齿痛》的主人翁般妥别忒,当齿痛的时候,"有好几次,小孩们跑到他身边,用急促的声音,对他讲拏撒勒的耶稣的事。般妥别忒立定,暂时听他们的话,歪着脸,但他便即发怒顿脚,将他们赶走。他是一个和善的人,很爱小孩的,但现在因为他们用这样小事来烦扰他,他所以生气了"[①]。把耶

[①] 《齿痛》有周作人的译文,收入《点滴》中,《点滴》后改编为《空大鼓》,开明书店出版,此段即用周作人译文。

稣钉死的事当作"这样小事",这和小茶店里的茶客们谈论夏瑜,真是如出一辙。

《齿痛》从头到尾描写齿痛对于般妥别忒的重要,而把耶稣的钉死轻轻带起几笔,《药》也有相像的作风,更加厉害的是众人对于夏瑜的轻蔑、奚落和唾骂。

还有俄国的屠尔介涅夫五十首散文诗中有一首《工人和白手的人》,用意也是仿佛的。白手的人是一个为工人的利益而奋斗至于牺牲的人。他的手因为戴了多时的刑具,没有血色了,所以成了白手。他是往刑场去被绞死的。可是俄国乡间有一种迷信,以为绞死的人的绳子可以治病,正如绍兴有一种迷信,以为人血馒头可以治肺痨一样,所以有的工人跟着白手的人到刑场去,想得到一截绳子来治病。不知不觉中,革命者为了群众的幸福而牺牲,而愚昧的群众却享用这牺牲了。

三、《明天》

《明天》的主角是一个孤单、可怜的寡妇单四嫂子,她的唯一的孩子宝儿生了病,她夜中不睡不眠地照顾他,天明后又亲自抱了他去诊医买药,形容憔悴,但宝儿终于死了。她的邻舍,非但不能好好帮助她,却还要趁机欺侮。无赖如蓝皮阿五之流趁机调笑她,吃闲饭的人们则趁机揩她的油。当我每次读着《明天》,我总要把它同显克微支《炭画》中的女主角玛利萨联想在一起。玛利萨因为热爱丈夫来服,为要使他免于兵役,亲自抱着孩子,艰苦的跋涉长路,从羊头邨跑到驴子市去谒见上官,以求解救,终因胆怯和衙门中小官僚的冷酷而一无结果。她疲惫地往来于邨镇的大道上,过路的人即使驾着有空位的车,也不肯载她;非但如此,却还要加以讥嘲和作弄。这被侮辱与被压迫者的身影,同单四嫂子是多么相像呵!

下面是《炭画》第九章中的一段,描写玛利萨在困苦的旅程上被一个醉汉调

使先生和后生相印

笑的情景：

> 今妇身丁此刼，如小鸟为顽僮所苦，妇前行，风吹其背，汗流于额，如是而已。时而病儿张口喘息，如将陨落，妇则呼之曰，"耶舍克，嗟夫耶舍克，吾心乎！"遂吻儿额，额热加炙。玛利萨过礼拜寺，已入田野，既而忽止，有醉人向之来。云行天末，积叠益厚，似示风暴且至，时有电光起伏，而醉人悉不之觉，衣裙当风而张，覆帪下及耳际，蹒跚行道上，左右曲折，且行且歌……逮见来服之妇，则顿止，张其目呼曰：

> "嚄嚄，汝是善女人，吾侪同到麦田去！"遂前，欲捉其腰。妇大惊，急跃入道周，醉人从之立仆，旋起，然不更追，惟拾石力投之，石破空作呼声，妇觉头上剧痛，目立昏，踬于地，而心殊了了。念及小儿，便蹶起复奔，至十字架下，止而反顾，乃见醉人蹩躠而步，相距已半里矣。……（周作人译，北新书局版）

在《明天》中，有与此颇为相类似的描画：

> 太阳早出了。单四嫂子抱了孩子，带着药包，越走越觉得越重；孩子又不住的挣扎，路也觉得越长。没奈何坐在路旁一家公馆的门槛上，休息了一会，衣服渐渐的冰着肌肤，才知道自己出了一身汗；宝儿却仿佛睡着了。他再起来慢慢地走，仍然支撑不得，耳朵边忽然听得人说：——

> "单四嫂子，我替你抱勃啰！"似乎是蓝皮阿五的声音。她抬头看时，正是蓝皮阿五，睡眼朦胧的跟着她走。单四嫂子在这时候，虽很希望降下一员天将，助她一臂之力，却不愿是阿五。但阿五有点侠气，无论如何，总是偏要帮忙，所以推让了一会，终于得了许可了。他便伸开臂脖，从单四嫂子的乳房和孩子中间，直伸下去，抱去了孩子。单四嫂子便觉乳房上发了一条热，刹时间直热到脸上和耳根。

> 他们两人离开了二尺五寸多地，一同走着。阿五说些话，单四嫂子却大半没有答。走了不多时候，阿五又将孩子还给她，说是昨天与朋友约定的吃饭时候到了……

> ……

单四嫂子终于朦朦胧胧的走入睡乡,全屋子都很静。这时红鼻子老拱的小曲,也早经唱完;跄跄踉踉出了咸亨,却又提尖了喉咙,唱道:——

"我的冤家呀!——可怜你——孤另另的……"

蓝皮阿五便伸手揪住了老拱的肩头,两个人七歪八斜的笑着挤着走去。蓝皮阿五表面上虽然帮了单四嫂子一点忙,但其心迹同《炭画》中的醉汉是没有什么区别的。鲁迅自己说过最爱看显克微支的作品,显氏的杰作《炭画》,自然给予他以深刻的影响了。

四、《故乡》

《故乡》的布局和人物塑造,很分明地受到希里珂夫(E. Tshirikov)《省会》的影响。

《故乡》的情节,大致是这样:作者在一个严寒的冬天回到阔别了二十多年的故乡去,准备把老屋卖掉,接亲人到北平。当在船中看到故乡一片萧索的景象时,作者心中感到非常悲凉。到家以后,他同母亲谈起了童年的朋友闰土,于是回忆的画面便在脑海中展开。闰土是作者童年时家里做忙月的孩子,在某一个新年中来到他家帮忙照管祭器。他给作者讲述自己丰富的生活经验:冬天在雪地里用短棒支起大竹匾捕鸟雀,夏天白昼到海滩上拾取五色的贝壳,夜中照管西瓜,用钢叉刺偷吃西瓜的猹、刺猬、獾猪。这活泼泼的叙述,给予作者以难可磨灭的印象。后来闰土来了,立在作者面前的是一个被生活折磨够了的、枯瘦的中年人,失掉了作者记忆中的一切孩子气,作者失望得很。关于闰土的前后不同的对照,便构成了故乡的主题。这期间,作者更加进了一幕插曲。他的邻居绰号"豆腐西施"的杨二嫂来看他,要他把家里的木器送给她,理由是:作者业已很阔,不需要这些破烂东西了。因为未获同意,她于是一面揶揄作者小气,一面径自随手拣起一些东西拿了去。

在周作人编集的《现代小说译丛》(商务印书馆出版)中,有鲁迅翻译的希里珂夫的小说《省会》，其布局和人物，和《故乡》是颇为相像的。《省会》的开端，也是作者坐着船回到年轻时候曾经住过的省会去。船抵目的地，作者抚今追昔，"心脏为了一去不返的生涯而痛楚了"。在到旅馆途中的一条街上，经过祭司长的家，那里从前住着年轻的姑娘赛先加，于是，"极简单的一篇小传奇闪出眼前来了"。作者和赛先加在河滨钓鱼，两人怎样亲昵，在谈话中表明相互间的爱恋，然后是接吻。作者加意描摹这童年的画面，其生色处正和《故乡》中描摹闰土童年时的活泼情况相同。《省会》的末尾，作者更描绘了一位无聊的警察所副所长弁纯斯奇的形象，他是作者大学里的同学。因为无聊得慌，副所长传作者到所里胡扯了好些时候。可以说，副所长和杨二嫂同是旧社会中一些可怜而又可笑的人物类型。

《故乡》的布局和人物塑造，虽然脱胎于《省会》，但其结构更为紧凑，人物的刻画也更为深沉，较之《省会》，实有青出于蓝的成果。况且，《省会》中着力描摹的赛先加，在作者到达省会时已杳无消息，剩下的是无限的温情的追忆，但其意义也仅止于此。鲁迅在《故乡》中则利用了对照的手法，叙述一个活泼泼的乡下孩子，如何在旧社会的恶劣环境下，经历饥荒、苛税、兵、匪、官、绅，备受折磨，苦得像一个木偶人。在这里，鲁迅刻画出半封建社会下面的中国农村必然衰落下去的一幅鲜明图画，其时代意义多么重大！鲁迅的《狂人日记》比果戈理的《狂人日记》忧愤深广，鲁迅的《故乡》比希里珂夫《省会》的感慨，也要深广得多了。虽然有模拟，在模拟中更有创造，而且突过了前人，这是鲁迅小说的伟大所在。

《故乡》作于"1921年1月"，《省会》的翻译日期虽未注明，但收入同一本《现代小说译丛》的希里珂夫的另一篇小说《连翘》的后记中署明"1921年11月2日，译者记"。因此，可以说，《省会》的译期，显然同《故乡》的产生日期是极近的。

五、《阿Q正传》

在《阿Q正传》第一章序中间，鲁迅写有一段关于阿Q名字考证的文字：

> 我又不知道阿 Q 的名字是怎么写的。他活着的时候,人都叫他阿 Quei,死了以后,便没有一个人再叫阿 Quei 了,那里还会有"著之竹帛"的事。……我曾经仔细想,阿 Quei,阿桂还是阿贵呢?倘使他号叫月亭,或者在八月间做过生日,那一定是阿桂了。而他既没有号——也许有号,只是没有人知道他——又未尝散过生日征文的帖子:写作阿桂,是武断的。又倘若他有一位老兄或令弟叫阿富,那一定是阿贵了;而他又只是一个人:写作阿贵,也没有佐证的。其余音 Quei 的偏僻字样,更加凑不上了。……生怕注音字母还未通行,只好用了洋字,照英国流行的拼法写他为阿 Quei,略作阿 Q……

这段文字,"意在讽刺历史癖与考据癖"(周作人《关于鲁迅之二》),不过却也有所本。朱湘曾说过如下的话:

> 以前我久已讲过《呐喊》中《阿 Q 正传》并不如《故乡》,现在又多找到一个证据。唐吉诃德(Don Quixcote)这本小说名著开卷第一章就是争论着主人翁的真姓。书里说:"有人讲他姓 Quixada,有人讲他姓 Quesada(关于此点作者议论纷纭。)不过我们照情理推来,可以断定他姓 Quixada,并不姓 Quesada,如其他作者所一口咬定。"这种名学的考究固然可以说是不谋而合,不过鲁迅的那篇小说也是挈一个 Q 字来回旋,这就未免令人生疑了。并旋,这就未免令人生疑了。并且阿 Q 正传在结构上是学唐吉诃德。所以我如今仍持旧见:《阿 Q 正传》并没有什么了不得。(《再论郭君沫若的诗》,见《中书集》,生活书店版。)

朱氏说《阿 Q 正传》在结构上学《堂·吉诃德》,而阿 Q 名字的考究,也模仿《堂·吉诃德》,都没有错。但若仅仅为了这些,就认为《阿 Q 正传》没有什么了不得,而抹杀了阿 Q 这一人物的重大典型意义,是很可笑的。假如朱氏发现了《故乡》与《省会》间的关系,又不知要怎样说了。

《阿 Q 正传》,除掉塞万提斯给予的重大影响外,所运用的果戈理与显克微支两位作家的作风、手法也颇重要。周作人曾说:"用幽默的笔法写阴惨的事迹,这是果戈理与显克微支二人得意的事,《阿Q正传》的成功,其原因亦在于此。"(《关于鲁迅之二》)这分析是很恰当的。

《阿Q正传》第九章《大团圆》的开首,描写阿Q的被捕,笔法是很夸张的:

……但四天之后,阿Q在半夜里忽被抓进县城里去了。那时恰是黑夜,一队兵,一队团丁,一队警察,五个侦探,悄悄地到了未庄,乘昏暗围住土谷祠,正对门架好机关枪,然而阿Q不冲出。许多时没有动静,把总焦急起来了,悬了二十千的赏,才有二个团丁冒了险,逾垣进去,里应外合,一拥而入,将阿Q抓出来;直待擒出祠外的机关枪左近,他才有些清醒了。

这里,充分地描摹出一般兵警小题大做的无能与可笑。在《域外小说集》中,有俄国斯谛普虐克(Slepniak)的一篇小说,名叫《一文钱》。文中有一节,叙述官军逮捕一个乡下人的慌张情况,正和此相似:

总督乃令集官军一旅,往讨乡人。次日黎明,总督偕斯多诺跋将兵出,薄暮抵乡人所居林外,士卒支穹庐而卧。官长悉赴中军,与总督商略擒敌之计,佥谓夜战滋险,请至明晨,乡人当出林,就此泉洗涤,然后围而捕之。次日,兵围泉次,先匿丛薄中,俾弗能见。未几,乡人果来,方俯而掬水,伏兵皆起,鼓角怒号。乡人拭目曰,"何事?"而斯多诺跋作气奔而前,挥剑令士卒曰,"儿郎壮汝胆,吾侪当为教宗及皇帝陛下拼死战也!"言次,又攫一旗,呼曰,"荷荷,随我前矣!"兵皆大呼,进搏乡人。……

对照着读,我们说,《大团圆》的首段描写受到《一文钱》的影响,大概不会有人反对的吧。鲁迅在《忽然想到·九》(《华盖集》)里面,曾有一封答复F·D君的信。那位F·D君写信来说《大团圆》首节的描写太过夸大,非事实所可能;鲁迅写了回信,指出一些当时实有的可笑事情,证明他的描写并非过火。这样,我们不妨说,《大团圆》首段情节既具有现实生活背景,又接受了外国作品的启发。事实上,鲁迅一切仿拟外国作品的描写,都是与中国当前事实结合起来的;一位伟大的作家,不会把不合国情的情节生硬地搬入自己的作品。

六、《祝福》

《祝福》里边有一段描写,我推测受到莫泊桑《一段绳子》的影响,因为两者的格局太相像了。

那是当祥林嫂经过改嫁,丈夫病死,儿子给狼衔去以后,第二次到四叔家做佣工时发生的事。

"我真傻,真的,"祥林嫂抬起她没有神采的眼睛来,接着说。"我单知道下雪的时候野兽在山墺里没有食吃,会到村里来;我不知道春天也会有。我一清早起来就开了门……叫我们的阿毛坐在门槛上剥豆去。……他出去了。我就在屋后劈柴,淘米,米下了锅,要蒸豆。我叫阿毛,没有应,出去一看,只见豆撒得一地,没有我们的阿毛了。……直到下半天,寻来寻去寻到山墺里,看见刺柴上挂着一只他的小鞋。大家都说,糟了,怕是遭了狼了。……"她接着但是呜咽,说不出成句的话来。

……

镇上的人们也仍然叫她祥林嫂,但音调和先前很不同;也还和她讲话,但笑容却冷冷的了。(按:这是因她不守寡的缘故。)她全不理会那些事,只是直着眼睛,和大家讲她日夜不忘的故事——"我真傻,真的,"她说。"我单知道……"……

……

她就只是反复的向人说她悲惨的故事,常常引住了三五个人来听她。但不久,大家也都听得纯熟了。……后来全镇的人们几乎都能背诵她的话,一听到就烦厌得头痛。

"我真傻,真的,"她开首说。

"是的,你是单知道雪天野兽在深山里没有食吃,才会到村里来的。"他们立即打断她的话,走开去了。

使先生和后生相印

　　她张着口怔怔的站着,直着眼睛看他们,接着也就走了,似乎自己也觉得没趣。但她妄想,希图从别的事,如小篮,豆,别人的孩子上,引出她的阿毛的故事来。倘一看见二三岁的小孩子,她就说:

　　"唉唉,我们的阿毛如果还在,也就有这么大了。……"

　　……后来大家又都知道了她的脾气,只要有孩子在眼前,便似笑非笑的先问她,道:

　　"祥林嫂,你们的阿毛如果还在,不是也就有这么大了么?"

　　她……从人们的笑影上,也仿佛觉得这又冷又尖,自己再没有开口的必要了。她单是一瞥他们,并不回答一句话。

现在再看看莫泊桑的《一段绳子》,它讲一位吝啬的霍时可仑老板,在路上兽粪中间拾起一段绳子,他以为这还有用的。恰巧这举动远远地被他的冤家梅兰单老板看见了。更恰巧这天有人在路上丢失了一只钱夹,于是梅兰单老板便宣称这是霍时可仑老板拾去的;虽然后来有人送回钱夹并取得了赏金,但梅兰单老板他们却恶意地测度那是霍时可仑老板弄的把戏。

　　这新闻(指有人送回钱夹这回事)在附近各处都传遍了。

　　霍时可仑老板因此也明白了这件事。于是他立刻又走了个圈子,并且开始叙述这个结局的全部经过。他得胜了。

　　"那以前使我伤心的事,"他说,"并不是本问题,您明白吗,却是那种诬赖。世上叫您受伤的事,再没有过于这种因为一场诬赖而受排斥的了。"

　　他镇日谈论他这件意外之事,他在大路上谈给那些过往的人听,他在酒店里讲给那些喝酒的人听……然而却有一点儿事情使他感受不安,不过他没有确切知道究竟是什么。旁人听着他谈起这件事情,总有一种玩笑的意味。仿佛旁人不像是信服他似的。他觉得他的背后有许多议论。

　　另一个星期的星期二,他专为受着说明这件事的需要所驱使,便又到戈德镇去赶集。

　　梅兰单站在自己的门前,看见他走过时便开始大笑。为什么呢?

他遇见克里盖多村的一个庄家人,便走上前去和他谈论,这一个不等他说完,便在他的肚子上拍了一下,劈面对他高声说:"大滑头,走吧!"随后便转身走开了。

……

他在朱尔丹旅店餐桌边坐下时,便又开始来说明那件事。

有一个从孟第微叶来的马贩子向他高声说道:

"好了,好了,老江湖,我认识它,你的绳子!"

……

他辩白起来,全桌的人都发笑了。他不能拿他的午餐吃完,便在纷至沓来的讥诮声里走开了。

……

末了他又再行开始叙述这意外之事,每日必引长他这种背诵,每次必增加一些新的理由,一些较为有力的辩白……而旁人却因为他的抗议来得格外复杂和他的增加来得格外敏锐,便格外不甚相信。

"这,简直是说谎者的理由,"旁人在他背后说。

他也觉得有这句话,只得含泪吞声,在这些枉费的气力之中憔悴了。

他看着日见衰弱了。那些爱玩笑的人,现在,叫他口述"绳子"这段故事给他们取乐,如同我们叫一个兵士口述他所身历的那场战斗似的。他那深受激刺的灵魂,也渐渐自行衰弱了。(采用李青崖《苡威狄集》译文)

霍时可仑老板与祥林嫂同样的为内心的苦闷所驱使,需要向人们不断倾诉自己的情感、意见,但得到的却是厌烦和讥诮。等到他们发现人家的冷酷而停止说话时,人们却又要求他们开一下留声机作为玩笑了。这么相仿的手法,要说不受影响,实使人难以相信。早在日本求学时代,鲁迅就读过莫泊桑的小说,周作人说:"那时日本大谈自然主义,这也觉得是很有意义的事,但是所买的法国著作,大约也只是弗罗贝尔,莫泊三(即莫泊桑),左拉诸大师的二三卷。"(《关于鲁迅之二》)《域外小说集》中也有一篇莫泊桑的小说《月夜》。《一段绳子》是莫泊桑的名作,它被鲁迅所诵读而且爱悦,以至于部分地模仿,也是很自然的事。

上面我们就六篇小说分析了外国的作家作品所给予鲁迅小说的影响,它大抵是局部细节上的比照,近于琐碎,不足以显示鲁迅小说的伟大所在。但从这儿,我们也可看出一个伟大作家如何善于吸取他人的艺术技巧,予以适当的化用、改造,成为自己的新鲜的血肉。是否得当,希望读者能予以指正。

在《中国新文学大系小说二集序》中,鲁迅解剖了《狂人日记》《药》两篇小说所受的外国影响(见前引)后,接着说:"以后虽然脱离了外国作家的影响,技巧稍为圆熟,刻画也稍加深切,如《肥皂》《离婚》等,但一面也减少了热情,不为读者们所注意了。"本文的探讨虽不完备,但大致看来,鲁迅深受外国作家影响的作品,都在前期,和这里的自白恰相符合。

原载李学勤等主编《海上论丛》(三),复旦大学出版社2000年版

鲁迅：中西文化冲突中的选择
——纪念鲁迅先生逝世五十周年

陈鸣树

一百多年来，中西文化一直处在冲突中。就文化本体来说，由于时差，一者表现为农业文明，一者表现为工业文明，或者用当时习见的说法，一者表现为静的文明，一者表现为动的文明，成为本源性的冲突。鸦片战争以来，西方文化曾以枪炮为前导，挟侵略而俱来，使我们民族的自尊心受到极大伤害，于是在一种普遍的受挫意识下接受西方文化，造成了心理冲突：一方面曾经有辉煌历史的文明古国，另一方面却不得不承认与西方文化发生了时差；一方面是受挫意识，另一方面却不得不向对手学习。

在面临西方文化选择时，排外与全盘西化是丧失主体意识的两极，这也是受挫心理最容易导向的形态；而"中体西用"的折中主义，则是阻拒心态的另一种表现形式。鲁迅正是在以上三种错误选择的历史背景前达到了理性认知。

鲁迅的活动，正好处在中西文化冲突的转折点上，他在求学时代，比较完备地接受了西方文化，十分关注自然科学的最新成就，使他具备了对西方文化理性认知的先决条件。但是，鲁迅同样在西方文化面前，浸润过一种受挫意识，然而却导向自尊心态，并经过认识的曲折而加深了理性的追求，成为近现代中国思想家中对西方文化包括马克思主义明智选择的仪型。

鲁迅的文化思想就外来影响而言主要是西方文化，日本是近代学习西方最有成效的国家,鲁迅在日本留学期间接受的主要也是西方文化。鲁迅受其他东方文化(如印度)影响不大。他虽然对古印度文化极表崇敬,但感到近代印度文化缺乏奋进的力量,"种人失力,文事零夷"。①他对佛学,曾作为思想资料研究,但也未受浸染,他重小乘的苦行精神轻大乘的玄谈②,不赞成在菩提树下悟道而执拗于救人间的创伤③,这就使他并没有卷入唯识论之类佛学思辨中去,这是晚清包括章太炎在内的大多数研究佛学的知识分子的旨趣所归。鲁迅一生富有行动色彩,就使他与西方文化有可能构筑心理的桥梁。

但是,鲁迅对西方文化的选择也有内心矛盾的碰撞,受挫意识的负荷,对本土文化的眷恋(包括他称之为"积习"的文化感情和无意识的民族心理积淀),一度构成对理性认知的矛盾。因此,特别在早期,面临西方文化选择时常常"返顾旧乡"④——一往情深地回溯本土文化,乃至郑重声明:"今且置古事不道,别求新声于异邦,盖因即动于怀古。"⑤"怀古"与复古不同,寄托的是爱国情怀,复古则走向爱国的负面。当然,鲁迅在"追今"的前提下"怀古",也有取得心态平衡的动机。

晚近西方文化的冲击力是巨大的,以鲁迅这样伟大的思想家的承受力在真正取得理性认知的平衡以前也会掀起感情的波澜。以下,我们将研究他的选择心态、主体意识,以及对文化深层结构的探寻。

一、选 择 心 态

选择心态,是选择者的心理动机和心理轨迹,特别当选择者是创造新文化的代表人物时,研究他的选择心态,对文化史有重要意义。

---

① ⑤ 《坟·摩罗诗力说》。
② 《集外集拾遗补编·庆祝沪宁克复的那一边》。
③ 《华盖集·题记》。
④ 《集外集拾遗补编·破恶声论》。

鲁迅的选择心态有三个阶段的变化,相对应于他的思想发展历程。第一阶段,是他的早期,当时中国处在辛亥革命的准备阶段。这里有必要回溯一下近代接受西方文化的历史,接受的态度凡三变,最早欲以器用文明的选择来挽回皇朝的倾圮,甲午战败,想到了制度的改革,终因中国资本主义力量太弱,戊戌维新的君主立宪政体成了梦幻,有识之士便转向文化深层的寻求。严复把"鼓民力""开民智""新民德"作为图强的根本,并认为"欲救当前之弊,其事存于人心风俗之间",而"欲开民智,非讲西学不可"。①

对西方文化阻拒的逆流中,"中体西用"论比之顽固派的排外更具迷惑作用,它是对有机文化思想的一种割裂。鲁迅在南京所接受的便是这样的教育,一面虽然学英文,声光化电,一面却必须背诵"颍考叔可谓纯孝也矣,爱其母,施及庄公"。然而这苦果却反激了他别的寻求,刚出版的《天演论》给了他极大振奋,终于使他萌发了"到外国去"②的念头。

在日本,他既深化了对西方科技发展的认识(见《科学史教篇》)也察觉了资本主义发展中的弊病(见《文化偏至论》)。于是,他一方面希望中国在文化选择中不致蹈袭故常;另一方面由于爱国心的激发和章太炎的影响,想在传统的农民文化中寻求民族的生机,表现了他在文化选择上受挫心理的迂回形式。

对鲁迅来说,中国要走向世界,是不成问题的,"国民精神之发扬,与世界识见之广博有所属"③。问题要进行审慎的比较,"比较既周,爰生自觉",有了这种自觉意识,才能"去其偏颇,得其神明,施之国中,翕然无间"。④

那么,什么才是"偏颇"呢?鲁迅对西方文化的历史作了总体回顾,勾画了从纪元开始两条发展路线,一条是在政治方面,先是教皇专制,于是依靠君主的力量来推翻教皇,结果变成了君主专制,从而民众起来,引发了社会民主思潮,

---

① 严复:《原强》。
② 《朝花夕拾·琐记》。
③ 《坟·摩罗诗力说》。
④ 《坟·文化偏至论》。

但是鲁迅认为"以多数临天下而暴独特甚";另一条发展路线,先是由于宗教改革,激起了思想解放,科学昌明,从而造成巨大的物质力量,但结果是"林林众生,物欲来蔽,社会憔悴,进步以停,于是一切诈伪罪恶,蔑不乘之以萌"①。对前一种结果,鲁迅认为应该"非物质"。"掊物质以张灵明,任个人而排众数"②,这便是当时鲁迅所提出的克服西方文化"偏颇"的对策,也是他以"立人"为目标的文化纲领和对西方文化选择的前提。

因此,当时鲁迅认为,中国如以"富有"为文明,以"路矿"为文明,以"众治"为文明,一句话,"惟物质为文化之基""惟多数得是非之正"③,都不是救国之道。这显然是历史表象所赋予的错觉。割裂了与经济基础的联系,忽视了政治制度的前提,文化建设难免堕入乌托邦式的空想。

当时他在国外所寻找的文化媒体便是施蒂纳、叔本华、契开迦尔、尼采和易卜生等人的哲学。在国内寻找文化意识却转到了小生产者的农民身上。自耕农民对原始宗教自然神的膜拜,鲁迅认为是一种醇化精神生活的形上需求:"顾吾中国,则夙以普崇万物为文化本根,敬天礼地,实与法式,发育张大,整然不紊。复载为之首,而次及万汇,凡一切睿知义理与邦国家族之制,无不据是为始基焉。"他认为,这种天人相依的思想随着"民生多艰"而日趋淡薄,"洎夫今,乃仅能见诸古人之记录,与气禀未失之农人;求之于士大夫,蔑蔑乎难得矣"。因此,他提出:"伪士可去,迷信当存,今日之急也。"④虽然在这里我们可以看到章太炎的《建立宗教说》《四惑论》的影响,但是这种"寻根意识"却是他在西方文化冲击下受挫心理的曲折表现。

但鲁迅同时超越了自己。他找到了以拜伦为首的摩罗诗派的"雄声"。由此更重视西方文化的媒介,他说:"第二维新之再起,则有待于介绍新文化之士人。"⑤

---

①②③ 《坟·文化偏至论》。
④ 《集外集拾遗补编·破恶声论》。
⑤ 《坟·摩罗诗力说》。

鲁迅率先做出了表率,"他是真正介绍欧洲文艺思想的第一个人"。①

五四时期,掀起了吸收西方文化的热潮,然而阻拒力依然十分强大。外来文化的吸收需要一定的社会条件,而当时的社会状态却是:"简直将几十世纪缩在一时,自油灯片以至电灯,自独轮车以至飞机,自镖枪以至机关炮。"物质上社会发展次序的重叠交错,反映到观念上也出现了二重乃至多重现象:"自不许'妄谈法理'以至护法,自'食肉寝皮'的吃人思想以至人道主义,自迎尸拜蛇以至美育代宗教,都摩肩挨背的存在,此外如既许信仰自由却又特别尊孔;既自命'胜朝遗老',却又在民国挈钱;既说是应该革新,却又主张复古。"②这种矛盾的社会状态和文化状态,反映了中国封建宗法和小农经济的社会进向现代工业文明的艰难性。鲁迅十分关注在世界文化新潮冲击下,接受者主体的可塑条件,这在当时思想家中,他比任何人都看得深刻。

鲁迅当时的选择心态,已没有在受挫心理支配下"返顾旧乡"的感伤情怀,这是因为,一方面中国固有文化在五四精神照耀下愈益显出弊病,包括小农意识的弊病,这在鲁迅当时的小说中已加以表现;另一方面阻拒势力的顽固性也促使鲁迅采取了更为果断的态度。

一些先前的新派人物先后转向加强了阻拒势力。梁启超到欧洲跑了一趟,惊呼西方文明已经"哀哀欲绝",要以东方文明去拯救;③康有为在戊戌维新中,一心要说服清帝学习外国,现在却一反其道,说是"中国颠危误在全法欧美而尽弃国粹",并以此为题写了文章,攻击"今之人,乃发狂妄行于如斯"。④胡适是主张全盘西化的著名人物,然而五四高潮一过,他也劝青年踱进研究室,去"整理国故"。⑤他和梁启超开的"青年必读书",中国古籍都有一长串。

---

① 瞿秋白《鲁迅杂感选集序言》。
② 《热风·随感录五十四》。
③ 梁启超《欧游心影录》。
④ 康有为《中国颠危误在全法欧美而尽弃国粹说》。
⑤ 胡适《论国故学》。

使先生和后生相印

当时这股思潮还弥漫到整个社会,鲁迅真担心中国民族复苏的希望,"会勾销在许多自诩古文明者流的笔上,淹死在许多诬告新文明者流的嘴上,扑灭在许多假冒新文明者流的言动上"①。

在以上一些人的心目中,还悬着一个更加害怕的目标——马克思主义思潮,然而鲁迅要求对新文化尽量吸收的观点针对这一点又不限于这点。他认为西方文化中任何积极成分的吸收,都将有助于对陈旧的观念的冲击,他甚至不无偏激地说:"与其崇拜孔丘关羽,还不如崇拜达尔文易卜生;与其牺牲于瘟将军、五道神,还不如牺牲于 Apollo。"②这足以表现鲁迅由复古思潮激发的选择心态。

当时鲁迅最遭人误解的是对"青年必读书"的出人意表的问答:"我以为要少——或者竟不——看中国书,多看外国书。"此言一出,引起一场轩然大波,"署名和匿名的豪杰之士的骂信,收了一大捆"③。

鲁迅答"青年必读书"的意义远远超越于它本身,集中地体现了他对中外文化的选择心态。鲁迅说:"看中国书,总觉得就沉静下去,与实人生离开;读外国书——除印度——时,往往与人生接触,想做点事。中国书虽然劝人入世的话,也多是僵尸的乐观;外国书即使是颓唐和厌世的,但却是活人的颓唐和厌世。"④看似偏激,实际上的确是"用许多苦痛换来的真话"。⑤鲁迅受过国故文化的长期熏染,有一种未能忘情的"积习",但是民族危机感却唤起他理智上的自赎:"正苦于背了这些古老的鬼魂,挣脱不开,时常感到一种使人气闷的沉重。"⑥因此,他勇于向青年奉献自己的诤言。这使我们想起了写《救亡决论》时的严复,当时他也诋毁一切旧学"无用""无实",不足图存。当这些为爱国热情所燃烧的启蒙主义的先辈们否定旧文化时,也仿佛否定了自己,我们分明感到一种

---

① 《华盖集·忽然想到之四》。
②④ 《华盖集·青年必读书》。
③ 《华盖集·题记》。
⑤⑥ 《坟·写在〈坟〉后面》。

悲怆的感情中的深沉的理性。鲁迅对"青年必读书"的答案,实际上是要求对文化深层意识重建的一种呼吁。

鲁迅在五四以后对西方文化选择心态的偏移,除了为复古主义思潮所引发,也为折中主义思潮所激起。他描绘折中主义在中西文化选择中的骑墙心态:"中庸太太提起笔来,取精神文明精髓,作明哲保身大吉大利格言二句云:中学为体西学用,不薄今人爱古人。"①然而其目的却是:"学了外国本领,保存中国旧习。本领要新,思想要旧。要新本领旧思想的新人物,驮着旧本领旧思想的旧人物,请他发挥多年的老本领。"②可见,吸收西方文化的原则意义,实不止于文化本体,它将牵动着民族的命运。五四以后鲁迅的文化选择心态,为反激力所导向。

鲁迅对西方文化的择取,真正达到理性认知的心态平衡,还是在他掌握了马克思主义以后。马克思主义是人类优秀文化的结晶,在其实践过程中要求与本民族文化结合,这就架设了外来文化与民族文化融会的心态平衡的桥梁;马克思主义对理想的追求体现了历史与逻辑的统一,这又为历史文化与未来文化的有机联系和继承发展架设了心态平衡的桥梁。如果说,鲁迅在文化选择上,早期还有一种"返顾旧乡"的寻根意识,中期还有一种由反激力所引导向急遽心态,那么,在后期,就显得从容周详,应付裕如,圆满地体现了理性认知的主体意识。

二、主 体 意 识

鲁迅在早期谈到文化选择心态时说:"首在审己,亦必知人。"③又说:"评隲文明",应该"弗与妄惑者同其是非,惟所信是诣,举世誉之而不加劝,举世毁之

---

① 《华盖集·论辩的魂灵》。
② 《热风·随感录四十八》。
③ 《坟·摩罗诗力说》。

而不加沮","不和众嚣,独具我见"①,已经萌发了主体意识的自觉追求。所谓主体意识,应该是一种具有历史感的自我肯定,是对客体的必然性的认识和理性的整体把握。主体意识扩展了思维的自由度,在文化选择面前,并非屈己从人,而是肯定自我,发展自我,扩充自身。

鲁迅在取得主体意识的过程中,曾对西方文化作了长期的研究,认识过程虽然有发展,但他始终避免了一种俯仰随人的心理状态——这是处在文化弱势的民族对文化优势的民族常有的膜拜心理,它将会阻遏理性认知的实现。

鲁迅从总结我们民族对外来文化择取的经验中获得了主体意识的历史内容,具有认识论和方法论的意义。他十分神往于汉唐的恢弘气度,并以文化选择中缺乏主体意识的先例验证民族的衰敝时期的到来,他说:

> 遥想汉人多少闳放,新来的动植物,即毫不拘忌,来充装饰的花纹。唐人也还不算弱,例如汉人墓前石兽,多是羊,虎,天禄,辟邪,而长安的昭陵上,却刻着带箭的骏马,还有一匹鸵鸟,则办法简直前无古人。现今在坟墓上不待言,即平常的绘画,可有人敢用一朵洋花一只洋鸟……宋的文艺,现在似的国粹气味就熏人。然而辽金元陆续进来了,这消息很耐寻味。汉唐虽然也有边患,但魄力究竟雄大,人民具有不至为异族奴隶的自信心,或者竟毫未想到,凡取用外来事物的时候,就如将彼俘来一样,自由驱使,绝不介怀。一到衰弊陵夷之际,神经可就衰弱过敏了,每遇外国东西,便觉得彼来俘我一样,推拒,惶恐,退缩,逃避,抖成一团,又必想一篇道理来掩饰,而国粹遂成为孱王和孱奴的宝贝。②

"将彼俘来"与"彼来俘我"这两种文化选择心态是有着主体意识的区别。前者以我为主,扬弃对方;后者丧失自我,消融在客体意识之中。如上所说,晚近中国感到需要吸收外来文化时,并非如汉唐鼎盛之时,却是屡遭屈辱的衰

---

① 《集外集拾遗补编·破恶声论》。
② 《坟·看镜有感》。

敝之际,当那种自大主义破产以后,最容易滑入事大主义的心态,"我们自己百事不如人"①,"死心塌地去学人家","不要怕丧失我们自己的民族文化"。②这种心态,当对方不能平等地对待我们时,正好为奴化主义张本。而鲁迅在文化选择中对主体意识的强调,既反对拒绝接受外来文化的自我封闭心态,又反对匍匐在外来文化面前的自我意识的丧失。

"拿来主义"便是随着这一思想路径的发展,以更科学的形态所表述的文化战略思想。所谓"拿来",就是要突出主体意识。鲁迅设喻有一祖传大宅,子孙要继承遗产,第一种人是不敢走进门,第二种人是放一把火烧掉,以显示自己清白,第三种人进门以后,却大吸剩下的鸦片。这三种人,在文化选择上鲁迅说他们是孱头、浑蛋和废物③,都是建设新文化的对立面。他们曾相继出现在晚近的文化交流史上,我们不能不钦服先哲目光的犀利。鲁迅要文化选择者走出这三种人之外,"他占有,挑选。看见鱼翅,并不就抛在地上,以显示其'平民化'……看见鸦片,也不当众摔在毛厕里,以见其彻底革命,只送到药房里,以供治病之用,却不弄'出售存膏,售完为止'的玄虚。烟枪烟灯,除留一点以供展览外,大可毁掉。一群姨太太,也大以请她们各自走散为是,要不然,'拿来主义'怕未免有些危机"④。这里高扬着理性精神。

"拿来主义"作为文化选择中的认识论和方法论之所以重要,是因为它始终处在主动性的地位,对外,它能区别奴化文化和先进文化;对内,它能摆脱受挫意识所导致的受动地位,而确立民族文化的主体性。"拿来主义"不仅标志着民族文化意识的新觉醒("没有拿来的,人不能自成为新人,没有拿来的,文艺不能自成为新文艺"),从而发出了民族文化与世界文化同步的呼声,而且标志着当时半殖民地中国在西方文化冲击下被压抑的自轻心态的彻底消失,恢复了自信心和自尊心,这是一个民族要站起来创造新文化的必要的心理前提。

---

① 《胡适文存》三集卷一,第47页。
② 《胡适论学近著》第640页。
③④ 《且介亭杂文·拿来主义》。

使先生和后生相印

鲁迅文化选择中的主体意识,在其实践过程中也有独特的表现,其一是文化比照中引申义的介入;其二是怀疑精神。

文化的媒介人物如果是一位有主见,有追求的思想家的话,他往往不满足单纯的媒介,要贯注自己的独立意向。引申义的介入便是这种独立意向的表现形式。严复的《天演论》等译作便是如此,甚至公开承认这是"取便发挥"的"达旨"(《天演论》译例言)以有别于一般翻译。最近日本北冈正子出版的《〈摩罗诗力说〉材源考》①以鲁迅这篇论文与材料来源相比照,而显示了鲁迅的独立意向。例如,材料来源中木村鹰太郎的《拜伦——文艺界之大魔王》在叙述拜伦及其笔下的主人公的侠义行为时,仅仅作了平面的归纳,而鲁迅在论及拜伦"重独立而爱自由",却以引申义的介入作了这样的演绎:"苟奴隶立其前,必哀悲而疾视,哀悲所以哀其不幸,疾视所以怒其不争。"②这就突出了拜伦式的人道主义,使之成为可感触的具象内涵。嗣后"哀其不幸,怒其不争"这句名言成为鲁迅前期小说创作的精神纲领,广为传诵。由于引申义的介入,独立意向的贯彻,不但突出了鲁迅心目中的拜伦,也体现了拜伦精神在此时此地的积极意向,从而扩大了拜伦在我国的影响,成为中西文化交流的积极成果。

鲁迅对西方文化的择取是果断的,他曾要求"放开度量,大胆地,无畏地,将新文化尽量地吸收"③。但是他也怀疑接受者的能受程度,"中国人无感染性,他国思潮,甚难移植",他甚至怀疑中国是不是容纳新主义的地方。为什么鲁迅会有这些想法呢?他认为我们的文化深层结构,与世界潮流还隔着"几重铁壁"。他说:

现在的外来思想,无论如何,总不免有些自由平等的气息,互助共存的气息,在我们这单有"我",单想"取彼",单要由我喝尽了一切空间和时间的

---

① 《〈摩罗诗力说〉材源考》中译本,何乃英译,北京师范大学出版社出版。
② 《坟·摩罗诗力说》。
③ 《坟·看镜有感》。

酒的思想界上,实在没有插足的余地。①这样的思想是深刻的,文明的时差可以形成性质的差别。

在文化择取过程中,接受者必须取得心理同构,否则便不能濡化,或者成为一种被歪曲的濡化形态。鲁迅曾怀疑西方文化包括马克思主义能否在中国生根,不能不说其中含有对根深蒂固的封建传统和小农意识清醒的估计。所谓"单有'我'","单想'取彼'",它的目的便是农民做了皇帝的"圣武",即威福、子女、玉帛。阿Q的"革命"实践和"革命"理想都没有能逃出这一公例。可见如果拘守小农意识或其他小生产者的意识,也就无法达到对马克思主义的理性认知。一旦历史的逻辑被倒置了,小农意识或其他小生产者的意识就必然从封建宗法文化那里找到融合点,从而愈益拉开了与马克思主义的距离。鲁迅曾经批评当时文化界有些人在杀人如草不闻声的年代,却勇敢地表现了对人道主义的唾弃;②当封建文化需要资产阶级文化加以廓清时,却对后者弃如敝屣,这种历史的逻辑的倒置,绝不是马克思主义文化观。

鲁迅对文化择取中能受力的怀疑精神,是民族心理的自我反思,曲折地也深刻地表现了对主体意识的自觉追求。问题便落实到中国文化深层结构的重建。

三、深 层 结 构

如果我们将文化的可变动因素,诸如经济的发展、制度的更迭理解为表层结构的话,那么,文化中的超稳定系统,诸如思想意识、价值观念、社会心理、风俗民情等便可以理解为文化的深层结构。为什么阿Q精神既可以以戴毡帽、拖辫子的未庄雇农阿桂为载体,又可以附丽在某些穿西装、吃大菜的人身上。

---

① 《热风·"圣武"》
② 《三国集·"醉眼"中的朦胧》。

使先生和后生相印

鲁迅在谈到中国历史时,曾说:

> 任凭你爱排场的学者们怎样铺张,修史时候设些什么"汉族发祥时代","汉族发达时代","汉族中兴时代"的好题目,好意诚然是可感的,但措辞太绕弯子了。有更其自捷了当的说法在这里——
>
> 一、想做奴隶而不得的时代;
>
> 二、暂时做稳了奴隶的时代。①

这段过去被认为是历史循环论的话,实际上暗示了我们文化深层结构中的消极面的顽固性。对于由于历来受着"异族主子的驯扰"而养成的"奴性",②鲁迅是十分痛心的,遂成为他改造国民性弱点的重要一环而不断加以针砭。鲁迅描摹中国人"极容易变成奴隶"的心理使人惊心动魄,然而却掩盖在"几乎无事的悲剧"之下:"假如有一种暴力,'将人不当人',不但不当人,还不及牛马,不算什么东西;待到人们羡慕牛马,发生'乱离人,不及太平犬'的叹息的时候,然后给予他略等于牛马的价格,有如元朝定律,打死别人的奴隶,赔一头牛,则别人便要心悦诚服,恭颂太平的盛世。为什么呢?因为他虽然不算人,究竟已等于牛马了。"③这是一种惨痛的保存自己的经验,一种"世事退一步想"的阿Q式的精神慰藉,一种奴役创伤。以致对外来文化的濡化过程,呈现一种渐趋萎缩的心态,显得如此步履沉重。所以,鲁迅文化选择的命题要集中于深层结构的重建:"此后最要紧的是改革国民性,否则,无论是专制,是共和,是什么什么,招牌虽换,货色照旧,全不行的。"④

从吸收外来文化的角度看,器用文明是最容易被接受的,物化形态的上层建筑如制度等也还可以用人力迁就,一到文化深层结构,具有设防严密的固守心态,往往难以攻破。鲁迅曾以中国历法的改革为例,证明文化深层结构重构的艰难性。清顺治年间,杨光先弹劾洋人汤若望所进行的历法改革。大概出于

---

①③ 《坟·灯下漫笔》。
② 《且介亭杂文·买〈小学大全〉记》。
④ 《两地书·八》。

"华夷之辩"吧,竟使他抱定了"宁可使中夏无好历法,不可使中夏有西洋人"①的宗旨。乃至一直到民国以后,还是推行不了阳历,说明"体质和精神都已硬化了的人民,对于极小的一点改革,也无不加以阻挠"。然而如不改变文化深层意识,其他一切改革都会受到牵制,甚至"如沙上建塔,顷刻倒坏"。②鲁迅对中国文化的最大功绩,便是致力于深层结构的重建。

中西文化深层结构的差异,近代启蒙思想家都作过比较,严复在《论世变之亟》中痛切指出:"中西事理,其最不同而断乎不可合者,莫大于中之人好古而忽今,西之人力今以胜古;中之人以一治一乱,一盛一衰为天行人事之自然,西之人以日进无疆,既盛而不可复衰,既治而不可复乱为学术之极则。"嗣后,陈独秀从政治伦理道德的角度,③李大钊从气候地理环境的影响说明中西文化差异。④瞿秋白则指出了中西文化是"世间上的迟速,而非性质上的差别"⑤。鲁迅对此并没有作太多的理论上的抽象概括,但是他带着深刻的体验,突入生活的内层作了不倦的探索,他注意的是正在流动的潜在的社会心理。

首先,他比较了中西民族性格。当然,这是以承认民族性确有区别为前提的:"研究世界文学的人告诉我们:法人善于机锋,俄人善于讽刺,英美人善于幽默,这大概是真确的,就都为社会状态所制限。"⑥在1903年,鲁迅在西方文化冲击的背景下,提出了中国民族性中最缺乏诚和爱的问题。⑦唯其缺乏诚,就倾向"瞒和骗"⑧,一直发展到"无特操"⑨;唯其缺乏爱,不能感受别人的痛苦,由对一切麻木而加固了等级制度。⑩这是鲁迅研究国民性弱点的发轫,他并借助文学形

---

① 《坟·看镜有感》。
② 《二心集·习惯与改革》。
③ 陈独秀:《东西民族根本思想之差异》。
④ 李大钊:《东西文明根本之异点》。
⑤ 瞿秋白:《东方文化与世界革命》。
⑥ 《准风月谈·"滑稽"例解》。
⑦ 许寿裳:《亡友鲁迅印象记》。
⑧ 《坟·论睁了眼看》。
⑨ 《华盖集续编·马上支日记》。
⑩ 参见《俄文译本〈阿Q正传〉序》。

式,为改变这种弱点而奋斗了一生。对中国民族性弱点的针砭和对外国文化的择取构成了鲁迅启蒙主义的两极。鲁迅在1936年,还将中国国民性与日本国民性作了比较,认为"日本国民性,的确很好",未受异民族的侵略,是他们"最大的天惠"①,这说明鲁迅一直专注于此,希望从比较中吸取教训和力量。

中西文化中历史观的比较,鲁迅早期就十分注意,他在1907年的《摩罗诗力说》中说:"吾国爱智之士,独不与西方同,心神所注,辽远在唐虞,或径入古初,游于人兽杂居之世,谓其时万祸不作,人安其天,不如斯世之恶浊阽危,无以生活。共说照之人类进化事实,事正背驰。"这种不同造成中西文化的极大差异,使中国人长久以来不能摆脱历史的惰力,养成一种因循保守的根性。一直到进化论的传入遂开辟了一种新的时代风气。进化论使鲁迅和当时许多先进的中国人一样,看清了中西文化的时差,物竞天择,如不急起直追,便有淘汰的危险。使鲁迅认识到中国文化深层结构的重建乃是刻不容缓的事。进化论的历史观衔接了他对马克思主义的选择。

鲁迅还比较了中西文化中的价值观念问题。西方文化由于自然科学的发展,因而重视功利性的实际效益;中国文化长期处于封建宗法的农业社会,着重于人伦关系的调节,礼义规范高于一切。义利之辨的结果使价值观念趋向玄虚。人为了符合某种礼义规范应该牺牲自己的权益,"何必曰利"被视为崇高的道德准则。鲁迅在文化战线上所提出的"壕堑战"的战术,却是从西方人那里学来的。他说,欧战时"战士伏在壕中,有时吸烟,也唱歌,喝酒,也在壕内开美术展览会,但有时忽而开他几枪"②。这种方法,便是从功利出发,从实际考虑而不是从形式考虑,这对在逆境中保存自己实力,既抗战而又自卫就十分有利。它一扫中国那种墨翟见染丝而悲,阮籍遇穷途而哭的忧患意识和悲剧心态③,这对形成鲁迅型的坚韧性格发生过积极影响。

---

① 《致尤炳圻》(残片),新版《鲁迅全集》第13卷,第683页。
②③ 《两地书·二》。

在西方文化深层结构的参照中,鲁迅十分重视别国的择取经验以及媒介人物的体会。日本不但近代学习西方有成效,古代择取中国文化也别有所长。鲁迅说,日本有遣唐使,他们"选择得颇有些和我们异趣。所以日本虽然采取了许多中国文明,刑法上却不用凌迟,宫廷中仍无太监,妇女也终于不缠足"①。文化择取中的慎选问题标志着一个民族的水准。

外国的文化媒介人物的审视和省察,有利于民族心理的自我反思。鲁迅多次提到美国传教士斯密斯在晚清写的《中国人的气质》一书②,就有助于探寻我们文化深层结构的症结。鲁迅在临终前十四天还希望有人翻译此书:"看了这些,而自省,分析,明白那些点说得对,变革,挣扎,自做工夫,却不求别人的原谅和称赞,来证明究竟怎样的是中国人。"③例如,斯密斯谈到中国人有"瞒和骗的才能"和"缺乏同情心",亦即鲁迅所说的缺乏诚和爱。斯密斯还着重谈到中国人的"面子"问题,认为"这是打开中国人许多最重要特性这把暗锁的一把钥匙",而"其中的学问常常完全超出西方人的知识和理解力之外",并证明了"西洋人和中国人必须承认差异"④,这种差异,显然属于文化深层意识的差异。

鲁迅很重视斯密斯的分析,为此专门写过《说"面子"》一文,认为"面子"是"中国人精神的纲领"⑤,鲁迅有许多文章都生发了这一社会心理的主题。

当然,中国文化深层结构中的消极面也不是与生俱来的,对这点,鲁迅后期有了更自觉的意识。他说:"所谓'洋气'之中,有不少是优点,也是中国人性质中所本有的,但因了历朝的压抑,已经萎缩下去,现在就连自己也莫名其妙,统统送给洋人了。这是必须拿它回来——恢复过来的——自然还得加一番慎重

---

① 译文《〈出了象牙之塔〉后记》。
② 关于此书,张梦阳在《鲁迅与斯密斯的〈中国人的气质〉》(刊《鲁迅研究资料》总第11期)有详细介绍和节译。
③ 《且介亭杂文末编·"立此存照"(三)》。
④ 引自张梦阳《鲁迅与斯密斯的〈中国人的气质〉》。
⑤ 《且介亭杂文·说"面子"》。

的选择。"①这里涉及世界文化的同一性问题（人类文化本体是以制造工具发展起来的，这就具备了同一性）。有了同一性，才有择取的可能，也才能构架吸收外来文化与弘扬本土文化的桥梁。

鲁迅对文化深层意识的重建，不但成为他文学表现的主要内容，而且他对外国文学的选择（除了爱国主义和被压迫民族的政治取向外）也有意识在这方面探寻，因此，果戈理的"几乎无事的悲剧"的悲剧意识，陀斯妥也夫斯基"显示灵魂的深"的心理分析，日本厨川白村和鹤见祐辅敢于"自己省察"或"明快切中"的"文明批评"，都有助于他借鉴，加强对深层结构探寻的目的。至于鲁迅主张"硬译"、主张"不但输入新的内容，也输入新的表现法"②的翻译思想，由于与可读性有牴牾未能为世人理解和采纳，但作为一种媒介心态，却有利于文化深层意识的传递。翻译中的过分归化，从文化传播学的见地来看，并非明智之举。

鲁迅对外国文化的择取，总命题是希望中国人走向"世界人"的行列。由于中国旧物太多，执著太深，容易束缚自己，因此鲁迅曾经十分担心"中国人要从'世界人'中挤出"③，这种严峻的警告，在鲁迅离开我们五十年中还多次发出沉痛的历史的回响。但愿鲁迅这种担心从此成为过去，而鲁迅文化择取的总命题——中国人走向"世界人"的行列，却仍是我们努力的方向。

原载《学术月刊》1986 年第 10 期

---

① 《且介亭杂文·从孩子的照相说起》。
② 《二心集·关于翻译的通信》。
③ 《热风·随感录三十六》。

汪洋辟阖　独开一江

——鲁迅文学创作源流探析

苏永延　唐金海

鲁迅的文学创作及其创作思想博大精深,卓然独绝。这首先是与他所处的时代及本人的生活经历密切相关,是时代与经历造就了鲁迅。但是,如果从文化渊源角度加以考察,就会发现,鲁迅的创作世界里既有因异域文化的撞击而豁然开朗之时,又有因割不断的传统血脉而根深叶茂之处。他既是民族文化的继承者与创新者,也是异域文化的引进者与吸收者,传统与现代、本土与异域色彩在他身上得到了奇妙的统一。在20世纪中国文学史上,鲁迅是在中外文化交汇处矗立着的一座丰碑。其文汪洋辟阖,独开一江。那么,鲁迅的文学创作和创作思想在哪些主要方面与中外文化有着渊源关系呢?鲁迅文学创作及其创作思想的形成、发展和变化与中外文化又有着怎样的渊源?是哪些中外文化的主要因素使鲁迅的文学创作及其创作思想具有哪些特点并达到那样高度的呢?

本文为了论述方便和清晰,将从西方文化和传统文化这两大方面进行探源和辨析。

鲁迅文学创作的宗旨,一如他自己所说:"我仍抱着十多年前的'启蒙主义',以为必须是'为人生',而且要改良这人生。……所以我的取材,多采自病

使先生和后生相印

态社会的不幸的人们中,意思是在揭出病苦,引起疗救的注意。"①鲁迅这种以"启蒙"为宗旨的文化批判,与盛行于18、19世纪欧洲的批判现实主义,尤其与俄国批判现实主义有着千丝万缕的联系。由于沙皇俄国与当时中国的国情更多的相似,因而列夫·托尔斯泰、陀思妥耶夫斯基、果戈理、契诃夫等更能引起鲁迅的关注。鲁迅说:"俄国的文学,从尼古拉斯二世时候以来,就是'为人生'的,无论它的主意是在探究,或在解决,或者堕入神秘,沦于颓唐,而其主流还是一个:为人生。"②俄罗斯作家的作品中对专制制度的愤懑、对小人物命运的无比关切、对国民性的批判,给鲁迅以有力的启示。他的第一篇白话小说《狂人日记》就是取自于果戈理的同名作品,虽然他的《狂人日记》"比果戈理的忧愤深广",但作品中的"忧愤"和"振其邦人"的创作思想毕竟与果戈理有关。早在1907年,鲁迅就说"惟果戈理以描绘社会人生之黑暗著名","以不可见之泪痕悲色,振其邦人"③,是俄国写实派的开山祖师。鲁迅"为人生"的责任感,改造国民性的宗旨,写实批判的力度,于日常生活中揭示黑暗和专制下的悲剧等,读者都可以从果戈理的《钦差大臣》、奥斯特罗夫斯基的《大雷雨》、阿尔志跋绥夫的《工人绥惠略夫》、陀思妥耶夫斯基的《白痴》和契诃夫的小说等作品中,感悟到相关端倪。而鲁迅对专制制度及其精神支柱的猛烈攻击,如《狂人日记》《长明灯》对"吃人"的制度和历史的攻击,以及《这样的战士》《我之节烈观》《论"费厄泼赖"应该缓行》等对封建礼教及其帮凶的攻击等,与鲁迅读过的屠格涅夫的《猎人笔记》、托尔斯泰的《复活》等,在创作思想上都有着相通的脉络。攻击专制制度的作家必然关心人民的疾苦。鲁迅"为人生"的一个重要的内容,就是关注人民的苦难,作品中描写了不少普通人的命运。这一创作思想,也与西方一些批判现实主义作家相通。果戈理的《彼得堡的故事》、陀思妥耶夫斯基的《穷人》,展现了底层百姓的状况;显克微支笔下的扬珂、明那亢德的疯姑娘以及捷克聂鲁达

---

① 《我怎么做起小说来》,《鲁迅全集》第4卷,人民文学出版社1982年版,第512页。
② 《〈竖琴〉前记》,《鲁迅全集》第4卷,第432页。
③ 《摩罗诗力说》,《鲁迅全集》第1卷,第64页。

《小城故事》所塑造的小商人,无不与孔乙己、阿Q、华老栓、闰土、祥林嫂相通。鲁迅曾坦诚地慨叹:"后来我看到一些外国的小说,尤其是俄国,波兰和巴尔干诸小国的,才明白了世界上也有这许多和我们的劳苦大众同一运命的人,而有些作家正在为此而呼号,而战斗。"①鲁迅终其一生攻击专制、揭露黑暗及其帮凶和帮闲,为"劳苦大众"的命运大声疾呼,在这种"呼号"和"战斗"声中,我们不是也能依稀听到果戈理、契诃夫等的"呼号"和"战斗"声吗?

鲁迅文学创作的又一特点是高扬个性主义旗帜,表现出对人的命运的关注,对人的价值、人的尊严的重视。在中国长期占统治地位的儒家思想,以封建等级制度为框架,以"仁""礼"等为一系列的思想行动准则,必然使个人服从于封建准则而泯灭个性。中国古代虽有"民本"思想,但仅就"民"的整体性而言,对个体是并不重视的。因此,对个人生存境遇的关切、对普通人的关注,对人的尊严和自由的尊重,这方面的思想实实在在源于西方。

在个性主义思想方面,鲁迅受到尼采"超人"哲学和拜伦、列夫·托尔斯泰等的人道主义精神的影响。尼采的思想本是反对使人精神丧失的所谓近代物质文明与技术工具时代的超常理性,他主张"超人"哲学,呼唤自由意志。他的《查拉斯图拉如是说》深受鲁迅喜爱,他在《文化偏至论》中赞尼采为"个人主义之至雄桀者矣",希望超人"掊物质而张灵明,任个人而排众数",恢复人的理性与自然人性,实现个性的解放。值得注意的是,鲁迅并没有认可尼采学说中,可以被利用来成为侵略弱小民族作理论依据的弱肉强食的自然法则在社会上的应用,这正显示鲁迅的伟大和清醒;鲁迅是出于"援吾人出于寒荒"②的目的,呼唤"超人"出世,为民立极。

拜伦张扬个性、同情弱者,是追求自由之战士,是诗人化的人道主义者。鲁迅也受到他追求的叛逆精神的影响,"苟奴隶立其前,必衷悲而疾视,衷悲所以

---

① 《英译本〈短篇小说选集〉自序》,《鲁迅全集》第7卷,第389页。
② 《摩罗诗力说》,《鲁迅全集》第1卷,第100页。

哀其不幸,疾视所以怒其不争"。①于是拜伦作为个性主义者与人道主义者的精神战士而为鲁迅所接受。在鲁迅创作中,常常可看到"哀其不幸,怒其不争"的人物形象。鲁迅构思阿Q这一形象时,就分明融入了拜伦的有关感情。

个性主义精神,就是敢于破坏偶像、反抗权威。"五四"新文化运动中,鲁迅敢于奔突、呼号、前进,以一系列文学作品对中国几千年根深蒂固的专制制度和"吃人"礼教"发出投枪",其精神渊源与卢梭、尼采、托尔斯泰等有着千丝万缕的联系。鲁迅说,"不论中外,诚然都有偶像。但外国是破坏偶像的人多……旧像愈摧破,人类便愈进步……那达尔文易卜生托尔斯泰尼采诸人,便都是近来偶像破坏的大人物"②;"其实他们不单是破坏,而且是扫除,是大呼猛进,将碍脚的旧轨道不论整条或碎片,一扫而空"③。鲁迅希望引进西方哲学思想,昌扬国民个性,能够使"外之既不后于世界之思潮,内之仍有弗失固有之血脉,取今复古,别立新宗,人生意义,致之深邃,则国人之自觉至,个性张,沙聚之邦,由是转为人国"④。鲁迅仍是热情呼唤精神战士对民众进行启蒙。

这样,叔本华的唯意志论、尼采的"超人"哲学、拜伦的"叛逆"精神以及西方人道主义精神,成了鲁迅张扬个性、呼唤个人意志、强健国民精神的理论基石。于是在鲁迅笔下,出现了一批卓然独行、蔑视世俗的探索者的形象:《过客》中倔强前行的过客,《这样的战士》中的叛逆者,《纪念刘和珍君》直面惨淡人生的"真的猛士",以及吕纬甫、魏连殳等,他们有着尼采式的"超人"和拜伦式的破坏偶像的"叛逆"者的影子,他们无畏、坚韧地战斗着以期唤醒麻木的国民。而鲁迅自己就是这样一位斗士,"破帽遮颜过闹市,漏船载酒泛中流""横眉冷对千夫指,俯首甘为孺子牛",正是他傲然独立、铮铮铁骨的写照。鲁迅笔下的"三种人"——"真的人"(《狂人日记》)、"完全的人"(《热风·随感录〈二十五〉》)、"觉

---

① 《摩罗诗力说》,《鲁迅全集》第1卷,第80页。
② 《随感录四十六》,《鲁迅全集》第1卷,第332—333页。
③ 《再论雷峰塔的倒掉》,《鲁迅全集》第1卷,第192页。
④ 《文化偏至论》,《鲁迅全集》第1卷,第56页。

醒的人"(《坟·我们现在怎样做父亲》),敢于向一切违反人性的压迫者进行斗争,努力创造出"中国历史上未曾有过的第三样时代"(《坟·灯下漫笔》),培养出独立的人格、使人能正直自由地发展,其精神渊源与尼采、托尔斯泰等确是一脉相承的。自然,鲁迅也扬弃了一些与国情不合、与自己本性不合的思想,如托氏主张"勿抗恶",而鲁迅则主张"打落水狗"。

鲁迅关于"青年必胜于老年"的进化观及其"轰毁"后重新建立的阶级观,也有西方文化的脉络可循。1898年严复翻译了赫胥黎的《天演论》,瞬时一纸风行。鲁迅早在矿务学堂读书时就"买了来","一口气读下去",惊喜异常之后,"一有闲空"就"看《天演论》",足见对之喜爱和受影响了。《天演论》前半部着重解释自然界"物竞天择"的进化趋势,后半部着重解释"优胜劣败"的社会进化思想。但鲁迅看到的只是节译本,赴日之后,他就把进化论当作自然科学思想体系来看待,认识到自然界的演变发展过程和生存竞争的自然淘汰规律,确立了发展进步的观念,并以之来考察中国的社会问题,形之于笔端,就有了《故乡》《淡淡的血痕中》《我们现在怎样做父亲》《灯下漫笔》等,它们明显融入了进化论思想。但鲁迅是一位清醒的革命者和文学家,他目睹女师大风潮、"五卅"惨案、"三·一八"惨案等严酷的现实,特别是在广州"目睹了同是青年,而分成两大阵营,或则投书告密,或则助官捕人的事实",于是他的进化论思想因此"轰毁"①。

鲁迅彻底"轰毁"了进化论之后,他的文学创作逐渐为"阶级论"代替。这种转变主要体现在他的杂文中。鲁迅尝试用马克思主义的历史唯物主义和辩证唯物主义来考察社会的发展。他说:"我有一件事要感谢创造社的,是他们'挤'我看了几种科学底文艺论,明白了先前的文学史家们说了一大堆,还是纠缠不清的疑问。并且因此译了一本蒲力汉诺夫的《艺术论》,以救正我——还因我而及于别人——的只信进化的偏颇。"②接受了马克思主义后,他从"人性的解放"

---

① 《三闲集·序言》,《鲁迅全集》第4卷,第5页。
② 同上,第6页。

发展到"阶级意识的觉醒"(《且介亭杂文·〈草鞋脚〉小引》),并进一步认识到阶级意识觉醒之后,最终斗争目的还是"为了自己的解放和消灭阶级"(《南腔北调集·辱骂和恐吓决不是战斗》)。鲁迅的思想深度大大加强了。

鲁迅丰富而独特的创作方法和表现手法,也可到西方现代主义文学创作中探寻来龙去脉。鲁迅读过、译过不少现代主义文学作品,对象征主义也接触较早。1906年鲁迅就读过象征主义小说《小约翰》,而波特莱尔、安特莱夫对他的影响最大。

在鲁迅的作品中,人的孤独、绝望、苦闷与人生的荒诞感和象征性时时可见。如狂人的独特感受、疯子的怪诞举动、三个头颅在沸水中撕咬、骷髅起死回生等,都是荒诞不经的。而其中尤以象征性和意识流对鲁迅的文学创作思想影响最大。

象征派在19世纪中后期于诗歌方面兴起,以波特莱尔、爱伦坡、瓦雷里、艾略特等为代表。在创作上,讲究暗示性、哲理性、神秘性等,多用夸张、变形、通感、隐喻、暗示等手法。鲁迅对象征主义也有深入的研究。他对安特莱夫的象征主义创作评价道:"全然是一个绝望厌世的作家。他那思想的根柢是:一、人生是可怕的(对于人生的悲观);二、理性是虚妄的(对于思想的悲观);三、黑暗是有大威力的(对于道德的悲观)。"①他的创作里,"又都含着严肃的现实性以及深刻和纤细,使象征印象主义与写实主义相调和。……消融了内面世界与外面表现之差,而现出灵肉一致的境地"。②安特莱夫的《齿痛》写商人般若妥别忒牙痛后去看被钉死的耶稣,表现了救世主不被人们理解的悲剧和人们的愚昧。鲁迅的《药》《复仇(其二)》表现的是革命者的牺牲和民众的麻木,充满着象征意味。从鲁迅的小说《狂人日记》读到安特莱夫的《谩》,从《白光》读到安特莱夫的《红笑》,读者可以感受和追索到鲁迅在挖掘人物内心隐秘和错综复杂心理冲突上,都与后者有着相通的脉络。难怪博识的鲁迅对安特莱夫如此赞叹:"其文神

---

① 《致许钦文(250930)》,《鲁迅全集》第11卷,第457页。
② 《〈黯澹的烟霭里〉后记》,《鲁迅全集》第10卷,第185页。

秘幽深,自成一家。"①

鲁迅对象征派作品从兴趣、仿效到创新,形成了独具一格的象征性作品。如《狂人日记》中的人物、环境、事物都有象征意味,"狂人"是觉醒的、企图改变民族命运的"精神战士"的象征,环境则是阴森恐怖而又势力强大的封建制度的象征;《长明灯》中的"长明灯"象征着世代相传的宗法制度;《幸福家庭》中的"白菜堆"是现实生活中无法回避的现实物质世界的象征;《白光》是陈士成幻想升官发财欲望的象征;《野草》中也有诸多展示人的内心世界及生命的痛苦体验的象征等。鲁迅用象征手法创作的作品,透露出对现实社会的"绝望反抗"的情绪,悲凉而不哀婉,抗争而不颓废,绝望而不沉沦,有着与西方象征主义不同的意蕴。

当我们深入研究"五四"新文化运动、研究新文化运动诸多先驱者的言行和作品时,有一个问题很值得深入思考:五四知识分子从西方引进各种思想,对传统持决绝的否定态度,提出"打倒孔家店"的口号,表示要彻底摧毁"三坟五典""百宋千元",甚至提出废除汉字的主张,但是为什么他们的文学创作和文学思想依然有浓厚的中国传统文化色彩,渗透了中国传统文化的艺术精髓呢?五四思潮是否如不少学者所云,造成了中国新文学与传统文化的"断裂"呢?当我们深入全面地研究鲁迅,将鲁迅置于中外文化发展变化的长河中考察时,就不难发现,无论鲁迅如何坚决反传统,但传统文化的根柢依然紧扎其中,鲁迅对外来文化不断进行选择、加工、改造,并用自己独特的生命体验和天才的悟性加以融会,致使鲁迅的思想人格、文学思想、文学创作都流露出浓厚的传统文化特征。

首先,在鲁迅创作中,儒家的"文以载道"是他的指导思想。尽管鲁迅心目中之"道"非传统儒家之道,尽管鲁迅笔下之"载"道内容和形式也与传统"载"道有别,但广义来说,今"道"和古"道"终有相通之处。而鲁迅毕生都致力于改造国民性,揭示病态社会的痼疾,为国民的觉醒呐喊、奋斗不息。所以无论是西方的进化论思想,还是现代主义的颓废、绝望,他都能一一取其精华,为自己所用。

---

① 《杂识·安特莱夫》,《鲁迅全集》第10卷,第159页。

使先生和后生相印

"虽然竭力想摸索人们的魂灵,但时时总自憾有些隔膜","只得依了自己的觉察,孤寂地姑且将这些写出,作为在我的眼里所经过的中国的人生"。①所以他的作品中,就存在着这样的处理方式:以花圈来暗示革命者牺牲的崇高意义(《药》),以"地上的路"来象征和鼓舞后代子孙"应该有新的生活"(《故乡》),以大禹、墨翟的实干来引导社会风尚,对历史上"民族脊梁"及一切进步思想的赞颂,这些都体现了鲁迅务实的、改造社会精神的创作态度。

"文以载道"思想是中华民族重实际、轻玄想的体现。"中华民族先居在黄河流域,自然界底情形并不佳,为谋生起见,生活非常勤苦,因之重实际,轻玄想。"②早在先秦时代就有"志于道,据于德,依于仁,游于艺"之说(《论语·述而》),荀子提出"道也者,治之经理也。心合于道,说合于心,辞合于说"(《荀子·正名》),这两者的观点都是以"道"为社会服务的。鲁迅自幼熟读经书,后来又长期研究古典文学,对此十分了解。在中国,"文以载道"思想业已成为有责任感作家的集体无意识。而鲁迅能创造性地将"道"的内涵加以重铸,即在"道"中寄寓了他改造国民性、张扬个性主义的精神与理想。

鲁迅文学创作及其创作思想与传统文化的渊源之二是,鲁迅看重和提倡作家人和文的一致、人格和文格的一致。道德文章,是古代学者追求的境界,鲁迅亦然。鲁迅有句名言:"从喷泉里出来的都是水,从血管里出来的都是血。"③这与唐代李华之所言"有德之文信,无德之文诈"(《赠礼部尚书清河孝公崔沔集序》)的精神是一致的。可见,重视人品与文品的一致性,为中国传统文化一大特征。鲁迅承续了这一传统。

在文学批评上,鲁迅认为,从作品可以看出作者来,或从作者的经历可以看出作品的特质来,"就是在'文学概论'上有了名目的创作上,作者本来也掩不住

---

① 《俄文译本〈阿Q正传〉序及著者自叙传略》,《鲁迅全集》第7卷,第82页。
② 《中国小说的历史的变迁》,《鲁迅全集》第9卷,第303页。
③ 《革命文学》,《鲁迅全集》第3卷,第544页。

自己,无论写的是什么,这个人总还是这个人"①。鲁迅还强调批评作品一定要知人论世,认为"我总以为倘要论文,最好是顾及全篇,并且顾及作者的全人,以及他所处的社会状态"②。

为了使自己做到人与文一致,就要有自省精神,即经常反省自己的意识、行为,鲁迅自剖和反省的精神亦为人称道。鲁迅的文学创作,尤其是杂文和散文,不仅致力于自剖,而且时时自剖,以求达到人和文的一致。鲁迅说:"我的确时时解剖别人,然而更多的是更无情面地解剖我自己。"③小说集《彷徨》中的若干形象,其彷徨、苦闷的情绪就有鲁迅的影子,而《野草》是他复杂矛盾思想、不断反省的真实写照。不消说,这种反省与自剖的思想渊源也与传统文化相通。曾子曰:"吾日三省吾身,为人谋而不忠乎?与朋友交而不信乎?传不习乎?"(《论语·学而》),孔子亦云:"内省不疚,夫何忧何惧?"(《论语·先进》)反省自己是痛苦的事,它需要有过人的勇气,要敢于自剖隐痛。鲁迅的自剖精神,正是为了完善和提高自己的人格和作品的境界。

鲁迅的文学创作在艺术上也有传统文学的渊源。我国是一个诗歌大国,古人的文论也大多是诗论,鲁迅自幼浸淫其中。因而,鲁迅的文学创作无意中常带有诗化体式,无论是小说、散文,或者是杂文。捷克汉学家认为:"如果要在中国旧文学中追溯它们的根源,那么,这根源不在于古代中国散文而在于诗歌。"④《故乡》中少年闰土看瓜的描写、《社戏》中孩子们去看戏的景致,都充满着诗意化的氛围;《朝花夕拾》中的《阿长与山海经》《从百草园到三味书屋》诸篇什,均诗意浓郁。

鲁迅的创作形式不拘一格,变化多端,论证严密,陈陈相因,反驳则直捣要害,寸铁杀人。这与先秦诸子的散文有密切的联系。战国时期,诸侯征战,诸子蜂起,各以其说,游说国君,以待售于诸国,所以十分注重在文理、文气上下功夫,以达到说服对方的目的,语锋带有纵横家的气派:孟子长于论辩,荀子长于铺陈,韩非长

---

① 《孔另镜编〈当代文人尺牍钞〉序》,《鲁迅全集》第6卷,第414页。
② 《题未定草(六至九)》,《鲁迅全集》第6卷,第430页。
③ 《写在〈坟〉后面》,《鲁迅全集》第1卷,第284页。
④ 《普实克中国现代文学论文集》,湖南文艺出版社1986年版,第59页。

于辨析,庄子长于设喻,不一而足。他们这些优点,也成了鲁迅文学创作的艺术营养。其中,鲁迅对庄子之文尤为欣赏,称其为"汪洋辟阖,仪态万方,晚周诸子之作,莫能先也"。①郭沫若评价说:"鲁迅爱用庄子常用的词汇,爱引庄子的话,爱取庄子中的故事为题材进行创作。在文辞上赞美过庄子,在思想上也不免有庄子的反映。"②所以鲁迅对蔑视名利、放荡不羁、独立不倚的嵇康、阮籍十分推崇,甚至作品中的人物形象、性格多少也沾染上了这种叛逆性格和孤苦情绪,如狂人、魏连殳、涓生、子君、范爱农等,皆有魏晋名士风度,依稀可见嵇康、刘伶、阮籍的影子。可见,鲁迅作品中的精神和文气同样也有传统文化的渊源脉络。

在语言上,鲁迅更得古代文化之精髓。鲁迅的语言运用极具独创性,有着自己鲜明的风格,成就卓越。鲁迅虽因时代斗争的需要,希望青年人不要读死书,而鲁迅自己读的古书却可车载斗量。所以,他作品中古文的痕迹相当明显。1926年朱光潜评论道:"想做好白话文,读若干上品的文言文或且十分必要,现在白话文作者当推胡适之、吴稚晖、周作人、鲁迅诸先生。而这几位先生的白话文都有得力于古文的处所(他们自己也许不承认)。"③这个评价是极其中肯的。鲁迅回应说:"这实在使我打了一个寒噤。别人我不论,若是自己,则曾经看过许多旧书,是的确的,为了教书,至今也还在看。因此耳濡目染,影响到所做的白话上,常不免流露出它的字句,体格来。"④

以上仅是大体勾勒了鲁迅创作的中外文化渊源。其实鲁迅的创作博大精深,已能把中外文化的精髓融合得紧密无间,了无斧痕。鲁迅是真正敢于和善于融会中外文化于自己的文学创作的光辉典范。

---

① 《汉文学史纲要》,《鲁迅全集》第9卷,第364页。
② 郭沫若《庄子与鲁迅》,《郭沫若全集》第19卷,第53页。
③ 朱光潜《雨天的书》,《朱光潜全集》第8卷,安徽教育出版社1996年版,第192页。
④ 《写在〈坟〉后面》,《鲁迅全集》第1卷,第285页。

《野草》与《梦十夜》

李振声

本世纪初,鲁迅先生负笈日本留学,前后长达八九年之久。先是学日文,接着学医,想藉此治病救人,但出于医治国人羸弱的心智精神的目的,又毅然转向文学,写下著名论文《摩罗诗力说》,与胞弟一起用古雅的文字翻译了两大册《域外小说集》。可以说,先生的文字创作准备期,差不多是在日本留学期间完成的。这一时期,即日本大正年间的社会文化思潮对先生的思想和文学趣味的影响,日本著名学者伊藤虎丸已作有详细的考论(参见其为日本学者所编多卷本《创造社研究资料》写的长篇序论)。另一方面,先生对此期的日本文学及作家,真正感兴趣和喜欢的,却寥寥无几,这恐怕也是一个事实。芥川龙之介是先生最喜欢的日本小说家,他擅长从一段古代的遗闻轶事或佛典传说中,点化渲染出一篇篇想象奇丽、感觉诡异的小说,如《罗生门》《鼻》《芋粥》《蛛蛛丝》以及《杜子春》《秋山图》等等,无疑给先生留下过深刻的印象,它们对日后先生写作《故事新编》,肯定是有启发的。先生所喜欢的日本作家,其次即要算是夏目漱石了。按照周作人的见证,当时有一段时间,先生曾四处搜读过漱石的作品,并推定,先生日后所写的小说,虽然与漱石风格不同,但"其嘲讽中轻妙的笔致实颇受漱石的影响"。

而根据我的研读,影响显然还远不止于此。在我看来,有着像"青白冰上却有红影无数,纠结如珊瑚网"的"冰结的火焰"这样怪诞艳丽的意象,在先生整个

使先生和后生相印

文学生命中显得极为奇特和不可多得的散文诗《野草》,与漱石的散文组诗《梦十夜》之间,无疑即是一个适宜于作比较文学研究的上好课题,而后者同样在漱石的创作生涯中占有奇瑰的一页。据周作人回忆,漱石的《虞美人草》在《朝日新闻》上连载时,先生曾热心地逐日耽读,因此,我们没有理由可以推想,漱石这组异常奇丽的散文诗《梦十夜》,会在先生的视野中滑眼错过。

现有的《野草》研究中,在讨论到《野草》与异域文学及文化的关系时,学者们的眼光大多集中投注在波德莱尔的《巴黎的忧郁》《恶之花》以及尼采的《查拉斯图拉如是说》上,而几乎未曾见到有人提到漱石的《梦十夜》,但其实,《梦十夜》与《野草》之间的关系,才是更微妙,更对应,更具文学比较研究价值的。当然,这一工作不是我这篇短文所能胜任的,因而尚需另找机会作详尽仔细的考论。我近日所能做的只是两件事,一是着手将夏目漱石的《梦十夜》译成中文,以便同好作参证研读,二是在这篇短文中,将这两组散文诗的若干微妙的对应处,先作一点简略的暗示。

首先是写作的心境十分接近,它们几乎都是两位文学大师披沥隐秘深藏的内心世界的作品,或者说,是心情异常孤独、阴郁和痛苦时的产物。关于《野草》的写作背景,先生在不同时间不同地点对不同的人都作有大致相同的解说。1932年他在给《自选集》写序时回忆说:《新青年》散伙后,有的高升,有的退隐,有的前进,自己则"依然在沙漠中走来走去""有了小感触,就写些短文,夸大点说,就是散文诗,以后印成一本,谓之《野草》"。1934年7月9日在给萧军写的信中称:"我的那一本《野草》,技术并不算坏,但心情太颓废,因为那是我碰了许多钉子之后写出来的。"

漱石写《梦十夜》时,也正为一种莫名的生存的"罪恶感"所苦苦纠缠着。明治三十八年一月十五日,他在致野间真纲的手绘明信片中写道:"我做梦梦见,从前犯下的、后来已悉数遗忘了的罪恶,像张贴布告般地张贴在我枕边的墙上,我无言自辩,这罪恶多半是杀人的事。"这种莫名的、有关生存的"负罪感",同样也流贯在他的《梦十夜》中,并构成了它主要的情绪色调。

《野草》与《梦十夜》

其次,两者在句式上也很接近,《梦十夜》中的不少篇什,开篇便是"我做了这样一个梦",而《野草》,如所周知,同样也具有半幻想、半现实的梦魇性质,《野草》中的好多篇什,也都是用"我梦见"起句的。

《野草》的基本意境是,在黑夜的微明中,有鬼魅的形状,影子的私语,还有凄厉得艳美的奇迹和捉摸不定的幻象,鬼魂处在失去自己的影子的边缘,梦中人正在读一篇因损毁而变得漫漶不清的墓碣,以及跃动在冰中的死火,它们那奇特的美和怪诞的恐怖,令人震骇,又为之深深吸引。

它们其实都是先生对自己深隐莫测的内心世界的"黑暗面"的一次又一次的发掘和窥视,这种发掘和窥视,必然伴随着巨大而深刻的心理痛苦,因而需要有超乎寻常的道德勇气和义无反顾的胆魄,正像那则镌刻在墓碑上的奇特碣文所言:抉心自食,欲知本味,创痛酷烈,本味何能知?

把种种生存现象放置在一个个极端的境况上,加以毫不留情的追诘和拷打,这是两位大师的散文诗不约而同所趋赴的品格和境界。漱石的《梦十夜》中,也不乏那种类似于毒蛇自啮其身、欲知其心之本味的道德自审的惨酷场面,以及由此所需要的承受巨大痛苦的勇气和定力。如《第三夜》中,被"我"当作自己的孩子驮在背上赶路的那个双目溃烂的八岁男孩,其实即是一百年前被"我"杀害的盲人。以下为译文,或许可以略见一斑:

"到了,就是这儿!正好是在那棵杉树底下!"

孩子的声音,在雨中听起来显得格外地清晰。我不由地停下了脚步。不知不觉间已来到了丛林当中。相距一间屋子开外处的漆黑之物,确如孩子所言,是一棵杉树。

"爹,就在那棵杉树的底下!"

"哦,是吧。"我不由自主地应了声。

"是文化五年辰年吧?"

没错,好像是文化五年辰年的事。

"你杀我,距今正好一百年!"

使先生和后生相印

  话音刚落,我的脑子里立时醒悟到了这样一个场景:距今一百年前的这么个昏黑的夜晚,就在这棵杉树下,我杀了一个双目失明的人。我原来是个杀人凶犯!刚意识到这一点,背上的孩子便骤然间变得像石地藏菩萨一般的沉重起来。

  一九九六年九月十八日谨以此文纪念先生六十忌辰

原载李振声《幻视中的完美》,中央编译出版社1997年版

《诗人挖目记》的真面目

杨新宇

鲁迅先生一生曾观看过大量电影,尽管并非一开始便对电影很感兴趣,据刘思平、邢祖文选编的《鲁迅与电影》(中国电影出版社1981年版)一书对鲁迅日记的整理,鲁迅第一次看电影是在1916年,但之后七八年内鲁迅看过的电影寥寥无几,直到1924年4月,鲁迅时年43岁,据说被许广平等学生再次拉着前往看电影,尤其自1927年定居上海后,鲁迅开始比较关注电影,还曾观看《春蚕》试映,自1933年至病危,鲁迅看电影的次数明显增加,几乎每周一场。许广平曾说:"如果作为挥霍或浪费的话,鲁迅先生一生最奢华的生活怕是坐汽车、看电影。"鲁迅从开始对电影没什么兴趣,到迷恋电影,还常常将好电影反复推荐给友人,可见电影的魅力对鲁迅产生了相当的影响。

但鲁迅观看的国产片却为数极少,而根据《鲁迅与电影》一书统计,能够确定片名的仅有四部《水火鸳鸯》《新人之家庭》《一朵蔷薇》《诗人挖目记》。其中两部鲁迅在日记中作了评价,且评价极低。1926年12月3日的日记记载:"……夜略看电影,为《新人之家庭》,劣极。"1927年1月24日的日记记载:"……观电影,曰《诗人挖目记》,浅妄极矣。"许广平曾多次回忆过《诗人挖目记》这部电影:"国产映片,在广州看过《诗人挖目记》,使他几乎不能终场而去。那时的国产片子,的确还幼稚,保持着不少文明戏的作风,难以和欧美片竞争,实在也难得合意的选材。从此之后,对于国产片无论如何劝不动他的兴趣。后来《姊妹花》之类轰动一时的片子,他也绝对不肯去看了。"①"对于中国电影,在广州,我们曾经看过一张叫《诗人挖目记》的,内容的荒唐和表演的不进步,使他没有看完就走,以后对于中国片,就没有再看了。"②可见,鲁迅不看国产片确实是因为《诗人挖目记》倒了他的胃口。但是《诗人挖目记》这部影片我们在中国电影史中却难觅它的踪迹,不知何人所导,何人所演,何处出品。

人民文学出版社1981年版《鲁迅全集》的日记卷对该片也未加注释,2005年新版《鲁迅全集》则注为"根据小说改编的国产影片",但却语焉不详,不知所据何来。经查阅1926年的《申报》,关于影片《诗人挖目记》的文章有两篇,一为广告,一为短评。文章均不长,兹照录如下:

中国明代古装历史影片
诗人挖目记

前法总理克理满沙编剧

留法中国电影明星徐琥主演

前法总理克理满沙在欧战和议既成之后,深痛人类残杀之罪恶,联想所及,觉世界实现之事实,皆足使明眼人触目伤心,退著《诗人挖目记》(The Veil of Happiness)一剧,以中国清代装饰出演于法国国家大剧场,颇受法人之欢迎。时中国和会总代表陆征祥氏在法,喜其剧情寓意深奥,嘱林纾译为华文,题名《膜外风光》。书既发,留法学生争往观剧,见演员垂辫之状,有辱国体,退而大哗,举徐琥告克氏,谓剧情所述,系明代事,不可故误。克氏乃请徐为顾问,命剧场以明代古装出演,法人欢迎,更见热烈。巴黎汉蜜莱影片公司(Hamalaya Film Co.)总导演欲摄演之为影戏,聘任徐琥为副导演,并请主演剧中张怡一角。巴黎总领事廖叙时之弟廖世勤,及留法

---
① 许广平《欣慰的纪念》,人民文学出版社1953年版,第126页。
② 许广平《关于鲁迅的生活》,人民文学出版社1954年版,第5页。

美术学生华女士赵庭良李福昌等，闻讯自告奋勇，分任剧中诗春夫人、杜夫、李刚、赵犯诸角，历时十余月，用费数十万，全剧始成。出演之日，巴黎全市，如中狂热。今本院以巨价购运来沪，定三月十三日开演。凡欲认识克理满沙氏之政治眼光，及领略剧中之哲学意味者，不可不看此明代古装历史片。静安寺路夏令配克戏院启　　　（《申报》1926年3月11日头版）

观克理满沙诗人挖目以后

神　影

法前总理克理满沙氏，素有人虎之称，盖状其治事之精壮。吾人远居东方，未能见其容貌。今观《诗人挖目记》，得知其思想之一斑。此剧真义，言世界罪恶之事，所在多有，能使明眼人触目伤心，非挖目相避，决不能免痛苦，其深恶现代之世界，意尽于此。

据克氏之自述，谓诗人挖目记之剧材，系取诸中国明代历史中。中国明代历史中，有无其事，今不可究，以意度之，或竟绝无其事，而克氏必指为明代事，复嘱汉曼莱影片公司特请留法中国学生以古装表演者，殆欲藉此引起法人特殊之注意，而使彼所发挥之意见令法人得深刻印象乎？果如是，则克氏用心大足使人钦佩矣！

（《申报》1926年3月15日第五张第17版）

很明显，《诗人挖目记》系改编自法国舞台剧本，并非小说，由法国电影公司出品，导演、编剧也均是法国人，只是因为内容表现的是中国明代故事，为了使电影真实自然，故而延请中国人主演，只能说是一部跨文化题材的影片，但绝不是中国的国产片。根据《申报》提供的信息，经查阅得知，《诗人挖目记》原剧本曾被林纾翻译为《膜外风光》（与叶于沅合作，叶于沅口译），1920年3月出版，但并非正式出版物，而是陆征祥家刊本，该书存世不多。但该剧本1926年也曾刊载于鸳鸯蝴蝶派刊物《紫罗兰》第1卷第19号和22号，《紫罗兰》第1卷第19号曾刊《特别启事》云："本期因包天笑先生之《玉笑珠香》与王小逸先生之《春水微波》均未到,特从钱芥尘先生处借得故大小说家林琴南先生所译《膜外风光》付刊,以弥其缺。下期中两长篇仍当赓续刊登。读者谅之。"

苏雪林在《中国二三十年代作家》中评论巴金的域外小说时曾以《膜外风光》为对照:"法国老虎总理克莱孟梭(Clemenceau)以中国古代盲诗人张某(大概指张籍)为题材写其《膜外风光》,在法国为传诵一时之佳构,中国人观之则竟莫名其妙。"可知《膜外风光》当时还是有人知道的,通过该剧本的阅读,我们可以大略知道电影《诗人挖目记》表现的主要内容,以及"剧中之哲学意味"何以被鲁迅斥之为"浅妄极矣"。

林纾翻译剧本多采用小说形式,但这部署名法国克里孟索原著,闽县林纾、叶于沅同译的《膜外风光》仍保持了剧本形式,共十五幕。张怡是个富家盲人,自失明十年来,李刚"为瞽者之目",照顾他的生活,并且每日为他读邸抄(即新闻),使他"洞彻外事,获厕于社会中,自成其生活,尤能知人之所知,见人之所见。中心悦豫极矣"。张怡从邸抄中得知天下清明,遂口口声声颂扬帝力,并贬斥外族,但也与李刚谈及一外族医士称能治好自己眼睛,给了他一玻璃瓶药水,每日滴三滴可复明,但如滴十滴,则眼睛永不可救。张怡认为自己反正已瞎,不妨一试。而张怡之妻诗春,"柔婉而有仪","矩步规行,无可訾议",张怡称之为"蓓蕾之名花""玉琢之花、当春之绿树",张怡作了许多歌颂"三从四德"的诗,欲"扬诗春之名于大地"。张怡的儿子万修也读书精进,对《礼记》尤为擅长,张怡对他进行面试,问"人子之事父母"应尽何职,万修对答如流,恭敬守礼,张怡由是畅想儿子必然能够"身登廊庙","赐以尚方之剑,生杀均可自由",并夸耀科举,"中国之佳处,仕官实考校而来,非若外洋以势力鸣,以选举进,非法也,须知科举者,五千年以前祖制如是,更历五千年亦当供守成法,方无流弊,天下尚有何事能如是之公"。

后来一个姓赵的囚犯在押解途中,路过张怡家,赵因央求张怡施舍钱物,张怡信了他的花言巧语,以为他真是打抱不平误杀恶少,便命诗春施舍于他。不久圣旨降至张家,称17200首"三从四德"诗为张怡与李刚所制,圣上对张怡予以奖赏,并赐官给李刚,张怡声明诗集为自己一人独著,遭奉谕人呵斥:"谕旨安得有误",李刚解释说可能是进呈御览时书记无心将自己名字厕入。张怡不以为意,并以能与友分享而感到高兴,并请圣上释赵姓之囚。

药水竟然真的发生作用,张怡突然目明,见到被赦免的赵囚,又潜回偷盗,见到万修在李刚面前学自己盲人的模样,不孝之极,又发现自己的诗集上,"李刚之名赫然触目",分明是李刚故意"窜袭他人之作"。"自复明之后,觉昧昧中所席之幸福,至此乃全空矣。方吾盲时,以隔膜揣世界物状,节节皆佳,及复明而膜启,则人间真态竟一一呈露于吾前,感吾之恩,承吾之教,订我之盟,均成虚话,在在行诈而已,今将用何言以斥其非,如负心之罪人,不孝之叛子,冒利无耻之损友,节节令人寒心。"但张怡对他们仍然抱有幻想,并且"幸吾之左右尚有醲挚之爱情,赤心之义友",但终于见到诗春和杜夫两人偷情之丑态。

在这种种打击下,张怡终于悟到"然世界中百无可信者矣,社会一谬妄之团,彼此相诳而已,而诗春尤为妄语中之魁蠹,夫诗春既伪,则天下皆伪","凡人名誉、财产、爱情、友谊,即人心之幻想,幻即成空"。但转念之间,张怡又惊叹"方吾盲时,自眼膜外窥天,似隐隐作蔚蓝,及张目则举世皆愚,天下有幸福人必不见世界为愈,彼番人欲以光授我,乃削夺吾福而无余"。而"番人为多行不义之人",又岂能做出善举呢?继而认为所见皆是"虚幻之景物",而自己竟相信了,岂不是成为番人的"试验之物","一切皆非中国,如天也,地也,花也,草也,诗春也,皆属番人世界中所有,实非吾有。……此一切天魔之幻相","膜脱而痛苦至,然则吾盲固吾福耳"。于是决定"仍还吾盲",将十滴药水滴入眼中,眼睛重归于盲。

《膜外风光》主要利用突转来表现戏剧冲突,当然这种突转的编造痕迹也是很明显的,尽管作者声称取材自中国明代历史。剧情主要依靠人物的对话推进,但进展比较缓慢,因为剧中人物对话的动作性较小,主要是各种状态如失明、诗春的人格等情况的揭示,但若拍成无声电影,仅以字幕显示,艺术效果可能还要打折扣。但剧情前后幸福与痛苦的强烈对比,说是佳构尚可,也不乏一定的趣味性,然而人物对话中充斥着宣扬封建礼教的陈词滥调,弥漫着一股陈腐气息,实在很难想象出自一个法国作家之手,而由新文化的顽固反对者林纾来翻译正可谓再合适不过,林纾在《膜外风光序》中还以庄子梦与醒的哲学来解释该剧的主旨。当然《膜外风光》在中法跨文化交流领域尚有许多可解读的地方,尤其张怡复明之后所见事实与自己曾想象的幸福完全悖反,也已宣告了封建礼教的说教不过都是虚妄。

影片《诗人挖目记》已难觅影踪,但从《膜外风光》所表现的内容来看,鲁迅对这样一部电影深恶痛绝也就不难理解了。然而导致鲁迅不看国产片的责任只能归之于这部中国人演的法国片,却不应错怪在整个国产电影的头上,后来许多研究者大多沿用了许广平的说法,未免以讹传讹,如曾敏之在《鲁迅在广州的日子》一书中的记述:"鲁迅先生很喜欢看电影,他和许景宋、孙伏园看过许多场电影,看过的国产影片有《一朵蔷薇》《诗人挖目记》等。因为当时的国产影片还很幼稚,不论艺术水平,摄影技术都很低劣,当他看《诗人挖目记》时,几乎不能终场而去。他在《日记》里批评这部影片为'浅妄极矣',从此使他对国产电影失去了兴趣。"又如洪遒刊于《中国电影》1956年创刊号的《鲁迅和电影》一文,也有类似说法。

附带需要说明的是,《诗人挖目记》的主演徐琥曾在1924年7月,与留法同学汪煦昌合办了昌明电影函授学校。徐琥也曾参与电影导演,明星公司1924年出品的《玉梨魂》,由张石川、徐琥导演,汪煦昌摄影;百合影片公司第一部影片《采茶女》在1924年9月完成,由朱瘦菊编剧,徐琥导演;友联影片公司1925年由陈铿然编导的《秋扇怨》,徐琥曾担任该片导演顾问。尽管是留法的知识分子,徐琥似乎观念仍较保守,所参与的影片多不脱鸳蝴派范围。

原载《读书》2007年第11期

鲁迅与中国古代文学

中国小说史家的鲁迅先生

赵景深

战士鲁迅死了;关于纪念这样一个努力与封建思想奋斗的作者,是应该侧重于他的思想方面的。但我做这工作,能力还不够,所以只好略谈他在中国小说史方面的成就。蔡元培挽联云:"著述最谨严,非徒中国小说史。"而我只能诚实地就我所比较知道一点的来说,实是惭愧。不知一般前进的批评家,仍要以为这是替鲁迅纪念刊留下一个污点,"否,我的题目也恕未写成",像下面似的底的样子:"作为中国小说史家底的鲁迅"。但我以为,单独地以我这篇短文来纪念鲁迅是不对的,把我这篇短文放在几篇论鲁迅的创作、思想等文字的后面是应该的;因为鲁迅对于中国小说史的研究,实有很大的功绩,正不容我们忽视;这犹之谈到苏联的版画,表现工业进步的固很重要,为文学名著作插图的也是相当的重要。我们应该各就所知,从各方面来看鲁迅。

鲁迅的《中国小说史略》是现有的三数同类书中最好的一部;到现在为止,还没有比他写得更好的。今年已有日本增田涉的译本。此书初版于1924年,曾经增订两次:一次是1930年,添上元刊本《全相评话》(世界文库今年将刊印一部分),《水浒传》诸本(商务刊有一百二十回本,李玄伯刊有百回本)以及"三言"(世界文库已刊《警世通言》与《醒世恒言》,惜《古今小说》抄本已毁于火)的叙述;一次是1935年,也就是去年,把《品花宝鉴》的作者陈森书改为陈森,又把《花月痕》的作者魏子安改为魏秀仁。因为他发现了作者的手稿《梅花梦传奇》

自署昆陵"陈森",故疑"书"字误衍。对于《花月痕》的发现尤大,原来他买到一部谢章铤的《赌棋山庄文集》,其中有一篇《魏子安墓志铭》(似曾载入新版《小说旧闻钞》,最近孔另境在中华书局出版的《中国小说史料》并收之)说起子安是号,秀仁方是名。铭后附有魏秀仁的著作目录,凡三十三种,八十卷。我希望将来魏秀仁的著作能够逐渐被我们发现。

辅翼《中国小说史略》而行的是《小说旧闻钞》。这部书比蒋瑞藻的《小说考证》要好得多。第一,蒋氏的书虽名为《小说考证》,实际上是连戏曲的考证也放在一起。并且随得随刊,检查不便。例如,《三国演义》既见于《正编》,又见于《拾遗》,复见于《枝谈》。而《小说旧闻钞》却是只录小说考证,不取戏曲考证,并且合为一本,不是前后散见的。第二,蒋氏抄缀,常任意更改字句;有时原书易得,也去抄录第二道手的引文。鲁迅则均取原书校正字句,且多新的考证录出。如果原书易得,就不殚烦地再去翻检原书。例如关于《水浒》,俞樾的《茶香室续钞》曾经两次引到周亮的《因树屋书影》;蒋氏引前者,鲁迅便改引后者。又如《英烈传》,蒋氏引《茶香室续钞》,鲁迅便把它的娘家"七修类稿"找了出来。又如,关于《西游补》,蒋氏只用缺名笔记,鲁迅则把笔记所引用的原书朱彝尊的《明诗综》和钮琇的《觚賸续编》用了上去。又如,关于《女仙外史》,蒋氏引通俗编删去开首几行,鲁迅却将全文补足;凡此诸点,都是鲁迅胜过蒋氏的地方。

关于小说的辑录,鲁迅有《唐宋传奇集》和《古小说钩沉》。前者分辨伪作,考证源流,用力极勤。一向我们看惯了《唐人说荟》,以为"邢凤"和"沈亚之"乃《梦游录》的篇名,而作者是什么"任蕃",即《异梦录》,"沈亚之"即《秦梦记》,均为沈亚之所作,见存《沈贤集》;连可靠的《太平广记》关于此两篇都只选用第二道手《异闻集》,或《异闻录》,他更无论矣。我们又以为《虬髯客传》乃张说作,《枕中记》乃李泌作;不知前者的作者实为杜光庭,后者的作者实为沈既济。我们复以为《杨太真外传》《梅妃传》(托名曹鄴)《开河记》《迷楼记》以及《海山记》(最后三种均题韩偓)都是唐人作的,不知实乃宋人所作,经鲁迅考订以后,方才拨云雾而见真相。

中国小说史家的鲁迅先生

《古小说钩沉》是常在我怀念中的一部书。记得鲁迅以前曾写给小峰，说是不愿给北新印，出这部书是"赔本无疑"，想交给厦门大学印，后因辞职赴广州中山大学，这事便搁了起来。去年郑振铎编印世界文库，第一集目录中有此书，但今年预告中仍无此书。我希望许广平女士能将此稿整理出来设法付印，此书的读者虽不多，我相信对于中国小说史的研究上，必有很大的贡献。虽然我们已经有了邓嗣禹的《太平广记篇目及引书引得》，那是仍旧不足餍我们之望的；因为邓嗣禹的"引得"只以《太平广记》为本位而"钩沉"，其他《说郛》等书均未涉及，而鲁迅却是以小说为本位而作横的辑集的。

《中国小说史略》出版的那年，我在长沙岳云中学教国文，我所买的初版本是黄色封面，分上、下两册，作两次出版的。当时校中的同行同事张先生，是北大毕业的，曾听过鲁迅的这个课程，他说："鲁迅先生教中国小说史，听讲的人很多，跑来揩油的也不少。大约他只讲二三十分钟便下课，但他说得非常扼要，并且很有风趣，听他课的人每课都要大笑两三次。"当时《语丝》还不曾出版，而鲁迅的幽默和讽刺之名，已经传遍遐迩了。

最近我时常翻阅鲁迅的这三部书——《中国小说史略》《小说旧闻钞》以及《唐宋传奇集》。并且也时常念念不忘于《古小说钩沉》。我想按照鲁迅在《中国小说史略》上所精选的几十部小说来详细阅览于探讨，至今只写成一部《小说闲话》，已经排好，本想请鲁迅题签，不料他却去世了。昨天我写信给专研平话小说的长泽规矩也说："鲁迅逝世，不胜哀悼，从此中国小说史研究者又弱一个，我希望他在纪念平妖堂主人马廉以后，再在《书志学》上纪念中国小说研究者的第二次的损失。"

原载《大晚报》(上海)，1936年12月22日

《中国小说史略》勘误

赵景深

今春因讲授鲁迅《中国小说史略》之便，偶然也发现一些原作者的小错误和误排之处。此书已销十余版，且已编入《鲁迅全集》，读者甚多。那末，我把这些琐屑的地方写出来，或者可供读者参考吧。

（一）"《新唐·艺文志》小说类，自张华《列异传》戴祚《甄异传》至吴筠《续齐谐记》等志神怪者十五家，一百五十卷。"（面二三）按"一百五十"当为"一百十五"，此系颠倒误排。《新唐书》原文云："张华《列异传》一卷，戴祚《甄异传》三卷，袁王寿《古异传》三卷，祖冲之《述异传》十卷，刘质《近异录》二卷，干宝《搜神记》三十卷，刘之遴《神录》五卷，梁元帝《妍神记》十卷，祖台之《志怪》四卷，孔氏《志怪》四卷，旬志《灵鬼志》三卷，谢氏《鬼神列传》二卷，刘义庆《幽明录》三十卷，东阳无疑《齐谐记》七卷，吴筠《续齐谐记》一卷。"以上，十五家是不错的，卷数却是一百十五，不是一百五十。

（二）"引《伊尹书》曰，箕山之东，青岛之所。"（面三七）"青岛之所有甘栌"。（面三八）按青岛固然是山东的一个地名，但岛名也可以代替地名的，比方说，《山海经》上的比翼鸟，柳宗元文中的多稊归都是。所以，原本"青岛"实为"青鸟"。"青岛"这名词也许太古怪了，常被弄错，古人就屡曾误写；《说文》作"青舃"，颜师古《汉书》注则讹作"青马"。

（三）宋有吕居仁《轩渠录》，沈征《谐史》，周文玘《开颜集》，天和子《善谑集》。(面八六)按,此四书均见陶宗仪《说郛》,虽然有三部是笑话书,沈征《谐史》实非笑话,因为其中很少可笑的事情,这犹之《齐谐记》《续齐谐记》不能称作笑话一样。

(四)第八篇《唐之传奇文(上)》先叙沈亚之,后叙陈鸿,最末叙白行简,误。《唐宋传奇集》(上)的排列是对的。应该按照时代先后,先叙白行简,次序陈鸿,最末叙沈亚之。我们只要一看下列各篇的时代就可以知道:

795　白行简作《李娃传》。原文最末云:"贞元乙亥岁秋八月,太原白行简云。"白行简的《三梦记》虽无明显的著作年代,但其中一梦为元和四年事,即809年之事,可见《三梦记》当作于809年左右。

806　陈鸿《长恨歌传》约在此年后作。因为他在"元和元年冬十二月"才听见白乐天话及此事。至于陈鸿的《东城老父传》叙贾昌"元和庚寅岁,九十八年矣。"这一年是810,比《三梦记》迟了一年。

815　沈亚之《异梦录》即此年事,开端即云:"元和十年。"

818　沈亚之的《湘中怨辞》作于此年。末云:"元和十三年,余闻之于朋中,因悉补其词,题之曰《湘中怨》。"

827　沈亚之《秦梦记》约作于此年以后,因开端有"太和初"三字也。

上面所述,可列简表如下:

白行简	李娃传(795)	三梦记(809)	
陈　鸿	长恨歌传(806)	东城老父传(810)	
沈亚之	异梦录(815)	湘中怨辞(818)	秦梦记(827)

(五)唐陈玄祐《离魂记》影响到元郑德辉的杂剧《倩女离魂》。此篇小说,鲁迅《唐宋传奇集》、郑振铎《中国短篇小说集》、汪辟疆《唐人小说》等选集都曾列入,足见甚为重要。不知何以鲁迅在小说史略第八、九篇中竟只字未及。

(六)"尚有不知作者之《李卫公别传》。"(面一一一)按,《李卫公别传》这名称是《古今说海》弄的玄虚,鲁迅上了当。实际此篇原名《李卫公靖》,作者是李复言,并非不可考。此篇原收入《续玄怪录》,改头换面,便使人摸不着头脑了。

(七)"《玄怪录》十卷,今已佚,然《太平广记》所引尚三十三篇。"(面一一三)按,《太平广记引得》和《世界文库》中郑振铎的辑本都只有三十一篇,不知还有两篇是什么。大约不会再有了吧?

(八)面七二引《冥祥记》下注"《珠林》,《广记》三百七十七"。(全集本同)参校《古小说钩沉》知"《珠林》"实为"《珠林》七"之误,意谓《法苑珠林》卷七也。

附带要述及的,是沈既济的生平,小说史略作"左拾遗"和"礼部侍郎"是对的,《唐宋传奇集》作"右拾遗"和"吏部侍郎"是错的,我已查过《新唐书》了。汪辟疆的《唐人小说》以讹传讹,竟亦照样错了。

(九)"周密之书(《武林旧事》六)叙四科又略异,曰演史,曰说经诨经,曰小说,曰说诨话,无合生。"(面一三七)其实《武林旧事》上合生是有的,就是"合笙",好多书上都是如此说;这一点为了多一个竹字头,鲁迅便不敢承认,他是太仔细了。

(十)"又写得算得,又是哼嗻大官府第出身,只要嫁个读书官人。"(面一四四)按,这节《西山一窟鬼》上的话,哼嗻二字应断,读作"又是哼嗻,大官府第出身"。哼嗻就是聪明能干的意思,至今吴语还有这样的方言。

(十一)"今高李作虽散失,然足见宋末已有传写之书。"(面一七四)胡适鲁迅都以为南宋高如李嵩写过《水浒》故事,其实这两个人是画家,他们只画过《水浒》三十六人的像,龚圣与的像赞就是写在他们的画上的。所谓传写,并非"传抄写录",而是"传神写照"的意思。李嵩尤有名,《元曲选》的插图常有题作"仿李嵩笔"的。

(十二)"张果蓝采和何仙姑则别成道。"(面一九〇)《东游记》写的是八仙过海的故事。这三个人并非"别成道",受八仙以外的人指点成道,而是铁拐等人超度的。张果蓝采和是铁拐李超度的,何仙姑是铁拐李和蓝采和超度的,所以"别成道"一语不确。详见拙作《小说闲话》(北新版)。

（十三）吴承恩（约1510—1580）（面二〇〇）按吴承恩卒年应为1582，至少不是1580。因为陈文烛万历庚寅《吴射阳先生存稿》叙云："吴汝忠卒几十年矣。"庚寅为万历十八年，故知卒年决非万历八年或1580。如果卒年是1580，那末陈文烛就该说"卒已十年"，不应说"卒几十年"。故由此上推九年，为万历十年，因知吴承恩卒年为1582。

（十四）"《万事足》《风流梦》《新灌园》皆冯梦龙作。"（面二四五）按，这个错误，实始于高弈《新传奇品》、焦循《曲考》和王国维《曲录》，跟着盐谷温《关于明的小说三言》以讹传讹，接着鲁迅也就依样画葫芦，其实这三种戏曲都不是冯梦龙作的，冯梦龙只是改编罢了。《万事足》原名《万全记》，与范希哲所作剧同名，或即范作，惟时代似不甚相合，但无论如何，《万事足》决非冯氏创作。《风流梦》改的是汤显祖的《牡丹亭》，《新灌园》改的是张凤翼的《灌园记》。

（十五）"《今古奇观》取《古今小说》者十八篇。"（面二五四）按，应改作"取《古今小说》八篇，取《警世通言》者十篇"。《古今小说》的八篇就是《今古奇观》的第三、四、十一至十三、廿三、廿四、卅二等回，《警世通言》的十篇就是《今古奇观》的第五、六、十四、十九至廿二、卅一、卅三、卅五等回。

（十六）"《钟馗捉鬼传》十回，疑尚是明人作。"（面二七三）据谭正璧《中国小说发达史》，知《捉鬼传》乃清初太原人刘璋作。

（十七）"《海上花列传》题花也怜侬著，或谓其人即松江韩子云。其书出于光绪十八年，每七日印二回。"（面三三三）按，《海上花列传》作者的姓名，鲁迅是时常耿耿于心的，所以他的《史略后记》上说："即近时作者如韩子云之名，亦缘他事相牵，未遑博访。"但胡适在1926年为《海上花列传》作序，已云韩子云名邦庆，其书初刊于《海上奇书》，每半月印二回。鲁迅《史略》修订于1930，即在胡适作序的四年以后，似应据之改子云为邦庆，改七日为半月。详见拙作《小说戏曲新考》（世界版）。

此外较新的发现，如《封神传》作者非许仲琳，乃陆西星；刘鹗生卒年非1850—1910，乃1857—1909；夏敬渠的生卒年乃1705—1787；蒲松龄的生卒年

使先生和后生相印

乃 1640—1715；《西游记杂剧》作者非吴昌龄，乃杨景言；凡此，都是应该修正的。

《小说史略》的误字，校勘如次：

面	行	字	误	正
八三	一二	二	《实世说》	实《世说》
九〇	六	八	《作古镜》记	作《古镜》记
九一	一二	二〇	十娘五娘	十娘五嫂
九二	三	一〇	宝	贝
一二一	六	二七	采抚	采摭
一三六	三	一二	梦《梁录二》	《梦梁录》二
一三六	七	九	说参讲	说参请
一三六	一一	一	灌园	灌圃
一五二	七	一三	见其	见。其
一五二	一〇	三	者其四，	者。其四，
一六四	一〇	一六	迨清康熙时	迨清康熙时
一六四	一一	一	《水浒传及》	《水浒传》及
二六二	八	五	沈凤起	沈起凤
二七七	六	二三	先在	先生
二八五	一三	四	宝王＊	（星点应删）
三〇三	四	一五	偏历	编历
三一八	一一	一一	林子洋	林之洋
三一九	八	四	林子洋	林之洋
三二〇	四	一三	林子洋	林之洋
三二〇	七	一八	林子洋	林之洋
三二四	八	四	名土	名士
三二四	九	一一	名土	名士
三二四	九	一六	钗细	钗钿

三三四	九	一一	耐未	耐末
三三六	五	一五	来始迀	始来迀
三四二	一〇	一八	罢。「	罢。」
三五一	二	一七	沈中元	沈仲元
三七〇	二	九	夸	跨
三七一	一	一八	塵	塵

此外引文我校正的尤多，但因不知鲁迅所据果为何种版本，故未敢臆断，也就不写出来了。

原载赵景深《银字集》，永祥印书馆（上海）1946年初版

《中国小说史略》笺补拾零

丁锡根

"中国之小说自来无史"(《中国小说史略·序言》),鲁迅先生的《中国小说史略》是我国开创性的第一部小说史专著。早在20世纪20年代初,他在浩繁的古代小说作品和史料中,博览广征,辨析考订,对散佚错落、真伪莫辨的史料进行搜集整理和纂集工作,编成《古小说钩沉》《唐宋传奇集》和《小说旧闻钞》等资料集。在系统整理小说史料同时,着手《中国小说史略》的著述。

《中国小说史略》对我国古代小说分类、作品年代、题材来源、故事演变、作家生平思想等都作了精辟的论述;它系统分析了我国小说的历史源流和演变过程,清晰勾勒出我国小说史的基本轮廓;在探索小说和社会生活以及政治、经济、文化关系时,正确阐明了促使小说发展的各种因素,评价和肯定了小说优秀作品所具有的进步思想、批判精神和卓越的艺术成就。《中国小说史略》给我国小说的历史发展作出了言简意赅的总结,它的问世,奠定了这门学科的研究基础。

小说在我国有着悠久的历史,并为广大群众所喜闻乐见,但一直受到历代封建统治阶级和封建正统文人的排斥和压制。"在中国,小说是向来不算文学的"(《且介亭杂文·〈草鞋脚〉小引》),因而小说史研究领域一直是芜杂的荒原,鲁迅撰写小说史,实际上是一种垦荒性质的工作,难度是相当大的。他所涉及的这一领域,规模宏大,头绪纷繁;所凭借的资料,庞杂零乱,真伪混淆。如鲁迅所指出:"中国人向来以为小说无足轻重,不似经书,所以多喜欢随便改动它。"(《中国小说的历史的变迁》)而且有的作品和史料,既非当时所能见,能见的又大多非原刊,存在篡乱删节等错误,鲁迅曾回忆当年遭遇而感叹地说:"我的《中国小说史略》,是先因为要教书糊口,这才陆续编成的。当时限于经济,所搜集的书籍,都不是好本子,有的改了字面,有的缺了序跋。"(《集外集拾遗·通讯〈柳无忌来信按语〉》)由于上述客观条件,《中国小说史略》存在若干疏漏,在当时也是不可避免的。

鲁迅生前自己也注意到了这一点。1924年3月,他在本书《后记》中,提出于明清小说作品史料方面,由于"识力俭隘,观览又不周洽",而"阙略尚多";而于考订小说"成书年代及其撰人"方面,原有的小说序跋"大率刊落",由于"依据寡薄",所以"时虑讹谬"。1930年11月本书重刊时,鲁迅在《题记》中指出:鉴于当时研治小说史之风大盛,新史料不断出现,他为无暇补订旧作而深感内疚;谦逊地把《中国小说史略》比作"瓦釜",并真诚寄望"杰构于来哲"。1935年6月,他为增田涉《中国小说史略》日本译本写序,说明本书虽然有不少新史料需增补,他说:"但我并不改订,目睹其不完备,置之不问……但愿什么时候,还有补这懒惰之过的时机。"然而终于未曾有过这样的时机。鲁迅后期,特别在1927年以后的10年间,他全力投身到错综复杂的现实斗争中,主要从事与当时斗争有直接关联的著述,《中国小说史略》虽多次排印,但没有可能进行全面修订,这也是完全可以理解的。

尽管如此,鲁迅后期却始终没有中断小说史的研究,他的一些学术性论著,就一个专门问题进行探讨辨析,成为《中国小说史略》必要和有机的补充,例如断代小说史研究《六朝小说与唐代传奇文有怎样的区别》;作家评论《谈金圣叹》;小说写作年代考证《关于三藏取经记等》;小说丛书和目录评论《破唐人说荟》《关于小说目录两件》等。还有一些杂文、书信,写时并不从研究小说史出发,信手拾取古代小说的人物情节,施以褒贬,加以点染,不仅表达了寄寓之意,而且也对小说史作出极为精当的评价,如《魏晋风度及文章与药及酒之关系》

《流氓的变迁》等。这些著述和《中国小说史略》一起,成为我们非常宝贵的财富,有着极其重要的价值,它不仅体现我国古代小说研究的首创意义,为后来研究者开辟探索的道路,提供非常深刻的启示,而且他的许多论断,今天还一直为人们所引用,影响极为深远。

近年在学习《中国小说史略》过程中,在受到很大教益的同时,也看到鲁迅自己提出的某些问题,现在冒昧地对《中国小说史略》需要补正辨析的若干史实,择要加以说明:或补充鲁迅后期小说史研究的新论点;或增加当时没有见到的小说史料;或改正文字排印的若干错误;或校订引文原书的错脱衍倒;或提出需要进一步查考的问题,等等。这些一鳞半爪的看法是肤浅的,有的甚至可能是错误的,恳切期望得到批评指正。

底本用1957年人民文学出版社的《鲁迅全集》第8卷本。

> 回忆讲小说史时,距今已垂十载,即印此梗概,亦已在七年之前矣。

(《题记》,第3页)

本书写于1920年,初为17篇,后增为26篇,均题名《中国小说史大略》。1923年12月和1924年6月,由北京大学新潮社分上、下册出版时,增补第一篇《史家对于小说之著录及论述》,并将《明之神魔小说》上下两篇,分为上中下三篇,共28篇,改名《中国小说史略》。1925年9月,由北京北新书局改印合订本。1930年11月,重加修订后再版。以后的本子基本上据1930年本排印。

> 中国尝有论者,谓当有以朝代为分之小说史,亦殆非肤泛之论也。

(《题记》,第3页)

"论者"指郑振铎。本书手稿原作:"郑振铎教授之谓当有以朝代为分之小说史,亦殆非肤泛之论。"又增田涉《鲁迅印象记》也说:"这《题记》的底稿是给了我的,现在还在手边,原文稍有不同,在'中国尝有论者'的地方,明显地写着'郑振铎教授'"。

> 然《庄子》云尧问孔子。(《史家对于小说之著录及论述》,第5页)

"尧问孔子"不见今本《庄子》。《庄子》一作"庄周"。桓谭《新论·本造》

《太平御览》卷六〇二说:"庄周寓言,乃云尧问孔子。"

> 右小说十五家,千三百八十篇。(《史家对于小说之著录及论述》,第6页)

原书所载"千三百八十篇"的篇数有误。《汉书·艺文志》所载小说实际总数为"千三百九十篇"。殿本《汉书》于"千三百八十篇"下刘奉世注云:"少十篇。"

> 孔子曰:"虽小道,必有可观者焉,致远恐泥。"(《史家对于小说之著录及论述》,第7页)

"孔子"应作"子夏"。见《论语·子张》:"子夏曰:'虽小道,必有可观者焉,致远恐泥,是以君子不为也'。"

> 《经籍志》撰自魏征。(《史家对于小说之著录及论述》,第7页)

今本《隋书·经籍志》撰者题名"长孙无忌等"。姚振宗《隋书经籍志考证》说:"按本志天圣以前本题唐侍中郑国公臣魏征等撰。今本题唐太尉扬州都督监修国史上柱国赵国公臣长孙无忌等撰。"《四库全书总目》说:"宋刻《隋书》之后,有天圣中校正旧跋,称旧本每卷分题,十志内惟《经籍志》题郑国公魏征撰。今从众本所载,纪、传题以征,志题无忌云云。是此书每卷所题撰人姓名,至天圣中重刊始定,以领修者为主,分题征及无忌等。"

> 瞽瞍又使舜穿井,舜穿井为匿空,旁出。(《神话与传说》,第13页)

引文意犹未尽。《史记·五帝本纪》:"瞽瞍又使舜穿井,舜穿井为匿空旁出。舜既入深,瞽瞍与象共下土实井,舜从匿空出,去。"

> 文王梦天帝服玄襀以立于令狐之津。(《神话与传说》,第15页)

"襀"疑作"禳",即禳衣。赵明诚《金石录·太公碑》说:"襀字,字书所无。"崔豹《古今注》说:"禳衣,厮役之服也,取其便于用耳,乘舆进食者服禳衣。"

> 其后江灌亦有图赞。(《神话与传说》,第16页)

这里误记。江灌所作系《尔雅图赞》,不是《山海经图赞》。《旧唐书·经籍志》著录:"《尔雅图赞》二卷,江灌注。"《新唐书·艺文志》著录:"江灌《图赞》一卷。"虽不说书名,然在"小学类",列为《尔雅》注书。

> 中国神话之所以仅存零星者,说者谓有二故。(《神话与传说》,第16页)

"说者"指日本盐谷温。他解释中国神话"仅存零星者"的两个原因,见所著《中国文学概论讲话》第六章。

> 刘知幾《史通》云"《青史》由缀于街谈"。(《汉书艺文志所载小说》,第19页)

引语不见今本《史通》。刘勰《文心雕龙·诸子》有"《青史》曲缀以街谈"语。

> 有三事如《山海经》及《穆天子传》,与《逸周书》不类。(《汉书艺文志所载小说》,第20页)

"三事"原作"四事"。朱右曾《逸周书集训校释》卷十一说:"考《艺文志》小说家类有《虞初》九百四十三篇,应劭曰'其言以《周书》为本'。然则此文(指《穆王田》)及上三条出于《虞初》乎?纲罗散佚,宁过而存之。"按"此文"及"上三条",其总数当为"四事"。除本篇所引"三事"外,《逸周书集训校释》尚据《太平御览》卷三,引有羿射日事,今录而备考:

> 日本有十,迭次而出,运照无穷。尧时为妖,十日并出,故为羿所射死。

> 汉武帝……乃延朔问其所有之物名。(《今所见汉人小说》,第23页)

《中国小说史略》1923、1924年本,1925年本作:"乃延朔问其所在及所有之物名。"《十洲记》载:武帝"是以延至曲室,而亲问十洲所在,所有之物名"。

> 长公主抱置膝上。(《今所见汉人小说》,第24页)

鲁迅《古小说钩沉·汉武故事》据《太平御览》卷八十八所引,"长公主"下有"嫖"字,按即馆陶长公主刘嫖。

> 西王母暮必降尊象上。(《今所见汉人小说》,第25页)

鲁迅《古小说钩沉·汉武故事》据《绀珠集》卷九校补作:"西王母暮必降尊象,上宜洒扫以待之。"

> 容眸流盼。(《今所见汉人小说》,第26页)

许广平《鲁迅回忆录·鲁迅的讲演与讲课》说："鲁迅讲书，不是逐段逐句的，只是在某处有疑难的地方加以解释。如说到《汉武帝内传》时，他首先讲出：《故事》是文人所作，《内传》则为道士所作。道士是反对佛教的，而《汉武帝内传》于王母降临的描写则多用佛语，字句繁丽，而语则似懂非懂，以迷惑人，属于神秘派之类。其中如'容眸流盼'的容是指颜面，颜面如何能流盼呢？不是不通就是多余的字了。"

> 又记言"孔子教鲁哀公学《尔雅》"。（《今所见汉人小说》，第29页）

"记"似应作书名，即《大戴礼记》。《汉书·艺文志》录《孔子三朝》七篇。刘向《别录》称：孔子三见哀公，作《三朝记》七篇，今在《大戴礼记》。"孔子教鲁哀公学《尔雅》"一语，见《大戴礼记·小辨》。

> （广川王去疾聚无赖发）栾书冢。（《今所见汉人小说》，第29页）

"疾"疑是衍文。《汉书·景十三王传》说："广川惠王越以孝景由二年立，十三年薨。子缪王齐嗣，四十四年薨。……后数月下诏曰：'广川惠王于朕为兄，朕不忍绝其宗庙'，其以惠王孙去为广川王，去即缪王齐太子也。"

> 武昌新县北山上有望夫石。（《六朝之鬼神志怪书〈上〉》，第32页）

"新县"，鲁迅《古小说钩沉·幽明录》所收同一故事作"阳新县"，《晋书·地理志》武昌郡领县作"阳新"。

> 晋时……祖冲之作《述异记》。（《六朝之鬼神志怪书〈上〉》）

按祖冲之（429—500）为由宋入齐时人，不当称"晋时"。《南齐书》卷五十二、《南史》卷七十二《祖冲之传》，皆记冲之卒于南齐东昏侯永元二年，年七十二；其生年为宋文帝元嘉六年。

> 时晋太始五年七月十三日也。（《六朝之鬼神志怪书〈下〉》，第42页）

晋无"太始"，"太"应作"泰"。"泰始"，晋武帝司马炎年号（265—274）。按"太始"另为西汉武帝刘彻、十六国前凉张玄靓年号。

> 《诗·卫风》云"期我乎桑中"。（《六朝之鬼神志怪书〈下〉》，第44页）

"卫风"应作"鄘风"。语见《诗经·鄘风·桑中》。

> 《世说新语》今本凡三十八篇。(《世说新语与其前后》,第47页)

"三十八"应作"三十六"。《世说新语》的卷第篇数诸家所记多有不同。宋人汪藻《世说叙录》记钱文禧、晁文元本并36篇,黄鲁直本为38篇,颜氏、张氏本并39篇,且定以36篇为正。按今通行本始于宋时董弅刻本,亦为36篇。该本绍兴八年董弅跋语说:"右《世说》36篇,世所传釐为10卷。或作45篇,而末卷但重出前九卷中所载。余家旧藏,盖得之王原叔家,后得晏元献公手自校正,尽去重复,其注亦小加剪截,最为善本。"又《四库全书总目》记载:自明以来,世俗所行《世说新语》凡二本,分别为王世贞、袁褧所刊,二本均为36篇。

> 《隋志》又有《笑林》三卷,后汉给事中邯郸淳撰。(《世说新语与其前后》,第50页)

"后汉"应作"魏"。《三国志》卷二十一裴松之注引鱼豢《魏略》称:魏文帝曹丕于"黄初初以淳为博士、给事中"。

> 幻设为文,晋世固已盛,如阮籍之《大人先生传》。(《世说新语与其前后》,第54页)

按阮籍(210—263)为三国魏文学家,此不当称"晋世"。

> 深州陆浑入张鷟字文成。(《唐之传奇文〈上〉》,第55页)

"陆浑"应作"陆泽"。见《旧唐书》卷一四九、《新唐书》卷一六一《张荐传》。又据《旧唐书》卷三十九《地理志》所记,"深州"唐时治所在陆泽,今河北深县。

> 《游仙窟》中国久已失传。(《唐之传奇文〈上〉》,第56页)

自1926年起,章廷谦(川岛)在鲁迅指导下,据日本保存的通行本《游仙窟抄》、醍醐寺本《游仙窟》及流传朝鲜的另一刻本,重新校点,于1929年2月,由上海北新书局刊行,卷首载鲁迅1927年7月写的《游仙窟序言》影印手稿,始复有通行传本。

> 贞元时炎得罪。(《唐之传奇文〈上〉》,第57页)

"贞元"应作"建中"。《旧唐书》卷十二《德宗记》说:建中二年"冬十月乙酉,尚书右仆射杨炎贬崖州司马,寻赐死"。《新唐书》卷七《德宗纪》亦说:建中二年

"是岁杀崖州司马杨炎"。新、旧《唐书》杨炎本传所记与上述同。

  亚之有文名……今集中有传奇文三篇。(《唐之传奇文〈上〉》,第58页)

  按《沈下贤集》所收传奇文除《湘中怨》《异梦录》和《秦梦记》三篇外,尚有《冯燕传》《喜子传》等多篇。

  《新唐志》小说家类有陈鸿《开元升平源》。(《唐之传奇文〈上〉》,第59页)

  "陈鸿"一作"吴兢"。见司马光《资治通鉴考异》卷十二、《宋史·艺文志》史部故事类。又鲁迅《唐宋传奇集》收《开元升平源》一文,其作者题"吴兢",在《稗边小缀》中说:"疑此书本不著撰人名氏,陈鸿、吴兢并后来所题。二人于史皆有名,欲假以增重耳。"

  国忠奉氂缨盘水。(《唐之传奇文〈上〉》,第60页)

  鲁迅1933年6月25日致增田涉书信说:"'国忠奉氂缨盘水',文章有误,不知系陈鸿原文之误,抑或是后人传抄之误,其实是'国忠氂缨奉盘水加剑'。"《汉书》卷四十八《贾谊传》载:"古者礼不及庶人,刑不至大夫,所以厉宠臣之节也。……故贵大臣定有其罪矣,犹未斥然正以呼之也,尚迁就而为之讳也。故其在大谴大何之域者,闻谴何则白冠氂缨,盘水加剑,造请室而请罪耳,上不执缚系引而行也。"

  李公佐……元和中为江淮从事,后罢归长安。(见所作《谢小娥传》中)(《唐之传奇文〈下〉》,第64页)

  "江淮"原作"江西"。鲁迅《唐宋传奇集·谢小娥传》载:"元和八年春,余罢江西从事。"按谓李公佐任江淮从事,别见李公佐《冯媪传》:"元和六年五月,以江淮从事使至京。"

  会昌初,(李公佐)又为杨府录事。(《唐之传奇文〈下〉》,第64页)

  "杨"应作"扬"。"扬府",即扬州大都督府,《旧唐书》卷十八下《宣宗记》:大中二年二月,御史台奏折有"前扬府录事参军李公佐"语。

> 元吴昌龄《西游记》杂剧中有"无支祁是他姊妹"语。(《唐之传奇文〈下〉》,第67页)

"吴昌龄"应为"杨讷"。讷原名暹,字景贤,一作景言,号汝斋,明初人,见贾仲名《录鬼簿续编》。引文见《西游记·收孙演咒》。另据锺嗣成《录鬼簿》记载,吴昌龄所作为《唐三藏西天取经》,朱权《太和正音谱》、姚燮《今乐考证》等著录。全剧未见,仅存佚文。

> 明吴承恩演《西游记》,又移其(无支祁)神变奋迅之状于孙悟空。(《唐之传奇文〈下〉》,第67页)

关于孙悟空的原型有两说。胡适《西游记考证》说:"我依着钢和泰博士的指引,在印度最古的纪事诗《拉麻传》里寻得一个哈奴曼,大概可以算是齐天大圣的背影了。"又说:"我总疑心这个神通广大的猴子不是国货,乃是一件从印度进口的。也许连无支祁神话也是受了印度影响而仿造的。"鲁迅《中国小说的历史的变迁》称:"我以为《西游记》中的孙悟空正类无支祁。但北大教授胡适之先生则以为是由印度传来的;俄国人钢和泰教授也曾说印度也有这样的故事。可是由我看去:1.作《西游记》的人,并未看过佛经;2.中国所译的印度经论中,没有和这相类的话;3.作者——吴承恩——熟于唐人小说,《西游记》中受唐人小说的影响的地方很不少。所以我还以为孙悟空是袭取无支祁的。但胡适之先生仿佛并以为李公佐就受了印度传说的影响,这是我现在还不能说然否的话。"

> 杜甫《少年行》有云,"黄衫年少宜来数,不见堂前东逝波",谓此也。(《唐之传奇文〈下〉》,第68页)

谓杜甫《少年行》一诗,系针对《霍小玉传》李益事而发,宋人已有此论。姚宽《西溪丛话》说"蒋防作《霍小玉传》,有豪士衣轻黄衫,挟李至,霍遂死。杜甫《少年行》云:'黄衫年少宜来数,不见堂前东逝波'。大历中甫正在蜀,是时想有好事者传去,遂作此诗",云云。按此诗所云,不过字面偶然遇合,当不足证。且《少年行》写于宝应元年(762),李益(748—约827)时年仅14岁,杜甫不可能为咏李益事而撰写此诗。

> 尚有不知作者之《李卫公别传》《李林甫外传》。(《唐之传奇文〈下〉》,第67页)

《李卫公别传》之作者为唐李复言,《太平广记》卷四一八原题《李卫公靖》,下注出《续玄怪录》。《李林甫外传》之作者为唐卢肇,《太平广记》卷十九原题《李林甫》,下注出《逸史》。按明陆楫《古今说海》选录时改题,且不说出处,故作者之姓名反渐次不传。

> 僧孺字思黯,本陇西狄道人。(《唐之传奇集及杂俎》,第70页)

"陇西狄道"应作"安定鹑觚"。《旧唐书》卷一七二、《新唐书》卷一七四《牛僧孺传》,皆说僧孺为"隋仆射奇章公弘之后";牛弘有传在《隋书》卷四九:"牛弘字里仁,安定鹑觚人也,本姓寮氏。祖炽,郡中正。父允,魏侍中、工部尚书、临泾公,赐姓牛氏。"

> 《广记》采掇宏富,用书至三百四十四种。(《宋之志怪及传奇文》,第76页)

《太平广记》全书分92大类,约1500余小类。引用书目种数说法不一,该书所载书目原谓有343种,而书目所有书中实无者15种,书目所无书中实引者147种,实为475种,其中现存者仅235种。

> 洪迈……淳熙二年以端明殿学士致士卒,年八十(一〇九六——一一七五)。(《宋之志怪及传奇文》,第79页)

洪迈上述生卒年,系根据《宋史》卷三七三《洪皓传》,此传记其生平系年多错落。按洪迈自序《夷坚支乙集》说:"财八改月,又成支乙一编于是。予春秋七十三矣,殊自喜也。则手抄录之,且识其岁月如此。庆元元年二月二十八日。"洪迈年八十卒,据此知其生年为宣和五年(1123),卒于嘉泰二年(1202)。

> 《夷坚志》则为晚年遣兴之书,始刊于绍兴末,绝笔于淳熙初。(《宋之志怪及传奇文》,第79页)

据乾道二年(1166)《夷坚乙志自序》所说,《初志》成书在编辑《乙志》五年之前:"《夷坚初志》成……人以予好尚奇异也,每得一说,或千里寄声,于是五年间又得卷帙与前编等,乃以《乙志》名之。"据此可知《初志》成书于绍兴三十一年(1161),其刊行年代是在绍兴末。而其绝笔时间,当在庆元末。《夷坚三志壬集自序》署"庆元四年九月",其后还有《三志癸集》;又陈振孙《直斋书录介题》称洪迈尚有《夷坚四甲、四乙》20卷;赵与时《宾退录》且指出《夷坚四甲自序》内容为"辨夷坚为皋陶别名",而《夷坚四乙》则"绝笔之志不及序",故绝笔之时至少在庆元五年以后。

  (《夷坚志》)今惟甲至丁八十卷支甲至支戊五十卷三志若干卷。(《宋之志怪及传奇文》,第79页)

  今传本以涵芬楼校本搜辑最完备,其目为:甲至丁80卷;支甲至支戊50卷,支庚10卷,支癸10卷,三己10卷,三辛10卷,三壬10卷;补25卷,再补1卷。共206卷。

  (乐史)掌西京勘磨司。(《宋之志怪及传奇文》,第80页)

  "勘磨"原作"磨勘"。《宋史》卷三〇六《乐黄目传》记乐史曾"出掌西京磨勘司"。《宋史》卷一六三《职官志》载:"淳化三年,置磨勘京朝官院。"另"淳化中,又置考课院,磨勘幕府州县功过,引对黜陟"。

  《伍员入吴故事》则在中国某氏。(《宋之话本》,第85页)

  "某氏"指刘复。他据巴黎国家图书馆所藏的敦煌写本编成《敦煌掇琐》,收变文、诗、曲等104种,见1925年中央研究院历史语言研究所刊本。

  卷首有范仲淹《唐相梁公碑文》,乃贬守番阳时作,则书当在明道二年(一〇三三)以后矣。(《宋之话本》,第86页)

  "明道二年"一作"宝元元年"。宋楼钥《范文正公年谱》载:"宝元元年戊寅,年五十岁,春正月十三日,赴润州,道由彭泽,谒狄梁公庙,慨慕名节,为之作记立碑。"

  "合生",与起今随今相似。(《宋之话本》,第87页)

  今本《梦粱录》原脱"合生"二字,鲁迅据《都城纪胜》补正。"起今随今",应作"起令随令",并见《都城纪胜·瓦舍众伎》《梦粱录·小说讲经史》。

《大唐三藏法师取经记》三卷……此书或为元人撰。(《宋元之拟话本》,第 95 页)

关于《大唐三藏法师取经记》(又名《唐三藏取经诗话》)的刊行年代问题,鲁迅在《华盖集续编·关于三藏取经记等》《二心集·关于〈唐三藏取经诗话〉的版本》中,作了专门的论述,并回答了日本德富苏峰《鲁迅氏之〈中国小说史略〉》一文的意见。

新安虞氏刊本(《元明传来之讲史〈上〉》,第 101 页)

"新安"应作"建安"。按日本内阁文库影印元至治五种平话本,原刊题"建安虞氏新刊"。建安,今福建建阳县,唐时多书肆,宋元明时刻书极盛,称建本。建安虞氏有务本堂者,为刻书世家,终元之世,历百余年,此五种平话,或为虞氏务本堂所刊。

贯中,名本……盖元明间人。(《元明传来之讲史〈上〉》,第 103 页)

"元明"一作"元"。鲁迅 1936 年 10 月 5 日致增田涉书信说:"《小说旧闻钞》末段的意思正如你所解释的。即,(一)罗是元朝人,(二)确有其人,而不是某作家的化名。"又《小说旧闻钞·再版序言》说:"自《续录鬼簿》出,则罗贯中之谜,为昔所聚讼者,遂亦冰解,此岂前人凭心逞臆之所能至哉!"

罗贯中本《三国志演义》,今得见者以明弘治甲寅(一四九四)刊本为最古。(《元明传来之讲史〈上〉》,第 103 页)

"弘治甲寅"应为"嘉靖壬午"。《三国志通俗演义》卷首有弘治甲寅庸愚子(金华蒋大器)序和嘉靖壬午(1522)关中修髯子(张尚德)引言。商务印书馆影印本抽除引言,所以被误认为弘治甲寅年刊行。

田虎王庆在百回本与百十七回本名同而文迥别。(《元明传来之讲史〈下〉》,第 117 页)

现存《水浒》版本没有百十七回本。"百十七"疑是"百二十"之误。胡适《水浒传新考》转引鲁迅语作"一百二十回"。

有王六大夫,于咸淳年间敷衍《复华篇》及《中兴名将传》。(《元明传来

之讲史〈下〉》，第 121 页）

《复华篇》《中兴名将传》皆不见今存话本目。《复华篇》或即寥莹中《福华篇》之误，内容为向贾似道献谀之作，见周密《志雅堂杂钞》卷下《书史》。《中兴名将传》或泛指南宋岳飞、韩世忠等人，疑无此书名。《醉翁谈录·小说开辟》有"说新话张（浚）、韩（世忠）、刘（锜）、岳（飞）"语。《四库全书总目》史部存目三著录《南渡十将传》十卷，宋章颖撰，谓十将者，刘锜、岳飞、李显忠、韩世忠、张浚、虞允文、张子益、张宗颜、吴玠等。

《宋武穆王演义》，熊大本编。（《元明传来之讲史〈下〉》，第 121 页）

"大本"应作"大木"。《宋武穆王演义》的原本为《大宋中兴通俗演义》，明嘉靖杨氏清白堂刊本、万历周氏万卷楼刊本和明内府抄本，皆署"熊大木编"。大木字鳌峰，自号钟谷子，福建建阳人，明通俗小说的编撰者和刊行者。

成化时有方士李孜。（《明之神魔小说〈上〉》，第 122 页）

"李孜"一作"李孜省"，见《明史》卷三〇七《佞幸传》。

传言铁拐（姓李名玄）得道，度钟离权，权度吕洞宾，二人又共度韩湘曹友，张果蓝采和何仙姑则别成道。（《明之神魔小说〈上〉》，第 122 页）

按张果蓝采和何仙姑也是受八仙中人超度的。据《东游记》所写：铁拐度张果蓝采和，铁拐蓝采和又度何仙姑。故不能说"别成道"。

元杂剧有吴昌龄《唐三藏西天取经》（锺嗣成《录鬼簿》）一名《西游记》（今有日本盐谷温校印本）。（《明之神魔小说〈上〉》，第 126 页）

吴昌龄《唐三藏西天取经》全剧今不存。万历刻本《西游记》署"元吴昌龄撰"，乃出明人误题，后人且误认为与《西天取经》同一剧。盐谷温校印的《西游记》杂剧系明初杨讷所作，参见贾仲名《录鬼簿续编》。

（红孩儿）且与参善知识之善才童子相混。（《明之神魔小说〈上〉》，第 128 页）

"善才"应作"善财"。按"善财"为佛弟子名。据《华严经·入法界品》所说：善财为福城某长者子，历参五十三善知识，最后见弥勒菩萨而得度。观音亦为所参五十三善知识之一,故观音左侧多设善财童子之像。"善才"则为唐时对琵琶师的称呼。白居易《琵琶行序》说:"尝学琵琶于穆、曹二善才。"

> 又有一百回本《西游记》,盖出于四十一回本《西游记》之后。(《明之神魔小说〈中〉》,第 129 页)

一百回本应在四十一回本之前。鲁迅 1935 年《〈中国小说史略〉日本译本序》说:"郑振铎教授又说明了《四游记》中的《西游记》是吴承恩《西游记》的摘录,而并非祖本,这是可以订正拙著第十六篇所说的。那精确的论文就收录在《痀偻集》里。"

> 第九回记玄奘父母遇难及玄奘复仇之事,亦非事实,杨本皆无有,吴所加也。(《明之神魔小说〈中〉》,第 130 页)

第九回非吴承恩所加。据北京图书馆所藏明刊本金陵世德堂《新刻出像官板大字西游记》摄影胶卷,原来没有唐僧出世父母遇难之事,最早补出这一段的是《西游证道书》。此书清初刻本题"钟山黄太鸿笑苍子、西陵汪象旭憺漪子笺评"。正文第九回的回目作"陈光蕊赴任逢灾,江流僧复仇报本",始有唐僧出世、父母遇难事。黄笑苍《西游记证道书跋》谓汪象旭曾得到大略堂《西游》古本,古本较俗本善,并说"俗本遗却唐僧出世四难"。现通行各本,都沿袭已予增补的《西游证道书》。其实这一回系由汪象旭所撰写,与古本关系如何,现在尚无可说明。

> 西河张书绅《西游正旨》(乾隆戊辰序)(《明之神魔小说〈中〉》,第 134 页)

按张书绅评本《西游记》,题名《新说西游记》,存乾隆十四年其有堂原刊本,卷首有乾隆十三年戊辰自序。《西游正旨》的撰者为张含章,存道光十九年眉山何氏德馨堂刊本。

> 悟元道人刘一明《西游原旨》(嘉庆十五年序)(《明之神魔小说〈中〉》,第 134 页)

据合川会善堂《西游原旨》刊本,载素朴散人悟元子刘一明"乾隆二十三年自序""嘉庆十五年再序"。

> 其封神事则隐据《六韬》《旧唐书》《礼仪志》引《阴谋》(《太平御览》引)。(《明之神魔小说〈下〉》,第136页)

"《阴谋》"原作"《金匮》",见《太平御览》卷十二。

> 谈"世情书"中,《金瓶梅》最有名。初惟钞本流传,袁宏道见数卷,即以配《水浒传》为"外典"(《觞政》)。(《明之人情小说〈上〉》,第145页)

袁宏道《觞政·掌故》以酒谱、酒令为"内典",史传、诗赋为"外典","传奇则《水浒传》《金瓶梅》等为逸典"。沈德符《野获编》转引时误"逸典"为"外典"。本书沿《野获编》而误。

> (《金瓶梅》)作者不知何人,沈德符云是嘉靖间大名士,世因以拟太仓王世贞。(《明之人情小说〈上〉》,第145页)

关于《金瓶梅》作者问题,鲁迅《〈中国小说史略〉日本译本序》说:"《金瓶梅词话》被发见于北平,为通行至今的同书的祖本,文章虽比现行本粗率,对话却全用山东方言所写,确切的证明这决非江苏人王世贞所作的书。"按1933年发现的《金瓶梅词话》,卷首有万历丁巳季冬东吴弄珠客和欣欣子的序,欣欣子序文说该书为"兰陵笑笑生"所作。兰陵,古县名,今山东峄县。

> 《玉娇梨》今或题《双美奇缘》,无撰人名氏。(《明之人情小说〈下〉》,第153页)

鲁迅《集外集拾遗·通讯(柳无忌来信按语)》一文,说他在编《中国小说史略》时,搜集的小说书籍的版本都不是好的,"《玉娇梨》所见的也是翻本,作者著作年代都无从查考"。按《玉娇梨》全称《玉娇梨小传》,或题《七才子书》,存日本内阁文库藏本、聚锦堂《天花藏七才子书》本、退思堂《七才子书》本等,题"荑荻山人编次"(又作荑荻散人、荻岸散人)。乾隆四十七年天花藏主人《七才子书序》、光绪二十二年程世爵《双美奇缘序》皆未及作者和著作时代,据现代研究者认为撰者是清人张匀。

> 钦天监正堂官奏奎壁流光。(《明之人情小说〈下〉》,第155页)

"璧"应作"壁"。奎、壁,二十八宿的奎宿和壁宿。《礼记·月令》说:"季夏之月,旦,奎中。"又"仲冬之月,昏,东壁中"。

> 大夫侯沙利夺韩愿妻。(《明之人情小说〈下〉》,第 157 页)

"妻"应作"女"。参见《好逑传》第一回铁英所上本章:"臣前劾大夫候沙利,白昼抢掳生员韩愿已聘之女为妾,实名教所不容,礼法所必诛。"

> 已而有三言,三言云者,一曰《喻世明言》,二曰《警世通言》,今皆未见,仅知其序目⋯⋯三即《醒世恒言》。(《明之拟宋市人小说及后来选本》,第 160 页)

今本《喻世明言》仅存衍庆堂 24 卷本,收《古今小说》21 篇,加以《警世通言》一篇(第 27 卷《假神仙大闹华光庙》)、《醒世恒言》二篇(第 19 卷《白玉娘忍苦成夫》、第 27 卷《张廷秀逃生救父》)乃残缺的凑合之本,不是《喻世明言》的原本。初刻《喻世明言》,系由《古今小说》再版时改名,当为 40 卷,与《古今小说》为一书,今未见 40 卷本《喻世明言》。故称三言,实指《古今小说》及《警世通言》《醒世恒言》,不取 24 卷本《喻世明言》。三言重要的明刊本(《古今小说》天许斋本、《警世通言》兼善堂本、《醒世恒言》叶敬池本等),当时原书都在日本;现在有通行传本。

> 又刻《墨憨斋传奇定本十种》,颇为当时所称,其中之《万事足》《风流梦》《新灌园》皆已作。(《明之拟宋市人小说及后来选本》,第 161 页)

《风流梦》不在《墨憨斋传奇十种》之内。又除《万事足》为冯梦龙编撰外,其余二种皆非己作。《风流梦》系改编汤显祖的《牡丹亭》,《新灌园》改编张凤翼的《灌园记》。

> 时又有《拍案惊奇》三十六卷。(《明之拟宋市人小说及后来选本》,第 164 页)

明刊尚友堂《初刻拍案惊奇》原本为 40 卷,36 卷本为原刊的残本,存覆尚友堂本、消闲居本和松鹤斋本等。所缺之目为:卷三十七:屈突仲任酷杀众生,郓州司马冥全内侄;卷三十八:占家财狠婿妒侄,延亲脉孝女藏儿;卷三十九:乔势

使先生和后生相印

天师禳旱魃、秉诚县令召甘霖;卷四十:华阴道独逢异客,江陵郡三拆仙书。

> 丁卯为天启七年,即《醒世恒言》版行之际,此(指《拍案惊奇》)适出而争奇。(《明之拟宋市人小说及后来选本》,第164页)

按天启七年(1627)实为《拍案惊奇》辑成年代,其刊行当在崇祯元年戊辰(1628)。明尚友堂原刊本,有编者凌濛初所写凡例,为通行本所无,末署"崇祯戊辰初冬即空观主人识"。

> 其本曰《今古奇观》……取《古今小说》者十八篇,取《醒世恒言》者十一篇(第一,二,七,八,十五至十七,二十五至二十八回)取《拍案惊奇》者七篇(第九,十,十八,二十九,三十七,三十九,四十回),二刻三篇。(《明之拟宋市人小说及后来选本》,第167页)

其中有误记。应为取《古今小说》者八篇(第三,四,十一至十三,二十三,二十四,三十二回),取《警世通言》者十篇(第五,六,十四,十九至二十二,三十一,三十三,三十五回),取《醒世恒言》者十一篇(第一,二,七,八,十五至十七,二十五至二十八回),取《拍案惊奇》初刻八篇(第九,十,十八,二十九,三十,三十七,三十九,四十回),取《拍案惊奇》二刻三篇(第三十四,三十六,三十八回)。

> 《今古奇闻》二十二卷……其所录颇陵杂,有《醒世恒言》之文四篇……别一篇为《西湖佳话》之《梅屿恨迹》,余未详所从出。(《明之拟宋市人小说及后来选本》,第168页)

按除5卷已注明出处外,另15卷出于杜纲《娱目醒心编》。尚有两卷历来不知所出,胡士莹《中国话本概论》以为"第十四卷《刘霜姝得良遇奇缘》采自《纪载汇编·过墟志》……第二十二卷《林蕊香行权计全节》采自王韬的《遁窟谰言》"。

> 松龄字留仙……年八十六(一六三〇——一七一五)。(《清之拟晋唐小说及其支流》,第170页)

生年有误。据卢见曾《国朝山左诗钞》引张元《柳泉蒲先生墓表》及蒲箬《柳泉公行述》、蒲箬等《祭父文》,蒲松龄生于明崇祯十三年(1640),卒于康熙五十四年(1715),年七十六。

> 其《志异》或析为十六卷,凡四百三十一篇。(《清之拟晋唐小说及其支流》,第 175 页)

这里的分卷和篇数系根据乾隆三十一年赵起杲青柯亭本。《聊斋志异》各本卷数多有不同。解放初发现手稿半部,影印时分为 4 册,存 237 篇。乾隆十六年铸雪斋抄本分 12 卷,有目 480 篇(其中有目无文 14 篇和部分残缺一篇)。1962 年中华书局刊行会校、会注、会评本,辑录最完备,分 12 卷,收 491 篇。

> 乃设烟茗于门前,邀田夫野老,强之谈说以为粉本……又相传渔洋山人(王士禛)激赏其书,欲市之而不得。(《清之拟晋唐小说及其支流》,第 171 页)

鲁迅《小说旧闻钞·聊斋志异》条按语说:"王渔洋欲市《聊斋志异》稿及蒲留仙强执路人使说异闻二事,最为无稽,而世人偏艳传之,可异也。"

> 昀(纪昀)……其处事贵宽,论人欲恕,故于宋儒之苛察,特有违言,书中有触即发。(《清人拟晋唐小说及其支流》,第 177 页)

1934 年 7 月,鲁迅《买〈小学大全〉记》一文,对纪昀有不同的评价,他以为自乾隆五十四年纪昀写作《阅微草堂笔记》以来,正是清朝统治的"盛世",特别攻击道学先生是那时的一种潮流。所以纪昀《阅微草堂笔记》排斥宋儒的种种言论,"这就是迎合潮流的,倘以为他秉性平易近人,所以憎恨了道学先生的谿刻,那是一种误解"。

> 《钟馗捉鬼传》十回,疑尚是明人作。(《清之讽刺小说》,第 181 页)

《钟馗捉鬼传》或取题《钟馗斩鬼传》《第九才子书》。《斩鬼传》自序署"辛巳仲夏烟霞散人题于清溪草堂"。烟霞散人未详姓氏,尚著有《幻中真》及《凤凰池》,巴黎国家图书馆《幻中真》藏本有天花藏主人序,烟霞散人或可定为清乾隆时人。一说为清刘璋作,徐昆《柳崖外编》卷二载:"太原刘璋先生作《锺馗斩鬼传》,颇奇诡。"刘璋,清康熙时人。另明人所作的刊本,题《锺馗全传》,四卷,署"安正堂补正",内容与今传的《斩鬼传》《平鬼传》不同。

使先生和后生相印

> 雍正乙卯,安徽巡抚赵国麟举以应博学鸿词科,不赴,移家金陵。(《清之讽刺小说》,第181页)

"雍正乙卯"应为"乾隆丙辰"。据唐时琳《文木山房集序》所记,吴敬梓荐应博学鸿词科事在乾隆元年丙辰(1736)。时唐时琳为江宁教授,曾亲为他引荐。其序说:"今天子即位之元年,相国泰安赵公方巡抚安徽,考取全椒诸生吴敬梓敏轩……将论荐焉,而敏轩病不能就道。"《全椒县志》卷十《文苑传》亦说敬梓"乾隆间以博学鸿词科徵"。又,其移家金陵于雍正癸丑(1733),应在不赴博学鸿词科前。吴敬梓《移家赋序》说"粤以癸丑之年,建寅之月,农祥晨正,女夷鼓歌,余乃身辞乡关,奔驰道路"。另《买陂塘序》:"癸丑一月,自全椒移家,寄居秦淮水亭。"

> 东鲁孔海溪则题曰《风月宝鉴》。(《清之人情小说》,第188页)

"海溪"应作"梅溪"。见《中国小说史略》1923、1924年本,1925年本;《脂砚斋重评石头记》(甲戌本)、《石头记》(戚蓼生序本)、《红楼梦》(程甲、程乙本)。

> 先有可卿自经。(《清之人情小说》,第193页)

现存的《石头记》《红楼梦》各本,都没有秦可卿自经的情节。按秦氏自缢身亡,是曹雪芹写作原意,在写定前,经劝告删去。乾隆甲戌脂评本第十三回末尾总评说:"'秦可卿淫丧天香楼',作者用史笔也。老朽因有魂托凤姐贾家后事二件,嫡(应为"岂"——编者按)是安富尊荣坐享人能(难)想得到处;其事虽未漏,其言其意,令人悲切感服,故赦之。因命序溪删去。"所删的内容约占原稿三分之一,眉批有云:"此回只十页,因删去天香楼事,少却四五页也。"原回目"秦可卿淫丧天香楼"也改成"秦可卿死封龙禁尉"。

> 然谓《红楼梦》乃作家自叙。(《清之人情小说》,第198页)

1936年,鲁迅指出"自叙说"实误,参见《且介亭杂文末编·〈出关〉的"关"》。

> 曹练亭为江宁织造。(《清之人情小说》,第198页)

"练"应作"楝"。袁枚《随园诗话》原误。

> 雪芹名霑,字芹溪,一字芹圃,正白旗汉军。(《清之人情小说》,第198页)

一说曹雪芹祖先早归满洲正白旗,不能说汉军。《五庆堂重修曹氏宗谱》记曹雪芹始祖曹锡远"从龙入关,归内务府正白旗"。又《八旗满洲氏族通谱》说:"曹锡远,正白旗包衣人。"

清世祖南巡时(《清之人情小说》,第198页)

"世祖"应为"圣祖"。按世祖为顺治福临,圣祖为康熙玄烨,曹寅在康熙朝任江宁织造。

《野叟曝言》二十卷,然仅以示友人,不欲问世,迨印行时,已小有缺失;一本独全,疑他人补足之。(《清之以小说见才学者》,第202页)

按后出者实系增补本。《野叟曝言》初刻原本,清光绪七年(1881)由昆陵汇珍楼刊行,20卷,一百五十二回。光绪八年申报馆排印本增多二回,为一百五十四回,于原刊之缺失者亦予以补全。

放笠之豚(《清之以小说见才学者》,第209页)

"笠"应为"苙"。《孟子·尽心》:"今之与杨墨辩者,如追放豚,既入其苙,又从而招之。"《方言》第三:"苙,圂也。"

每七日印二回……书至此为第二十八回,忽不复印。(《清之狭邪小说》,第223页)

《海上花列传》自光绪十八年2月1日起刊于韩邦庆所编文艺杂志《海上奇书》,每半月(不是每七日)出一期,每期印《海上花列传》二回;第9期起,又改为每月出一期;出至15期停刊,共刊出三十回(不是二十八回)。

《龙图公案》,亦名《包公案》,记拯借私访梦兆鬼语等以断奇案六十三事。(《清之侠义小说及公案》第230页)

按"六十三事"为后来翻刻本之一。《龙图公案》有繁简两本:繁本,百则,存清初听玉斋评本、四美堂刊本。简本,六十六则,存乾隆四十年书业堂刊本、道光二十三年藜照楼刊本等。重刊本则数多有不同,六十三事为简本中的一种。

施仕纶(当作世纶)(《清之侠义小说及公案》,第236页)

按施世纶为《施公案》中故事人物施仕纶依托的真人名,见《清史稿》卷二七

使先生和后生相印

七。下文"彭朋(当作鹏)","(李丙寅当作秉衡)",情况相类。彭鹏,见《清史稿》卷二七七,李秉衡见《清史稿》卷四六七。

> 《永庆升平》九十七回,为潞河张广瑞录哈辅源演说。(《清之侠义小说及公案》,第236页)

"张广瑞"应作"郭广瑞"。《永庆升平》有题"燕南居士郭广瑞序",见光绪十八年宝文堂刊本、光绪二十一年上海书局石印本。序称:"余长听哈辅源先生演说《永庆升平》,熟记在心,闲暇之时,录成四卷。"

> 康熙帝以大政付刘墉陈宏谋。(《清之侠义小说及公案》,第236页)

"康熙"应作"乾隆"。按刘墉、陈宏谋均为乾隆时大臣。刘墉,见《清史稿》卷三〇二,陈宏谋,见《清史稿》卷三〇七。

> 又别办《海上繁华报》。(《清末之谴责小说》,第239页)

"海上"应作"世界"。《世界繁华报》于1901年由李伯元创办,继由惜秋生、欧阳钜源、任堇叔续办,于1910年停刊。

> 所著有……《繁华梦》《活地狱》各若干本。(《清末之谴责小说》,第239页)

《繁华梦》,三集一百回,署"沪上警梦痴仙戏墨实",由孙玉声所著,参见他的《退醒庐著书谈》。又《活地狱》原刊《绣像小说》半月刊,李伯元写至第三十九回而辍笔,继由吴趼人续写三回,欧阳钜源续写一回,共四十三回,仍未完。

> 有《芋香印谱》行于世。(《清末之谴责小说》,第204页)

"《芋香印谱》"疑作"《芋香室印存》",见常州市博物馆藏本。《印存》共二十八页,印二十九方。书前有独狐粲所撰《李伯元传略》,谓李伯元"有芋香印谱行世"语。

> 又为《指南报》作《新石头记》。(《清末之谴责小说》,第234页)

"指南报"应作"南方报"。吴趼人《最近社会龌龊史·自序》说:"并理想科学社会政治而有之者,则为《新石头记》(前见《南方报》,近刻单行本)。"按《南方报》自1905年9月19日的第28号开始连载,至1908年2月1日该报停刊为止,小说尚未刊完。

> 又尝应商人之托,以三百金为撰《还我灵魂记》颂其药,一时被訾议,而文亦不传。(《清末之谴责小说》,第243页)

《还我灵魂记》一文,见1910年7月22日《汉口中西报》。原题作《还我魂灵记》,共780字,是吴趼人应上海中法大药房老板黄楚九之托,为该药房出售的艾罗补脑汁而写的广告文章。

> 又有《老残游记》二十章。(《清末之谴责小说》,第246页)

《老残游记》初编二十回,1906年出版单行本。二编现存九回,原为《天津日日新闻》报纸剪存,其中前六回曾于1935年印成单行本,后三回和外编卷一(残稿)都收在《老残游记资料》中。

> 《孽海花》……仅存二十回。(《清末之谴责小说》,第248页)

《孽海花》现存三十五回。1905年,小说林社出版了初集(一至十回)和二集(十一至二十回);1928年,真善美书店刊行了经过曾朴修改的初集、二集,并在1931年出了三集(二十一至三十回)。后来曾朴又续写了五回,刊载在《真善美》月刊上。解放后重印了三十回本,另将续五回作为附录收入。

原载《纪念鲁迅诞生一百周年论文集》,复旦大学出版社1981年版

试论鲁迅关于中国古典文学的观点

章培恒

这是已经有许多同志写过论文的题目。我之所以还想增加一篇,是因为我的看法跟有些同志不大相同。对于中国的古典文学,我们现在往往是强调她的光辉灿烂和批判地继承这一遗产的巨大积极意义;有些论文在论述鲁迅关于这问题的看法时,也将他的观点说得和现在的一般意见差不多。但我认为,实际情况似非如此。

一

鲁迅是怎样看待中国古典文学的?这在他的早年论文《摩罗诗力说》里有十分明确的回答:

> 如中国之诗,舜云言志,而后贤立说,乃云持人性情,三百之旨,无邪所蔽。夫既言志矣,何持之云?强以无邪,即非人志。许自由于鞭策羁縻之下,殆此事乎?然厥后文章,乃果辗转不逾此界。其颂祝主人,悦媚豪右之作,可无俟言。即或心应虫鸟,情感林泉,发为韵语,亦多拘于无形之囹圄,无能舒两间之真美;否则悲慨世事,感怀前贤,可有可无之作,聊行于世。倘其嗫嚅之中,偶涉眷爱,而儒服之士,即交口非之。况言之至反常俗者乎?惟灵均将逝,脑海波起,通于汨罗,返顾高丘,哀其无女,则抽写哀怨,

郁为奇文。茫洋在前,顾忌皆去,怼世俗之浑浊,颂己身之修能,怀疑自遂古之初,直至百物之琐末,放言无惮,为前人所不敢言。然中亦多芳菲凄恻之音,而反抗挑战,则终其篇未能见,感动后世,为力非强。刘彦和所谓才高者菀其鸿裁,中巧者猎其艳辞,吟讽者衔其山川,童蒙者拾其香草。皆著意外形,不涉内质,孤伟自死,社会依然,四语之中,函深哀焉。故伟美之声,不震吾人之耳鼓者,亦不始于今日。(见《坟》)

鲁迅在这里所说的"诗",是就"诗"的广义的概念而言,实指一切文学作品。也正因此,他在该文中不但把俄国果戈理的作品也作为"摩罗诗"来论述,而且在上引的文字中,还明确指出:"厥后文章,乃果辗转不逾此界。"更足徵其所论的不是狭义的诗歌,而是各体文学作品——"文章"。由此可见,鲁迅认为中国古典文学是一种缺乏自由精神的"可有可无之作"。即使是他在青年时期所爱好的屈原作品[①],他也未尝视为"伟美之声",而毫不含糊地指出了它的缺点:"反抗挑战,则终其篇未能见。"

1925年,鲁迅在回答《京报副刊》关于"青年必读书"的征询时,曾"趁这机会,略述自己的经验,以供若干读者的参考"。他说:

> 我看中国书时,总觉得就沉静下去,与实人生离开;读外国书时(但除了印度)往往就与人生接触,想做点事。
>
> 中国书中虽有劝人入世的话,也多是僵尸的乐观,外国书即使是颓唐和厌世的,但却是活人的颓唐和厌世。
>
> 我以为要少——或者竟不——看中国书,多看外国书。

他对于"中国书"的这种看法,跟他在《摩罗诗力说》中对中国古典文学的评价是完全一致、相互呼应的。他把中国书中"劝人入世的话"看作"也多是僵尸的乐观",跟他把中国古典文学里"感怀前贤,悲慨世事"之作评为"可有可无",亦属殊途同归。

---

① 鲁迅早年对屈原作品的爱好,参见许寿裳:《亡友鲁迅印象记》。

对于鲁迅的上述观点,现在的研究者一般有两种解释。一种是说:鲁迅写这些作品的时候,还不是马克思主义者。换言之,当鲁迅成为马克思主义者以后,他的观点就不复如此了。另一种解释是:鲁迅写这些作品的时候,社会上的封建复古势力很猖獗,鲁迅的这些话是为了批判封建复古势力,并不完全或真正代表鲁迅对中国古典文学的评价。

以下,我们试对这两点分别加以考察。

二

按照一般的看法,鲁迅是在 1927 年以后成为马克思主义者的。我们就看他在 1927 年后的有关论述吧。

1930 年,他在北京大学作讲演,题为《帮忙文学与帮闲文学》,其中明确指出:"中国文学从我看起来,可以分为两大类:(一)廊庙文学,这就是已经走进主人家中,非帮主人的忙,就得帮主人的闲;与这相对的是(二)山林文学。唐诗即有此两种。如果用现代话讲起来,是'在朝'和'下野'。后面这一种虽然暂时无忙可帮,无闲可帮,但身在山林,而'心存魏阙'。如果既不能帮忙,又不能帮闲,那么,心里就甚是悲哀了。"他把中国古代文学分作这样的两大类,鲜明地表现了他对中国古典文学的评价以及对其性质的认识。

同时,鲁迅还进一步对"山林文学"的作者——隐士作了分析,说明"山林文学"跟"廊庙文学"其实都是"官僚文学"。就在上引的那段文字之后,他紧接着又说:"中国是隐士和官僚最接近的。那时很有被聘的希望,一被聘,即谓之徵君;开当铺,卖糖葫芦是不会被徵的。我曾经听说有人做世界文学史,称中国文学为官僚文学。看起来实在也不错。一方面固然由于文字难,一般人受教育少,不能做文章,但在另一方面看起来,中国文学和官僚也实在接近。"(见《集外集拾遗》)如果考虑到鲁迅当时已经是用马克思主义观点来观察问题了的,那么,这里的所谓"官僚文学",其实不过是"封建统治阶级文学"比较通俗的说法。

同时,说中国文学"为官僚文学","和官僚也实在接近",较之《摩罗诗力说》中对中国古典文学的评价,不仅没有提高,而且作了更为尖锐和直截的批判。

尤其值得注意的,是鲁迅后期对于屈原的评价。1933年,鲁迅在《言论自由的界限》中说:"(《红楼梦》中的)焦大以奴才的身份,仗着酒醉,从主子骂起,直到别的一切奴才,说只有两个石狮子干净。""其实是,焦大的骂,并非要打倒贾府,倒是要贾府好","所以这焦大,实在是贾府的屈原,假使他能做文章,我想,恐怕也会有一篇《离骚》之类"(见《伪自由书》)。众所周知,鲁迅对"奴才"和"奴隶"一直是加以严格的区分的,"奴隶"指被压迫者,"奴才"则指实际上站在统治阶级一边的人,例如工头之类;在《野草·聪明人和傻子和奴才》及《且介亭杂文二集·题未定草(五)》等文中都有过论述。因此,他在这里把屈原和作为奴才的焦大相提并论,显然体现了他对屈原的基本评价。不但如此,他接着还把新月社的人们和焦大等加以类比:"三年前的新月社诸君子,不幸和焦大有了相类的境遇。他们引经据典,对于党国有了一点微辞,虽然引的大抵是英国经典,但何尝有丝毫不利于党国的恶意","不料'荃不察余之中情兮',来了一嘴的马粪"。"但新月社究竟是文人学士的团体,这时就也来了一大堆引据三民主义,辨明心迹的'离骚经'。"从这里,更可看出屈原和《离骚》在鲁迅心目中的地位。

鲁迅在《言论自由的界限》中如此提到屈原,绝不是偶然的。在1935年写的《从帮忙到扯淡》里,他又指出:"屈原是'楚辞'的开山老祖,而他的《离骚》,却只是不得帮忙的不平。"又说:"屈原、宋玉,在文学史上还是重要的作家。为什么呢?——就因为他究竟有文采。"跟《摩罗诗力说》中关于屈原的评价相对照,我们可以看到:在批评屈原的作品"反抗挑战,则终其篇未能见"这一点上,鲁迅在其前后期是一致的,但在后期,实际上是进一步指出了所以形成这一缺点的原因——屈原的作品不过是"不得帮忙的不平",自然不会有"反抗挑战"之声。另一方面,从对于屈原的整个评价来看,后期较前期显然是降低了。《摩罗诗力说》所说的"刘彦和所谓才高者菀其鸿裁,中巧者猎其艳辞,吟讽者衔其山川,童蒙者拾其香草。皆著意外形,不涉内质,孤伟自死,社会依然,四语之中,函深哀

使先生和后生相印

焉",是同意刘勰的观点,为屈原作品的"内质"——思想内容不为后代的作家所继承而"深哀";但在《从帮忙到扯淡》中,鲁迅却把屈原之所以能成为文学史上的"重要的作家"归结为"他究竟有文采",也就是说,值得肯定的本来就只是或主要是"外形"而非"内质"。也许可以这样说,正因鲁迅后期对屈原作品思想内容的评价比前期又已经降低很多,他才会说奴才焦大假使"能做文章","恐怕也会有一篇《离骚》之类",并且把新月社的那些"辨明心迹"的文章称之为"离骚经"。

由此可见,鲁迅后期对中国古典文学的评价并不较前期为高,而是后期的批判较前期尖锐,连他在前期评价最高的屈原,到后期也对之作了十分尖锐的批判。

也正因此,对于自己在1925年提出的"我以为要少——或者竟不——看中国书,多看外国书"的主张,他在后期不但并未修正,而且作了更为明确的说明。1933年,施蛰存先生以"为青年文学修养之助"的理由,把《庄子》与《文选》作为"要介绍给青年的书"而加以推荐,鲁迅先生立即给予猛烈抨击,斥为"'桐城谬种'或'选学妖孽'的喽啰"(《准风月谈·重三感旧》)。这以后,施蛰存就引鲁迅回答《京报副刊》关于"青年必读书"的征询时所说的"少看中国书,其结果不过不能作文而已"之语,欲以证明"鲁迅先生也承认要能作文,该多看中国书"。他说:"鲁迅先生虽然一向是劝青年多读外国书的,但这是他以为从外国书中可以训练出思想新锐的青年来;至于像我那样给青年从做文章(或说文学修养)上着想,则鲁迅先生就没有反对青年读古书过。"(施蛰存:《致黎烈文先生书——兼示丰之余先生》,见《准风月谈》附录)鲁迅驳斥说:"这是施先生忽略了时候和环境。他说一条的那几句的时候,正是许多人大叫要作白话文,也非读古书不可之际,所以那几句是针对他们而发的,犹言即使恰如他们所说,也不过不能作文,而去读古书,却比不能作文之害还大。"(《准风月谈·答"兼示"》)可见鲁迅后期不但仍然坚持"要少——或者竟不——看中国书"的主张,而且进一步指明了:即使"给青年从做文章(或说文学修养)上着想"而提倡看古书,也是错误的。

试论鲁迅关于中国古典文学的观点

这里要补充说明一点:以我们今天一般的看法来说,《庄子》固然被认为思想上消极的东西很多;但对于《文选》,即使不认为精华多于糟粕,恐怕也承认其中有许多精华,而鲁迅却连要青年读《文选》也不赞成。当时,赞同施蛰存观点而反对鲁迅主张的人,也偏重于从《文选》上来做文章,甚至连没有读过《文选》的人,也批评鲁迅的这种反"《文选》"的主张说:"为了浴盆的水糟了,就连小宝宝也要倒掉,这意思是我们不敢赞同的。"对此,鲁迅很沉痛地指出:他之所以反对别人提倡读《文选》,就跟进过牢狱的人"教人不要钻进牢狱去的忠告"一样。他还针对自己的这一意见遭到"诸君子"攻击的情况,愤慨地说:"读过《文选》而说它无用,不如不读《文选》而说它有用的可听。"(《准风月谈·反刍》)从上引的文字来看,鲁迅之所以要就《庄子》与《文选》问题写这一系列文章,绝不是因为施蛰存系"第三种人",所以特地找个机会来加以打击;而是因为他进过"牢狱"读过《庄子》《文选》,所以他要"说牢狱坏"(《反刍》)。换言之,争论的焦点完全在于应不应该向青年提倡读中国古书(即使是被认为其中有许多精华的古书),而不在于它是由谁提出。

那么,鲁迅为什么要一直坚持"要少——或者竟不——看中国书"呢?有的同志曾在论文中说:"鲁迅是认识到中国古典文学中有许多民主性精华,必须加以继承的,只是由于当时的'时候和环境',鲁迅觉得还不具备提出这一要求的条件,而反对反动派以古书来毒害青年,防止青年从古书中中毒,在那个时代则是当务之急。"然而,第一,假如鲁迅确实认为中国古典文学中有许多民主性精华,必须加以继承,那么,他为什么要把中国古典文学分为廊庙文学和山林文学两大类,说中国文学是"官僚文学"呢?为什么要把自己读过古书比作进过监狱呢?第二,鲁迅在1935年的一封信中说:"我是散文式的人,任何中国诗人的诗,都不喜欢。只是年轻时较爱读李贺的诗。他的诗晦涩难懂,正因为难懂,才钦佩的。现在连对这位李君也不钦佩了。"(《鲁迅书信集·致山本初枝》)这是跟日本朋友的私人通信,如果鲁迅是喜欢中国诗的,他尽可直说——既不必担心中国青年会看到这封信而受其影响,也不必担心日本朋友会因此而被中国旧文化所俘虏。所以,信中所说,当确实表现了他对中国诗的态度。然而,鲁迅绝不真是"散文式的人",他所写的那些在思想性和艺术性上都极其卓越的诗篇充分证明了这一点;同时,他也绝不是不喜欢任何诗人的诗,例如,他对匈牙利诗人彼得斐的诗就很热爱(参见《南腔北调集·为了忘却的记念》),对俄国诗人勃洛克的诗也颇赞赏(《集外集拾遗·〈十二个〉后记》),更可见这里的所谓"散文式",其实不过意味着对中国诗的不合拍,而绝非意味着对诗歌的不合拍。至于他之所以对中国诗采取这样的态度,那只要想到他在《摩罗诗力说》中对中国古代诗的评价,想到他把中国文学分为廊庙文学和山林文学两大类,就不难领悟其中的原因。鲁迅不但在理论上作了中国文学是官僚文学的分析,而且在感情上也确对中国文学的绝大部分作品——包括"任何中国诗人的诗"——"都不喜欢"。因此,鲁迅在当时之不强调继承中国古典文学中的被认为精华的遗产,并不能认为是限于"时候和环境"。

三

在鲁迅的著作中,对中国古典文学的若干作品也有不少赞美之词。不过,只要仔细分析一下,就可发现,这种赞美并不曾否定他对中国古典文学的上述总的评价。

鲁迅的赞美大致可以分为两种类型。

一种是从作品的艺术形式方面来赞美,众所周知,鲁迅对唐传奇是有肯定的,他还花了许多时间和精力来编校《唐宋传奇集》。然而,他对唐传奇本有"大归则究在文采与意想"(《中国小说史略》)的评价。在论及六朝志怪小说和唐传奇时又说:"唐以诗文取士,但也看社会上的名声,所以士子入京应试,也许豫先干谒名公,呈献诗文,冀其称誉,这诗文叫做'行卷'。诗文既滥,人不欲观,有的就用传奇文,来希图一新耳目,获得特效了,于是那时的传奇文,也就和'敲门砖'很有关系。但自然,只被风气所推,无所为而作者,却也并非没有的。"(《且介亭杂文二集·六朝小说和唐代传奇文有怎样的区别》)他在这里所揭示的唐代传奇的写作目的,跟他在《帮忙文学与帮闲文学》里说的"帮闲文学又名篾片文学。小说就做着篾片的职务"的话,实是同样的意思。由此看来,他虽然赞美唐传奇的"文采与意想",在根本上,仍认为这是士子在"干谒名公"时"来希图一新耳目"的东西,也即帮闲文学。至于所谓"被风气所推",当然是指被这种帮闲文学的"风气所推";虽则"无所为而作",从作品的性质来说,自也不会与帮闲文学相对立。

又如,在《从帮忙到扯淡》里,鲁迅曾经说:

"帮闲文学"曾经算是一个恶毒的贬词——但其实是误解的。

《诗经》是后来的一部经,但春秋时代,其中的有几篇就用之于侑酒……到得宋玉,就现有的作品看起来,他已经毫无不平,是一位纯粹的清客了。然而《诗经》是经,也是伟大的文学作品;屈原、宋玉,在文学史上还是重要的作家。为什么呢?——就因为他究竟有文采。这就进一步说明:"帮闲文学"中也有"伟大的文学作品"和"重要的作家";被肯定为"伟大的文学作品"和"重要的作家"的,并不妨碍其为"帮闲文学"。也许有人会怀疑:既是"帮闲文学",怎么可能是"伟大的文学作品"呢?早在《科学史教篇》中,鲁迅就曾指出:"盖凡论往古人文,加之轩轾,必取他种人与是相当之时劫,相度其所能至而较量之,决论之出,斯近正耳。"这里的"伟大",是考虑到当时的历史条件而作出的评价。因为在鲁迅看来,在那样早的古代,就能这样的"有文采",是难能可贵的,所以它们"伟大"或"重要"。

总之,这种对于作品的艺术形式的赞美,并没有否定其为帮忙文学或帮闲文学等的性质。同时,这种赞美,也并不意味着鲁迅喜欢它们。他在1934年12月20日的信中说:"我以为一切好诗,到唐已被做完。"(《鲁迅书信集·致杨霁云》)无疑是赞美唐诗之词;而在1935年1月17日,即写上信的半个多月之后,就又在《致山本初枝》的信里说:"任何中国诗人的诗,(我)都不喜欢。"两相对照,就可以很清楚地看出这一点。

使先生和后生相印

另一种类型的赞美,是从思想内容方面来立论的。例如,对于蔡邕、嵇康、阮籍、陶渊明、罗隐、皮日休、陆龟蒙、袁宏道、吴敬梓等,都不乏赞词。然而,这些赞词同样都不能否定其为廊庙文学或山林文学,也即官僚文学。为了节省篇幅,这里只能举几个例子来看一看。

关于阮籍和嵇康,鲁迅说:"阮籍作文章和诗都很好","嵇康的论文,比阮籍更好,思想新颖,往往与古时旧说反对"。但同时又指出:"至于他们的本心,恐怕倒是相信礼教,当作宝贝,比曹操司马懿们要迂执得多。"(《而已集·魏晋风度及文章与药及酒之关系》)这就可见,嵇、阮作品中的反抗礼教也好,不满政治现实也好,其实都是从"相信礼教,当作宝贝"这一点出发的,而"礼教"之为维护封建统治的"吃人"的东西,则是鲁迅所曾一再地论述过的。换言之,嵇、阮作品的出发点仍不过是维护封建统治,因而在本质上仍非与官僚文学相对立。

关于陶渊明,鲁迅一面指出他是颇有社会地位的"大隐","他有奴子。汉晋时候的奴子,是不但侍候主人,并且给主人种地,营商的,正是生财器具"。(《且介亭杂文二集·隐士》)"靖节先生不但有妾,而且有奴,奴在当时,实生财之具,纵使陶公不事生产,但有人送酒,亦尚非孤寂人也。"(《鲁迅书信集·致杨霁云》)当时给陶渊明"送酒"的,正是官僚。另一方面鲁迅指出,他的作品基本上是"平和的文章",但"于世事也并没有遗忘和冷淡"。(《魏晋风度及文章与药及酒之关系》)作为后一个方面的证据,鲁迅所举出来的是《述酒》和《读山海经》中的"精卫衔微木,将以填沧海,刑天舞干戚,猛志固常在"的诗句,并且批评了在陶渊明评论中只抓住他的"悠然见南山"等诗句,"忘记了陶潜的《述酒》和《读山海经》等诗,捏成他单是一个飘飘然"的错误倾向。(《且介亭杂文二集·"题未定"草〈七〉》)鲁迅所一再提及的《述酒》,乃是反映了陶渊明对东晋王朝的眷恋及其对东晋王朝的没落的悲愤的作品。鲁迅把《述酒》和《读山海经》并提,恐怕也是为了使读者了解陶潜自己的"猛志"及其所要填的"沧海"到底是什么的罢。因此,鲁迅在《"题未定"草〈七〉》中虽然曾有"陶潜正因为并非浑身是'静穆',所以他伟大"的评语,但从上引的具体分析来看,他仍然认为陶渊明的作品既有山林文学的"平和"的特色,又有山林文学"身在山林,而'心存魏阙'"的一面。他从来没有说过陶渊明已经超出了山林文学的界限。

对于《儒林外史》,鲁迅的评价相当高,认为是中国说部中唯一可以称为"讽刺"的作品(见《中国小说史略》),赞为"伟大"(见《且介亭杂文二集·叶紫作〈丰收〉序》)。然而,"讽刺作者虽然大抵为被讽刺者所憎恨,但他却常常是善意的,他的讽刺,在希望他们改善,并非要捺这一群到水底里。然而待到同群中有讽刺作者出现的时候,这一群却已是不可收拾,更非笔墨所能救了,所以这努力大抵是徒劳的,而且还适得其反,实际上不过表现了这一群的缺点以致恶德,而对于敌对的别一群,倒反成为有益"(《且介亭杂文二集·什么是"讽刺"》)。这就很清楚地指明了《儒林外史》这部讽刺小说的思想实质:尽管它讽刺了封建士大夫,直到今天还是对于我们"有益"的作品,但它在实际上却是出于对封建士大夫的"善意",是"希望他们改善",换言之,仍是为了给封建统治"帮忙"。至于帮了倒忙,那并非作者始料所及。

综上所述,鲁迅虽然对中国古典文学的若干作品的思想内容也有赞词,但并未离开他对中国古典文学的性质的认识。也正因此,鲁迅不但从未要求或号召从思想方面来继承中国古典文学,反而主张青年少看或不看中国书,就并不是偶然的了。但这并不是蔑古,而是由于"古民之心声手泽,非不庄严,非不崇大,然呼吸不通于今"(《摩罗诗力说》),用他后期的更通俗的话来说,那就是:"假使此刻有阮嗣宗或陶渊明在面前出现,我们也一定谈不来的。"(《且介亭杂文·病后杂谈》)

此外,鲁迅对于中国古代文学里被保存下来的民间作品,是曾经加以赞美,并未把它们列入官僚文学之列的。然而,第一,鲁迅指出:这样的作品被保存下来的是极少的,"因为没有记录作品的东西,又很容易消灭,流布的范围也不能很广大,知道的人们也就很少了"(《且介亭杂文·门外文谈》)。换言之,它们在中国古代文学中并未能取得支配地位,并未能因此而改变中国古代文学的性质。所以,鲁迅仍把中国古代文学分为廊庙文学和山林文学两大类。第二,即使是对于鲁迅当时的民间文学作品,他也指出了它们的"缺点":"一向受着难文字、难文章的封锁,和现代思潮隔绝。"(同上)对于"呼吸不通于今"的古代民间文学作品,鲁迅当然也绝不会去要求从思想方面来加以继承,而且极力反对"拉旧来帮新"。"倘若先前并无可以师法的东西,就只好自己来开创。拉旧来帮新,结果往往只差一个名目……说《水浒传》里有革命精神,因风而起者便不免是涂面剪径的假李逵——但他的雅号也许却叫作'突变'。"(《集外集·〈奔流〉编校后记(十)》)这也正说明了:中国现代文学所需要的革命精神,是只能自己去开创,而不能从即使是像《水浒传》这样的民间作品(鲁迅认为《水浒》源于民间的"说话")去继承的;否则,就只能是丧失革命精神。

四

现在,我们简单地谈一谈鲁迅对于文化遗产的态度和其对中国文学遗产的态度的关系。

鲁迅对于文化遗产的态度,是十分明确的:"因为新的阶级及其文化,并非突然从天而降,大抵是发达于对于旧支配者及其文化的反抗中,亦即发达于和旧者的对立中,所以新文化仍然有所承传,于旧文化也仍然有所择取。"(《集外集拾遗·〈浮士德与城〉后记》)在这里,他说得很清楚:一、新文化对旧文化是反抗、对立的关系;二、在反抗、对立的前提下,新文化对旧文化也有所择取。

照理说,鲁迅对于文化遗产的这种看法,也适合于用来对待中国文学遗产。然而,要注意的是:鲁迅这里所说的,是无产阶级对其以前的文化遗产的总的态度。对于不同阶级的文化遗产,在"择取"的程度上当然要有所不同。具体地说,从社会发展的角度来看,资产阶级的文化较之封建阶级的文化是一种进步,无产阶级文化从前者所"择取"的,当然要比从后者"择取"的多。例如吧,作为马克思主义的三个来源的,就都不是封建阶级的文化,而诸如英国的古典政治经济学这样的资产阶级文化却成为马克思主义的来源之一。自然,资产阶级的文化在形成过程中也是"择取"了封建阶级的文化遗产的，但它本身却显然已经是跟封建阶级的文化异质的东西。也正因此，鲁迅对待文学遗产虽然主张"有所择取"，但作为其"择取"对象的，却主要是外国的(资产阶级的)文化遗产，而不是中国的(封建阶级的)文学遗产。他的要青年少看或不看中国书而多看外国书，甚至从"为青年文学修养之助"的角度来考虑问题的时候也还是这样的观点，就正表现了他的这种态度。

这一点也可从他对于自己的解剖和分析中看出来。他在《〈中国新文学大系〉小说二集序》中把自己在《新青年》上发表的小说评为"算是显示了'文学革命'的实绩"，同时也明确地指出了果戈理、尼采、安特莱夫对他当时的创作所产生的影响。又说，他的写作《狂人日记》，"大约所仰仗的全在先前看过的百来篇外国作品和一点医学上的知识"(《南腔北调集·我怎么做起小说来》)。这无疑是说明了"择取"外国的文学遗产对于他以及五四"文学革命"的益处。但在说到中国文学遗产对他的影响时，他却总是说些"自己却正苦于背了这些古老的鬼魂，摆脱不开，时常感到一种使人气闷的沉重"，"我觉得古人写在书上的可恶思想，我的心里也常有"(《坟·写在"坟"后面》)之类的话。

鲁迅这样说，并不是要割断五四新文学跟中国旧文学的关系，否认中国旧文学对五四新文学的影响，他曾经指出："我也以为'新文学'和'旧文学'这中间不能有截然的分界，然而有蜕变，有比较的偏向。"(《准风月谈·〈感旧以后〉〈上〉》)同时又说："新文学和旧文学中间难有截然的分界，施先生是承认的，辛亥革命去今不过二十二年，则民国人中带些遗少气，遗老气，甚而至于封建气，也还不算什么大怪事……只要自己知道，别人也知道，能少传授一点，那就好了。"(《准风月谈·扑空》)因此，所谓"新文学和旧文学中间难有截然的分界"，并不是要人们多向中国旧文学中"择取"东西以壮大新文学，而是要人们清醒地估计到中国的新文学还不可能摆脱中国旧文学的影响，正如"民国人中"的还有遗少气、遗老气甚至封建气一样。换言之，是为了提醒人们必须为继续清除旧文学的影响而努力。

当然，鲁迅也并非认为对于中国的文学遗产毫无可以"择取"之处。他在《论"旧形式的采用"》中，曾经指出：在当时探求新形式的过程中，"首先提出的是旧形式的采取，这采取的主张，正是新形式的发端，也就是旧形式的蜕变"。他认为这是并无错误的。然而，在思想上的"择取"，他却从来没有主张过。也就是说，他认为在中国的文学遗产上可以"择取"的，其实是在形式方面。

不过，即使从"旧形式的采用"来说，鲁迅所强调的，似乎也在中国古代艺术方面，而不在中国古代文学方面。例如，他在《且介亭杂文·论"旧形式的采用"》《且介亭杂文·〈木刻纪程〉小引》《鲁迅书信集》1935年《致李桦》的两封信中，都谈到在艺术上怎么"择取"遗产以提高今天的创作的问题，有的谈得十分具体，如云："倘参酌汉代的石刻画像，明清的书籍插画，并且留心民间所赏玩的所谓'年画'，和欧洲的新法融合起来，也许能够创出一种更好的版画。"（《鲁迅书信集·致李桦〈编号883〉》）但在文学上，他除了说到"'五更调''攒十字'的格调，也可以放进新的内容去"（《准风月谈·重三感旧》）一类意思的话以外，似乎并未说过在形式上"择取"遗产可以"创出一种更好的"文学来。而且，他在1935年《致胡风》中说："猛又来逼我关于文学遗产的意见……其实在《文学》上，这问题还是附带的，现在丢开了当面的紧要的敌人，却专一要讨论枪的亮不亮（此说如果发表，一定又有人来辩文学遗产和枪之不同的），我觉得实在可以说是打岔。"（《鲁迅书信集》）由此可见，鲁迅对于研究怎样"择取"中国文学遗产的问题是不热心的，跟他对"择取"中国艺术遗产的关心，恰成鲜明的对照。

其所以如此，我想，是因为鲁迅将艺术分为生产者的艺术和消费者的艺术，在他看来，"书籍插画"和"年画"是"和高等有产者的艺术对立"（《论"旧形式的采用"》）的，汉的"石刻画像"实也出于民间或接近于民间的艺术家之手，所以他对之都很重视。至于中国古代的文学，鲁迅曾经指出："文字难，文章难，这还都是原来的；这些上面，又加上士大夫故意特制的难，却还想它和大众有缘，怎么办得到。"（《且介亭杂文·门外文谈》）虽然也有些民间作品保存下来，但为数很少，其中大部分又经文人的"润色"，"失去了许多本来面目"（同上）。换言之，也许是由于鲁迅认为在中国古代艺术中"与有产者的艺术对立"的作品保存下来的远比中国古代文学中的多,他对于在形式上"择取"中国艺术遗产也就远比"择取"中国文学遗产热心。

有的同志曾引鲁迅《且介亭杂文·拿来主义》一文,来说明鲁迅对中国文学遗产的重视。但是,鲁迅在该文中所说的"拿来",明明是要求着向外国去"拿"。因此,该文末尾所说的:"没有拿来的,文艺不能自成为新艺术。"其实倒正是说明了借鉴外国文艺的重要。还有,有的同志曾引用鲁迅提倡读历史,特别是读野史和杂说的言论,作为他重视中国古代散文的证据;但是,鲁迅并不是把这些书籍作为文学作品来看待的,这跟继承文学遗产并不是一回事。

假如我上面的论述并无太大的错误,那么,鲁迅对中国文学遗产的态度恐与今天某些流行的看法有所不同。我想,这实在是一个值得进一步研究的问题。

原载《鲁迅诞辰一百周年纪念文集》,复旦大学出版社 1981 年版

鲁迅小说的民族风格

吴中杰 高 云

一

文艺的民族化,是五四以来新文艺领域中的一个重要问题。它不但决定我们对于民族文化传统的态度,而且关系着革命文艺与劳动人民的进一步结合;是发展革命文艺的一个重要方面。

五四新文学运动集中地反映了人民大众反帝反封建的革命要求,向帝国主义的奴化文学和封建主义的贵族文学展开了英勇的进攻,"锋芒所向,从思想到形式(文字等),无不起了极大的革命"①。虽然,当时的许多领导人物,由于还缺乏历史唯物主义的批判精神,看问题常犯片面化绝对化的毛病,有些人甚至对于我国文学遗产采取了一概否定的态度,并提出所谓"全盘欧化"的主张;但是整个文学运动,却仍然沿着正确的方向发展,为建立民族的大众的新文学开辟了广阔的道路。

代表着新文化方向的,是鲁迅。

鲁迅,作为中国文化革命的主将,他对于旧文化的攻击是最勇敢、最坚决的。从《狂人日记》开始,他便"一发而不可收"地向封建主义文化传统展开猛烈

---

① 毛泽东《新民主主义论》。

的进攻,为中国新文化开拓前途,表现了十分果决的精神。但他又绝不是全盘否定文化传统的民族虚无主义者。鲁迅全部的创作实践,生动而不可辩驳地证明了,他是我国文化传统最优秀的继承者,是民族新文化的最伟大的创造者。他的小说和杂文,便是我们民族新文学的第一块丰碑,是我国革命文学第一阶段成熟的标志。

继承,绝不是简单的生搬硬套;真正的继承,首先必须有大胆的革新。鲁迅很明确地意识到这一点。在《论睁了眼看》里,他对过去那些粉饰现实的"瞒和骗"的旧文艺,作了严肃的批判,并且指出:"没有冲破一切传统思想和手法的闯将,中国是不会有真的新文艺的。"鲁迅自己就是这样的闯将。他的小说,不但在思想上冲破了"瞒和骗的大泽","将旧社会的病根暴露出来,催人留心,设法加以疗救",表现了启蒙主义者的革命特色,而且在手法上,也冲破了"大团圆"的公式,而布满了悲剧结构与喜剧气氛。鲁迅的小说,吸收了外国文学的先进经验,采用了许多外来的表现手法,在外表上完全没有章回小说的痕迹。但如果把它简单地看做是外国文学形式的"移植",那就大错而特错了。鲁迅的小说,正是深深地植根于我们民族生活斗争的土壤,它承继了古典小说的优秀传统,加以发展,吸收了外国文学中对我们有益的东西,融会贯通,从而创造了崭新的民族新风格。

二

文艺的民族化,不仅是形式问题,首先还是内容的问题;风格,则是作品内容与形式的统一。因此,我们不能脱离内容来谈论民族风格。

五四时期严重欧化的作品,就决不仅仅是硬搬外国艺术形式的结果,主要的还在于它们脱离我们民族的生活内容——对于中国的现实斗争缺乏认识力和表现力。鲁迅小说的深刻之处,就在于它绝不是生活现象简单的模拟,更不是用外国模子来印造中国人的面容,而是从我们民族的现实斗争出发,深刻地剖析了中国的历史和现状,深入地探索了"我们国人的灵魂",从而塑造了我们民族各个阶级的许多典型性格,充分地表现出那个时代的民族生活内容。

打开鲁迅的小说,展现在我们面前的,是一幅丰富多彩的民族生活斗争的画卷。它以浙东的农村和城镇为背景,广泛地描绘了半封建半殖民地中国社会生活的各个方面。

在这里,首先引起我们注意的,也许是浙东村镇的风俗画面:这边,咸亨酒店曲尺形的大柜台边,散发着热气腾腾的酒味,"短衣帮"干完了劳累的生活,乘着傍晚散了工的空隙,靠柜外站着,喝一碗热酒回去休息。那边,华老栓的茶店里,花白胡子和驼背五少爷一大早就蹩进门来,无聊地打发着毫无意义的日子。在临河的土场上,太阳还未收尽它通黄的光线,各家农户的门口,就都放下了小桌子和矮凳,女人们端出乌黑的蒸干菜和松花黄的米饭,热蓬蓬冒气,——人知道,这已经是晚饭的时候了。听!哪里来的爆竹声,毕毕剥剥的连绵不绝,灰白色的沉重的晚云中间时时发出闪光,而空气里已经散满了幽微的火药香。哦,这已是旧历年底了。家家户户都忙着准备"祝福",祈求来年的好运气。杀鸡,宰鹅,买猪肉,用心细细地洗,女人的臂膊都在水里浸得通红,有的还带着绞丝银镯子。……然而,如果你因此大发诗兴,说:"无思无虑,这真是田家乐呵!"那么你便犯了同《风波》中过路的文人一样的错误。因为,你还没有看到隐藏在这画面中尖锐的矛盾和复杂的斗争。

鲁迅的作品所展示给我们的,绝不仅仅是散发着浓郁的乡土气息、显现着鲜明的地方色彩的风俗画卷,——特定的风俗习惯,虽然是民族生活内容的表现,但是单纯的风俗画,毕竟还难以充分地表达出民族生活中复杂的斗争。鲁迅小说的民族性,就在于他深刻地描绘出了交织在这风俗画面里时代的阶级斗争的内容。

在咸亨酒店门口,人们刚用轻蔑和嘲笑送走了被科举制度所挤扁了的可怜虫,满脸横肉的刽子手就直着喉咙嚷破了华老栓茶店中的平静。革命者壮志凌云地牺牲了,留给人们的却是如此无聊的议论,而受尽苦辛的善良的华老栓啊,你可知道你用馒头饱蘸的是什么人的鲜血?这些还没有觉醒的群众,该引起革命者多少的焦虑!临河土场上的晚景,看来是恬静的,然而,被剪去辫子的七斤和穿竹布长衫的赵七爷所演出的复辟喜剧,却多么深刻地回荡着时代的风波!在鲁镇祝福声中,祥林嫂走完了她一生悲惨的路程,带着对于人生的无限的疑虑死去了;热烈的年终气氛,不是使我们更加清楚地看透了封建社会吃人的本质!

> 如果我们看到的是一位真正伟大的艺术家,那末他就一定会在自己的作品中至少反映出革命的某些本质的方面。(列宁语)

鲁迅的小说,是中国革命的一面镜子,它照出了从辛亥以前到五四以后的中国历史面貌,反映了我国从旧民主主义革命失败到新民主主义革命开始这一历史时期的社会动态。"将所谓上流社会的堕落和下层社会的不幸"[①],都深刻地揭发了出来,并且为中国的革命探索着前进的道路。

民族的生活内容,正是集中地表现在这些革命斗争之中,文艺作品只有深刻地反映出特定时代的阶级斗争的内容,才能具有最充分的民族性。

鲁迅时代的中国,是一个半封建半殖民地的落后的农业国,革命的中心问题,是人民大众反帝反封建的斗争,而农民的土地问题,又是中国反帝反封建斗争的基本内容。毛主席曾经指出:中国资产阶级民主革命实质上就是农民革命。农民问题,是中国革命的基本问题。长期探索着中国革命道路的鲁迅,对于农民的痛苦有着深切的感受,因而他把所有的同情与期望都投向了农民,以农民作为自己主要的描写对象。像鲁迅这样,对农民问题作如此深切注意的,在中国文学史上还从来没有过。就是五四时期的新文学创作中,也仍以描写知识分子的生活为多,少数几篇描写工农生活的作品,大都还只能从生活的表面现象来反映农民生活的贫困、学徒境遇的悲苦,从而表示出作者的同情。只有

---

① 《集外集拾遗·英译本〈短篇小说选集〉自序》。

鲁迅的作品,才给我们展示了农村、以至于整个社会的复杂关系,向我们指出了农民贫困的原因;只有革命民主主义者的鲁迅,才超出了一般的人道主义的同情,而以革命家的姿态,批判了农民的落后性,并且探索着农民解放的道路。于是,我们在祥林嫂悲剧的命运里,认识了封建礼教狰狞的面目;在辛苦得麻木了的闰土的姿态里,看到了压在他背上、造成他悲惨生活的原因,"多子,饥荒,苛税,兵,匪,官,绅"……

而对于旧中国的生活,表现得最集中、最典型、最深刻的,是《阿Q正传》。《阿Q正传》反映了辛亥革命时代中国农村的复杂情况,表现了当时社会上各个阶级的动态。作品的深刻之处,就在于它不但有力地揭露了革命前的封建统治关系——阿Q被剥削得只剩下一条破裤子的悲惨生活,和赵太爷连姓氏也要专制的超经济的统治;而且,还极其生动而准确地描绘了革命后的阶级关系的"变动"。作者通过未庄人的嘴,对于辛亥革命作了这样的评价:"据传来的消息,知道革命党虽然进了城,倒还没有什么大异样。知县大老爷还是原官,不过改称了什么,而且举人老爷也做了什么——这些名目,未庄人都说不明白——官,带兵的也还是先前老把总。只有一件可怕的事是另有几个不好的革命党夹在里面捣乱,第二天便动手剪辫子……"革命只革掉一条辫子——而在未庄,则连这辫子也并未彻底地"革",只不过"秋行夏令",将辫子盘在头顶上而已,这是多么可悲的结局啊!然而这是历史的真实。阿Q,作为民主革命基本群众的一员,在他身上却背着如此惊人麻痹的"精神胜利法",昏昏沉沉,多么难以觉醒!而当他由于实际生活的利害关系,开始卷入革命浪潮的时候,却又遭到了假洋鬼子的痛斥:"不准革命!"阿Q的"大团圆"结局,正是辛亥革命以后,资产阶级向封建统治妥协的结果。

作为鲁迅小说中另一重要表现对象的,是知识分子。这是因为:知识分子是时代敏感的阶层,他们首先接受时代的先进思潮,最先反映了时代的变动。当十月革命一声炮响,惊破了中国人迷梦的时候,我们首先听到的,是觉醒了的知识分子的呼声——"狂人"以最清醒的声音,愤怒地揭穿了封建礼教的本质:

鲁迅小说的民族风格

四千年的历史,歪歪斜斜地每页都写着"仁义道德",但字缝里却透露出字来,"满本都写着两个字是'吃人'"!

然而,知识分子并不是一个稳定的阶层。新文化阵营本来就包含着不同的阶级成分。随着革命运动的进一步发展,新文化阵营中的知识分子首先就开始了阶级的分化:"有的高升,有的退隐,有的前进……"[①]鲁迅又经历了一回思想界巨大的分化,在彷徨中继续探索革命的前程。他以艺术的笔锋切中腠理地解剖了各种各样的知识分子的灵魂。除了对于新文化运动的敌人,如假道学的四铭、钻进新文化阵营的流氓高尔础之类进行刻骨的讽刺之外,他以更多的篇幅来描绘新文化阵营内部的各种资产阶级和小资产阶级知识分子的变化,——只有这样,才能进一步反映出五四以后的阶级斗争的动态。于是,在《端午节》,我们听到了方玄绰那种丧失了"和恶社会奋斗的勇气"的"无是非之心"的"差不多"论调;在《幸福的家庭》中,我们又看到了一个知识分子的脱离实际的幻想被残酷的现实碾压得粉碎。也许,给我们留下了更深刻的印象的,是吕纬甫和魏连殳吧。这两个人都是在辛亥革命时代就向旧社会宣战的"新党"。他们或者曾到城隍庙去拔过神像的胡子,或者因蔑视封建礼教而被人目为异类,但是,曾几何时,一个个都向旧社会妥协了。无论是"敷敷衍衍"教教子曰诗云,无论是玩世不恭,"躬行我先前所憎恶,所反对的一切",都不过是像苍蝇一样,绕了一点小圈子,结果还是失败了。谁说他们不曾战斗过呢?为"五四"风浪所吹醒了的涓生和子君,在个性主义的推动下,冲破了封建的牢笼,任凭探索、讥笑、猥亵和轻蔑眼光的注视,他们"坦然如入无人之境"。但是,个性解放怎敌得过经济的压迫,没有高远的理想,爱情更无所附丽;子君的死,恰恰证明了——此路不通。

在五四时期的文艺创作中,我们还不曾看见过像鲁迅的小说这样深刻地反映了我们民族生活内容的作品。

[①] 《南腔北调集·〈自选集〉自序》。

三

民族的生活内容,必须以完美的民族形式表现出来,才能真正达到充分的民族作风和民族气派。

鲁迅小说的民族风格,不仅在于它深刻地表现了从辛亥以前到五四以后这一时期我们民族的生活内容,栩栩如生地描绘出我们民族各阶级、各阶层的人物的性格特征,而且还创造了适合于表现这种民族生活新内容的新的民族形式,两者形成了一个有机的、不可分割的统一体。

文学是语言的艺术。文学的民族形式,也首先在语言上表现出来。

五四时期,随着思想革命的展开,同时就出现了语言文字的改革,即所谓白话与文言之争。这是文学革命的重要内容之一。但正如整个新文化阵营的复杂性一样,当时的所谓白话也是五花八门的。有些还未脱尽文言气味,有些则又过分欧化。鲁迅创作中的文学语言,在当时则是独树一帜。它既不是生搬外国字眼的欧化语言,也不是改良主义的通俗古文,而是以现代人民的口语为依据,认真加以提炼,并且继承了传统文学语言中有生命的东西、吸取了外国文学语言中有益的养料,融会贯通,从而真正地创造了崭新的民族文学语言,为新文学的创作树立了榜样。鲁迅成为一代的语言大师。

鲁迅语言的民族风格,首先在于它具有当代人民口语的特点。鲁迅特别强调:"我们要说现代的,自己的话;用活着的白话,将自己的思想,感情直白地说出来。"[①]所以鲁迅小说中的语言,就有着人民口语的鲜明性和生动性。当我们读到:四铭从布马褂底下的袍子的大襟后面"曲曲折折的汇出手来",水生"松松爽爽"地同宏儿一路出去,邻村的航船七斤在革命后进城,"便着了道儿"——被剪去辫子,而"弄得不像人样子"时,我们仿佛亲切地听到了绍兴人民绘声绘色

[①]《三闲集·无声的中国》。

的谈论声。但是,鲁迅的文学语言并不是散漫口语的原样照录,更不是僻拗方言的生搬滥用。在鲁迅的小说中,我们随处可以看到作家提炼语言的辛苦。从一些回忆鲁迅的文章里,我们知道,他为了准确、生动地描绘人物的动作和说话,曾经几次三番费沉吟。比如,写《阿Q正传》,"当他写到'静修庵的小尼姑低了头走过来时,阿Q走近伊身旁,突然伸出手来摩着伊新剃的头皮'的'摩'字,原来想用'护'字的",因为"护"比"摩"能更加准确而生动地说明阿Q的举动,但终于"因为太土气,也太冷僻,恐怕许多人不会懂"而没有选用。①适当地运用方言,是有助于作品民族风格的形成的,但不适当的滥用,则相反的会造成地方局限性。所以,鲁迅说:"我是反对用太限于一处的方言的……这样的只在一处活着的口语,倘不是万不得已,也应该回避的。……没有法子,现在只好采说书而去其油滑,听闲谈而去其散漫,博取民众的口语而存其比较的大家能懂的字句……"②——从当代人民的口语中提炼,读得顺人民之口,这就是鲁迅文学语言民族化的基本源泉。

其次,"古语"的运用,也给鲁迅的语言增加了民族色彩。为了更周密、更满地表情达意,鲁迅吸收了外国语言"文法句法词法"上的优点;而且又从古人的语言中吸取有益的养料,融化到自己的语言中 "采说书而去其油滑"即其一端,他又说:"没有相宜的白话,宁可引古语,希望总有人会懂,只有自己懂得或连自己也不懂的生造出来的字句,是不大用的。"③可见鲁迅的引用"古语",是从表情达意的需要出发,态度是相当谨严的,因而,运用得自然、有力,融洽无间。比如,"塞翁失马安知非福""人生识字忧患始",都是北宋和更早些时候的成语,但鲁迅用前者来描写阿Q在赌场的命运,用后者来形容高老夫子流氓装正经,腹内空空又想要爬上讲台时的心情,真是言简意赅、情态毕露——将"古语"用活了。鲁迅还常常将古语直接融入自己的叙述语言中去,如"但文豪则

---

① 川岛《和鲁迅相处的日子》,第16页。
② 《二心集·关于翻译的通信》。
③ 《南腔北调集·我怎么做起小说来》。

可,在我辈却不可的","夫文童者,将来恐怕要变成秀才者也","不到两个时辰,我的意兴早已索然,颇悔此来为多事了"等语,都运用得极其自然有力。这些"古语"的运用,也无形中给作品的语言增加了民族色彩。当然,运用"古语"必须从表情达意的需要出发,并且要使"古语"成为新的文学语言的有机组成部分。鲁迅之用古语,就"妙在信手拈来,无心巧合,竟似古人寻我,并非我觅古人"①。鲁迅坚决反对脱离现代语言的需要而乱搬古语,在《坟》的后记里,他曾严厉地指责过某些青年作家"在古文,诗词中摘些好看而难懂的字面,作为变戏法的手巾,来装潢自己的作品",而恳切地要求他们"不必更在旧书里讨生活,却将活人的唇舌作为源泉,使文章更加接近语言,更加有生气",从而创造出"更有新气象"的文学。

鲁迅语言的民族风格,还在于他吸取了我国古典小说中语言表现上的传统手法而形成了自己的特点:简练和朴实。这是与他描写方法上的白描手法相联系的。"白描"本是国画的一种表现手法,它的特点是单纯用线条来勾勒画面,简练、质实、明快,除线条本身的墨色之外,不加任何其他颜色。后来人们将这一术语用于文学的表现手法上,则是指那些用朴实、明快的笔调极其简练地描述出人物和事件的作品。鲁迅曾对白描手法做过这样的解释:"'白描'却并没有秘诀。如果要说有,也不过是和障眼法反一调:有真意,去粉饰,少做作,勿卖弄而已。"②鲁迅的小说,正是这样朴实、浑厚、毫无粉饰地以最简练的笔墨描写出人物的性格和事态的进程。

打开鲁迅的小说,我们随处都可以碰到这样简洁的句子:

> 时候既然是深冬,渐近故乡时,天气又阴晦了,冷风吹进船舱中,呜呜地响,从篷隙向外一望,苍黄的天底下,远近横着几个萧索的荒村,没有一些活气。我的心禁不住悲凉起来了。

---

① 〔清〕李渔《闲情偶寄·词采第二·贵显浅》。
② 《南腔北调集·作文秘诀》。

这是《故乡》开头的一段,描写"我"渐近别了二十余年的故乡时的情景。句子是这样的简练,语调是这样的朴实,但短短的几句话中,却包含着多么丰富的内容!它既叙述了回乡途中的行程,又描绘出在封建军阀统治下破产了的乡村,同时还深切地表现了"我"的悲凉心情。而这三者,在这里,又是有机的紧密的融合在一起的,于是凝结成这样简练、朴实的语言。这就是作家运用语言的独到的功力。

简练与朴实,必须以精确作基础。语言是思想的物质外壳,只有当作家精确地把握住事物的特点时,他才有可能用寥寥数笔勾勒出一个生动的形象来。倘使作家认识模糊,那么即使用一大堆形容词,也难以描绘出一个确定的形象的。鲁迅简练而朴实的语言,正是建筑在他的深邃的观察力的基础之上。但所谓精确,又指的是掌握对象的什么特点呢?有人曾举出这样的例子,来说明鲁迅语言"在绘声上的精确性":"《鸭的喜剧》里的主人翁——那些小鸭们,最初'咻咻的叫',等它们长大,喉咙能够放开,便'鸭鸭的叫了'。一两只苍蝇是'营营'的叫,蝇子多了,便'嗡嗡'的叫。喇叭有各样的叫声……"[①]即使,这也算是用语精确的例子吧,但它又能说明什么问题呢?这种表面现象的精确性,是任何一个普通的作家都可以达到的,何须期待于伟大的作家呢?而鲁迅的深刻之处,却在于他能够最精确地把握住事物内在的社会实质,因而才能够用最简练最朴实的语言表达出最丰富的思想内容。比如,对于祥林嫂受到致命打击时的神态,作者这样写道:

"你放着罢,祥林嫂!"四婶慌忙大声说。

她象是受了炮烙似的缩手,脸色同时变作灰黑,也不再去取烛台,只是失神的站着。直到四叔上香的时候,教她走开,她才走开。

这样的描写,是极其简练而朴实的。但是,难道它仅仅只是精确地描绘了祥林嫂当时的神态吗?不。我们之所以说它简练、精确,是因为它能够通过对于这

---

① 《鲁迅创作的艺术技巧》,第73页。

一刹那间神态的简短的描写,而展示给我们无比丰富的社会内容。这是一个受尽封建礼教迫害的妇女,在最后的生活希望突然受到打击时的完全绝望了的神态。在这一失神的状态里,凝结着祥林嫂一生的悲苦与辛酸,揭露了封建礼教吃人的狰狞面目,同时也包含着作家愤怒的控诉声。真是千言万语所难以说尽的内容啊!

简练与朴实,这是作家深沉的爱憎感情的最好表现。强烈的爱憎用不着纷繁的色彩来粉饰,深沉的感情也无须华丽的言辞来渲染。简练而朴实的语言,正是表达心中爱和憎的最好方式。鲁迅就是以这样毫无粉饰的笔墨来直抒感情,着墨无多,而情态毕肖;真是微辞妙选,远比那些堆满艳词丽句的描写具有更大的表现力。比如:在《明天》里,单四嫂子埋葬了宝儿之后,作者只写单四嫂子对于屋子感到太静、太大、太空,"太大的屋子四面包围着他,太空的东西四面压着他,叫他喘气不得"。通过这一感觉的描写,作者就真切地表达了这个苦难者在丧失了人生一切的乐趣之后的绝望和悲哀的心情了;《故乡》中,"我"感到与闰土之间已经隔了一层可悲的厚障壁时,作者也只写道:"我似乎打了一个寒噤……我也说不出话。"的确,深沉的悲痛之情有时反会使人默然无言。然而,"此时无声胜有声",这里又包含着多么深刻的思想感情啊!

鲁迅的语言,真是达到了炉火纯青的地步。"何意百炼钢,化为绕指柔"——简练、朴实的语言,却是千锤百炼的结果!鲁迅自己就说过:"写完后至少看两遍,竭力将可有可无的字、句、段删去,毫不可惜。"①只有无情地锤去杂质,才能炼出"绕指柔"的纯钢来。这里没有一丝多余的渲染,每一点墨都表达出丰富的内容,每一句话都包含着巨大的容量,艺术概括达到了极高的境地。

当然,如前所说,语言的表现力是与作品的描写手法相联系的。那么,让我们进一步地来考察鲁迅小说在描写手法上的特点吧!

---

① 《二心集·答北斗杂志社问》。

四

在描写手法上,鲁迅继承了中国古典小说中白描手法的传统,特别擅长于传神的写意画。这种"传神的写意画",鲁迅曾指出它的特点,是:"并不细画须眉,并不写上名字,不过寥寥几笔,而神情毕肖。"①因而,他对于典型人物的塑造,着重在内在的社会性格的刻画,而外表的肖像画却很简单,只寥寥几笔,勾勒出传神的轮廓画,让读者通过人物的性格特点,充分地发挥想象。即以脍炙人口的不朽典型阿Q而论,作者对于他的肖像描写,也只这么简单的两笔:

这时阿Q赤着膊,懒洋洋的瘦伶仃的……

……最恼人的是在他头皮上,颇有几处不知起于何时的癞疮疤。

对于阿Q的外形特点,除此之外,我们所能知道的,大概就只有经常被人揪住碰响头的"黄辫子"了。而且,就是这些简单的特点,也不是集中在一个镜头里刻画的。鲁迅从来不孤立静止地描写人物肖像,阿Q的"瘦伶仃""癞疮疤"和"黄辫子"等外形特点,都是为了刻画阿Q的性格特点——精神胜利法的需要,随着情节的发展而出现的。这种传神的轮廓画,绝非如有些人所说的,是形象的残缺不完整;恰恰相反,它是笔墨的高度凝练,是内容最丰富的形象画面。形象的完整不完整,不在于造型的细致和周密与否,而在于作者能否简练地概括出对象的本质特点,传达出对象的精神面貌,从而引起读者丰富的联想和深刻的感受。离开本质特点的细密描写,只能造成形象的庞杂和芜乱——实质上也是内容的空虚和贫乏;正如鲁迅所说:"忘记是谁说的了,总之是,要极省俭的画出一个人的特点,最好是画他的眼睛。我以为这话是极对的,倘若画了全幅的头发,即使细得逼真,也毫无意思。"②因而,鲁迅总是这样"极省俭"地画出人物

---

① 《且介亭杂文二集·五论"文人相轻"——明术》。
② 《南腔北调集·我怎么做起小说来》。

最富有特征性的东西的。《风波》里赵七爷的出场,我们仅只通过七斤嫂的眼睛,看到他的两个特点:其一是"今天的赵七爷已经不是道士,却变成光滑头皮,乌黑发顶";其二是,他又胖又矮的身上今天又穿上"轻易不常穿"的"这件竹布长衫"。通过这两个特点,我们完全可以看出这个遗老的形态和精神面貌,而且从辫子和服装的变迁,也就可以反映出时代背景了;过于琐细地描写他的一般形象,还有什么意义和必要呢?"作画形易而神难。"①如果不能传出人物之"神",那么,片面地追求"形似",就只能如刘安所说的:"画西施之面,美而不可说,规孟贲之目,大而不可畏,君形者亡矣。"②当然,"神似"并不排斥"形似",给予读者再创造的联想,也不是毫无根据地乱想;正如沈宗骞所说:"神出于形,形不开则神不现。"③鲁迅对于那种脱离基本形的抽象的"神似",是十分反对的。他曾批评宋以来盛行的"写意"道:"两点是眼,不知是长是圆,一画是鸟,不知是鹰是燕,竟尚高简,变成空虚。"④我们所说的"神似",是在"形似"的基础上进一步地传达出人物的精神面貌。作者简单的几笔,已给人物的形象勾勒出了基本轮廓,给读者提供了再创造的基础;如阿Q的"瘦伶仃""癞疮疤"和"黄辫子",虽是几个简单的特点,但已形成一个基本轮廓,而且由于这些形象深刻地反映了阿Q的生活境况,因而又是具有本质意义的、不可变换的特点。鲁迅甚至认为:"只要在头上戴上一顶瓜皮小帽,就失去了阿Q,我记得我给他戴的是毡帽。"⑤可见阿Q形象的确定性。是的,阿Q的轮廓画是简单的,但是当它与阿Q的精神胜利法的种种"行状"连在一起的时候,它就产生了无限丰富的内容,给人留下了不可磨灭的印象。这正如古人画论中所说的:"纵得形似,而气韵不生,以气韵求其画,则形似在其间矣。"⑥

---

① 〔宋〕袁文《瓮牖闲评》。
② 〔汉〕刘安《淮南子》。
③ 〔清〕沈宗骞《芥舟学画编》。
④ 《且介亭杂文末编·记苏联版画展览会》。
⑤ 《且介亭杂文·寄〈戏〉周刊编者信》。
⑥ 〔唐〕张彦远《历代名画记叙论》。

鲁迅小说的民族风格

鲁迅的传神的轮廓画,总是远比简单的画面包含着更为丰富的内容。从这些简单的描写里,我们不但可以看出人物的性格特点,而且还可以看出生活的来踪去迹。且看《故乡》中闰土的肖像画:

> 虽然我一见便知道是闰土,但又不是我这记忆上的闰土了。他身材增加了一倍;先前的紫色的圆脸,已经变作灰黄,而且加上了很深的皱纹;眼睛也像他父亲一样,周围都肿得通红,这我知道,在海边种地的人,终日吹着海风,大抵是这样的。他头上是一顶破毡帽,身上只一件极薄的棉衣,浑身瑟索着;手里提着一个纸包和一支长烟管,那手也不是我所记得的红活圆实的手,却又粗又笨而且开裂,象是松树皮了。

这里的肖像描写结合着回忆,因此就有对比,从脸、手和眼睛这几点简单的对比的描写里,我们完全可以看到闰土因辛苦而麻木的状态。在这里,已经不是单纯地在描写闰土的肖像,而简直是在诉说他一生受苦的生活历程了。

白描手法在人物刻画上形成的另一特色,便是通过行动和对话来刻画性格,而避免静止的分析和单纯的心理描写。这也许正是我国说书艺术所带来的特点吧。应该承认,鲁迅小说在人物心理状态的描写上,是比中国古典小说充分得多了,像《狂人日记》,就全篇都建筑在心理描写的基础上。在这方面,他接受了外国小说较多的影响。但是,鲁迅小说又决不离开情节的进展而静止地描写人物,更不对人物心灵上的每一最细微的演进,每一个行动的最隐秘的动机,都作详细的分析和直接的描写。基于白描手法的基本特点,鲁迅小说的心理描写也是极其简练的,而且大多结合着行动、叙事或写景进行。这一点,仍与古典小说的特点一脉相承。

如果我们走过华老栓茶店的门口,也许,刚好听到满脸横肉的康大叔在那里大嚷:

> "包好,包好!这样的趁热吃下。这样的人血馒头,什么痨病都包好!"

华大妈听到"痨病"这两个字,变了一点脸色,似乎有些不高兴;但又立刻堆上笑,搭讪着走开了。这康大叔却没有觉察,仍然提高了喉咙只是嚷,

使先生和后生相印

嚷得里面睡着的小栓也合伙咳嗽起来。

这里看来并没有什么心理描写,只是简单的一些行动的记述。但是,从华大妈的脸色的变化里,我们难道没有看出她内心复杂的活动吗?善良又受苦的华大妈,时刻担心着儿子的病症,因此一听到"痨病"这两个字,便"变了一点脸色,似乎有些不高兴",但这大嚷着的,却是蛮横的刽子手啊,在他面前,受尽压迫的华大妈连"不高兴"也不敢的,于是只好"立刻堆上笑,搭赸着走开了"。华大妈这一瞬间的脸色的变动,包含着多少人生的酸辛,启示了多么丰富的生活内容!这一行动,不但显示了华大妈的心理状态,而且还刻画了康大叔的性格特点。他的话引起了别人这样的痛苦,可是他连觉察都没有觉察到。他"仍然提高了喉咙只是嚷,嚷得里面睡着的小栓也合伙咳嗽起来"。多么肆无忌惮的、丝毫不顾别人痛苦的蛆虫啊!

在《看书琐记》里,鲁迅说:"高尔基很惊服巴尔札克小说里写对话的巧妙,以为并不描写人物的模样,却能使读者看了对话,便好象目睹了说话的那些人。中国还没有那样好手段的小说家,但《水浒》和《红楼梦》的有些地方,是能使读者由说话看出人来的。"鲁迅的小说也继承了这一特色,他有时是根本不写人物的模样,完全用性格化的对话来刻画人物的。如《药》里的花白胡子、《肥皂》里的何道统,都是全由对话见出性格来的人物。作者写花白胡子,仅仅用了如下的一些对话:

"老栓,你有些不舒服么?——你生病么?"一个花白胡子的人说。

"没有。"

"没有?——我想笑嘻嘻的,原也不像……"花白胡子便取消了自己的话。

……

"原来你家小栓碰到这样的好运气了。这病自然一定全好;怪不得老栓整天的笑着呢。"花白胡子一面说,一面走到康大叔面前,低声下气地问道,"康大叔——听说今天结果的一个犯人,便是夏家的孩子,那是谁的孩子？究竟是什么事？"

……

花白胡子说，"打了这种东西，有什么可怜呢？"

……

"阿义可怜——疯话，简直发了疯了。"花白胡子恍然大悟似的说。

是的，作者"并不描写人物的模样"，可是我们单看了这些对话之后，这种终日在茶馆店中讨生活的无聊、卑下、愚蠢的人物的模样，不就历历在目了吗!？而且，鲁迅小说中人物的对话也极其简练的，所取的也是"画眼睛"的方法，只择其最主要之点，短短的话语，既表达了事件，又刻画了性格。也许，我们还记得单四嫂子问何小仙的问话吧：

"先生——我家的宝儿什么病呀？"

"他中焦塞着。"

"不妨事么？他……"

"先去吃两帖。"

"他喘不过气来，鼻翅子都扇着呢。"

"这是火克金……"

短短的几句对话，就写出了高深莫测、借以唬人的庸医的神态。真是传神之笔！

白描手法并不排斥环境描写，问题是，如何使环境描写与人物性格的刻画紧密地结合起来。鲁迅自己说过，他对于人物环境的处理，是吸收了我国古典艺术的优点的。比如，"中国旧戏上，没有背景"，人物活动的环境是通过演员精湛的表演而形成的："新年卖给孩子看的花纸上，只有主要的几个人"，但好的花纸，却能从人物神态的刻画中表现出环境来。因此，鲁迅的小说并不注意外景的渲染——"我不去描写风月"①，而着重通过人物本身的活动形成时代的气氛，造成可感而不可视的典型环境。在深刻地反映了辛亥革命历史现实的《阿Q正

---

① 参见《南腔北调集·我怎么做起小说来》。

传》里,何尝有一点单独描写时代背景的笔墨?甚至连土谷祠是什么样子,赵太爷府上有哪些摆设,我们也无从知道。但是,从"不准姓赵"和"恋爱的悲剧"等情节里,我们难道没有看到最残酷的封建压迫和剥削?从阿Q的"革命""不准革命"到悲剧的"大团圆"结局,不是深刻地反映了辛亥革命所促成的阶级关系的"变动"和这个革命的悲惨的失败?在这里,辛亥革命的时代环境不是通过个别细节的描写,而是通过阿Q、赵太爷、假洋鬼子和把总等人物的矛盾冲突,通过对人物精神面貌的刻画而有机地显示出来的。在《幸福的家庭》里,作者的笔墨从未离开过这个家庭一步,但从作品主人公的"艺术构思"的过程中,从他的空想与现实的尖锐矛盾中,我们不是充分地感受到北洋军阀统治时代的混乱的环境吗?——他想为他空想的"幸福的家庭"寻找一个安置的地方,但是,"江苏浙江天天防要开仗;福建更无须说。四川,广东?都正在打。山东、河南之类?——阿阿,要绑票的……"偌大一个中国,连安置一个"幸福的家庭"的地方也没有啊!而且,"五五二十五,三五一十五"的算柴价声、小孩子呜呜咽咽的哭声,简直连构思作品的安静环境也没有。他愈想渲染那个空想家庭的"幸福",就愈益衬托出时代的混乱和自己家庭的不幸。这样,就使人物和环境真正达到了水乳交融的境地,作品达到了高度典型化的目的。我国画论中有这样的说法:"景愈藏,境界愈大;景愈露,境界愈小。"鲁迅小说的环境描写,看来好像不周密、不具体,但它所开拓的境界,它所表达出来的深厚的时代气氛,却远非某些外露的环境描写所能包含得了的。有人片面地指责鲁迅的某些小说只"刻画出了具有一定的典型性的性格,但没有描写出产生这种性格的典型环境",那倒恰恰表明了评论者的眼光多狭窄。

当然,这并不是说,鲁迅小说中就完全没有具体景物的描写了。《社戏》中江南夏夜景色的描写,难道不令人陶醉?《祝福》中除夕景象的描写,难道不声色俱全?但是,在鲁迅的小说中,所有这些景物描写,都不是单纯的孤立的写景。《社戏》中,与其说作者在写江南优美的夜景,倒不如说写的是作品中主人公们优美的心情;《祝福》中除夕的热烈景象,则更是祥林嫂悲剧命运的反衬。

鲁迅是把景物的描写紧密地交融在人物性格的刻画中。

因此,对于外在景物的描写,常常是为了表现人物的心理状态。比如《高老夫子》中有一段对于教室情景的描写:

> 半屋子都是眼睛,还有许多小巧的等边三角形,三角形中都生着两个鼻孔,这些连成一气,宛然是流动而深邃的海,闪烁地汪洋地正冲着他的眼光。但当他瞥见时,却又骤然一闪,变了半屋子蓬蓬松松的头发了。

作为外界的景物,这样的描写自然是欠客观欠完整的。但作者本来就没有打算为客观的外景耗费笔墨,他描写这幅从高老夫子眼中看出来的教室里的景象,只不过是借此来描绘高老夫子在讲台上讲不出书来的空虚、恐慌的心情。

而有些写景,则不但表现了人物的心情,而且简直牵动着人物的行动,成为引导故事发展的情节线索。比如《白光》中的白光,就起了这样的作用。作者对于月光的描写,是紧紧地与落第归来的陈士成的行动联系起来的。当陈士成第十六回县考落第之后,"他平日安排停当的前程,这时候又象受潮的糖塔一般,刹时倒塌,只剩下一堆碎片了"。于是,他不自觉地旋转了觉得涣散了的身躯,惘惘地走回家来,而不久,四处就绝了人声,熄了灯火,"独有月亮,却缓缓地出现在寒夜的空中","月亮对着陈士成注下寒冷的光波来……诡秘的照透了陈士成的全身"。这铁的光笼罩住了陈士成,使他更加失却了常态,支使他到处去挖宝。"白光如一柄白圆扇,摇摇摆摆的闪起在他房里了",他便到房中挖;"他突然仰面向天,月亮已向西高峰这方面隐去",于是他又决然的想:"是的,到山里去!"……这里的月光,绝不是可有可无的东西,与其说它是自然景物,倒不如说是陈士成心理状态借外物的反映。恰如古人所说的:"所言者月,所寓者心。"①这样,真是达到了情景交融的境地。

所有这些人物刻画上的特点,都是白描手法的具体运用。这种手法,用高度凝练的笔墨,朴实无华地表现生活,而使人物神态毕肖;它深刻地反映了艺术

---

① 〔清〕李渔《闲情偶寄·词采第二·戒浮泛》。

来源于生活而又比生活更高、更集中、更典型的规律,艺术提炼和艺术概括达到了极高的境地。这是我国悠久文化传统的结晶,是人民群众高度艺术修养的表现。鲁迅继承并发展了这个传统的表现手法,而使自己的创作放射出夺目的光彩。

五

与语言运用上的简练、朴实笔法和性格刻画上的白描手法相适应,中国古典小说在情节结构的布局方面也形成了自己的特色。即是:以故事的叙述为主,把场面、情景的描写穿插和融化在叙述中。这分明也是由古代说书艺术所形成的传统,它与那种以场景的描写为主,把叙述故事融化在场景描写中的西洋小说结构,形成了完全不同的格局。

鲁迅小说的结构是多种多样的。他曾说:"至于手法和构图,我的意见是以为不必问是西洋风和中国风,只要看观者能否看懂,而采用其合宜者。"[①]因此,鲁迅小说的构图是吸收了中西两方面的优点,融为一体,而变化多端。茅盾同志早在1923年就曾指出:"在中国新文坛上,鲁迅君常常是创造新形式的先锋,《呐喊》里的十多篇小说几乎一篇有一篇的形式,这些新形式又莫不给青年以极大的影响。"[②]鲁迅小说的结构虽然多种多样,但归纳起来,大体上仍可分为两类:一类,以《药》《肥皂》《离婚》等篇为代表,受"西洋风"的影响较大。它们大抵都有特定的时间、特定的场面,而在这一特定的背景上,环绕着某一中心事件,展开了对于人物活动的描写,表现出生活某角的横断面。但这一类为数不多,占多数的一类,仍是"中国风",即以叙述为主,融合着场景的描写。无论是第一人称的叙述,如《故乡》《祝福》《在酒楼上》……或者第三人称的叙述,如《阿Q正

---

① 1934年3月28日致陈烟桥信。
② 《读呐喊》。

传》《端午节》……基本上都属于这一类。它们在构图上,具有更为浓厚的民族色彩。

这种叙述体的结构形态所产生的情节上的特点,便是:作品的情节主要是环绕着人物性格的发展而表现在叙述的内在线索上,并不在于某一事件本身的发展,各个场面在时间上也不一定紧密相连。比如,《阿Q正传》在一开始时,作者并没有选择特定的场面,通过特定的事件来展开人物的性格,而完全以作传者(叙述人)的姿态出现,来讲述作传时的种种"困难"(如阿Q姓氏和籍贯的渺茫)和阿Q的种种"行状",这种种"行状"之间,不一定都有时间上的直接联系,但却有着性格上的内在关联,所以通过这些事件的讲述,就很形象地讲出阿Q性格上精神胜利法的特点来。作品中也有生动的场景描写,但这些描写往往是穿插于叙述之间,为叙述的主体服务的。比如,当作者说到阿Q的姓氏渺茫时,就穿插了一段赵太爷不准他姓赵的场景描写:

……那知道第二天,地保便叫阿Q到赵太爷家里去;太爷一见,满脸溅朱,喝道:

"阿Q,你这浑小子! 你说我是你的本家么?"

阿Q不开口。

赵太爷愈看愈生气了,抢进几步说:"你敢胡说! 我怎么会有你这样的本家? 你姓赵么?"

阿Q不开口,想往后退了;赵太爷跳过去,给了他一个嘴巴。

"你怎么会姓赵! ——你那里配姓赵!"

阿Q并没有抗辩他确凿姓赵,只用手摸着左颊,和地保退出去了;外面又被地保训斥了一番,谢了地保二百文酒钱。知道的人都说阿Q太荒唐,自己去招打;他大约未必姓赵,即使真姓赵,有赵太爷在这里,也不该如此胡说的……

这段描写,不但形象地表现了阿Q的性格,而且也形象地显示了阿Q的社会地位和他的直接的对立者赵太爷的面貌。不过,这场面却有如插画似的,前后并无直接的联系。接着这段描写之后,作者又"考证"阿Q的名字去了,这一场面并未继续展开。因此,有些人把鲁迅的小说称为"叙事的诗",这句话倒是多少道出了一点鲁迅小说在结构上的特点的。但如果因此就认为鲁迅小说"缺乏全面展开的整体的画幅",因而"常常不能获得完整的生命形象与具相的社会联系",那么,正如有些人否定中国古代有"严格意义上的"短篇小说一样,他们是以西洋艺术教条来衡量中国的创作实际,完全脱离了我们民族艺术传统的特点,粗暴地抹杀我国短篇小说的光辉成就。以这种眼光来看问题,自然更加无法看到我国传统结构形态的优点。其实,这种叙述体的结构在艺术上有着更大的概括力,为情节的典型化提供了更为有利的条件。它不必严格地限制于某一生活的横断面,按照事件的进程,按部就班地加以描述,而可以用这条叙述的线索,贯穿起各个出现在不同时间、不同地点的典型情节,使作品的脉络伸展到广阔的生活领域。比如《祝福》,作者只用回忆的线索,贯穿起祥林嫂生活中的几个"断片"(典型的情节),就把她半生的事迹连成一片,完整地反映出了她的悲惨命运。这样,这种"叙述的诗"所反映出来的,常常就不只是某一片断的生活面,而是某一人物的整个生活经历、某一时期的整个历史进程,从而为短篇小说造成了极大的容量。阿Q、祥林嫂、吕纬甫、魏连殳……这些内容无比丰富的典型性格,他们一生的生活历程之所以能完整地(而不是片断地)容纳在一个短篇小说中,显然是与这种叙述体的结构形态分不开的。

这类结构形态,在情节上形成的另一个特点,便是作品中有许多议论的出现。这些作者直接抒发的议论,看起来是非情节的因素,但在鲁迅小说中,却又是形成情节发展的有机部分。比如,作者写阿Q"直待蒙赵太爷打他嘴巴之后,这才出了名"之后,就有一段议论道:

> 说也奇怪,从此之后,果然大家也仿佛格外尊敬他。这在阿Q,或者以为因为他是赵太爷的父亲,而其实也不然。未庄通例,倘如阿七打阿八,或李四打张三,向来本不算一件事,必须与一位名人如赵太爷者相关,这才载上他们的口碑。一上口碑,则打的既有名,被打的也就托庇有了名。至于

错在阿Q,那自然是不必说。所以者何？就因为赵太爷是不会错的。但他既然错,为什么大家又仿佛格外尊敬他呢？这可难解,穿凿起来说,或者因为阿Q说是赵太爷的本家,虽然挨了打,大家也还怕有些真,总不如尊敬一些稳当。否则,也如孔庙里的太牢一般,虽然与猪羊一样,同是畜生,但既经圣人下箸,先儒们便不敢妄动了。

这里虽然是作者借故发了一大通感慨,但因为完全结合着阿Q"这才出了名"的本事而发,因此,这一段议论又更清楚地说出了阿Q此后的社会地位,给他以后的行动提供了基础;而且,因为把阿Q的这一"出名"事件与由封建礼教所造成的整个习惯思想联系起来,就更加深化了作品的主题思想,对旧社会产生了更加巨大的讽刺力量。因而,它又成为情节组成的有机部分。鲁迅作品中这些议论部分是相当多的。许多研究者指出,这是由于鲁迅的启蒙主义的写作态度,是由于不可抑止的革命热情,因而有许多思想和感触需要用这样直接的议论——或谓之"杂文手法"而冲泻出来。当然,这样的说法是对的,这个原因也是主要的。但是,他们却往往忽略了另外一个允许这些议论出现的原因,即艺术形式上的条件。作家要直接发议论,也要有适当的艺术形式允许他发表议论才行啊。否则,便会破坏作品艺术的完整性。即使像托尔斯泰这样的艺术大师,也由于在不恰当的艺术结构里发议论,而多少损害了作品的艺术性。他在1951年8月10日的日记上,就承认道:"发现自己有一种离题插叙的坏习惯。正是这种习惯,而不是像我过去想的那样,是思想的丰富——常常妨害我写作,使我离开写字台去想一些和我写的东西全不相干的别的事情。真是个致命的习惯!"①当然,在这里,我们无须来评定托尔斯泰与鲁迅二人艺术水平的高低,而只是为了说明,这种直接的议论只有在适当的艺术形式里出现才会显得相称。就是在鲁迅的小说中,也不是每一篇都有这种直接的议论的,比如在《药》与《离婚》里,就没有,因为这种以生活横断面的描写为主的结构里,是不便于直

---

① 《人民文学》1957年4月号第99页。

接发议论的;而在叙述体的结构里,这样的议论就很多了,因为它们本身就是以讲述为主,便于发议论之故。而且鲁迅小说中的直接议论,大抵是和叙述部分一起出现,相互结合在一起,它们不像理论文字那样抽象、枯燥,却具有散文的形象性、优美、亲切,因而成为作品的有机部分,不但不感到游离、分裂,反而感到很和谐。这些直接抒发的议论,不但不破坏形象的完整性,反而加深和明朗化了人物的性格和他的活动环境。

对于中国古典小说这一优秀传统的继承和发扬,使鲁迅的小说产生了更加深厚的思想力量。

六

"从喷泉里出来的都是水,从血管里出来的都是血。"鲁迅的小说,篇篇都是时代精神的结晶体,它犹如一只强力的探照灯,照彻了旧中国从辛亥以前到五四后整个历史时期的民族生活内容。作者以无比强烈的革命热情,为革命的先驱者呐喊助阵,去唤醒那些沉睡在铁屋子里的人们……

鲁迅的小说艺术,倘用他自己对于陶元庆君绘画艺术的评语,倒正能确切地加以说明:

> 他以新的形,尤其是新的色来写出他自己的世界,而其中仍有中国向来的魂灵——要字面免得流于玄虚,则就是:民族性。

> 他并非"之乎者也",因为用的是新的形和新的色;而又不是"Yes""No",因为他究竟是中国人。所以,用密达尺来量,是不对的,但也不能用什么汉朝的虑俿尺或清朝的营造尺,因为他又已经是现今的人。我想,必须用存在于现今想要参与世界上的事业的中国人的心里的尺来量,这才懂得他的艺术。①

---

① 《而已集·当陶元庆君的绘画展览时》。

鲁迅小说的民族风格

鲁迅用新的形和新的色,写出了新的世界。他的小说无论是内容和形式,都以崭新的姿态出现在我国的文坛;但又并不割断历史,并不脱离传统。鲁迅正是继承了中国小说的民族传统,吸收了外国小说的先进经验,适应着时代的要求,形成了新颖、独创的民族风格,把我们民族的文艺,推到了一个新的时代的高峰,为中国的新文艺开拓了方向。

当我们探讨了鲁迅小说的民族风格之后,自然地,我们会进而想到,是什么因素促使鲁迅创造出民族的新风格呢?文艺的民族化,绝不是一个技巧问题,而是一个文艺方向问题。因而,它首先决定于作家对于文艺目的性的认识。"为艺术而艺术"的作家、为少数的老爷太太们服务的文人,自然不会考虑到民族化的问题,主张全盘欧化的人们,除了缺乏历史主义观点和其他原因之外,最根本的问题还是由于缺乏为劳动人民服务的观点。只有真正树立了为人民服务的观点,才能认真地考虑如何创造为人民大众所喜闻乐见的民族新文艺。鲁迅的创作有一个十分明确的目的:"说到'为什么'做小说罢,我仍抱着十多年前的'启蒙主义',以为必须是'为人生',而且要改良这人生……所以我的取材,多采自病态社会的不幸的人们中,意思是在揭出病苦,引起疗救的注意。所以我力避行文的唠叨,只要觉得够将意思传给别人了,就宁可什么陪衬拖带也没有。"[①]可见,鲁迅是从文学的革命目的性出发,为了实际的需要而有意识地继承了民族艺术传统的。

但仅仅具有良好的愿望是不够的,要真正实现文艺的民族化,作家还必须对现实有深刻的认识,对历史有透彻的了解,并且与人民生活保持紧密的联系。只有这样,他的作品才能深刻地反映出我们民族的生活斗争,才能真切地表达出人民的痛苦、欢乐和希望。许多资产阶级与小资产阶级的新文艺作家,他们只知生吞活剥地谈外国,对于中国的历史和现状既缺乏深刻的了解,与工农群众的联系,则更加稀薄,因此根本就无法写出真正民族化的作品。而鲁迅,则从

---

① 《南腔北调集·我怎么做起小说来》。

小就与农民有着比较巩固的联系,因而对农民有着深厚的感情;而且,从青年时代起,他就长期地探求着中国革命的道路,深刻地研究着所谓中国"国民性"的弱点和改造途径,而在辛亥革命失败之后,他又长期埋头于中国历史的研究——因为现代中国是历史中国的发展,他认为:"读史,就愈可以觉悟中国改革之不可缓了。"①……所有这些,都促使他对中国的历史和现状抱有深刻的认识,因此,他的作品才能深刻地反映出我们民族的生活内容,生动地描绘出"我们国人的灵魂"。

  此外,鲁迅所以能创造出具有新的民族风格的作品,还与他认真地向我国文艺传统学习分不开的。我国文学艺术有几千年的传统,积累了丰富的创作经验,形成了自己的民族形式和风格。只有认真地学习这个传统,批判地继承这个传统,才能创造出为我国人民所喜闻乐见的作品。鲁迅有着深湛的古典文学修养,他从小喜欢民间艺术,后来又专门研究过中国文学史、中国小说史和碑帖、雕刻等中国古代艺术;此外,他对外国文学也有深刻的研究,从《摩罗诗力说》(1907年)起,他一生就从未间断过对外国文学作品的介绍和翻译,并从中吸取养料。这些,都为他创造新的民族风格提供了必要的条件。当然,真正的继承不是生搬硬套,而是革新创造;正如鲁迅自己所说:"旧形式是采取,必有所删除,既有删除,必有所增益,这结果是新形式的出现,也就是变革。而且这工作是决不如旁观者所想的容易的。"②

原载《上海文学》1961年9月号

---

① 《华盖集·这个与那个》。
② 《且介亭杂文·论"旧形式的采用"》。

鲁迅《狂人日记》的历史渊源
——对其创新所在的别一种理解

谈蓓芳

鲁迅为《中国新文学大系·小说二集》所作的"导言",在论述《新青年》与文学革命的关系时曾说:"在这里发表了创作的短篇小说的,是鲁迅。从1918年5月起,《狂人日记》《孔乙己》《药》等,陆续的出现了,算是显示了'文学革命'的实绩,又因那时的认为'表现的深切和格式的特别',颇激动了一部分青年读者的心。然而这激动,却是向来怠慢了绍介欧洲大陆文学的缘故。一八三四年顷,俄国的果戈理就已经写了《狂人日记》;一八八三年顷,尼采也早借了苏鲁支的嘴,说过'你们已经走了从虫豸到人的路,在你们里面还有许多份是虫豸。你们做过猴子,到了现在,人还尤其猴子,无论比那一个猴子'的。……但后起的《狂人日记》意在暴露家族制度和礼教的弊害,却比果戈理的忧愤深广,也不如尼采的超人的渺茫。"[1]在这里需要注意的是,鲁迅所认为的《狂人日记》等作品的特异所在——其所以激动读者的"表现的深切和格式的特别"——其实是表现形式的问题。换言之,这些小说的独特的创新所在是作品的形式,那是受了欧洲大陆文学的深刻影响,更确切地说,主要是借鉴了欧洲大陆的文学的,如同鲁迅在这篇"导言"里自己所明白地说明的;但其内容所蕴含的思想则是另一回事,

---

[1] 见《中国新文学大系》,上海良友图书公司1935年版。

使先生和后生相印

就《狂人日记》来说,就显然是中国优秀文学传统的继承和发展。因为,至迟在清代的文学里,就已经有若干作品出现了"暴露家族制度和礼教的弊害"的内容;当然,鲁迅在这方面进到了新的高度,但究竟在本土的文学中还有所传承,不如其形式之崭然独绝。本文主要是想探讨《狂人日记》在"暴露家族制度和礼教的弊害"上与其以前的文学作品的联系,并就其作品的创新所在略加探讨。我希望我的描述能为中国文学古今演变的过程提供一个具有代表性的实例。

一

在清代文学中,"暴露家族制度和礼教的弊害"的首推《红楼梦》。

《狂人日记》把家族制度的弊害概括为"吃人":"合伙吃我的人便是我的哥哥!""我捏起筷子。便想起我大哥;晓得妹子死掉的缘故,也全在他。那时我妹子才五岁,可爱可怜的样子,还在眼前。母亲哭个不住,他却劝母亲不要哭;大约因为自己吃了,哭起来不免有点过意不去。如果还能过意不去……"而在《红楼梦》里,探春就已把自己家庭内部的关系概括为"咱们倒是一家子亲骨肉呢,一个个不像乌眼鸡?恨不得你吃了我,我吃了你"[①]!探春此处所说在书中是有一系列事件为证的,而且不限于主子们的亲骨肉之间;在并非亲骨肉的主奴之间、奴才之间同样如此。

现先选择"亲骨肉"——主子——中一些主要的人和事简述如下:

首先是贾环。

贾环虽是贾宝玉的异母弟弟,但宝玉深得其祖母贾母的宠爱,他的母亲王夫人又是他父亲贾政的原配夫人,贾环则是庶出,因而两人在家庭中地位悬殊。

[①] 见庚辰本《脂砚斋重评石头记》第七十五回"开夜宴异兆发悲音赏中秋新词得佳谶"。下文引此书,只在引文后标明回数,不另出注。

贾环"素日原恨宝玉……只是不敢明言,却每每暗中算计,只是不得下手"。有一次,贾环在宝玉母亲王夫人房中抄写《金刚咒》,宝玉躺在王夫人身后,和丫头彩霞说笑。彩霞是贾环的恋人,对宝玉"淡淡的不大理会,两眼睛只向贾环处看,宝玉便拉他的手笑道:'好姐姐,你也理我理儿呢!'一面说,一面拉他的手。彩霞夺手不肯,便说:'再闹,我就嚷了!'二人正闹着,原来贾环听的见,素日原恨宝玉,如今又见他和彩霞闹,心中越发按不下这口毒气……今见相离甚近,便要用热油烫瞎他的眼睛,因而故意装作失手,把那一盏油汪汪的蜡灯向宝玉脸上只一推,只听宝玉'嗳哟'了一声,满屋里众人都吓了一跳,连忙将地下的戳灯挪过来,又将里外间的灯拿了三四盏看时,只见宝玉满脸满头都是油。王夫人又急又气,一面命人来替宝玉擦洗,一面又骂贾环……只见宝玉左边脸上烫了一溜燎炮出来,幸而眼睛竟没动。"(第二十五回)

他这次要弄瞎宝玉眼睛的毒计虽未得逞,但不久又得到了一次毒害宝玉的机会:由于王夫人的丫头金钏儿与宝玉玩闹,王夫人认为她在勾引宝玉,把金钏儿赶了出去,金钏儿愤而投井自杀,贾环就向父亲贾政诬告,说是"宝玉哥哥前日在太太屋里,拉着太太的丫头金钏儿,强奸不遂,打了一顿,那金钏儿便赌气投井死了"(第三十三回)。他给宝玉安上如此严重的罪名,正是要把宝玉往死里整;而他父亲贾政这一次也确实把宝玉打得死去活来。

其次是贾政。

因为贾宝玉不愿走贾政所希望于他的读书上进的道路,贾政平时就憎厌宝玉。后来宝玉与忠顺亲王府上的优伶蒋玉菡结交,以致蒋玉菡"竟三五日不见回去",忠顺王府长史便告上门来。贾政因宝玉的这种行为已"祸及于我","气得目瞪口歪",再加上贾环把金钏儿的"赌气投井死了"归罪于宝玉,贾政就要把宝玉处死:

贾政一见……只喝令:"堵起嘴来,着实打死!"小厮们不敢违拗,只得将宝玉按在凳上,举起大板,打了十来下。贾政犹嫌打轻了,一脚踢开掌板的,自己夺过来,咬着牙,狠命盖了三四十下。众门客见打得不祥了,忙上前夺劝,贾政那里肯听!……王夫人一进房来,贾政更如火上浇油一般,那板子越发下去得又狠又快,按宝玉的两个小厮忙松了手走开,宝玉早已动弹不得了。贾政还欲打时,早被王夫人抱住板子。贾政道:"罢了,罢了……我养了这不肖的孽障,已经不孝;教训他一番,又有众人护持。不如趁今日一发勒死了,亦绝将来之患!"说着,便要绳索来勒死。(第三十三回)

在这里,贾政必欲把宝玉置之死地而后快的情状,清晰如画。他之所以如此狠毒,表面上看是为了家族的利益,而最根本的则是为了他自己的利益。因为宝玉如能为家族争光、荣宗耀祖,自然也就为贾政带来了好处;如今宝玉不仅不能做到这一点,却反而"祸及于我",所以就把他恨之入骨了。

第三是贾赦。

贾赦有一女一子。他的女儿迎春实际上是贾赦以五千两银子卖掉的。关于此事,书中这样写道:

> 原来贾赦将迎春许与孙家了。这孙家乃是大同府人氏,祖上系军官出身,乃当日宁、荣府中之门生,算来亦系世交。如今孙家只有一人在京,现袭指挥之职,此人名唤孙绍祖,生得相貌魁伟,体格健壮,弓马娴熟,应酬权便,年纪未满三十,且又家资饶富,现在兵部候缺题陞,因来求亲。贾赦见是世交之孙,且人品家当都相称合,遂青目择为东床。……贾政……劝谏过两次,无奈贾赦不听,也只得罢了。(第七十九回)

又据迎春自述,她嫁过去之后,"孙绍祖一味好色好赌酗酒,家中所有的媳妇、丫头将及淫遍。略劝过两三次,便骂我是醋汁子老婆拧出来的;又说老爷(指贾赦。——引者)曾收着他五千银子,不该使了他的,如今他来要了两三次不得,他便指着我的脸说道:'你别和我充夫人娘子,你老子使了我五千银子,把你准折卖给我的,好不好打一顿撵在下房里睡去。'"(第七十九回)从此以后,迎春就陷入了火坑。虽然《红楼梦》没有写完,迎春的最后结局在书中尚未明写出来,但据《红楼梦》第五回的暗示——"中山狼,无情兽……觑着那侯门艳质同蒲柳,作践的公府千金似下流。叹芳魂艳魄,一载荡悠悠",她在一年后就悲惨地去世了。

贾赦对儿子贾琏也极狠毒。有一次,贾赦因贪图石呆子家藏的古扇,要贾琏去把它买来,但石呆子坚决不卖。巴结贾赦的当地官员贾雨村就诬言石呆子拖欠官银,变卖了其家产,乘机将这些古扇抄来给了贾赦,贾赦就拿着扇子质问贾琏说:"人家怎么弄了来?"贾琏只说了一句"为这点子小事,弄得人坑家败业,也不算什么能为",贾赦听了就生了气,说他是拿话堵自己,以此为主要原因,再加上几件小事,就将贾琏狠打了一顿,"打了个动不得"(第四十八回)。可见贾赦对于贾琏,乃是要他做自己的得力帮凶;如果贾琏做不到,那他就绝不容情地下狠手。

第四是王夫人。

贾宝玉的母亲王夫人看来对宝玉很慈爱,在贾政要把宝玉打死时,她苦苦求情。然而为了"爱护宝玉",她残酷地迫害了好些人,并且在宝玉身边按下了眼线,这一切实际上是对于宝玉精神上的虐杀。而且这种虐杀是越来越狠毒的:她先是因为金钏儿与宝玉玩闹,就把金钏儿赶了出去,迫使金钏儿投井自杀,以致宝玉"恨不得此时也身亡命殒,跟了金钏儿去"(第三十三回)。在把袭人收为自己的眼线后,她又一举把与宝玉关系密切的晴雯、芳官、四儿全都赶逐了出去,害得芳官出家、晴雯夭亡,贾宝玉受此刺激,痛苦至极,他在哀悼晴雯的"芙蓉女儿诔"中说:"余犹桎梏而悬附兮……"(第七十八回)(这是用的《庄子·大宗师》的典故:"彼以生为附赘悬疣,以死为决肒溃痈。")生命、生活对他已只是一种痛苦的负担,只有死亡才是唯一的解脱,其精神的痛苦可谓无以复加。而把他推入这种生不如死的绝境的正是他的慈母。

上述这些骨肉之间"人吃人"的现象还都是面上的,潜藏在底里的憎恶、怨恨——在时机成熟时足以导致"吃人"的——就更多了。以探春来说,她是看到了贾府骨肉间"恨不得你吃了我、我吃了你"的现象,而且对此深为不满的,但她自己又何尝不是像"乌眼鸡"似的看着她的亲生母亲赵姨娘?这从以下两件小

使先生和后生相印

事中可以看得很清楚：

有一次，探春对宝玉说，她已存下了十来吊钱，要宝玉拿着去买些玩物给她，她则将做一双鞋子送他，比上次送过他的那双"还加功夫"。宝玉告诉她，为她上次送鞋的事，"赵姨娘气得抱怨得了不得：'正紧兄弟（指贾环，她与探春都是赵姨娘所生。——引者）鞋奔拉、袜奔拉的没人看得见，且作这些东西！'"由此引出了二人间如下对话：

> 探春听说，登时沉下脸来道："这话糊涂到什么田地！怎么我是该作鞋的人么？环儿难道没有分例之人？一般的衣裳是衣裳，鞋袜是鞋袜，丫头老婆一屋子，怎么说这些话？给谁听呢！我不过是闲着没事儿，做一双半双，爱给那个哥哥兄弟，随我的心，谁敢管我不成！这也是白气！"宝玉听了，点头笑道："你不知道，他心里自然又有个想头了。"探春听说，亦发动了气，将头一扭，说道："连你也糊涂了！他那想头自然是有的，不过是那阴微鄙贱的见识。他只管这么想，我只管认得老爷太太两个人，别人我一概不管。就是姊妹弟兄跟前，谁和我好，我就和谁好，什么偏的庶的，我也不知道。论理我不该说他，但特昏聩的不像了！还有笑话呢，就是上回我给你那钱，替我带那顽的东西，过了两天，他见了我，也是说没钱便怎么难，我也不理论。谁知后来丫头们去了，他就抱怨起来，说我攒的钱，为什么给你使，到不给环儿使呢？我听见这话，又好笑，又好气，我就出来往太太跟前去了。"（第二十七回）

赵姨娘生下她和贾环二人，而贾环在贾府的处境又大大不如宝玉，赵姨娘希望她对贾环多照应些也是人之常情，但这却被探春斥为"阴微鄙贱的见识"。她之所谓"我只管认得老爷太太两个人，别人我一概不管"，也就意味着她只认贾政和王夫人为父母，根本不把出身卑贱的赵姨娘看成自己的母亲。

又有一次是在探春与李纨、宝钗共同代替王熙凤当家的时候。赵姨娘的兄弟赵国基死了，要给丧葬费。李纨因不久前袭人的母亲死了，给了四十两银子，就主张此次也给四十两；探春却说，按照老例，姨娘的娘家有"家里的"（指其原是贾府的奴才)和"外头的"(原非贾府奴才)的区别,赏的丧葬费也各不同,就要管事人查一下。查的结果,因赵姨娘的娘家是"家里的",就按老例只给了二十四两。由此,引起了赵姨娘与探春的冲突:

> (探春)一面便坐了,拿账簿翻与赵姨娘看,又念与他听,又说道:"这是祖宗手里旧规矩,人人都依着,偏我改了不成?……依我说,太太不在家,姨娘安静些养神罢了,何苦只要操心?太太满心疼我,因姨娘每每生事,几次寒心。我但凡是个男人,可以出得去,我必早走了,立一番事业,那时自有我一番道理;偏我是女孩儿家,一句多话也没有我乱说的。太太满心里都知道,如今因看重我,才叫我照管家务,还没有做一件好事,姨娘到先来作践我!倘或太太知道了,怕我为难,不叫我管,那才正经没脸,连姨娘也真没脸。"一面说,一面不禁滚下泪来。赵姨娘没了别话答对,便说道:"太太疼你,你越发拉扯拉扯我们。你只顾讨太太的疼,就把我们忘了?"探春道:"我怎么忘了?叫我怎么拉扯?这也问你们各人,那一个主子不疼出力得用的人?那一个好人用人拉扯的?"李纨在傍,只管劝说:"姨娘别生气,也怨不得姑娘,他满心里要拉扯,口里怎么说得出来?"探春忙道:"这大嫂子也糊涂了!我拉扯谁?谁家姑娘们拉扯奴才了?他们的好歹,你们该知道,与我什么相干!"赵姨娘气得问道:"谁叫你拉扯别人去了?你不当家,我也不来问你。你如今现说一是一,说二是二,如今你舅舅死了,你多给了二三十两银子,难道太太就不依你?……"探春没听完,已气得脸白气噎,抽抽咽咽地一面哭,一面问道:"谁是我舅舅?我舅舅年下才陞了九省检点,那里又跑出一个舅舅来?我素习按理尊敬,越发敬出这些亲戚来了。既这么说,环儿出去,为什么赵国基又站起来,又跟他上学?为什么不拿出舅舅的款来?何苦来!谁不知道我是姨娘养的?必要过两三个月寻出由头来,彻底来翻腾一阵,生怕人不知道,故意的表白表白,也不知谁给谁没脸!幸亏我还明白,但凡糊涂不知理的,早急了!"(第五十五回)

使先生和后生相印

书中的赵姨娘固然是一个令人憎恶的人,她为此事而责怪探春也属无理取闹,但要注意的是:她说"你越发拉扯拉扯我们",探春却答以"这也问你们各人,那一个主子不疼出力得用的人,那一个好人用人拉扯的",这也就是说,"你们"如是"出力得用的人","主子"就会"疼"你们,用不着人"拉扯",从而也就把赵姨娘所说的"我们"——赵姨娘和她的兄弟——都目为奴才;因为只有奴才才存在着是否被"主子"所"疼"的问题("那一个主子不疼出力得用的人"一句在戚蓼生序本中作"那一个主子不疼出力的奴才",就把这层意思点得更明白了),是以她下面索性说"谁家姑娘们拉扯奴才了"。接下来她不但明确声称"奴才"赵国基不是她的舅舅,而且把自己是赵姨娘所生作为"没脸"的事,因而说赵姨娘的"必要过两三个月寻出由头来",把探春是她所养这一点"故意的表白表白",是"也不知谁给谁没脸"。并补充说"幸亏我还明白,但凡糊涂不知理的早急了",足见其内心对此是何等恚怒!与上一次她跟贾宝玉所说的话相比较,她对赵姨娘的态度进一步恶化了:她已因自己是这一"奴才"所生而引以为辱。

就此对探春个人加以指责是不公允的,在这样的环境中探春毋宁是值得同情的。因为她的出身迫使她不得不这样做。她的同母兄弟贾环就因亲近赵姨娘而不是像她那样地"只管认得老爷太太两个人,别人我一概不管",在家庭中遭到普遍的轻视。例如,一天,赵姨娘正在房中骂他,恰被王熙凤听到,她就斥责赵姨娘说:"他现是主子,不好了,横竖有教导他的人,与你什么相干!"又把贾环叫出去教训了一顿:"你也是个没气性的,时常说给你,要吃要喝,要顽要笑,只爱同那一个姐姐妹妹、哥哥嫂子顽,就同那个顽,你不听我的话,反叫这些人教得歪心邪意,狐媚子霸道的,自己不尊重,要往下流走……你明儿再这么下流狐媚子,我先打了你,打发人告诉学里,皮不揭了你的!为你这个不尊重,恨得你哥哥牙根痒痒,不是我拦着,窝心脚把你的肠子窝出来了!"(第二十回)而对探春,王熙凤就截然不同,如同平儿所说:"那三姑娘虽是个姑娘,你们都小看了他,二奶奶(指王熙凤。——引者)这些大姑子、小姑子里头,也就只单畏他五分。"（第五十五回）为了在贾府中保住自己的尊严，她不得不如此。所以，贾府中的"亲骨肉"之间弄得像"乌眼鸡"，原是环境使然。

二

《红楼梦》的贾府中，除了主子间的残害以外，还存在主子对奴才的残害、奴才间的残害和奴才对主子的残害。整个贾府就是一个血腥、阴森的场所。

就主子对奴才的残害言，上文所提及的王夫人对金钏、晴雯、芳官、四儿等的残害固然是明显的例子，尤二姐、鸳鸯、鲍二家的、司棋等也都死在主子手中。这里试以鸳鸯为例。

鸳鸯本是贾母跟前很受宠爱的丫头，但却被贾母的大儿子贾赦看中了，要娶她为妾。她坚决不肯，贾赦就对她哥哥说："我这话告诉你，叫你女人向他说去，就说我的话，自古嫦娥爱少年，他必定嫌我老了，大约他恋着少爷们，多半是看上了宝玉，只怕也有贾琏。果有此心，叫他早早歇了心。我要他不来，此后谁还敢收！此是一件。第二件，想着老太太疼他，将来自然往外聘作正头夫妻去。叫他细想，凭他嫁到谁家去，也难出我的手心，除非他死了，或是终身不嫁男人，我就伏了他。若不然时，叫他趁早回心转意，有多少好处。"（第四十六回）她哥哥只好把这话跟鸳鸯说了。鸳鸯气愤之极，只得向贾母哭诉经过并表明自己的态度：

"……因为不依，方才大老爷越性说我恋着宝玉，不然要等着往外聘；我到天上，这一辈子也跳不出他的手心去，终久要报仇。我是横了心的，当着众人在这里，我这一辈子，莫说是宝玉，便是宝金、宝银、宝天王、宝皇帝，我横竖不嫁人就完了。就是老太太逼着我，我一刀抹死了，也不能从命。若有造化，我死在老太太之先；若没造化，是该讨吃的命，服侍老太太归了西，我也不跟着我老子娘、哥哥去，我或是寻死，或是铰了头发当尼姑去。若说我不是真心，暂且拿话来支吾，日后再图别的，天地鬼神、日头月亮照

> 着臊子,从臊子里头长疔烂了出来,烂化成酱在这里!"原来他一进来时,便袖了一把剪子,一面说着,一面左手打开头发,右手便铰。众婆娘、丫鬟忙来拉住,已剪下半绺来了。(第四十六回)

她的这种行为乃是以悲惨的后果为代价的拼死的抗争。因为当时贾母已是近80岁的老人了,虽然这一次可能会保护她,但在贾母死后她只能成为贾赦俎上的鱼肉;而且在贾母生前,她只要一离开贾母,也必然会遭到贾赦的迫害。所以,她作这样的反抗,也就意味着她必须一直依附贾母,不能有自己的家庭,而且在贾母死后,必须自杀或出家。所以,在她的这番表白中,实际上预示了她的悲惨结局。

除了主子对奴才的残害以外,还有奴才对奴才的残害。在贾府中,奴才残害奴才的酷烈绝不逊于主子之间的同类争斗。秋桐是尤二姐自杀的直接制造者,虽然这一切都在王熙凤的算计之中,但秋桐却是为了自己的利益而主动去迫害尤二姐的(见第六十九回)。向王夫人进谗言陷害晴雯、献计抄检大观园以致司棋被逐并自杀的,是王保善家的(第七十回)。不过,王夫人在听了王保善家的谗言后,本来也只准备赶逐晴雯一人,而且要等"明儿回明了老太太"再做(见同上),但后来却等不及回明老太太,把晴雯和四儿、芳官以及原先学戏、后来在各姑娘房里做丫头的女孩子全都赶逐了出去。关于这一变化,书中是这样写的:

> 原来王夫人自那日着恼之后,王保善家的就趁势告倒了晴雯,本处有人和园中不睦的,也就随机趁便下了些话,王夫人皆记在心中,故今日特来亲自查人,一则为晴雯尤可,二则因竟有人指宝玉为由,说他大了,已解人事,都由屋里的丫头们不长进,教习坏了,因这事更比晴雯一人较盛,乃从袭人起,以至于极小作粗活的小丫头们,个个亲自看了一遍。

(第七十七回)

接着,王夫人便赶逐了宝玉房中的四儿和芳官,因为四儿与宝玉是同日所生,平时曾有"同日同时,就是夫妻"的私语,而芳官的罪名则是"调唆宝玉要柳家的五儿"和"连伙聚党遭害这园子,你连你的干娘都欺负倒了"①,所以把那些跟芳官一起学戏的女孩子也赶出去了(见第七十七回)。从这些描述来看,向王夫人说芳官诸人"遭害这园子"等的,自是园中和她们不睦的人,因这些事是在众目睽睽下做的,其人不会不知;但四儿的那些话和芳官调唆宝玉要柳五儿的事却只有宝玉房中的人才知道,所以连宝玉也产生了怀疑:

> ……宝玉道:"这也罢了,咱们私自顽话,怎么也都知道了?又没外人走风的,这可奇怪!"袭人道:"你有甚么忌晦?你一时高兴了,就不管有人无人了。我也曾合你使过眼色,也曾递过暗号,到被别人已知道了,你反不觉。"宝玉道:"怎么人人的不是太太都知道,单不说、又单不挑出你和麝月、秋纹来?"袭人听了这话说,心内一动,说:"可是怎么人人的不是太太都知道呢?"低头半日,无可回答,因便笑道:"正是呢,若论我们,也有顽笑、不留心的孟浪去处,怎么太太竟忘了?想是还有主意,等完了再发放我们,也未可知。"宝玉笑道:"你是头一个出了名的至善至贤的人,他两个又有你陶冶教育,那里还有孟浪该罚之处?只是芳官尚小,过于伶俐些,未免倚强压倒了人;若说四儿,是我误了他,还是那年我和你拌嘴的那日起叫上他来,作些细活,未免夺占了地位,讨人嫌,致有今日;只是晴雯,也是和你一样,从小儿在老太太屋里过来的,虽然他生得比人强,也没有妨碍着谁,就是他的性情爽利,口角锋芒些,究竟也没有得罪你们,想是他过于生得好了,反被这好所误。"说毕,复又哭起来。袭人细揣此话,好似宝玉有疑他之意,竟不好再劝。(第七十七回)

很明白,宝玉所怀疑的乃是袭人。而在这以前,王夫人已每月给了袭人二两银子津贴,袭人也已经提醒过王夫人,要她想法让宝玉搬出大观园去,免得他老和园子里的女孩子在一起,并因此而大受王夫人的赞赏、鼓励。而王夫人这次所

---

① 见《红楼梦》戚序本第七十七回,因其上句在庚辰本《脂砚斋重评石头记》第七十七回中原作"连伙聚党遭他外头是寻个害这园子的",后又改作"连伙聚党不知又做出什么事来呢",不可据信,此据《红楼梦》戚序本。

说的"可知道我吗？身子虽不大来，我的心耳神意时时都在这里，难道我通共一个宝玉，就这么放心，凭你们勾引坏了不成"(第七十七回)，也就意味着她对宝玉房里的这些事是全都知道的；这除了是袭人告密以外，又有何人？而且，这样的事情倘不是袭人向王夫人说的，那也就是袭人站在芳官等一边欺瞒她，她对袭人自必十分恼怒，又何以在这事以后还在贾母面前大赞袭人，说是"若说沉重知大礼，实是袭人第一"(第七十八回)？所以，向王夫人说宝玉房中的丫头勾引坏了宝玉的"有人"，只可能是袭人。换言之，导致王夫人对大观园中的奴才大肆迫害的，乃是王保善家的和袭人两个奴才。

至于奴才残害主子的，先有赵姨娘勾结马道婆用魇魔法害死贾宝玉和王熙凤(第二十五回)，后有袭人向王夫人密告宝玉的行事，其矛头则直指林黛玉。那是在宝玉挨贾政毒打之后，王夫人找宝玉房里的一个人去问话，袭人就自己去了。而在这以前，宝玉向黛玉诉衷情，却阴差阳错，误认袭人为黛玉，就对她说："好妹妹，我的这心事，从来也不敢说，今儿我大胆说出来，死也甘心！我为你也弄了一身的病了，又不敢告诉人，只好掩着，只等你的病好了，只怕我的病才得好呢，睡里梦里也忘不了你！"(第三十二回)袭人也知道这话是他向黛玉说的——"自思方才之言，一定是因黛玉而起。如此看来，将来难免不才之事，令人可惊可畏。"(第三十二回)所以她不仅已深知宝玉对黛玉刻骨铭心的爱，而且也知道二人都已弄出了一身的病(所谓"我为你也弄了一身的病"，也就意味着"你已为我弄了一身的病")，如不能结合，两人都只能陷入绝境(第三十三回)。但这次与王夫人见面时，她竟向王夫人说："我们二爷也须得老爷教训两顿，若老爷再不管，将来不知做出什么事来呢！"使得王夫人对她的识大体又惊又喜："由不得赶着袭人叫了一声：'我的儿！亏了你也明白，这话和我的心一样。'"接着她又向王夫人建议："怎么变个法儿，已后竟还教二爷搬出园外来住就好了。"她把理由说得很明确："如今二爷也大了，里头姑娘们也大了，况且林姑娘、宝姑娘又是两姨姑表姊妹，虽说是姊妹们，到底是男女之分，日夜一处起坐不方便，由不得叫人悬心，便是外人看着，也不像一家子的事。"(第三十四回)

这就是说，必须把宝玉和这些女孩子们分开，不让他们有经常接触的机会，尤其是要把他和林黛玉、薛宝钗分开，老是像现在这样下去，就难免要出事——所谓"由不得叫人悬心"。很清楚，她的这次献计，主要是要把贾宝玉和林黛玉拆开，因为她已断定二人"将来难免不才之事"，提及宝钗只是作为陪衬而已，而把两人拆开，也就是将他们两人推上绝路。

三

就《红楼梦》来看，贾府内部的这许多人害人、人吃人的事件，首先是由于利益的冲突，这也就牵涉到了家族制度的问题；其次是礼教的作用，而这也与家族制度有关。从利益的冲突言，贾环的要害宝玉，赵姨娘的要害宝玉和王熙凤，贾赦的变相出卖迎春、胁迫鸳鸯为自己作妾，贾政的因宝玉不上进而要置他于死地，探春之鄙弃生母赵姨娘，袭人的陷害与自己同属宝玉房中的丫头等，就都是受利益的驱使。而在这些冲突中起主导作用的，则是家族内部的等级制度以及与此相联系的家长的绝对统治。正是这种家族内部的等级制度造成了利益分配上的不平等，贾环和赵姨娘才要害人，探春才会为了摆脱其庶出所形成的劣势而鄙弃其生母，袭人才会因争取和维护其既得利益而暗害其同伴；正是家长的绝对统治，贾赦才有权为了自己的利益而出卖迎春、胁迫鸳鸯，贾政才有权毒打宝玉，使他几乎死掉。

就礼教言，贾府是"诗礼之家"（见第二回），平时所强调的也是个"礼"字。王夫人对其最为看重的袭人的赞词便是"沉重识大礼"，贾母批判才子佳人故事中的佳人说"这小姐必是通文知礼，无所不晓，竟是个绝代佳人。只一见了一个清俊的男人，不管是亲是友，便想起终身大事来了，父母也忘了，书礼也忘了，鬼不成鬼，贼不成贼，那一点儿是佳人！便是满腹文章，做出这些事来，也算不得是佳人了。比如男人，满腹文章，去作贼，难道那王法就说他是才子，就不入贼情一案不成"?①足见违"礼"跟犯法是同样罪恶的行为;一个人只要违反了"礼",无论其有多少长处也都不应加以宽恕。但正因如此,"礼"就一面成了卑鄙或残忍地图谋私利、达到个人目的的手段,另一方面也成了迫害人的凭借。

关于前者,如贾赦之得以实际上把迎春卖了五千两银子,就是因为按照"礼"的规定,儿女的婚姻是应由父母——尤其是父亲——做主的。又如,在大观园内发现了一个绣有春宫的香囊后,根据礼教,这是淫贱下流之物,王夫人便大举彻查。王保善家的"因素日进园去,那些丫环们不大侍奉他,他心里大不自在,要寻他们的故事,又寻不着。恰好生出这事来,以为抓住把柄",就趁机告倒了晴雯(第七十四回),袭人也把四儿等收进了网中。王保善家的此举固然是出于私利的打击报复,袭人的行为则如同前引宝玉所说的:"四儿是我误了他,还是那年我和你拌嘴的那日起,叫上他来,作些细活,未免夺占了地位,讨人嫌,致有今日。"(第七十七回)这其实是说四儿被赶逐是因为她"夺占"了袭人一伙的"地位",损害了她们的利益。而王保善家的和袭人之得以达到这种个人目的,就正是王夫人维护礼教的行为给他们提供的机会。

关于后者,如贾政的毒打宝玉、王夫人的赶逐金钏、晴雯、四儿、芳官、司棋等,其理由都是这些人违反了礼教。当然,无论是贾政抑或王夫人,在这样做的

---

① 见《石头记》第五十四回"史太君破陈腐旧套王熙凤效戏彩斑衣"。有人以为曹雪芹自己是不满于才子佳人小说的,所以贾母的这番话乃是表现了曹雪芹对于才子佳人故事的不满,与礼教无涉。现引庚辰本中曹雪芹对才子佳人小说的评论如下:"至若佳人才子等书,则又千部共出一套,且其中终不能不涉于淫滥,以致满纸潘安子建,西子文君,不过作者要写出自己的那两首情诗艳赋来,故假拟出男女二人名姓,又必傍出一小人其间拨乱,亦如戏中之小丑然,且环婢开口即者也之乎,非文即理,故逐一看去,悉皆自相矛盾,大不近情理之话。"这跟贾母对才子佳人故事中的"佳人"的批判毫无共通之处。当然,曹雪芹也反对才子佳人小说的"涉于淫滥",但他对于"淫滥"是有其特殊的解释的。第五回警幻仙姑对宝玉说:"好色即淫,知情更淫。是以巫山之会,云雨之欢,皆由既悦其色、复恋其情所致也。吾所爱汝者,乃天下古今第一淫人也。"又说:"淫虽一理,意则有别。如世之好淫者,不过悦容貌,喜歌舞,调笑无厌,云雨无时,恨不能尽天下之美女供我片时之趣兴,此皆皮肤淫滥之蠢物耳。"可见"淫滥"乃是"淫"中的一种;反对"淫滥"既不是反对"情",也不是反对"知情更淫"的"淫"。至于贾母的那段话中所反对的"佳人"的情况,显然与"淫滥"无涉,只不过是青年女性对异性的爱慕之情;而曹雪芹是对司棋与潘又安那种私赠绣香囊一类的情也至少采取同情的态度的(见第七十四回),又岂会对"佳人"的这种"情"如此深恶痛绝?显然不能把贾母的这段话视为曹雪芹自己的意见,也不能将这段话与曹雪芹的批判才子佳人小说混为一谈。

时候都含有维护个人利益的成分在内,而王熙凤之惩处贾瑞,却纯是从礼教着眼,并几乎含有迫害狂的意味了。

　　贾瑞是王熙凤的丈夫贾琏的堂兄弟,有一次,贾瑞与王熙凤偶然相遇,见王熙凤生得美貌,就有觊觎之心,王熙凤因此而认为贾瑞是禽兽样的人,要设计把他害死。以下是有关的描写:

　　　　……贾瑞道:"也是合该我与嫂子有缘。我方才偷出了席,在这个清净地方略散一散,不想就遇见嫂子也从这里来,这不是有缘么?"一面说着,一面拿眼睛不住地觑着凤姐儿。凤姐儿是个聪明人,见他这个光景,如何不猜透八九分呢,因向贾瑞假意含笑道:"怨不得你哥哥时常提你,说你狠好,今日见了,听你说这几句话儿,就知道你是个聪明和气的人了。这会子我要到太太们那里去,不得合你说话儿,等闲了,咱们再说话儿吧。"贾瑞道:"我要到嫂子家里去请安,又恐怕嫂子年轻,不肯轻易见人。"凤姐儿假意笑道:"一家子骨肉,说什么年轻不年轻的话!"贾瑞听了这话,再不想到今日得这个奇遇,那神情光景,亦发不堪难看了。凤姐儿说道:"你快入席去罢!仔细他们拿住,罚你酒!"贾瑞听了,身上已木了半边,慢慢地一面走着,一面回过头来看。凤姐儿故意的把脚步放迟了些儿,见他去远了,心里暗忖道:"这才是知人知面不知心呢!那里有这样禽兽的人呢!他如果如此,几时叫他死在我的手里,他才知道我的手段!"(第十一回)

《红楼梦》为这一段所加的回目是"见熙凤贾瑞起淫心",但贾瑞毫无强迫王熙凤的力量,至多只是形状不堪而已,这不但并无死罪,也不能说是违法行为。但从礼教来说,贾瑞对堂嫂有这样的心思,也确实是"禽兽样的人"。既然是禽兽样的人,王熙凤就可以心安理得地把他害死,于是"毒设相思局",终于使贾瑞如王熙凤所预想地"死在我手里"。这也就是礼教吃人的一种方式。

四

　　综上所述,《红楼梦》不仅写了一系列人残害人的事件,而且这些事件又都与家族制度、礼教相联系；把家族制度、礼教视为这些事件的根源也未尝不可。

需要说明的是：《红楼梦》之达到这样的成就，并不是偶然的。在它以前的《儒林外史》就已有过相应的揭露。该书的第六回写严贡生的弟弟死后，严贡生就要霸占他的遗产；其弟媳妇是由妾扶正的，他不肯承认她的正室身份，要她叫严贡生的儿子、儿媳妇为"二爷"、"二奶奶"，却让其儿子叫她"新娘"（按，也即《红楼梦》里的"姨娘"），说是"我们乡绅人家，这些大礼，都是差错不得的"。最后他把弟弟的遗产霸占了百分之七十，只留下百分之三十给弟媳妇（见第十八回）。这可视为《红楼梦》所写家族内部的残害的先声。至该书的第四十八回写王玉辉的女儿要自杀殉夫，深受礼教之毒的王玉辉却鼓励他女儿尽节，以致女儿终于死去。王玉辉仰天大笑道："死得好，死得好。"则与《红楼梦》之写礼教吃人也是一脉相通的。而王玉辉在女儿得到了"制主入祀，门首建坊"的光荣后，他却"转觉心伤"，又自述其"在家日日看见老妻悲恸，心中不忍"，因而被鲁迅赞为"描写良心与礼教之冲突，殊极刻深"①，这却是《红楼梦》所尚未触及的。

当然，这样的描写也不是从《儒林外史》开始的，如果要一直往上推，可以推到《古诗为焦仲卿妻作》。

在《红楼梦》以后的清代文学中，这样的传统仍在继续。《浮生六记》中的沈三白及其妻子的悲惨遭遇，同样是家族制度和礼教所造成的。

所以，《狂人日记》之揭露家族制度和礼教的弊害，并把这种弊害归结为"吃人"，在中国文学的传统中是有深厚的基础的，是合乎逻辑的发展。但我在这里并不是说，鲁迅在《狂人日记》中揭示家族制度和礼教的弊害乃是受了《红楼梦》或《儒林外史》的影响（因目前尚无这方面的充分依据），我只是说：在《红楼梦》等作品中既已出现了暴露家族制度和礼教的弊害的内容，那就意味着这种内容是可以——而且已经——从中国文学的自身发展过程中形成的，并不是外来文化强加到中国文学中去的，也不是受外来文化影响的鲁迅所制造出来的与中国

---

① 《中国小说史略》，《鲁迅全集》第9卷，人民文学出版社1982年版。

文学传统相对立的东西。

当然,较之《红楼梦》等作品的上述内容,《狂人日记》确实有了新的发展。在作品的结尾,狂人甚至发出了"我未必无意之中,不吃了我妹子的几片肉,现在也轮到我自己……""没有吃过人的孩子,或者还有?救救孩子……"的呼喊,把包括被吃者在内的几乎所有的中国人(也许少数孩子除外)都作为"吃人"者,确实惊心动魄,为以前的中国文学所未见。然而,所谓"吃人",其实是压迫、陷害乃至残杀别人的艺术表现:从这个意义来说,《红楼梦》中的不少描写,其实也已含有这样的萌芽。探春所说的"恨不得你吃了我,我吃了你",固然已经用"吃"来形容兄弟姊妹间的争权夺利、相互敌视乃至残害的关系,而在"奴才"中间,被迫害而死的丫头司棋和晴雯在生前也都压迫过别人——司棋要厨房里管事的给她做炖鸡蛋吃,那人不给做,还说了一些难听的话,司棋便带着小丫头来到厨房,命她们动手,把"箱柜所有的菜蔬,只管丢出来喂狗"(第六十一回);晴雯在得知宝玉房里的小丫头坠儿偷了别人的镯子后,就"一把将他(指坠儿。——引者)的手抓住",用一枝长针"向他手上乱戳,口内骂道:'要这爪子作什么,拈不得针,拿不得线,只会偷嘴吃,眼皮子又浅,手爪子又轻,打嘴现世的,不如戳烂了。'坠儿疼的乱哭乱喊"。在被人拉开后,她又以宝玉的名义把坠儿撵出了贾府(第五十一回)。这又可见虽是被"吃"者也未必不吃过别人的几片肉。倘以《红楼梦》的这些内容为材料,进行严肃认真、逐步追问的思考,从而得出类似上述狂人那样的感悟,也正是符合逻辑的事。

所以,就《狂人日记》的内容所含蕴的"暴露家族制度和礼教的弊害"的思想来说,在中国的本土文学中足有其历史渊源的;尽管与其以前的作品相较,《狂人日记》在这方面有了重大的乃至跳跃式的进展,因而也无疑具有创新的意义。然而,与这种创新相比较,《狂人日记》在形式上的创新却更为重要;也许可以说这是其创新的主要方面。《红楼梦》里的探春所说的"咱们倒是一家子亲骨肉呢,一个个不像乌眼鸡?恨不得你吃了我,我吃了你",若就思想而论,与《狂人日记》里狂人所说的以下这些话在实质上并无不同:"……合伙吃我的人,便是我的哥哥！/吃人的是我哥哥！/我是吃人的人的兄弟！/我自己被人吃了，可仍然是吃人的人的兄弟！""我捏起筷子，便想起我大哥；晓得妹子死掉的缘故，也全在他。那时我妹子才五岁，可爱可怜的样子，还在眼前。母亲哭个不住，他却劝母亲不要哭；大约因为自己吃了，哭起来不免有点过意不去。如果还能过意不去……/妹子是被大哥吃了，母亲知道没有，我可不得而知。/母亲想也知道；不过哭的时候，却并没有说明，大约也以为应当的了。……但是那天的哭法，现在想起来，实在还叫人伤心，这真是奇极的事！""……大哥正管着家务，妹子恰恰死了，他未必不和在饭菜里，暗暗给我们吃。/我未必无意之中，不吃了我妹子的几片肉，现在也轮到我自己……"这些话与探春的那几句只不过存在着繁简之别、具体与抽象之异，但狂人的这些话给予读者的震撼力却远远超过探春的那几句，这也是不言而喻的。所以，《狂人日记》之"颇激动了一部分青年读者的心"，正如鲁迅自己所说，实是由于"表现的深切和格式的特别"，如果稍作补充，那就是在形式上体现了"陌生化"的特色。

  总之，作为中国文学古今演变的实例，"显示了'文学革命'的实绩"的《狂人日记》一方面固然在本土文学中有其历史渊源，并不是割裂传统的产物，另一方面却也是创新的成果；而就其创新性来说，思想的层面固然必须重视，形式的层面同样应该注重。可惜对后者的研究目前还相当薄弱。本文虽主要在于阐明《狂人日记》的历史渊源，但也希望由此而从另一角度提示《狂人日记》在形式上创新的重要意义。

原载《复旦学报（社会科学版）》2006年第3期

鲁迅与现代人物

鲁迅与章太炎

陈子展

鲁迅先生遗著《关于章太炎先生的二三事》在《工作与学习》丛刊之一上发表了。鲁迅是章太炎的弟子,却不因为晚年的不同道而谢本师,颇有青胜于蓝之处。但鲁迅与章太炎因为所代表的时代不同,自对于章氏的学问有不满的地方,章太炎的《狱中赠邹容》一诗:"邹容吾小弟,被发下瀛洲。快剪刀除辫,干牛肉作餱。英雄一入狱,天地亦悲秋。临命须掺手,乾坤只两头。"我想这首诗不曾收入《章氏丛书诗录》正和太炎的其他近体诗一样,以其体制非古,故不收入。原来太炎对于文学上一贯的主张,是"文学之业,穷于天监",他不甚读梁天监以后书。当然唐宋近体诗他是不屑学的,偶然写写,正如唐宋以来诗人作打油诗,不会把这些东西收入正式的集子。吾乡王壬秋的《湘绮楼诗集》不收近体诗,也正是这个意思。我看王壬秋和章太炎同是一样,即是近体诗有时还要作的,不肯割爱,只好摆在日记里面,或别自成卷,如绝句之类。所不同的,王壬秋对于文学主张"反复八代之盛",可称选学派;章太炎却是反选学派,兼反桐城派,主张文章须学魏晋的。五四运动时候,太炎弟子钱玄同痛骂"选学妖孽,桐城谬种",正是继承师说,而变本加厉的。鲁迅说是《章氏丛书诗录》不收那类之近体诗,因为是"战斗的文章",这自然由于见解不同之故。

我于这位在30年前以革命的战士姿态出现的章太炎先生,曾在《申报·自由谈》里不惮再三谈到,颇有点叹息他晚年的"颓唐",同时恐怕青年士子因见他

使先生和后生相印

晚年的"颓唐"而忘记了他早年"革命之志"。《工作与学习》丛刊的编者也说:"(鲁迅)先生回念旧事,情不自已,特为画出章太炎氏底革命的,然而却正是他底读者,门人,以及他自己所掩蔽没却的一面,不但可以看见作者底胸怀博大,在历史大流上阔步的姿态,同时也可以感觉到在这里面隐伏着的对于当前现实的热烈的反抗。单从这一篇也可以看到先生对于求生存的中华民族具有怎样伟大的引导力量。"鲁迅写这篇文章时的心情和动机或许如此。但历史先生不免残酷,已把晚年的章太炎的面貌揭示给人,是:一个在进步路上早已完结的人物。这话说来很长,但就最后"接收馈赠"一件事而说,不惜以曾在学术上反孔贬儒,有卓见闲识的学者退而提倡读经,不惜以曾在语言文字学上有深湛研究,而有进步见解的学者退而反对白话文,即不说是"利令智昏",也不免有"曲学阿世"之嫌。固然,当他"以大勋章作扇坠,临总统府之门,大诟袁世凯的包藏祸心者,并世无第二人;七被追捕,三入牢狱,而革命之志,终不屈挠者,并世亦无第二人;这才是先哲的精神,后生的模范"。但到了曲学阿世的晚节,就无复"先哲的精神",不堪为"后生的模范"了。何况章太炎的所谓革命,只是对"建房""满清"而言,"排满"的工作完成,即所谓"种族革命"完成,更无余事,这只是狭隘的民族主义者。虽说他也谈过什么社会主义,那只是国粹的社会主义,不如说是国粹的社会政策,来得较为近似。总之,关于他的革命思想,我已再三谈过,这里无暇详谈。倘若强调他的革命的"业绩",虽说志在提倡"先哲的精神",作为"后生的模范",实在是不免歪曲事实,贻误"后生"的。

不过章太炎也有可以骄傲的地方,就算"后来的参与投壶,接收馈赠",不免贻"被权买"之讥,却抵死不肯"自首",自己认为不错的,任何威吓,劝诱不顾,真是做到"富贵不能淫,贫贱不能移,威武不能屈"。抵死也不肯更正他所认为记述正确的那件事实,却替正统的史学家留下了最后的光辉。总之,章太炎在过去,他的革命思想有不足取的地方,革命行动有错误可笑的地方,却生而具有革命家的感情,极强烈的正义感,这是无疑的。他攻击满清如此,指摘袁世凯如此,便是在他临死不久之前,电劝北方某将军爱护青年学生也是如此。可是一个革命家没有明敏的头脑、正确的思想,仅具有热情、正义感,这当然是不够的,甚至反而因此容易走到相反的路上。

我想,以章太炎代表进步的封建知识分子,作为其中一个殿后的人物;以鲁迅代表激进的新兴知识分子,作为其中一个先驱的人物;师弟两人各代表过渡时代的一端,可以看出时代承前启后的关系,好像历史先生有意如此安排,这倒是很有意味的事情。

原载《申报》1937年4月9日

今天仍在受凌辱的伟大逝者

章培恒

《收获》杂志设立了"走近鲁迅"专栏。我想,这是十分及时的。因为,直到今天,鲁迅仍是中国现代作家中具有最大影响的一个,但他同时也是受歪曲、诬蔑、攻击最甚的一个。为了不辜负鲁迅留下的这份极其宝贵的文化遗产,现在确是到了应该"走近鲁迅"的时候了。

深具讽刺意味的是:鲁迅在晚年最赞美的几个青年作家(包括文艺理论家、翻译家)从20世纪40年代末期起就一个个遭受了灭顶之灾;而也正是从20世纪40年代末期起,"鲁迅的方向就是中华民族新文化的方向"在中国广大的土地上成了神圣不可侵犯的原则。

上述青年作家中,鲁迅的赞赏表示得最为明白并且在当时众所周知的,是萧军、胡风、冯雪峰、黄源、巴金。鲁迅为萧军的《八月的乡村》写过序,说是"这书当然不容于满洲帝国,但我看也因此当然不容于中华民国。这事情很快的就会得到实证。如果事实证明了我的推测并没有错,那也就证明了这是一部很好的书"(《田军作〈八月的乡村〉序》)。虽只寥寥数语,但在鲁迅所公开赞扬过的现代中国的创作中,却还没有别的作品得到过这样的高度评价。然而,大概是鲁迅也没有想到过的罢,最早"不容"此书的,却是当时的共产党作家、后来青云直上的张春桥。鲁迅为此特地写了《三月的租界》一文以表示他的愤慨;但到1948年萧军却终于被划到了"反党"的一方,《八月的乡村》当然也就根本不是什

今天仍在受凌辱的伟大逝者

么"很好的书"了。而在萧军挨整的同一年,与晚年的鲁迅关系密切,被鲁迅赞为"鲠直""明明是有为的青年"的胡风(《答徐懋庸并关于抗日统一战线问题》),也遭到了较为集中的批判,至1955年又进而被打成反革命,他的一大批朋友也成了"胡风反革命集团"的成员,饱尝苦难,甚或瘐死狱中。鲁迅晚年的亲密战友冯雪峰(见许广平《欣慰的纪念》)和被他赞为"向上的认真的译述者"的黄源(《答徐懋庸并关于抗日统一战线问题》)则于1957年成了右派。只有被鲁迅赞为"有热情的有进步思想的作家,在屈指可数的好作家之列"的巴金(同上),在20世纪50年代以来的历次政治运动中说了一些违心的话,这才保全了下来,尽管也不免受到姚文元之流的批判;不过,到了"无产阶级文化大革命"时期,还是落得个家破人亡。然而,到底不愧是受过鲁迅赞美的作家,巴金晚年所写的《随想录》实在是掷地作金石声的好文章。

屈指数来,除了少数早逝的作家如萧红、白莽之外,鲁迅晚年赞美过的青年作家从40年代末期起直到"文革"期间,一个个在劫难逃。有时甚至连早逝的作家也难以幸免。例如,鲁迅曾经作序称赞过的柔石烈士的《二月》,在被改编为电影剧本《早春二月》后,在20世纪60年代初也成了"大毒草"。

因此,人们不得不产生疑问:从那些对于萧军、胡风、冯雪峰、黄源、巴金等人的赞美中所体现的鲁迅的好恶、爱憎、感情、认识,是否显示了鲁迅精神?假如是的,那么,从20世纪40年代末期起,当"鲁迅的方向"在中国广大土地上成为"中华民族新文化的方向"时,为什么他们都成了"中华民族新文化"的敌人,以致或身入牢狱,或打入另册?难道鲁迅精神本身便是违背"中华民族新文化的方向"——"鲁迅的方向"的么?但如萧军、胡风等人并非新文化的敌人,在他们遭难之前确实是遵循鲁迅的方向,在文化战线上贡献自己的力量的,那么,从20世纪40年代末期起的他们的遭遇岂不同时意味着鲁迅精神、鲁迅方向正在遭受无情的践踏?鲁迅若地下有知,他的心岂不也在流血?尽管在那个漫长的时期里,在中国的土地上确实响彻了对鲁迅的颂歌,还出现了许多把鲁迅精神"阐释"得符合当时政治需要并进而宣扬其"伟大"的著作,其中最杰出的不消说

使先生和后生相印

是姚文元的精心巨著;但对照一下实际情况,只要稍微懂得一些鲁迅的人就不难看出这正是对于鲁迅最恶毒的歪曲、诬蔑和攻击。

同样有讽刺意味的是:在巴金、黄源、冯雪峰、萧军、胡风依次获得平反的同时,在文坛上却又响起了"反对神化鲁迅"的呼喊。原来,在这些人看来,鲁迅在这么多年来不是在被作践,却是在被"神化"。本来,对于一个具有独立人格的人,"神化"也是一种作践;但所谓"反对神化鲁迅"也者,却并不是在这种意义上使用"神化"一词的,其原意不过是说前几十年把鲁迅"神化"得太伟大、正确、完美了,因而要反其道而行之。于是,鲁迅就从遭受裹在"歌颂"的外衣下的恶毒歪曲、诬蔑、攻击转变为遭受直接的恶毒歪曲、诬蔑、攻击。

在后一方面做得最出色的,是顾颉刚先生女公子顾潮的《历劫终教志不灰——我的父亲顾颉刚》(华东师范大学出版社1997年版)。这本书制造了太多的神话来吹捧顾颉刚先生,也有太多的对鲁迅的诬陷。关于前者,我在发表于《钟山》1998年10月号的《〈灾枣集〉序》中已略有涉及;至于后者,则只要看一看她把早已破产了的所谓鲁迅《中国小说史略》"剽窃"盐谷温《支那文学概论讲话》的谎言重又搬了出来,就足可见其卑劣和无聊了。但此类伎俩不仅没有遭到应有的揭露,这部书——特别是其中诬陷鲁迅的部分——一时却颇有走红之势。这种现象,我实在不知何以名之;但还是先欣赏一下顾潮女士的解数罢。

顾女士在书中说:"他(指顾颉刚。——引者)认为:'我一生中第一次碰到的大钉子是鲁迅对我的过不去。'(《自传》)其实父亲与鲁迅的交往并不多,但为什么会成为鲁迅笔下的阴谋家、不共戴天的仇敌?'冰冻三尺,非一日之寒',此事还需从几年前说起。"(《历劫终教志不灰》第100页)接着就以《北大宿怨》为小标题,"说起"了好些颇能显示顾潮女士品质的事情,其中一条是:"鲁迅作《中国小说史略》,以日本盐谷温《支那文学概论讲话》为参考书,有的内容是根据此书大意所作,然而并未加以注明。当时有人认为此种做法有抄袭之嫌,父亲亦持此观点,并与陈源谈及,1926年初陈氏便在报刊上将此事公布出去。随后鲁迅于2月1日作《不是信》,说道:'盐谷氏的书,确是我的参考书之一,我的《小

今天仍在受凌辱的伟大逝者

说史略》二十八篇的第二篇,是根据它的,还有论《红楼梦》的几点和一张贾氏系图,也是根据它的,但不过是大意,次序和意见就很不同。'为了这一件事,鲁迅自然与父亲亦结了怨。"(同书第103页)

如果是只看这一部书的读者,一定会认为顾颉刚、陈源揭露鲁迅的这种"有抄袭之嫌"的"做法"乃是正常的和符合实际的学术批评,而鲁迅在遭到揭露以后,虽不得不承认盐谷温的著作是《中国小说史略》的参考书之一,但从此就与顾颉刚"结了怨",并成为后来与顾颉刚"过不去"的主因之一,可见鲁迅为人实在阴险卑鄙。至于鲁迅《中国小说史略》到底是否出于"抄袭",顾潮女士虽没有正面回答,但在引用鲁迅的答复之文时,只引了他承认以盐谷温书为参考书之一,而不引《不是信》在涉及此问题时的主要部分——对诬蔑他"抄袭"的无耻谰言所作的义正词严的驳斥,因而不知此事原委的读者自然会认为鲁迅在"抄袭"问题上已经理屈词穷,只好避而不答;于是《中国小说史略》之"抄袭"盐谷温书也就铁案如山了。但如与实际情况对照一下,那么,顾潮女士的用心与手法就昭然若揭。

顾颉刚对陈源怎么说的,我辈不得而知,但既然顾潮说是顾颉刚"亦持此观点,并与陈氏谈及,1926年初陈氏便在报刊上将此事公布出去",则陈氏不过是将顾颉刚与他"谈及"的"此事""公布出去"而已,并未添油加醋,因而陈氏所公布的与顾颉刚所"谈"的,自必密合无间。现在让我们来看看陈氏的"公布"与上引顾潮所说有多大的距离罢!

陈源在《现代评论》第2卷第50期(1925年11月21日)以西滢的笔名发表的《闲话》里说:"很不幸的,我们中国的批评家有时实在太宏博了。……以致整大本的剽窃,他们倒往往视而不见。要举个例么?还是不说吧,我实在不敢再开罪'思想界的权威'。"这"思想界的权威"是指鲁迅。1925年8月初,北京《民报》在《京报》《晨报》上所刊登的广告中,有"本报自八月五日起增加副刊一张……并特约中国思想界之权威者鲁迅……诸先生随时为副刊撰著"之语。刊登广告者与鲁迅并不相识,但陈源却为此而挖苦鲁迅道:"不是有一个报馆访员

使先生和后生相印

称我们为'文士'吗？鲁迅先生为了那名字几乎笑掉了牙。可是后来某报天天鼓吹他是'思想界的权威者'他倒又不笑了。"(《西滢致志摩》,1926年1月30日《晨报副刊》)可见他是确知有人在称鲁迅为"思想界的权威",并把这作为攻击鲁迅的材料的;因而《闲话》中的"思想界的权威"一词的矛头所指,自为鲁迅无疑。这同时也就是暗示读者,鲁迅在干着"整大本的摽窃"的勾当,只是他西滢"不敢再开罪"这位"思想界的权威"——鲁迅,因而不敢举出书名而已。但过了大概两个月左右,他终于图穷而匕首见,在《西滢致志摩》中直指鲁迅说:"有一个学生抄了沫若的几句诗,他(指鲁迅。——引者)老先生骂得刻骨镂心的痛快,可是他自己的《中国小说史略》,却就是根据日本人盐谷温的《支那文学概论讲话》里面的'小说'一部分。其实拿人家的著述做你自己的蓝本,本可以原谅,只要你在书中有那样的声明,可是鲁迅先生就没有那样的声明。在我们看来,你自己做了不正当的事也就罢了,何苦再去挖苦一个可怜的学生,可是他还尽量地把人家刻薄。'窃钩者诛,窃国者侯',本是自古已有的道理。"这里虽然不再用"整大本的摽窃"这样的字眼了(大概他已发现"摽窃"的"摽"字是写了错别字),但其所引用的"窃钩"二语显然是就"抄了沫若的几句诗"的学生与《中国小说史略》的作者鲁迅相比较而言的,既然"抄了沫若的几句诗"只是"窃钩",而《中国小说史略》乃是"窃国",倘非"整大本的摽窃",又是什么？

所以,鲁迅对此回答道:"这'流言'早听到过了;后来见于《闲话》,说是'整大本的摽窃',但不直指我,而同时有些人的口头上,却相传是指我的《中国小说史略》。我相信陈源教授是一定会干这样勾当的。但他既不指名,我也就只回敬他一通骂街,这可实在不止'侵犯了他一言半语'。这回说出来了;我的'以小人之心'也没有猜错了'君子之腹'。但那罪名却改为'做你自己的蓝本'了,比先前轻得多,仿佛比自谦为'一言半语'的'冷箭'钝了一点似的。盐谷氏的书,确是我的参考书之一,我的《小说史略》二十八篇的第二篇,是根据它的,还有论《红楼梦》的几点和一张'贾氏系图',也是根据它的,但不过是大意,次序和意见就很不同。其他二十六篇,我都有我独立的准备,证据是和他的所说还时常相反。例如现有的汉人小说,他以为真,我以为假;唐人小说的分类他据森槐南,我却用我法。六朝小说他据《汉魏丛书》,我据别本及自己的辑本,这工夫曾经费去两年多,稿本有十册在这里;唐人小说他据谬误最多的《唐人说荟》,我是用《太平广记》的,此外还一本一本搜起来……其余分量、取舍、考证的不同,尤难枚举。自然,大致是不能不同的,例如他说汉后有唐,唐后有宋,我也这样说,因为都以中国史实为'蓝本'。我无法'捏造得新奇'……"(《不是信》,《语丝》周刊第 65 期,1926 年 2 月 8 日;后收入《华盖集续编》)两相对照,就可知道陈源说《中国小说史略》是"整大本的摽窃"或"根据日本人盐谷温的《支那文学概论讲话》里面的'小说'一部分",是一种怎样卑劣的诬陷。而在鲁迅作了这样的说明以后,无论是陈源还是他的朋友,都没有再拿出任何证据来加以否定。陈源也没有声明说《闲话》里的"整大本的摽窃"不是指鲁迅《中国小说史略》。

顺便提一下,鲁迅在《不是信》中还随手举了一个例子,以进一步揭示陈源之流的卑劣:"但我还要对于'一个学生抄了沫若的几句诗'这事说几句话;'骂得刻骨镂心的痛快'的,似乎并不是我。因为我于诗向不留心,所以也没有看过'沫若的诗',因此即更不知道别人的是否抄袭。陈源教授的那些话,说得坏一点,就是'捏造事实',故意挑拨别人对我的恶感,真可以说发挥着他的真本领。"(同上)对此,陈源也无可辩白。

到了 1935 年,由于《中国小说史略》的日译本的出版,鲁迅在作于该年除夕至次日晨的《且介亭杂文二集·后记》中又提起了此事,说是"当一九二六年时,陈源即西滢教授,曾在北京公开对于我的人身攻击,说我的这一部著作,是窃取盐谷温教授的《支那文学概论讲话》里面的'小说'一部分的;《闲话》里的所谓'整大本的剽窃',指的也是我。现在盐谷教授的书早有中译,我的也有了日译,两国的读者,有目共见,有谁指出我的'剽窃'来呢?呜呼,'男盗女娼',是人间大可耻事,我负了十年'剽窃'的恶名,现在总算可以卸下,并且将'谎狗'的旗子,回敬自称'正人君子'的陈源教授,倘他无法洗刷,就只好插着生活,一直带进坟墓里去了"。这之后,无论是陈源还是他的朋友都未能为其诬陷鲁迅剽窃

使先生和后生相印

盐谷温书一事进行"洗刷";其略可为陈源解嘲的,是胡适于1936年底写给苏雪林后来并公开发表的一封信:"通伯先生(案即陈西滢。——引者)当时误信一个小人张凤举之言,说鲁迅之小说史是抄袭盐谷温的,就使鲁迅终身不忘此仇恨!现今盐谷温的文学史已由孙俍工译出了,其书是未见我和鲁迅之小说研究以前的作品,其考据部分浅陋可笑。说鲁迅抄盐谷温,真是万分的冤枉。盐谷一案,我们应该为鲁迅洗刷明白。"(引自《胡适往来书信选》〈中〉第339页)这虽然含有为陈源开脱的意思,但也不得不承认陈源所说确是鲁迅"剽窃"盐谷温《支那文学概论讲话》,而且把最早诬陷鲁迅剽窃的人斥为"一个小人"。

现在,可以把事实真相与顾潮对此事所说的对照一下了。事实是:陈源公然诬陷鲁迅《中国小说史略》是以盐谷温书为"蓝本"的"整大本的摽窃",经鲁迅在《不是信》中义正词严地驳斥以后,陈源无词以对,及至盐谷温书的中译本和《中国小说史略》的日译本分别在中、日两国出版,真相更大白于天下,以致在鲁迅说了"我负了十年'剽窃'的恶名,现在总算可以卸下,并且将'谎狗'的旗子,回敬自称'正人君子'的陈源教授,倘他无法洗刷,就只好插着生活,一直带进坟墓里去了"这样分量很重的话以后,陈源仍然无法作答。连把陈源作为自己人的胡适(他在上引给苏雪林的信中说"鲁迅猖狂攻击我们,其实何损于我们一丝一毫",他的所谓"我们"中,是包括陈源在内的),也只能在承认"说鲁迅抄盐谷温,真是万分的冤枉"的同时,把最早造作谎言的责任推给张凤举。其意盖若曰:"'谎狗'的旗子"应让张凤举去背,"通伯先生"只是受蒙蔽而已。但在顾潮笔下,却成了鲁迅的"这种""有抄袭之嫌"的"做法",在遭到了陈源的"公布"后,鲁迅在其《不是信》中只能承认盐谷温书"确是我的参考书之一";而且她还给读者造成了这样的一个印象:鲁迅在其回答此事的《不是信》中对《中国小说史略》"有抄袭之嫌"一节毫不涉及。于是在不明内情的读者心中自然轻易地坐实了鲁迅的"抄袭"。这真是令人不胜钦佩的巧妙手法,也确实不愧于此书的标题《历劫终教志不灰》。——从上引顾潮女士的叙述中,可知陈源的公然宣言《中国小说史略》为"整大本的摽窃",原是在顾颉刚与他"谈及"后才"公布出去"的,可见这一恶毒诬陷鲁迅"剽窃"的勾当,实是顾颉刚在幕后策动、陈源在台前表演的;可惜有志难遂,这场丑剧最后落得个陈源终身背着"'谎狗'的旗子"而落幕。现在,顾颉刚、陈源的这个恶毒诬蔑鲁迅之志,终于在20世纪的90年代由顾颉刚女公子顾潮实现了:轻巧地给鲁迅戴上了"抄袭"的帽子,并且把顾颉刚、陈源当时合演的狼狈收场的丑剧转化为辉煌的胜利。可见顾颉刚的这种诬陷之志确实"历劫不灰"。而且,顾潮女士的这种勾当,似乎至今尚未得到应有的揭露,这又意味着:比起19世纪20年代来,我们的时代更是诬陷鲁迅的绝妙时机。

在这里再补充一点:在顾潮的上述戏法中,还巧妙地利用了今天与当时的某种观念差异。在今天的注重学术规范的人(可惜这样的人还不是很多)看来,以别人的著作为参考书,而且还有所吸取,自然应该注明;但在鲁迅写作《中国小说史略》的时代,中国学者还没有养成这样的习惯,特别是大学历史教材性质的著作,不注明参考书是被认为正常的事。换言之,鲁迅的《中国小说史略》不注参考书,在当时是不会被认为"有抄袭的嫌疑"的。证据是:在鲁迅的《不是信》中公布了盐谷温书确是其"参考书之一"等情况后,无论陈源、顾颉刚还是他们的朋友都没有人再站出来说:"你在《中国小说史略》中没有注明这一点,就是有抄袭的嫌疑!"因为倘要这样做,那就无异自投罗网;从胡适算起,谁都不能幸免。就说顾颉刚罢,他那些在19世纪20年代发表的古史考证文章,有些在日本早就有了类似的说法。例如,白鸟库吉早就著文考证尧、舜、禹并无其人,而且这种见解至迟在1916年左右已深入到了日本的高级中学(参见日本仓石武四郎《中国文学讲话》第一篇《神话的世界》)。他哪敢去追究注不注参考书的问题?所以,顾颉刚、陈源的诬陷鲁迅"剽窃",所用的绝不会是"鲁迅作《中国小说史略》,以日本盐谷温《支那文学概论讲话》为参考书","然而并未加以注明","此种做法有抄袭之嫌"一类的话语。

然而"智者千虑,终有一失",顾潮女士的上述表演却不免辜负了胡适的苦心。老实说罢,我对胡适把张凤举作为诬蔑鲁迅"剽窃"的始作俑者是颇为怀疑

使先生和后生相印

的;因为此说并无旁证,张凤举又是与鲁迅关系较为密切,很受鲁迅称赞①,而与陈源并无什么交往的人,他没有理由和可能去向陈源造鲁迅的谣言。现经顾潮证实,向陈源去说《中国小说史略》"抄袭"而致陈源"公布出去"的,原来是顾颉刚。那就合情合理了。大概胡适看到诬陷鲁迅"剽窃"的事已弄得灰头土脸,不愿再把顾颉刚牵涉进去了,所以把张凤举来顶缸。不料现在顾潮女士认为时机已到,又把顾颉刚在此事中扮演的角色说了出来。

话说远了。总之,从这一个小小的例子,就可以知道鲁迅在今天是在怎样被任意歪曲、诬蔑和攻击!所以,提倡"走近鲁迅",实在已是刻不容缓的事。因为只有"走近"了鲁迅,才能真正认清鲁迅的价值所在,才不致为裹在"歌颂"的外衣下对鲁迅的歪曲、诬蔑和攻击所迷惑,也不致为赤裸裸地对鲁迅的歪曲、诬蔑和攻击所吸引。至于说"走近鲁迅"的提法会导致对鲁迅的贬低,那更是匪夷所思。就从20世纪的80年代算起罢,在攻击和诬陷鲁迅方面,在大陆上出版的书没有一部是能望顾潮女士《历劫终教志不灰——我的父亲顾颉刚》的项背的,但这难道是"走近鲁迅"专栏引出来的吗?

在我看来,"走近鲁迅"专栏中发表的今人的文章,除了王朔先生的一篇再一次显示了他的"无知者无畏"的特色和冯骥才先生的意见是我所不敢苟同的以外,大抵都有益于抉发鲁迅的伟大。而且,就是王、冯二位之作,也都坦陈所见,与阴谋诬陷鲁迅者不属于一个档次,有什么不能发表的呢?我所害怕的,倒是在研究所谓"大师"级的人物的领域内设立禁区——在1931年末,《中学生》杂志社向鲁迅提出一个问题:"假如先生面前站着一个中学生","(先生)将对他讲怎样的话,作努力的方针?"鲁迅回答道:"请先生也许我回问你一句,就是:我们现在有言论的自由么?假如先生说'不',那么我知道一定也不会怪我不作声的。假如先生竟以'面前站着一个中学生'之名,一定要逼我说一点,那么,我

---

① 鲁迅于1921年8月25日致周作人的信中曾说"此人(指张凤举。——引者)非常之好,神经分明"。见《鲁迅全集》(人民文学出版社1982年版)第11卷,第391页。

说:第一步要努力争取言论的自由。"(原载1932年1月1日《中学生》新年号,后收入《二心集》)我想,这是今天的一切自命为拥护鲁迅者所应永远记取的。

最后,向《收获》编辑部提一个要求:拙作倘能发表,希望不要作任何删改。因为,在有报刊(不是《收获》)要求发表顾潮女士的那些涉及鲁迅的文章时,她曾提出一个条件:不准删改。她的条件得到了满足。我想,在今天而保卫鲁迅,应该与诬蔑鲁迅获得同样的权利。

原载《收获》2000年第12期

再论鲁迅的骂人

陈思和

一

这几天算是上了伏,天气猛地热了起来。电脑不能用,写字只能改为手工操作。但朝北的黑水斋像一间天然桑拿浴室,手臂放在稿纸上,没多一会儿就湿了一大片。窗外的云时聚时散,作出一副将要下雨状,可是只听说外地哪里发了大水,哪里刮了龙卷风,而我们头上的那片云还是那样不死不活的沉闷。既然写不成字,就去读书吧,但徘徊在自己的书架前,竟也生不出一点读书的好心情,平时自以为深刻,尽买一些厚重的书,这会儿用手端着也觉得累,而薄一点轻一点的书本,现成的只有两套,一套鲁迅的书,还是20世纪70年代没有注释的单行本,另一套周作人的书,也是岳麓版的单行本,都是虽然薄但读起来却不轻的文字。想了一想,还是取下了鲁迅的杂文集。

现在谈鲁迅也似乎讨人嫌。大约在一个讲消闲、宽容、费厄泼赖的时代里,人们只能把落水狗当作宠物养起来,而像鲁迅这样专讲打落水狗的人只要多至50个,就有人来惊呼:哎哟,我的天! 在一个12亿人口的社会里,有50个鲁迅就要呼天,可见不受欢迎之极。但这还是客气的战法,更有人跑出来说:你们要学鲁迅吗? 鲁迅也很"聪明"呀! 他不仅做过北洋政府的官,还住过半租界,拿过日本特务的经费出自己的书——虽然最后一条的根据是"台湾一些书中诽谤性的说法"。说这话的王朔先生很费厄泼赖地表示,鲁迅虽然很聪明,但不妨碍他的伟大。我相信王朔说这话未必是反讽,也许他还真心羡慕,鲁迅怎么既能"聪明"地做官拿日元,又能无损其伟大。所以当我读到《鲁迅研究月刊》上有人撰文驳斥时,反倒觉得有点迂,至少不该破了王朔先生意识深处里的梦。因为若以"聪明"论人,王朔先生乃真聪明,他曾以市井口吻骂人骂世,既获得知识分子的看重,又获得普通市民的青睐,可惜这种骂人骂世的真意,只在小聪明的境界上;缺的正是更高境界的风骨理想,也许现在的聪明人正对着这种境界嗤之以鼻,但鲁迅,实实在在的,他的伟大并不是因为他的"聪明"(不管聪明不聪明,鲁迅都有权选择他自己认为合适的生活方式和立言方式),而正是来自这种为今天的聪明人所不齿的风骨和理想。

比如说鲁迅的骂人吧,确实是惹人讨厌的,不但当时的正人君子深恶痛绝,今天的宽厚长者或少者也常常不以为然,认为如今文坛纷争正是其谬种流传。其实套一句老话:使无公在,不知有几人称帝称王。正因为有了鲁迅的骂人骂世,才照出了种种鬼魅者的原形,使后来那些又做婊子又想立牌坊的混混儿感到了作伪的困难。同样,鲁迅也写过"消解崇高"的文字,如那首打油诗:"大家去谒灵,强盗装正经,静默三分钟,各自想拳经。"鲁迅说这首诗来自南京民谣,而谒灵,在民国时代大约可以算作最崇高的事情了,这与王朔先生用顽主的态度来消解伪崇高伪理想有相似的地方,这也是王朔学到了鲁迅"聪明"的地方,但接下来呢? 王朔先生的骂世背后,只不过是顽主们的无赖,而鲁迅的民谣中却耸立起知识分子的伟大批判精神。"聪明"或许可以理解为一种处世立言的策略,但如果一味地陶醉在小手段小成功的聪明里沾沾自喜,不但顾不得向更高的境界追求,反而害怕、嘲笑、厌恶别人向更高境界追求,那就变得很不聪明了。

鲁迅从未认为自己的文章应该不朽,但他很明白,只要他所针砭的社会现象文化现象不消亡,那他的文字就永远会被人所爱或所憎。他早就说过,《三国》《水浒》至今流传,那是因为社会还有三国气水浒气的缘故。那么,在今天我

使先生和后生相印

从书架上取下鲁迅的书来读的时候,掠过心头的真不知是悲是喜。

二

读鲁迅的杂文似乎也需要一些心情。比如现在,被鬼天气热得有气无力而想发发牢骚又找不到对象的时候,是读鲁迅的最佳时刻。本来,在良辰美景、花好月圆下读鲁迅未免自讨没趣,在春风得意、财大气粗时读鲁迅,也会生出一点的错觉,以为鲁迅真是盛气凌人的"英雄"。记得小时候念过一篇语文课文,说有人问鲁迅鼻子为什么长得扁,鲁迅说,大约是碰壁太多的缘故。先是以为鲁迅说话幽默,后来读了鲁迅的传记才知道是苦涩,鲁迅一生几乎是在失败中度过的,从个性上说,他是毫无英雄气的:20世纪20年代他对一副"创造"脸的创造社人唯恐避之不及;在1927年的大屠杀中又被吓得目瞪口呆;20世纪30年代以来,在国民党的文化专制政策的高压下、在一群巴儿狗似的文痞追逐下以及同一营垒的"战友"们明明暗暗的中伤下,真是心力交瘁,只要想一想,连徐懋庸这样乳臭未干的毛头小青年都敢上门去教训他,还有什么英雄气可言?读着那些短短的杂文,无论称颂它们是匕首也罢投枪也罢,都像是一个不停地追求、探索的生命不断被逼入绝境,一次次划过粗糙的陡壁时发出破碎的摩擦声,每发出一声,生命就损伤一次。只活了56岁的鲁迅,就是这样将生命留在了他的那些看似骂人的文字里。只有懂得这种在强权、无耻和怯懦中生活并决心与之搏斗的人,才能真正地理解这些生命痕迹的价值所在。

所以,鲁迅的文字,实在与胜利者无缘,与强权者无关,与投机者无情。那些愤愤不平的文字,本来是失败者不甘示弱的抗争,后来一旦被权力在握者利用,那又当别论了。现在不明历史的年轻人对鲁迅的全部知识均来自于"文化大革命"时代,在那个年代里鲁迅被权力者渲染得异常可怕,被鲁迅骂过的人个个都陷入万劫难复之中,比如"四条汉子";可是被鲁迅称赞过的人呢,比如胡风、巴金,似乎也没有因此就躲过了对他们的迫害。但这种打鲁迅牌的闹剧产

再论鲁迅的骂人

生的恶劣后果,就是让今天的年轻人以为,凡是被鲁迅骂的人都有点委屈,都值得同情以致推崇。他们根本就没了解,鲁迅是在怎样困难的背景下才发出这战斗之声的。

比如说章士钊吧,他早年和后来确实做过许多值得称道的事情,不说早期的反满革命,就以20世纪30年代以大律师身份在国民党法庭上为里外不是人的陈独秀辩护一事,其义胆侠风就足以使半个多世纪以后的人们吓死愧死,所以,在一个平庸时代里的良民是没有资格批评章士钊这样的文化伟人的。但我还是想说明一下,尽管章士钊保护陈独秀一案值得名垂青史,也尽管后来他成了毛泽东书斋里的座上客,甚至他当教育总长时在女师大学潮一案中是否光彩也可以暂且悬置起来,可是,他与鲁迅的那场官司,错的仍然是他。当时章是教育总长,鲁迅是教育部佥事(也就是从陈源到王朔咬住不放的"做官"),章是鲁迅的顶头上司,两人的冲突一开始就处在不平等的位置上。且不说学生运动是否应该支持的曲折是非,女师大的学潮起先并不激化,周旋于学生与教育部的也不是鲁迅而是周作人,但章于4月到任,5月即激化了学潮,他支持女师大校长杨荫榆整顿校风、开除许广平等六名学生自治会干部,这才有了鲁迅等七教员发表宣言反对杨校长的做法,但鲁迅还是采取了合法的斗争方式,只做些代学生草拟教育部呈文和发表宣言之类的事,章士钊则利用手中的权力将鲁迅免职,以断绝鲁迅的生活来源。以后引出一系列的官司,只能说是章士钊咎由自取。鲁迅曾起诉章士钊将他"无故"免职,章辩护说是有"故"的,但到底什么"故"却支支吾吾说不清楚,这在精通法律的章来说也是破天荒的事。其实"故"自然是有的,不过不好说出口而已,其故之一是鲁迅支持了学生运动,别的教员他管不了,鲁迅是他属下的佥事,自然觉得好欺,但鲁迅当时所做的都是公开的合法的斗争,他抓不住什么把柄;其故之二,就更上不了台盘,鲁迅当时虽然不满章士钊的做法,却也可能有所顾忌,并无直接批评章的文字,只在一篇随笔里,拿他的名字开了个玩笑。起因是有家报纸发新闻时将章士判的钊字错印成"钉"字,鲁迅借题发挥,回忆以前读书时有个教员将学生名字里的钊字错念成

"钧",引起学生嘲笑而开除学生的事,文章写得很含蓄,但隐约地表达了对章支持杨荫榆开除学生的不满。章本来也经历过大风大浪,应该是个豁达的人,可是一朝权在手就变得不那么费厄泼赖了,为一篇略有不敬的文章而睚眦必报,也足见其人胸襟的狭小,再公报私仇敲掉对方的饭碗,为人如何就更加可见一斑。

虽然套用王朔先生的话,章士钊并不因此而影响其一生的伟大,但反过来也不能因为其一生的伟大而掩盖了他在女师大事件上的错误。现在人们只看到鲁迅被免职后发出的怨毒之音而不见章士钊的玩弄权术,还以为他只会研究柳宗元,或者只是在毛泽东过生日时候陪着聊聊天,那可就错了。

三

在鲁迅的笔底下,骂得最惨的大约是"叭儿狗"这个词。起先是用来骂《现代评论》上说"闲话"的陈源,后来是泛指各种各样向官家献媚的帮闲文人。

在《论"费厄泼赖"应该缓行》里,鲁迅这样形容这种动物:它虽然是狗,又很像猫,折中,公允,调和,平正之状可掬,悠悠然摆出别个无不偏激,唯独自己得了"中庸之道"似的脸来。……所以应该先行打它落水,又从而打之。这种描述可谓是借题发挥,对狗来说是不公平的,鲁迅对陈源恨之入骨,怎么骂都可以,但不必殃及不识字也不会提抗议的叭儿狗。

至于陈源与鲁迅的一场公案,倒是值得再说说。近年来随着女作家凌叔华落叶归根和《西滢闲话》的重新出版,陈源的名字又开始被人注意起来。此人自幼在英国读书,1922 年 26 岁学成归国,担任北京大学的外文系教授,又是留英学生主办的《现代评论》周刊的骨干,以写"闲话"而著名。1929 年出任武汉大学文学院院长,几年后赴欧洲,长期担任国民党政府的外派文化官员。作为一个自由派知识分子,陈源可能在教育和中外文化交流方面有着独特的贡献,但说到文学方面,能在文学史上留下来的,也就是一本《西滢闲话》和两三种翻译而

再论鲁迅的骂人

已。其实像这样偶然在文坛上客串一下的教授并不少,如果不是曾与鲁迅有过一番恶战,恐怕早已被治文学史的人遗忘。可是前不久偶尔听到一个说法,说有人问及陈源后来为什么没有创作,陈源回答是被鲁迅骂得伤了心,决心远离文坛了,似乎他的写不出东西倒应该由鲁迅来负责。陈源1970年死在英国,那时中国正忙着搞"革命",大约也不会真有人去英国与陈源谈创作,这个说法多半是好事者想当然编出来的。且不说陈源与鲁迅吵架时除了几篇闲话并无创作,也不说鲁迅虽然是陈源死敌但仍然对他太太凌叔华的创作甚加好评,仅以当时双方的对骂而论,吃亏的仍然是鲁迅。如果说到被骂得伤了心,也应该是鲁迅而不是陈源。

后来因为要神化鲁迅,总把鲁迅说得所向披靡,其实鲁迅与人干仗也有受伤的时候,与陈源战就是一个例子。鲁迅是绍兴人,素有刑名师爷的传统,为文老辣尖刻,锐如寸铁杀人;而陈源是无锡人,此地亦有诨名,即刁无锡恶常州之"刁",他写的"闲话",文句正与古奥难读的章士钊相反,是软绵绵、糯笃笃的标准江南白话,但读起来弦外有音,绵里藏针,有点阴丝丝的味道。这两人的文字撞在一起,可谓是棋逢敌手,如果今有好事者编一本《文坛相骂集》,把他们的文章编在一起让人来读,一定十分好看。我有一位朋友写了研究陈源散文的文章,花大篇幅去介绍闲话里有哪些反帝反军阀的言论,其实是不必的,看陈源的闲话就是要看他阴丝丝地嵌在字缝里的"骨头",这在女师大学潮的论战里就充分暴露出来。

在女师大学潮刚开始时,矛盾的焦点是学生反对校长的教育方针,待到杨荫榆开除六名学生,引出七教员的宣言反对杨校长。这时与杨荫榆有同乡之谊的陈源出来说话了。他先摆出与己无关的模样说"女师大的风潮究竟学生是对的还是错的,反对校长的是少数还是多数,我们没有调查详细的事实,无从知道"。这自然显得很公平,然后又说,女师大现在闹得太不像话,"旁观的人也不能再让它酝酿下去,好像一个臭毛厕,人人都有扫除的义务"。(注意:这里把女师大比作"臭毛厕"的轻薄比喻,也是陈源的典型语言,正如传言他私底下敢说

"现在女学生都可以叫局"。)那么,如何扫除呢?他笔锋一转指向了刚刚发表的七教员宣言:"以前我们常常听说女师大的风潮,有在北京教育界占最大势力的某籍某系的人在暗中鼓动,可是我们总不相信。这个宣言语气措辞,我们看来,未免过于偏袒一方,不大平允……这是很可惜的。我们自然还是不信我们平素很尊敬的人会暗中挑剔风潮,但是这篇宣言一出,免不了流言更加传布得厉害了。"这是典型的陈源战术:先是说自己公允,可惜别人偏袒,然后把一场学潮歪曲成浙江籍教员与无锡籍校长的派系之争,暗示学生背后有人唆使,有长胡子的后台。这不但把鲁迅、周作人等教员一网打尽,还栽赃栽到了前任校长许寿裳身上。更妙的是,明明是他在散布这种流言,却装出一副悲天悯人的样子,一而再地声明自己不相信这个自己造出来的流言。后来在"文革"中凡学生出了事总要在教师中找后台,抓长胡子摇鹅毛扇的人,大约正是从这儿沿袭来的老谱。但陈源的"阴丝丝"也正表现在这里:他只向权力者提供了一个抓长胡子的思路,而捏造的证据却是用相反的方式传递出来,一面说一面又大摇其头:不相信呃不相信。万一以后冤案昭雪,他又会说:我早就不相信呃不相信。

这还不至于对鲁迅有所伤害,更刁毒的是陈源的另一篇闲话《剽窃与抄袭》,文章里阴阳怪气地说:"我们中国的批评家有时实在太宏博了。他们俯伏了身躯,张大了眼睛,在地面上寻找窃贼,以致整大本的剽窃,他们倒往往视而不见。要举个例么?还是不说吧,我实在不敢再开罪'思想界的权威'。"这番话的背后自有文章,陈源早在私底下散布流言,说鲁迅的《中国小说史略》是抄袭了日本盐谷温教授的《支那文学概论讲话》中关于小说的一部分。当然这种流言是不能落在文字里的,所以一面用"整大本的剽窃"来诬陷,一面又故作神秘欲言又止,暗示出"思想界的权威"。万一鲁迅追查起来,又抓不住任何把柄打不了官司。这个流言才是对鲁迅的致命伤害,直到十年以后,《中国小说史略》被增田涉译作日文出版,鲁迅还耿耿于怀地说:"'男盗女娼',是人间大耻事,我负了十年'剽窃'的恶名,现在总算可以卸下,并且将'谎狗'的旗子,回敬自称'正人君子'的陈源教授,倘他无法洗刷,就只好插着生活,一直带进坟墓里去了。"从其怨恨之深足见其受伤害之深了。

四

只有了解了鲁迅在与人论战中常常处于劣势,常常受到伤害,才能了解鲁迅为什么在骂人的时候总是那么狠辣决绝,那么不留情面。大凡在战斗中获胜的一方总显得比较有风度,有雅量,更有心情来讲费厄泼赖;而让失败者受伤害者也来讲宽恕和雅量,那只有佛和耶稣那样的宗教家才做得到。而鲁迅不信宗教,他垂死的时候依然宣布:我不宽恕!

然而鲁迅的魅力也确实在这儿。他似乎也知道自己文字的使命在于抗争一切对他的伤害,不管这种伤害来自哪方。他曾很自负地说过:"我自己也知道,在中国,我的笔要算较为尖刻的,说话有时也不留情面。但我又知道人们怎样地用了公理正义的美名,正人君子的徽号,温良敦厚的假脸,流言公论的武器,吞吐曲折的文字,行私利己,使无刀无笔的弱者不得喘息。倘使我没有这笔,也就是被欺侮到赴诉无门的一个;我觉悟了,所以要常用,尤其是用于使麒麟皮下露出马脚。"读鲁迅的人大凡都能读到这股凝聚在文字里的怨气,正是这股发自丹田的怨气构成了鲁迅杂文的特殊的力度。鲁迅也深深珍爱这股属于他自己的气,他一面嘲笑人们以"公理"维持者自居的荒唐;一面也不断警惕人们对他这股怨毒之气的利用。这就是他为什么在支持了孙伏园办《语丝》后,当孙得意地把他比作"炸药"时他会那样的生气;为什么他会断然拒绝李立三要他用真名发表文章骂蒋介石的要求;还有,为什么在他生命后期会与周扬等左联领导人的关系搞得这么僵。

到上海以后,鲁迅的生活环境和写作环境有了很大变化,使他的这种个人性极强的战斗经受了考验。王晓明兄的《无法直面的人生——鲁迅传》里相当深刻地描写了鲁迅晚年的心理状况:孤独、易怒、猜疑和绝望,这种心理变化不仅仅是因为一个老人的生理衰退所致,更多的原因是来自于外界社会的压迫。

使先生和后生相印

现在经常听人提起这样的问题：假如鲁迅活到解放以后会怎样怎样。其实这是用不着操心的，因为旧中国这块可恶的土地根本就没有让鲁迅活到解放以后的可能。只要稍稍翻一下鲁迅在20世纪30年代的书信，就不难看到他是在怎样的环境下生活。国民党一党专制下的上海远比北洋军阀时期的北京恶劣恐怖，鲁迅与章士钊战，与陈源战，虽然战得苦烈，终究还是个人与代表着权力的个人之间的对垒。章士钊虽会弄权撤了鲁迅的职，但一经打官司，法院还不得不判鲁迅胜诉。到了国民党时期，鲁迅的对立面成了整个的政权，王平陵、张道藩等人只是权力的一个符号，许许多多叭儿狗式的文人也都是面目不清的符号，成了政权下的一道道阴影。鲁迅不仅无法与政权去打官司，而且代表着权力的法律与屠刀一起会主动打上门来，逼着你东藏西躲，神经过敏。试想一下，一个知识分子整天处于特务的监控盯梢之中，过着半地下的幽闭生活，他的书被查禁和销毁，他的文章即使用了笔名发表仍然受到粗暴删改和攻击，他的书信刊物在邮局里被没收和检查，与他较接近的书店和杂志被警告和恫吓，他的朋友（甚至年纪比他轻的朋友）一个个莫名其妙地失踪或者公开被枪杀，还有关于他的谣言又不停地流传……这对于一个生着重病、又需要用笔写了文字去换钱来养家糊口的老人，能不陷入疑神疑鬼、孤独易怒的精神状态么？如果他不是这样以极端的形式挺身出来作狮子吼，那么，他明白地意识到他也只能"赴诉无门"了。

鲁迅曾经愤怒地揭露国民党的官方意识形态的凶残，他说：统治阶级对文艺的积极的建设，就是派了上海市的一位政府委员和一位警备司令部的侦缉队长去当文艺刊物的主持者。这大约是指民族主义文学刊物《前锋月刊》和《前锋周刊》用了朱应鹏和范争波当编辑和撰稿人。其实朱应鹏是画家，多少尚能画几笔，范的专业虽是在侦缉队里抓人，还是能写个把长篇小说和翻译外国作品，至少算个业余文学爱好者，而且他们不过是把持了一两个刊物提倡和宣扬自己的货色，还没有坏到靠打小报告和告密卖人血。到了官方提倡的民族主义文学作品没有人读、卖身投靠的文痞一露脸就臭的时候，像范争波这样的侦缉队长兼业余文学爱好者也找不到了,那只有赤裸裸的流氓用铁锤来敲书店的橱窗玻璃或者赤裸裸的手枪来要你的命了。

不知道现在讨厌鲁迅骂人的人有没有了解这些背景,不过这也许是一种苛求,在一些据说是"怀旧"的电影里,20世纪30年代的上海到处是黄包车、铜盆帽、烟花女子、拆白党、红头阿三、安南巡捕、花园洋房、梧桐树、"好花不常开"等怪胎的辉煌,即使恐怖也是黑社会里老大和老二抢一个妓女的恐怖,难怪读起鲁迅的书,就以为他一个人在这么令人陶醉的东方"魔都"里呼天抢地似的骂大街。真不会幽默!

五

鲁迅在30年代的一些骂人文字里,骂得最有意思的是骂国民党的图书杂志审查委员会。这个官方控制意识形态的文化机构寿命不长,但联系其从成立到倒闭的前前后后过程,是很好玩的故事。

本来国民党的文化官员多少也有几个留法学生,会涂鸦几笔字画,交往几个女人,像个文化人的模样。他们当然也有检查书报的责任,但有时是将手里的屠刀当作达摩克利斯剑高高地举在那儿,让书店老板、书报编辑以致作者一个个都吓得腿肚子发软。鲁迅曾经不无讽刺地说过:"一个朋友说,现在的文章,是不会有骨气的了,譬如向一种日报上的副刊去投稿罢,副刊编辑先抽去几根骨头,总编辑又抽去几根骨头,检查官又抽去几根骨头,剩下来的还有什么呢?我说:我是自己先抽去了几根骨头,否则,连'剩下来'的也不剩了。"但这只是一种理想境界,事实上那时的知识分子还没有经过后来的政治运动,还没有学会自己改造自己,鲁迅当然是不会抽去自己的骨头,编辑们(如《自由谈》的黎烈文等)也没有抽掉文章的骨头,那些检查官们本来想学学陈源的"阴丝丝",既抽了人家的骨头又不负具体责任,可这样一来就得挨板子了。于是只好从后台走到前台,这就有了1934年3月的"中央党部禁止新文艺作品"的目录,禁的全是左翼作家的作品。鲁迅为了保存这份难得的现代文学史的第一手资料,让国民党的嘴脸永远钉在中国文化的耻辱柱上,就将这份被禁书目抄在他的《且介亭杂文二集》的后记里。其实国民党在20世纪30年代查禁的图书远不止这一次,这在有关资料文献里早有记载,这里姑且不说,有趣的事还在后面。因为凡被查禁的图书,都是当时最畅销的书,书店老板要靠这些书来赚钱,报刊要靠这些左翼知识分子的名字来吸引读者,总不能为了党国的利益大家都饿肚皮。于是就有人提出,干脆由官厅来负责审查图书和报刊,在文化专制政策下,与其让书店老板和编辑来做难人,还不如建立起一个游戏规则,让官方自己来承担这个责任。这在当时只是一个道听途说的传闻,由鲁迅把它记在书信里,到底有没有这回事还得找到证据才行,但国民党的"图书杂志审查委员会"是确实成立了,时间是1934年5月25日。图书审查人员不仅仅有烫卷发抹口红的摩登女郎,到底也有几个真懂文艺、专会挑"骨头"的猎犬,比如那位写新感觉小说出名,后来被国民党一系特务派去做汉奸,又被国民党另一系特务真当做汉奸暗杀掉的小说家穆时英,就当过其中一名审查官。

鲁迅在书信和杂文里不止一次地表彰那些文化鹰犬们效忠主子的丰功伟绩,这也不必多说。有意思的是,鲁迅在一段论述里居然对这些检察官们表示了同情和理解,他说:"至于审查员,我疑心很有些'文学家',倘不,就不能做得这么令人佩服。"那么,这些"文学家"为什么不好好地写文学作品,而要去干这种特务勾当呢?鲁迅不无"谅解"地说,他们大约也是为了"饭碗"吧。"要吃饭也决不能算是恶德,但吃饭,审查的文学家和被审查的文学家却一样的艰难,他们也有竞争者,在看漏洞,一不小心便会被抢去了饭碗,所以必须常常有成绩,就是不断的禁,删,禁,删,第三个禁,删。"每当我读到鲁迅的这段议论,总会禁不住地发笑,在重复地读这"禁"和"删"两个字的时候,我眼前总要浮现出检察官一副疲惫不堪的怪模样,一面机械地读着密密麻麻的书稿,老眼昏花;一面用颤抖的手握着红笔乱涂乱划,那些左翼理论和名词他们又看不懂,但看不懂也要装着懂,平心而论倒不是真的效忠党国防止洪水猛兽,只怕是螳螂捕蝉黄雀在后,再被人参上一本敲掉饭碗。鲁迅幸灾乐祸地引用了国民党《中央日报》上关于"中央图书杂志审查委员会工作紧张"报道中的材料,说"平均每日每一工作人员审查字(数)在十万字以上",工作量确实是相当的大,一天下来,这些两眼发黑的审查官一定会用手捂着隐隐发痛的胸口,像旧京剧里的蒋干那样,如怨如诉地说:曹营里的那口饭真难吃。

不过这口难吃的饭到底也没能吃得长久,一年以后,因为《闲话皇帝》事件惹翻了"友邦",审查委员会的机构终于以"失责"罪撤销,时间是1935年7月8日。

原载《鲁迅研究月刊》1996年第9期

关于鲁迅和沈从文

吴立昌

在中国现代文学史上,有多少作家同鲁迅发生过争论,受过鲁迅的批评。鲁迅的批评多数是正确的。被批评者,有的接受批评,继续前进;有的中途改弦易辙,搞科学去了;有的则越来越陷入与人民为敌的泥潭;有的我行我素,但在时代潮流的推动下,终将向人民靠拢……情况各种各样。本文想就鲁迅对沈从文的批评,稍加分析,从中看看鲁迅在文学批评方面,有哪些值得我们学习的宝贵经验。

一、从"京派"和"海派"之争谈起

鲁迅与沈从文在文学问题上发生争论,并直接批评他的机会并不多,较早引人注目的一次是关于"京派"和"海派"之争。

1933年10月18日,沈从文在天津《大公报·文艺副刊》发表《文学者的态度》,反对作家像"票友""白相人"那样,把创作当成一种副业,主张作家首先应"诚实",才能写出伟大作品;行文中褒扬北方作家"诚实",贬抑一些上海作家像票友,把写作当成"不过是随兴而发的一种工作而已",讥笑他们是"海派","在上海赋闲"云云。不久苏汶写了《文人在上海》(1933年12月1日《现代》第4卷第2期),解释"海派"应包括爱钱、商业化以及作品的低劣、人格的卑下等具体内容。不同意沈从文笼统地把聚居于上海的作家称为"海派"。次年1月3日沈从文又在《大公报》发表《论"海派"》,对"海派"一词详加解释,并再次强调北方作家是在"诚朴治学",他们的缺点只是对于"海派"过于"宽恕"。自此,"京派"和"海派"之争更形热闹。就在这个时候,鲁迅写了《"京派"与"海派"》一文,撇开"京派""海派"孰是孰非的种种纠缠,直接揭开了两派的实质。"居处的文陋,却也影响于作家的神情","京派"和"海派"乃是客观社会环境的产物。北京官僚政客多,上海十里洋场商人气息浓,"所以文人之在京者近官,没海者近商",鲁迅的结论是,"'京派'是官的帮闲,'海派'则是商的帮忙而已","而官之鄙商,固亦中国的旧习,就更使'海派'在'京派'的眼中跌落了"。

鲁迅与沈从文的分歧,不在抑"海",而在扬"京"。因为"海派"近商也是沈从文固有的看法。他认为新文学运动中心自北京转移到上海之后,即与商业结合,因而对作家要受商人盘剥,创作要受商业竞卖的支配非常反感。在《论"海派"》中,他更具体指出,"投机取巧","见风转舵",或"从官方拿到了点钱,则吃吃喝喝,办什么文艺会,招纳子弟,欺骗读者",或"感情主义的'左'倾,勇如狮子,一看情形不对时,即刻自首投降,且指认栽害友人,邀功牟利",或"偷掠他人作品,作为自己文章,或借用小报专制造旁人谣言",凡此种种,皆所谓"海派"。同时,他还承认,"海派"习气已影响到北方文坛,而上海作家也不都是"海派",扫除"海派"习气应该"成为不拘南北真正对于文学有所信仰的友人一种责任"。我们只要看看鲁迅的《文摊秘诀十条》《辨"文人无行"》等文和《伪自由书》《准风月谈》二书对杨邨人、曾今可、章克标之流丑恶面目的揭露,就知道鲁迅和沈从文在对"海派"的具体看法上还是比较一致的。

至于对"京派",首先是二人所指的具体对象不尽相同。沈从文所谓的"诚实"或"诚朴治学"的北方作家,主要是指当时活跃于京津文坛,在《大公报·文艺副刊》与《水星》《文学季刊》等报刊上崭露头角的青年作家。后来沈从文有一段回忆曾说道,此时北方表面虽有些死沉沉,"却慢慢的生长了一群有实力有生气的作家。曹禺,芦焚,卞之琳,萧乾,林徽因,李健吾,何其芳,李广田……"

(1946年11月3日《大公报》"星期文艺"《从现实学习》)他们当中,多数在创作内容上程度不同地具有偏离时代和现实斗争的思想倾向,而在艺术上却十分严肃认真,颇有独创性。沈从文赞赏的正是这种对待艺术"诚实"的态度,而忽视了他们在思想倾向上所存在的弱点和缺陷。这并不奇怪,因为他自己的理论和创作也有此毛病。

对于艺术的"诚实",鲁迅并不反对,他不仅十分强调内容的充实,也极重视技巧的上达,即使漫画,他都首先要求"诚实";他反对的是那种脱离时代和社会,只钻在"象牙之塔"或故纸堆里孜孜以求的"诚实"。鲁迅心目中的"京派"正是那些超然物外、自命清高的学者和文人。他根据五四以来一些曾经是"战士"的北京学者后来却功成身隐或做官高升的历史教训,批评了"京派"文人丧失斗志,落后于时代,终而成了"官的帮闲"的行为。刘半农就是一个从战士变成渐据要津,做打油诗,弄烂古文的"京派"学者;他甚至在日本侵略者威胁华北时,为了保护北京古文化,竟然参与签名上书国民党政府,要求将北京划为不设防的文化城,这不正中投降卖国的反动当局下怀吗?周作人也是如此。他早已隐退,整天躲在自己的"苦雨斋"里,摆弄一些谈狐说鬼、吃茶吸烟玩古董的无聊文字,披着冲淡闲适的外衣,消磨人们的意志。沈从文对周作人"以清淡朴纳文字,原始的单纯,素朴的美,支配了一时代一些人的文学趣味"(1934年4月《沫沫集·论冯文炳》)的小品文一向推崇备至,虽然后来他也发觉周作人"对社会取退隐态度","走上草木虫鱼上去,晚明小品文提倡上去"[①],但始终无法认清老"京派"的帮闲本质。

当然,30年代京津文坛的诸青年作家与老京派周作人走的并非一条道,不能把二者等同起来,但是在与时代脱节这一点上,他们又有某些相似之处。沈从文的扬"京"正是在肯定他们对艺术认真探索的同时,又包含了对他们在内容方面不趋时的赞赏。所以,鲁迅与沈从文在扬"京"问题上的分歧,实际上是一个文学究竟要不要密切联系时代、联系政治、联系社会现实斗争的问题。

---

① 《习作举例二、从周作人鲁迅作品学习抒情》,1940年9月16日《国文月刊》第2期。

关于鲁迅和沈从文

一年多之后,鲁迅又写了《"京派"和"海派"》一文,重申他在《"京派"与"海派"》①中的观点,并根据一年来的事实,指出"京派"和"海派"正在合流,"京派已经自己贬损,或是把海派在自己眼睛里抬高",变成一碗"京海杂烩"。真正老京派周作人在北京提倡明人小品,"半京半海派"林语堂在上海继《论语》之后又办起了《人间世》,鼓吹明人小品,于是海派文人纷纷热衷此道。这事实使鲁迅明白了"去年京派的奚落海派,原来根底上并不是奚落,倒是路远迢迢的送来的秋波"。原来帮闲帮忙的官商之界是无法分清的。至于鲁迅在《准风月谈》后记里所说的上海文坛"献检查之秘计,施离析之奇策,起谣诼兮中权,藏真实兮心曲,立降虏于往年,温故交于今日"的邪恶风气更是有增无减。这能用周作人式的闲适小品来克服吗?能用北方一些青年作家对艺术形式认真探索的"诚实"态度来扫除吗?显然不能。沈从文虽然厌恶"海派",但开出的药方并不能对症。反之,在有意无意脱离现实政治斗争这一点上,与老京派周作人却合拍了。

二、文坛论争有是非

1935年8月18日,沈从文又在天津《大公报》写了一篇《谈谈上海的刊物》,肯定态度严肃、内容充实的《中学生》《译文》,否定《论语》,批评《太白》《人间世》,希望多出现一些像过去《小说月报》《创造》《新月》《现代》那样的大型文学刊物,此类刊物多一个,"至少可以补救三个诙谐小品刊物所产生的坏处"。这些评论并不全错,错的是一概否定小品文,认为是"向异己者用一种琐碎方法,加以无怜悯不节制的嘲讽与辱骂。(一个术语,便是'争斗')"。在他看来,当时在《太白》《文学》《论语》《人间世》等刊物上出现的以鲁迅为代表的左翼文学与以林语堂为代表的"论语派"论争都是无原则的"私骂",其成绩"就是凡骂人的与被骂的一古脑儿变成丑角,等于木偶戏的互相揪打或以头互碰,除了读者养

---

① 《"京派"与"海派"》,见《花边文学》;《"京派"和"海派"》,见《且介亭杂文二集》。

成一种'看热闹'的情趣以外,别无所有"。于是他提出:"我们是不是还有什么方法可以使这种'私骂'占篇幅少一些?一个时代的代表作,结起账来若只是这些精巧的对骂,这文坛,未免太可怜了。"

鲁迅针对沈从文这种"定两造为丑角"的混沌作法,在《七论"文人相轻"——两伤》里作了尖锐批评,指出文坛的斗争,即使是"私骂","在'私'之中,有的较近于'公',在'骂'之中,有的较合于'理'的,居然来加评论的人,就应该放弃了'看热闹的情趣',加以分析,明白的说出你究以为那一面较'是',那一面较'非'来"。在此之前,鲁迅已连续写了六篇论"文人相轻"的文章(均见《且介亭杂文二集》),坚决反对把文坛的原则论争统统归之为"文人相轻",因为"文坛上的纠纷,其实也并不是为了文笔的短长",不能只作"和事老的评论家",应该"有明确的是非,有热烈的好恶"(《"文人相轻"》《再论"文人相轻"》)。

沈从文喜欢担任"和事老的评论家"的角色由来已久。自1927年之后,文坛各种纠纷和争斗,大的就有革命文学论争,左翼文学对新月派、民族主义文学及"自由人""第三种人"等反动或错误言论的批判。对此,沈从文的态度是不分青红皂白,各打五十大板。抗战胜利后他曾向访问他的记者表白,"一生最怕打杀",并承认自己"反抗性不大"。[1]这里的"打杀",当然主要指武力,所以他反对当时的解放战争;但同时也包括文的方面,所以也极力反对思想文化领域任何论争。对于革命文学运动,他说:"怎么运动?骂。'战士'与'同志',为'正宗''旁门''有闲''革命'之争持,各人都毫不吝惜时间与精力,极天真烂漫在自己所有杂志上辱骂敌人。"(《沫沫集·轮盘的序》)对于左翼文学同新月派等的斗争,沈从文似乎也很超然:"我不轻视'左'倾,却也不鄙视右翼","不问左右,解决这问题还是作品","绅士骂不绅士,不绅士嘲笑绅士……其实两者正差不多"(《记丁玲》续集,第154—158页)。其根据是双方都各有好人和坏人。稍后一篇文章里他说得更清楚了:"创造社对文学研究会,语丝对现代评论,萌芽对新

---

[1] 子冈《沈从文在北平》,1946年9月17日《大公报·小公园》。

月,这种战争虽好像总是'前进'对'保守'加以攻击,事实上经过一点点时间,也就可以把'前进'和'保守'位置互换。"①这无异说论争双方皆公说公有理,婆说婆有理,是非是毫无客观标准的。其实在文艺思想方面,沈从文还是比较倾向"第三种人"的那种一心想超脱政治,"死抱住文学不肯放手"的主张的。退一步说,即使是绝对的中立,无是非,这本身也是一种是非观,即:参与论争是"非",置身事外,埋头创作是"是"。在阶级斗争异常激烈的年代,"彼亦一是非,此亦一是非"的庄子哲学万万行不通,正如鲁迅论"文人相轻"时所说:"就是庄生自己,不也在《天下篇》里,历举了别人的缺失,以他的'无是非'轻了一切'有所是非'的言行吗?"

  文坛论争的主要形式是短兵相接,双方运用的武器,最方便的是杂感小品。鲁迅正是以此为投枪匕首,击中了论敌的要害,使他们的真面目暴露无遗。鲁迅嫉恶如仇,在论争中创作的大量杂文,是非鲜明,爱憎强烈,是我国无产阶级革命文学的丰碑。而沈从文,因为反对论争,所以也反对论争的主要武器杂感。不管谁写的杂感,内容如何,一律否定。鲁迅杂感当然亦在其列。从沈从文对鲁迅直接评价的几篇文章看,由于二人在政治思想、文艺观点和美学趣味方面的巨大差距,沈从文不可能正确认识鲁迅,甚至有时歪曲鲁迅。在题为《鲁迅的战斗》(《沫沫集》)一文中,他也肯定鲁迅是战士,看到鲁迅"对统治者的不妥协态度,对绅士的怀疑态度,以及对社会冷而无情的讥嘲态度,处处莫不显示这个人的大胆无畏精神"。但旋即笔锋一转,又说"那战斗是辱骂",是"'名士'一流的任性,病的颓废的任性"。显然这是用一种先扬后抑的方法否定了鲁迅的战斗精神。后来他还说:"对社会取迎战态度,所以鲁迅的作品,便充满与人与社会敌对现象,大部分是骂世文章。"②不看看"骂"的是什么"世",只抽象的反对"骂"。其实,这"世"在沈从文眼里也并不美妙,只是他不能像鲁迅那样剖析得正确深刻,更没有像鲁迅那样激烈去"骂"——战斗,而是以一种平淡、纯客观的

---

① 《文坛的"团结"与"联合"》,1936年11月16日《国闻周报》第13卷第45期。
② 《习作举例二、从周作人鲁迅作品学习抒情》,1940年9月16日《国文月刊》第2期。

态度予以反映,间或夹以幽默、挖苦甚或愤激之词。从理论到创作,沈从文与鲁迅都是两样路子。他根本不承认鲁迅的杂文是文学创作。当鲁迅与创造社、太阳社围绕革命文学论争时,他就认为这是互有"主义"而无"作品"。

然而,鲁迅却非常重视杂文的战斗性,因为"现在是多么迫切的时候,作者的任务,是在对于有害的事物,立刻给以反响或抗争,是感应的神经,攻守的手足"(《且介亭杂文·序言》)。但是鲁迅又不是抽象的肯定所有杂文。对于以闲适为格调,以性灵为命脉的小品文他是深以为非的,认为这是玩物丧志的"小摆设",林语堂提倡的"幽默"更是将屠户的凶残,使大家化为一笑的帮闲文学。鲁迅完全从杂文的具体内容出发,严格划清了战斗杂文和闲适小品的界限。沈从文却无视二者之区别,将它们一锅煮,这正是他指论争双方为"私骂"的无是非观的另一表现。不过,我们不应否认,沈从文也还有"歪打正着"的地方,即他对于林语堂论语派的指斥。就在那篇《谈谈上海的刊物》后半部分,他批评林语堂的《人间世》:"要人迷信'性灵',尊重'袁中郎'……因此所登载的文章,慢慢的便会转入'游戏'方面去。作者'性灵'虽存在,试想想,二十来岁的读者,活到目前这个国家里,那里还能有这种潇洒情趣,那里还宜于培养这种情趣?"这话说得很正确。遗憾的是他与鲁迅的出发点不一样。沈从文更多的是从所谓"纯文学"的角度考虑,在形式上,坚持杂文小品不登大雅之堂,在内容上,则认为杂文乃"私骂"的产物,而置"骂"的具体对象于不顾。所以,鲁迅对他的无是非观的批评,完全正确,切合他的实际情况。

三、"忠而获咎"辨析

1934年2月,国民党中央党部查禁了一百多种左翼进步文艺书籍。3月初沈从文立即发表《禁书问题》(《国闻周报》第11卷第9期)对此举表示异议。上海特务办的《社会新闻》即对沈从文进行反驳并提出警告,于是又引出施蛰存为沈从文辩解的文章。此时鲁迅写了《隔膜》,举出清乾隆时生员冯起炎以"胆敢于圣主之前,混讲经书,而呈尾措词,尤属狂妄"之罪名发配边疆为奴的事例,指出此类惨案的缘由盖在奴才自以为"忠而获咎",实则因为"隔膜",不懂得反动统治者是不准奴才越出自己的职守为主子献策的。而施蛰存为"忠而获咎"的沈从文鸣不平,也因为不免有些"隔膜"的缘故。

  沈从文是否"忠而获咎",还得先分析一下他那篇《禁书问题》。细观全文,有两点比较突出。首先是不满甚至愤慨于当局对作家的迫害。他认为被查禁的作家都是"优秀公民",他们"轻于物质寻觅而诚于真理追求的人格,是民族中一种如何难得的东西"!但是当局"对于这种人总象放心不下似的,反而不断地来压迫与虐待,所用的手段,又是那么苛刻,实在是国内多数人所难了解的"!可见,沈从文的同情在被迫害者的一面。在为丁玲被捕事写的几篇短文里,沈从文较强烈指责国民党对知识阶级的虐杀,"包含得全个的愚蠢。这种愚蠢只是自促灭亡,毫无其他结果"①。以《大公报》《文艺副刊》编者名义写的《消息》一文说得更干脆:"一个左翼作家,认目前中国情形很不妥当,若中央只靠点特税支持场面,各省军人尽提倡打拳,念佛,读经,胡胡涂涂因循敷衍下去,国家将不成个国家,还有什么文化建设可言。激于热情把他的作品安置一个希望,对政治改进社会改造有所憧憬,这件事凡是青年人稍有热心,老年人稍有知识,皆会明白是十分合理的。"(1935年3月10日《大公报》)上引这几段文字充分体现了一个具有正义感和人道主义思想的作家应有的品质和勇气,也表明了即使像沈从文这样对文坛斗争不辨是非的作家,在国民党反动派灭绝人性的法西斯暴行面前,毕竟显示了他的爱憎。这是是非观念,人皆有之的有力佐证。我们不能因为沈从文对待左翼文学的一些错误观点而忽略了他还有同情左翼遭迫害,不满国民党当局虐杀政策的积极一面。

  《禁书问题》另外一个突出之处,即作者是以规劝的态度向当局提意见。例如,"这不过分了吗?对于这些书籍的处置,真有'非如此处置不可'的理由吗?

---

① 《丁玲女士被捕》,1933年4月《独立评论》第52、53期。

我极希望当局有一点比'迹近反动'的措词更多一些的说明,免得使后人在历史上多有一件十分含混的记载,免得为人把这件事与两千年前的焚书坑儒并为一谈",云云。这口气是十分委婉的,确实有一点忠言规谏的味道。沈从文甚至希望反动当局"真在为民族生命着想,不为个人地位着想",成为左翼作家的"同情者与保护者"。真是荒唐而又可笑的幻想,它只能证明沈从文既不懂共产党的革命政治,也不懂国民党的反革命政治,根本看不到反动统治者迫害左翼作家的真正目的,当然更不可能像革命者那样用自己的笔作深刻揭露,愤怒的控诉和勇敢的战斗。他反抗性不大,那么在白色恐怖严重的氛围下,自然不敢怒形于色,只能委婉陈词了。所以从这方面看,沈从文的忠言规谏,确有鲁迅所指出的"忠而获咎"的意思。然而再从他文中流露的不满以致愤懑的情绪看,似乎又看不出沈从文对国民党有多少"忠心",更没有如冯起炎那样"真以为'陛下'是自己的老子,亲亲热热的撒娇讨好去了"。因此,"忠而获咎"按之沈从文并不合适。沈文从作为一个自由主义的中间作家,与胡适、梁实秋等完全投靠国民党毕竟是有区别的。当然,鲁迅文章的重点是指明之所以会出现"忠而获咎"的现象在于"隔膜",为"忠而获咎"者鸣不平也在于"隔膜",而且该文也不是对沈从文作直接全面的评价。但是,我们在研究分析鲁迅对沈从文的批评时,不能不注意这一点。

四、鲁迅与沈从文在文学和政治关系问题上的分歧

鲁迅与沈从文在上述问题上的论争,归根到底乃是对于文学和政治关系的看法不同。沈从文一贯主张文学超越政治。早在1927年,他正感到被别人误解和轻视而心情消沉时,就希望"专从这人类怎样在误解中生活下来找一种救济方法——然而这时代,人人正高声唱着文学也应作为政治工具的时代,我所希望的又是应当如何为人齿冷"(《老实人·自序》)。他不在意别人把他"列在什么系什么派,或什么主义之下"[①]。沈从文一面尽力想避开政治潜心于创作,

---

① 《阿丽思中国游记》第2卷的序,1928年7月10日《新月》第1卷第5期。

一面则对1927年以来的文坛论争深表不满,认为是政治干涉了文学,从而破坏了五四以来文学运动的自由独立,结果使得一部分不甘心把作品当作政治工具的作家搁笔,他说:"我认为一个政治组织固不妨利用文学作它争夺'政权'的工具,但是一个作家却不必需跟着一个政治家似的奔跑。"(1937年2月21日《大公报》《文艺副刊》《一封信》)基于这种认识,沈从文自然要欣赏远离或不关心政治的"诚朴治学"的"京派",自然要否定文坛论争,自然也不满于左翼文学配合革命斗争的做法,又不满于国民党扼杀创作自由的专制政策。左翼文学同它的论争对手展开争斗的焦点往往就集中在文学与政治的关系上面,因此沈从文此时受到鲁迅的批评不足为怪。

关于文学与政治的关系,鲁迅在《革命时代的文学》《革命文学》《文艺与政治的歧途》《文艺与革命》等篇章里都有极其深刻而又精辟的论述,有些分析甚至今天读起来特别感到亲切,就因为能帮助我们解释多年来纠缠不清的一些文艺现象。在左联成立大会上,鲁迅更明确声言,无产文学是无产阶级解放斗争的一翼。胡秋原、苏汶等就是妄图摆脱现实社会激烈的阶级斗争和政治斗争而高喊文学的自由独立。鲁迅在《论"第三种人"》里说:"生在有阶级的社会里而要做超阶级的作家,生在战斗的时代而要离开战斗而独立,生在现在而要做给与将来的作品,这样的人,实在也是一个心造的幻影,在现实世界上是没有的。"这席话,对沈从文实在也是一帖良药,可惜的是"良药苦口",他吃不下去。

然而,沈从文自己的文学实践恰恰证明了文学与政治是无法绝缘的,特别在激烈的阶级斗争年代,二者的关系更形密切。沈从文的理论是自相矛盾的。例如,他既反对1927年之后政治对文学的"歪缠",但又推崇五四时代作家"写作'有所作为'的诗歌。对一切制度的惑疑,习惯的抗议,莫不出之以最英雄的姿态",并进而肯定陈独秀使读者学会对制度用讽刺作反抗的杂感。①这不又与他的反对杂感相矛盾吗?可见自相矛盾的缘由在于,沈从文赞成五四时期的反

---

① 《论中国创作小说》,1931年4月《文艺月刊》第2卷第4期。

封建文学革命,而不赞成1928年兴起的革命文学运动。他并非一概反对文学与政治的联系,而是要看文学所配合的政治的具体内容自己是否赞同。再如,沈从文在反对文学与政治结合的同时,又强调文学要贴近人生。在《禁书问题》一文中,沈从文也说过,左翼作家"对于鸦片烟公然的流行,农民经济的萧条,知识阶级的只知独善其身,官吏阶级的贪赃无识,以及军人种种无办法处,加以天真坦白的指摘",是完全应该的,是一个诚实的作家"认识现在的环境"之后必然要写进作品里去的。这些内容难道与政治毫无关系吗?沈从文自己的小说因表现了类似内容而具有社会现实意义的也并不难寻。即使他的某些把苗疆农村写成桃花源似的作品,也反映了作者所追求的乃是一种小生产者式的消极的"乌托邦"政治理想。总之,一个作家只要把自己的思想贯注到作品中去,就不可能与现实的政治完全隔绝,除非你真的生活在"不知有汉,无论魏晋"的桃花源里。不同的只是,鲁迅是自觉地运用文学武器为革命的政治服务,而沈从文则是口头上否认,实际上不自觉地在自己的理论和创作中表现自己对政治,对现实的种种看法。他厌恶政治,又偏爱谈政治,"置身事外不辨是非,而偏要关心于文坛"(《准风月谈·中国文坛的悲观》),这就必然陷入一种自寻烦恼、自相矛盾的境地。沈从文在这苦恼矛盾中挣扎的结果,只不过证明了他的文学应该超脱政治的想法不过是一介书生的幻梦罢了。

鲁迅与沈从文在对待文学与政治的关系上也有某些一致之处,这主要表现于他们对标语口号式的"革命文学"的批评。文学为政治服务也好,是斗争工具也好,既称为文学,就得具有文学艺术的特点,亦即通过塑造艺术形象反映生活。但是革命文学运动兴起的初期,往往只注意了政治而忽视了艺术,甚至公开声称要把艺术技巧让给昨日的文学家去努力。这种不良倾向直到左联成立之后仍然不同程度的存在着。鲁迅曾对此坚持不懈地予以严肃的批评。当梁实秋等人要左翼文学拿货色来看时,鲁迅在揭露新月派自己也拿不出货色的同时,也同意看货色"是最切实的办法",并承认"于号称无产作家的作品中,我也举不出相当的成绩"(《二心集·"硬译"与"文学的阶级性"》)。其原因就在于他们只挂招牌,不讲货色,一些作品"往往是拙劣到连报章记事都不如",这怎么能起到配合革命斗争的作用呢?所以鲁迅说:"我以为当先求内容的充实和技巧的上达,不必忙于挂招牌。""革命之所以于口号,标语,布告,电报,教科书……之外,要用文艺者,就因为它是文艺。"(《三闲集·文艺与革命》)丧失了文艺的特点,为革命而宣传的目的势必要落空。沈从文对左翼文学的态度,除了政治态度文艺思想的原因,看出了革命文学对艺术的忽视,甚至有些作品根本不够资格称为艺术的实际情况,也是促成他反感的一个重要因素。后面的因素就不是沈从文的错误,而只能归咎于左翼文学本身的缺陷。沈从文说:"我却承认每一个作家,都可以走他自己以为是正当的途径,假若这方面不缺少冲突,那解决它,证明它的东西,还是他的作品。"(《记胡也频》,第88页)这话是对的。因为要证明自己的正确,最有力的证据是作品,而作品又必须是真正的艺术。没有风格和性格的作品,生命力是短暂的。沈从文一直强调作品一定要有独特的风格和性格,这完全符合艺术创作的客观规律。但是,他又认为"写成作品具宣传味",就必然"把作品风格之获得有意轻视"①,这就把作品的缺乏艺术性完全归之于"宣传",从而导致革命的政治必然要干涉或破坏艺术的错误结论。总之,鲁迅承认文学是宣传,可以作为革命工具的一种,但又必须是艺术。鲁迅自觉地意识到革命的政治内容和完美的艺术形式是应该也可能达到统一的。而沈从文重视艺术,指出标语口号式作品忽视艺术的缺陷,是正确的,他的错误在于把革命文学忽视艺术的根源归罪于"具宣传味",从而把文学与政治当作水火不相容的两极,于是要了艺术,自然就否定了政治。由此出发,沈从文对文坛出现的许多现象当然容易作出错误的解释。

五、学习鲁迅顾及作者全人的批评方法

鲁迅对沈从文的批评,是非分明,爱憎强烈,显示了坚定的革命原则性。有

---

① 《小说作者和读者》,见《烛虚》,文化生活出版社1941年8月初版。

使先生和后生相印

没有这个革命原则性,是我们能否坚持马克思主义批评的重要关键之一。鲁迅文学批评另一特点是它的全面性。宇宙间任何事物都处于对立统一的关系之中,任何事物都有两面,正如马克思所说:"在我们这个时代,每一种事物好像都包含有自己的反面。"①评论一部作品或一个作家,同样也应该看到两面。鲁迅非常反对片面的形而上学的批评方法,他反复强调分析研究作家作品,不能就事论事,就诗论诗,必须兼顾到作者的环境、经历以致周围的情形。他说:"我总以为倘要论文,最好是顾及全篇,并且顾及作者的全人,以及他们所处的社会状态,这才较为确凿",如果不从作家各方面着眼,那么"倘有取舍,即非全人,再加抑扬,更离真实"(《且介亭杂文二集·"题未定"草〈六至九〉》)。这样的批评必然以偏概全。鲁迅的批评文字是坚持唯物辩证法全面分析问题的典范。比如周作人的《五秩自寿诗》,当时在《人间世》创刊号发表后,林语堂等人立即群起肉麻吹捧。鲁迅虽然尖锐地揭露了周、林等崇尚隐逸、幽默的实质,但也实事求是肯定了"周作人之诗,其实是还藏些对于现状的不平的,但太隐晦,已为一般读者所不憭,加以吹擂太过,附和不完,致使大家觉得讨厌了"(《鲁迅书信集·致杨霁云》)。这样从作品实际出发的具体分析则比我们后人在评价这段小小历史公案时对周作人所作的全盘否定要全面得多了。

对于沈从文,同样如此。沈从文在某些理论问题上有错误,但也应该看到在他的错误之中还包含有合理的因素。我们认为他在某些问题上有"歪打正着"的情况。"歪打"自然不对,"正着"难道也不应该肯定吗?更何况他还有大量的作品。作为小说家的沈从文,主要是靠作品在社会上发生影响的。当然,他的创作也有两面,同样需要全面评论。鲁迅虽然没有对沈从文的小说作过直接的评论,但我们可以从他与斯诺的一次谈话获悉他对沈从文的基本态度。那是在斯诺编译的现代中国短篇小说选《活的中国》于1936年出版前不久,亦即斯诺前妻以尼姆·威尔士笔名于1936年6月写的《现代中国文学运动》中所说

---

① 《在〈人民报〉创刊纪念会上的演说》,《马克思恩格斯选集》第2卷,第78页。

的"最近"。强调时间之近，可以使我们不至于怀疑该文回忆鲁迅意见的真实性。鲁迅意见中的一段是：

自从新文学运动开始以来，茅盾、丁玲女士、郭沫若、张天翼、郁达夫、沈从文和田军大概是出现的最好的作家。这里包括了最好的短篇和长篇小说家，到现在为止，还没有真正重要的小说家。沈从文、郁达夫、老舍等人的"小说"实际上只是中篇小说或长的短篇小说，他们是以短篇而闻名的，不是由于他们对长篇小说的尝试。(《新文学史料》1978年第1辑第237页)

鲁迅所列举的"最好的作家"中有的是真正的左翼，有的则不是，如沈从文、老舍以及虽参加左联但其作品并不与左翼文学一路的郁达夫。鲁迅的意见也还有"当前我们最好的作家几乎毫无例外都是左翼的，因为只有他们所写的内容才具有充分的生命力"一类意思的话，但他还是把沈从文等人也列为"最好的"范围之内。而这"最好"，除了指他们的独特艺术风格外，肯定也包括他们作品中值得肯定的思想内容。鲁迅丝毫没有因为在一些理论问题上同沈从文有过争论而连同他的作品也一概抹杀。

1935年文化生活出版社计划出一套文学丛刊。鲁迅受人之托向萧军约稿，在信中他说："这十二本中，闻系何谷天，沈从文，巴金等之作，编辑大约就是巴金……我以为这出版社并不坏。"虽然鲁迅肯定的是出版社，但语气间也透露出对编辑巴金及何、沈等人作品的信任。沈从文的那一本就是短篇小说集《八骏图》。它所收的作品，大部分基本思想倾向是好的。它们从不同方面反映了某种生活的真实。其中有从侧面对国民党军政当局相互勾结敲诈勒索农民的深刻揭露（《顾问官》），有对绅士阶级道貌岸然背后卑俗放荡生活的辛辣讽刺（《有学问的人》《某夫妇》），有对大学教授在爱情、道德观念上表现出来的矫揉造作的细腻剖析，有对大城市臭水浜棚户区劳动人民苦难生活同情与鄙视参半的客观描绘，还有那篇收在《活的中国》内的《柏子》，比较真实地表现了处于最底层的水手和妓女被生活压榨得麻木而空虚但又自以为在承受着欢乐的精神状态。特别是《过岭者》，出现了红军形象，尽管作者并不熟悉红军生活，对作战双方也无鲜明褒贬,但还是正面表现了红军战士在敌方包围时所显示出来的坚定和勇敢。这样的题材出自沈从文之手,毕竟是难能可贵的。

由于鲁迅评论作家坚持顾及全人的全面分析,所以能对被批评者有一个切合实际的估价,从而对对方采取一个正确态度:或支持,或团结,或诱导,或抨击,等等。从斗争策略来说,这样慎重对待,就不会发生"左"或"右"的偏差。而左联初期这方面则犯过"左"的毛病,虽然后来已逐渐纠正,但仍有影响。例如左联决议《中国无产阶级革命的新任务》中说:"在敌人的文艺领域,不仅只注意到民族主义文学和新月派就够,还必须注意到其他各种各样的反动的现象和集团,也必须注意到那在各种遮掩下——'左'或灰色遮掩下的反动性和阴谋性。"(1931年11月《文学导报》第1卷第8期)坚持原则立场,提高革命警惕性,完全应该,但把"敌人的文艺领域"轻易地予以扩大,势必要将某些并非敌人的中间派甚至朋友拒之门外。鲁迅反对这种过"左"的策略。他在《论"第三种人"》中那段名言:"左翼作家并不是从天上掉下来的神兵,或国外杀进来的仇敌,他不但要那同走几步的'同路人',还要招致那站在路旁看看的看客一同前进。"充分体现了一个无产阶级革命家的宽广胸襟。鲁迅这篇文章当时首先送给他的论辩对象苏汶过目,然后再由苏汶交给《现代》编辑施蛰存。所以施蛰存今天在回忆这段往事时,也承认"当时党及其文艺理论家并不把这件事作为敌我矛盾处理"[①]。鲁迅对于林语堂的态度也极为感人。他一面毫不留情批评论语派,一面又以老朋友身份规劝林语堂放弃那些无聊小玩意儿,多译些英国文学名著,"并不主张他去革命,拼死",只是"要他于中国有益,要他在中国存留,并非要他消灭。他能更急进,那当然很好,但我看是决不会的,我决不出难题给别人做"[②]。这就是争取"看客"一同前进的正确态度和方法。

鲁迅与沈从文虽非朋友,但沈从文的政治态度他是十分清楚的。对于沈从

---

① 《〈现代〉杂忆(一)》,《新文学史料》1981年第1期,第216页。
② 1934年8月13日致曹聚仁,见《鲁迅书信集》(上),第616页。

文这一类信奉自由主义的中间作家,鲁迅也是把他们当作路旁边的"看客"而争取一同前进的。他不赞同《拓荒者》对这类作家所采取的关门主义态度,肯定《北斗》对他们采取的诱导办法。徐志摩、冰心、戴望舒、沈从文等均有作品发表于《北斗》即是明证。采取诱导的办法,更有利于团结一切可以团结的作家,以孤立一小撮真正的敌人。

多少年来,沈从文政治上就像是在国民党和共产党两大政治势力之间走钢丝,推过去还是拉过来,哪种办法更利于革命是很明显的。即使一时争取不过来,至少也不能为渊驱鱼,为丛驱雀。沈从文的中间道路从20世纪30年代一直走到解放战争时期,成为当时"民主个人主义者"之一员。正如毛泽东同志所分析,他们对人民民主主义,"有某些不满,甚至抱有反感,但是还有爱国心,并非国民党反动派的人们","是人民中国的中间派",应该"用善意去帮助他们,批评他们的动摇性,教育他们,争取他们站到人民大众方面来"。①今天沈从文为社会主义祖国的文物考古事业"诚朴治学"辛勤工作30年,获得了丰硕成果,正是他的爱国心的必然表现,也是党对"人民中国的中间派"政策的胜利,同时也证明了20世纪30年代鲁迅对沈从文一类中间作家所采取的诱导方针的正确。鲁迅有知,定会含笑于九泉之下。

1981年3月26日凌晨草就

原载复旦大学中国语言文学研究所鲁迅研究室编《纪念鲁迅诞生一百周年论文集》,复旦大学出版社1981年版

---

① 《丢掉幻想,准备斗争》,《毛泽东选集》第4卷,第1492页。

关于鲁迅讥评"胡适之法"的几个问题

朱文华

鲁迅在致友人的信中,曾如此论及郑振铎及其文学研究的成果:

> 郑君治学,盖用胡适之法,往往恃孤本秘籍,为惊人之具,此实足以炫耀人目,其为学子所珍赏,宜也。我法稍不同,凡所泛览,皆通行之本,易得之书,故遂了然于学林之外,《中国小说史略》而非断代,即尝见贬于人。……郑君所作《中国文学史》,顷已在上海豫约出版,我曾于《小说月报》上见其关于小说者数章,诚哉滔滔不已,然此乃文学史资料长编,非"史"也。但倘有具史识者,资以为史,亦可用耳。①

在这里,所谓"恃孤本秘籍"而"为惊人之具"的"胡适之法",显然是一种讥评。这一讥评,虽说以郑振铎为对象,但根本上却表明了对于胡适的学术研究方法的某种否定。——如此理解,想来不至于曲解鲁迅的原意。

然而,鲁迅认定郑振铎的《插图本中国文学史》缺乏文学史专著应有的"史识"因而不过是稍具"文学史资料长编"性质,这一评判意见应当说是不准确的,也不符合郑著实际的学术水平和价值意义,而且这一评判意见在方法论上也有欠妥处,因为鲁迅只是在根据已刊出的"关于小说者数章"而不是以全书内容立

---

① 鲁迅《致台静农》(1932.8.15),《鲁迅全集》(人民文学出版社1981年版,下同)第12卷,第102—103页。

论的情况下作整体性判断的,未免有以偏概全之嫌。——关于这一点,笔者已经作过较为深入的分析评述①,兹不赘述。

问题在于,鲁迅对"胡适之法"的讥评,本身是否具有合理性?对此学术界似乎尚未有专门集中的探讨。因此,实事求是地回答这个问题,不是没有意义的。

当然,对于这一问题的解答,将自然涉及另一些相关的具体问题,至少如:什么是"胡适之法"?而鲁迅对"胡适之法"的内容的理解与把握是否全面准确?从鲁迅对"胡适之法"所作的那点限定来看,本身又是否有可取性?联系到鲁迅本人的学术文化思想及其学术研究活动实践,"胡适之法"是否值得构成讥评对象?而鲁迅之所以讥评"胡适之法"的原因又是什么?

笔者不揣冒昧,拟对提出的上述问题试做分析讨论,有不妥之处,祈求方家指正。

一

在中国现代学术文化史上,胡适无疑是一位最具有方法论的自觉性的学者。他并非只是一般地反对"目的热,方法盲"的问题②,而是通过对杜威实验主义哲学的改造建立了自己的科学的思想方法的体系,由此还提出了相当系统完整的治学方法,并且付诸本人的学术研究活动的实践。用胡适自己的话来说:"我治中国思想与中国历史的各种著作,都是围绕着'方法'这一观念打转的。"③揆之于事实,此言可谓不虚。

通观胡适的科学的思想方法体系,大致含有如下几个层次的内容:

---

① 参见金梅、朱文华合著《郑振铎评传》,百花文艺出版社1992年版。该书第三章(未入盟的左翼作家)第四节(文学研究的收获)有专门段落评述这一问题。
② 关于胡适反对"目的热、方法盲"的思想观点,可以参见其《问题与主义》和《我的歧路》,分别收入《胡适文存》和《胡适文存二集》。
③ 胡适《胡适口述自传》,收入《胡适自传》,江苏文艺出版社1995年版,第207页。

使先生和后生相印

首先，在整体上倡导科学的怀疑精神和批判态度，反对一切迷信与成见，反对种种教条主义、本本主义，主张以"评判的态度"对待社会人生和前人提出的思想学说理论，并且认为这种"评判的态度"所含"几种特别的要求"是：

(1) 对于习俗相传下来的制度风俗，要问："这种制度现在还有存在的价值吗？"

(2) 对于古代遗传下来的圣贤教训，要问："这句话在今日还是不错的吗？"

(3) 对于社会上糊涂公认的行为与信仰，都要问："大家公认的，就不会错了吗？人家这样做，我也该这样做吗？难道没有别样的做法比这个更好，更有理，更有益了吗。"①

其次，进而揭示科学的思想方法的两个互有联系的侧面：一是"历史的方法"——"祖孙的方法"，即不把一个制度和学说视为孤立的东西，而仅看作为一个"中段"，强调要着重发掘其所以发生的原因和历史背景等，由此给其以历史上的地位与价值，由于这是"处处拿一个学说或制度所发生的结果来评判他本身的价值，故最公平，又最厉害"；二是"实验的方法"，所注重的三个要点分别为：(一)"从具体的事实与境地入手"，以"免去许多无谓的假问题，省去许多无意义的争论"；(二)"一切学说理论，一切知识，都只是待证的假设，并非天经地义"，以此"解放许多'古人的奴隶'"；(三)"一切学说理论都须用实行来试验过，实验是真理的唯一试金石"，这也就"可以稍稍限制那上天下地的妄想冥思"。②

再次之，指出科学的思想方法在广义的学术文化研究中运用的几个根本性原则，例如：善于提出问题，从疑难问题出发；充分占有研究资料，并把对资料的

---

① 胡适《新思潮的意义》，《新青年》第6卷第4号，1919年4月15日，收入《胡适文存》，亚东图书馆1921年版。

② 胡适《杜威先生与中国》，《民国日报·觉悟》，1921年7月13日，收入《胡适文存二集》，亚东图书馆1924年版。

整理鉴别作为研究工作的基础;必须充分尊重事实和证据,有一分证据说一分话,任何判断须以可靠的证据材料为基础;在逻辑方法上注重"演绎与归纳的相互为用";"假设和证验"是科学研究的必不可少的两环,如此等等,对这一切,胡适自己也有一个比较集中的概括:

> 科学精神在于寻求事实寻求真理。科学态度在于撇开成见,搁起感情,只认得事实,只跟着证据走。科学方法只是"大胆的假设,小心的求证"十个字,没有证据,只可悬而不断;证据不够,只可假设,不可武断;必须等到证实之后,方才奉为定论。①

最后,就文史研究的更具体的治学方法而言,也根据不同的情况而提出了相应的方法、手段和途径。例如,关于学术史(具体如哲学史、文学史之类)的整理研究,胡适以"中国哲学史"为例而指出:其总的方法论原则乃是"用正确的手段,科学的方法,精密的心思,从所有的史料里面,求出各位哲学家的一生行事、思想渊源沿革,和学说的真正目的",其中又当特别注意的是:对于史料"不可不审定",以防"古代作伪之人的欺骗";审定史料的方法,又当从"史料""文学""文体""思想"和"旁证"五方面着手,"凡审定史料的真伪须要有证据,方能使人心服";史料审定后的整理,其具体方法又有"校勘""训诂"和"贯通"三端。②至于撰写一部可靠的哲学史,方法上的基本步骤乃是:

述学
一、搜集史料
二、审定史料的真伪
三、剔去不可信的史料
四、对可靠的史料作仔细的整理

明变　依时代的先后看他们传授的渊源、交互的影响、变迁的次序

---

① 胡适《介绍我自己的思想》,《新月》第3卷第4号,1931年6月,收入《胡适论学近著》,商务印书馆1935年版。

② 参见:胡适《中国古代哲学史大纲·导言》,商务印书馆1919年版,第10—33、3—5页。

使先生和后生相印

> 求因　研究各家学派兴废沿革变迁的原故
>
> 　　　用中立的眼光、历史的观念，寻求
>
> 评判　各家学说的效果影响，再用这种影　目的①
>
> 　　　响效果来批评各家学说的价值。

又如,关于中国古代小说的考证研究,胡适在相关论著中提出的主要方法论原理有:(一)必须确定考证的正当范围;(二)考证当从作品本身以及可以考定作者、时代、版本等的证据出发,反对那种以收罗"不相干的零碎史实"作穿凿附会的做法;(三)从作品实际出发对不同类型的对象采取不同的方法。②至于在方法的具体运用中,胡适所表现的特点和长处还至少有:结合其他学科专题的研究;重视提出"假设的通则",演绎重于归纳;虽然反对"参之以情验之以理"的非科学态度,但也不排斥借助于心理学的分析方法;引入中外文学比较研究的方法。③

由此可见,所谓"胡适之法",无论作为一种广义的科学思想方法论,还是作为一种治学方法,确是丰富的、完整的,在整体上和哲学抽象的意义上,都是正确而可取的,它的价值和意义,早在"五四"新文化运动期间,就为《新青年》同人所推崇,这有他们的宣言为证:

> 我们相信尊重自然科学实验哲学,破除迷信妄想,是我们现在社会进化的必要条件。④

而且,直到20世纪30年代,虽然胡适以其不良思想政治倾向引起马克思主义知识分子的不满,但中国的马克思主义哲学家仍然承认:

> 五四文化运动是德先生和赛先生的得意时代。在哲学上,胡适所标榜

---

① 参见胡适《中国古代哲学史大纲·导言》,商务印书馆1919年版,第10—33、3—5页。

② 此据胡适有关研究考证中国古代小说的论著中提出的意见而作概括,参见笔者《论胡适〈中国章回小说考证〉的方法论》,《江淮论坛》1982年第6期。

③ 此为笔者对胡适在研究考证中国古代小说时运用的方法特点的概括,参见笔者《论胡适〈中国章回小说考证〉的方法论》,《江淮论坛》1982年第6期。

④ 《本志宣言》,《新青年》第7卷第1号,1919年12月1日。

的实验主义占了一时代的上风,其他的哲学思潮自然何尝没有介绍,但对于传统的推翻,迷信的打倒,科学的提倡,是当时的急务,以'拿证据来'为中心口号的实验主义被当作典型的科学精神。……实验主义的治学方法在某种意义上可以说是与传统迷信针锋相对,因此就成为五四新文化中的天之骄子。在这种意义上,与其说胡适对于新文化有何种新的创见,不如说他的功绩仅仅在于新的思想方法之提出。①

唯其如此,鲁迅那封信中对"胡适之法"的内涵的理解,仅限于"恃孤本秘籍"一端,当是不全面不完整的。即使就胡适提出的狭义的治学方法的角度看,也同样如此,因为"恃孤本秘籍"问题,其实乃是胡适在谈到史料的鉴别和运用时所强调的"根据可靠的版本与可靠的材料",以及推究"这书曾有何种不同的本子,这些本子的来历如何"②的意见。

二

诚然,胡适的广义的思想方法论以及相对具体的治学方法,其关键词是"证据",而和"证据"问题紧密联系的,则是"事实"、"材料"乃至更为具体的"版本"问题。如果说鲁迅对"恃孤本秘籍"的"胡适之法"的讥评,由此在实际上也触及了这一点,那么进而需要探讨的是:"恃孤本秘籍"作为一种治学方法,其本身是否合理可取?

在笔者看来,回答应该是肯定的。原因很简单,研究任何问题,其前提和基础是尽可能详尽地占有资料,所谓资料,如以书本典籍论,用图书馆学的术语来说,自然包括"常见本""通行本"(即鲁迅所说的"通行之本,易得之书")以及"孤本秘籍"。如果说,"通行之本,易得之书"大致已经能够提供了最基本的材料,

---

① 艾思奇《廿二年来之中国哲学思潮》,《中华月报》第2卷第1期,1934年1月。
② 胡适《红楼梦考证》(改定稿),《胡适红楼梦研究论述全编》,上海古籍出版社1988年版,第86页。

那么如果再拥有"孤本秘籍",由此或许可以发掘为"通行之本,易得之书"所未见的其他材料,这有何不好呢？即使那"孤本秘籍"中的某些材料纯属"孤证不信"的东西,但对研究者来说,至少可以在史料的整理鉴别过程中扩大对照比较的范围,有助于校勘,等等,这不也是一件好事吗？

还应该承认,"孤本秘籍"虽然与图书馆学意义上的"善本"的概念并不完全吻合,但是既为"孤本秘籍",在通常情况下总有其除了单纯的文物价值以外的文献价值,例如,它们往往不为以往的目录学著作所著录,或虽有著录但散佚已久,由此为一般学者所不能寓目;另外,它们一般都刻印(或誊抄)比较精细,从中大多保存着若干相当重要的文献信息,如此等等。尤其是"孤本秘籍"与"通行之本"并存,那么它更具有校勘学上的价值,在某种情况下,对于作出正确的校勘结论,还会起到关键的乃至决定性的作用。唯其如此,对于研究工作来说,拥有"孤本秘籍"实在是有百利无一害,只是那些东西往往为藏书家或达官贵人所收藏,一般的学者难以目睹利用而已。

这就表明,对于研究工作来说,本不该将"恃孤本秘籍"与利用"通行之本,易得之书"对立起来,至少不应因种种原因未有"孤本秘籍"而去否认利用"孤本秘籍"者。在这里还有一个问题值得指出,即有些"通行之本,易得之书"——尤其是其中的"坊本"一类,多有粗劣者,手民误植的情况相当普遍,作为材料的援引,往往不太可靠。既然如此,就更不能以"通行之本,易得之书"作为可夸耀之点了。

当然,从实际情况看,对于绝大多数研究者来说,大概主要只能凭借"通行之本,易得之书"来做研究工作,这实在是无可奈何的事。根据笔者理解及其些许体会,学术研究工作或许可分为两种类型,一是主要作宏观考察研究的,或者整个研究工作以理论分析探讨为主;二是主要作微观的局部的具体细小的课题研究的,如文史考据之类。对于前者来说,主要凭借"通行之本,易得之书",尤其是相当程度上为了"泛览"取得知识信息,这是可以理解的。而对于后者来说,仅仅靠"通行之本,易得之书",或许也能做出若干成绩,但同时又容易留下种种错讹,因而应对"孤本秘籍"之类予以充分的重视,手头没有,则当千方百计地寻找访求。

综上所述,"恃孤本秘籍"对于学术研究工作的合理性和可取性该是彰显的。而胡适、鲁迅两人的经验教训也足以证明。

先看胡适受"孤本秘籍"之益的两个实例。例一,关于对《红楼梦》及其作者身世的考证研究。据胡适说:他曾获得一本《四松堂集》(稿本),"此本系最初的稿本,上有付刻时的校记,删节的记号,改动的添注。刻本所收,皆打一个'刻'字的戳子。此本真不易得,比刻本还更可贵","若不得此稿本,则不能知四个要点……"①从四个要点看,涉及曹雪芹的确切的卒年以及死后"似无子"以及尚有"新妇飘零"等重要身世材料。显然,曹氏身世的有关重大问题已是由"孤本秘籍"帮助解决的。例二,关于中国中古哲学史的研究。胡适20世纪20年代初继续研究中国哲学史时,其中触及禅宗问题,因对有关史料发生怀疑而搁笔,而后因在赴欧参加会议期间从伦敦和巴黎的图书馆分别抄得了一批敦煌卷子,正是凭借这些"孤本秘籍"所提供的重要资料,使得胡适在禅宗史研究问题上有重大创见,这也有效地促进了他的中古哲学史的研究工作,致使《中国中古思想史长编》一书(手稿七章)的完成。

再看鲁迅因缺乏"孤本秘籍"而给自己的学术研究工作带来的缺憾。据鲁迅自己承认:"我的《中国小说史略》,是先因为要教书糊口,这才陆续编成的,当时限于经济,所以搜集的书籍,都不是好本子,有的改了字面,有的缺了序跋。"②这就使得《中国小说史略》一书在材料和结论方面留下了一些疵点。据有的学者对此所作的"笺补"来看,在总共99条中,明显的因为所用"本子不好"而形成的错讹至少有十余条,兹举两例③:

---

① 《胡适的日记》(下册)(1922年4月19日),中华书局1985年版,第320、323页。
② 鲁迅《通讯(柳无忌来信按语)》,《鲁迅全集》第8卷,第299页。
③ 参见丁锡根《〈中国小说史略〉笺补拾零》,复旦大学中国语言文学研究所鲁迅研究室编:《纪念鲁迅诞生一百周年论文集》。本文的举例以及笺补性文字皆从此。

使先生和后生相印

《史略》原文	丁氏笺补	笔者按
罗贯中本《三国志演义》,今得见者以明弘治甲寅(1494)刊本为最古。(《鲁迅全集》人民文学出版社1957年版第8卷,第103页)	"弘治甲寅"应为"嘉靖壬午"。《三国志通俗演义》卷首有弘治甲寅庸愚子(金华蒋大器)序和嘉靖壬午(1522)关中修髯子(张尚德)引言。商务印书馆影印本抽除引言,所以被误认为弘治甲寅年刊行。(《复旦论文集》,第144页)	这表明鲁迅未见原本,径以"通行之本,易得之书"为立论依据,上了当。
时又有《拍案惊奇》36卷。(第164页)	明刊尚友堂《初刻拍案惊奇》原本为40卷,36卷本为原刊的残本,存覆尚友堂本、消闲居本和松鹤斋本等。所缺之目为:(略)(第150页)	这表明鲁迅只见原刊的残本,由此误认为原刊本如此。原刊当属"孤本秘籍",时已不易获见。

另外,《中国小说史略》因运用第二手资料而出现的讹谬也有十几条,这说到底似乎也与没有掌握"孤本秘籍"有关。

糅合鲁迅和胡适在这方面的经验教训,还有一个实例可借玩味:关于清代著名小说家蒲松龄的生卒年,鲁迅的《中国小说史略》依据的是"坊本"即中华图书馆的石印本《聊斋文集》,该书附录的张元撰《柳泉浦先生墓表》说:蒲氏"以康熙五十四年正月二十二日卒,享年八十有六",据此,《中国小说史略》说:蒲氏"……至康熙辛卯始成岁贡生……越四年遂卒,年八十六(1630—1715)"。胡适对此有怀疑,因为据他掌握的卢见曾《国朝山左诗抄》(乾隆戊寅刻本)卷四十五中的《蒲松龄小传》所引张元撰的《墓表》,相应文字是"七十有六"。胡适怀疑的理由是:卢著刻于乾隆戊寅(1758),距张元之死(1756)不过两年,大致可以认定所用的"必是张元的原本,应该是可信的本子",何况《济南府志》等其他文献典籍也都说蒲氏"卒年七十六"。经过一番详尽的考证,胡适下明确结论:蒲氏的确享年76岁,其生卒当为1640—1715,而"坊本"《聊斋文集》乃有意作伪。①事实证明,胡氏依据"孤本秘籍"所提出的判断是正确的,至今为

---

① 参见胡适《辨伪举例〈蒲松龄的生年考〉》,收入《胡适论学近著》,商务印书馆1935年版。笔者按:胡适这一结论后又为《墓表》的原石所证实。

学术界信服。①

既然如此,对所谓"恃孤本秘籍,为惊人之具"的"胡适之法"予以讥评,是缺乏说服力的。

或许会有读者诘问:鲁迅所说的"恃",含有"仅仅凭借(依靠)"的意思,具有方法论上的排他性,这样的倾向当然值得否认。在笔者看来,此言似是而非。这是因为,在通常的学术研究中,求助"孤本秘籍"中的材料(证据)来促使某个学术疑点的解决,本是正常现象,事实上不存在整个研究方法手段的排他性问题,即使是"相当纯粹"的以"孤本秘籍"为据,汇集有关史料,作为学术研究的一个基础性工作,也不失其学术意义,何况学术史的大量实践已经表明,利用"孤本秘籍"大都是学者们的全部治学方法中的一个具体手段。当然,以"孤本秘籍"为据而作出的某些学术性判断(结论),可能有对有错,但这不足以构成一概地抹杀利用"孤本秘籍"做研究工作的理由。胡适当年说过:"考据是一种公开的学问,我们不妨指出某个人的某种考据的错误,而不必悬空指斥考据学的本身。"②显然,人们对于学术研究中利用"孤本秘籍"的问题(它事实上多与"考据"联系在一起),也该作如是观。

三

可以说,联系到鲁迅基本的学术文化思想来看,以鲁迅作为严肃学者的立场而言,在通常情况下其实是不会去讥评"恃孤本秘籍"的"胡适之法"的。这也有大量的文献材料能够证明。例如:

首先,鲁迅对于学术研究中充分占有包括"孤本秘籍"在内的文献资料的问

---

① 人民文学出版社 1973 年 8 月版(重印)《中国小说史略》,编者对书稿的"年八十六(1630—1715)"句作注:"1630 应为 1640,年七十六",这表明认同了胡适的考证意见。

② 《胡适致郭沫若、郁达夫(稿)》,1923 年 5 月 15 日。中国社会科学院近代史研究所中华民间史组编:《胡适来往书信选》(上),中华书局 1979 年版,第 202 页。

题,本认为是题中应有之义,只是为自己主要出自经济原因未能掌握类似"孤本秘籍"的好本子而深感遗憾,前文所引《集外集·通讯(柳无忌来信按语)》中的这段话可以说明。此外还有两个佐证材料:鲁迅早些时候谈到自己的《中国小说史略》时曾说:因"识力俭溢、观览又不周洽,不特于明清小说阙略尚多,即近时作者如魏子安、韩子云辈之名,亦缘他事相牵,未遑博访。况小说初刻多有序跋,可借知成书年代及其撰人,而旧本希觏,仅获新书,贾人草率、于本文之外大率刊落,用以编录,亦复依据寡薄,时虑讹谬……"①稍后鲁迅谈及同一问题时又明确承认:"说起来也惭愧,我虽然草草编了一本《小说史略》,而家无储书,罕见旧刻,所用为资料的,几乎都是翻刻本,新印本,甚而至于是石印本,序跋及撰人名,往往缺失,所以漏略错误,一定很多。"②这里对于"初刻""旧本""旧刻"与"翻刻本、新印本"以及"石印本"一类的"新书"作为史料价值大小的比较意见,充分表明鲁迅对于"孤本秘籍"的肯定。

其次,鲁迅以自己的学术研究工作的实践,其实也深知"孤本秘籍"的作用,而且在事实上也尝到过甜头。例如:鲁迅早年进行《古小说钩沉》《会稽郡故书杂集》和《唐宋传奇集》等辑录工作以及校录《后汉书》和《嵇康集》等书的时候,均程度不同地得益于某些"孤本秘籍",在南京的一段时间里,他一度经常去江南图书馆阅读和抄录古书③,也正是这个缘故。这一点在《中国小说史略》的撰写过程中也有反映,如该书第十二篇("宋之话本")谈到南宋"说话人"的节目内容中有"'合生',与起今随今相似,各占一事也"④,虽然鲁迅在这里采用的是吴自牧《梦粱录》中的材料,然而该书的通行本(今本)其实已脱"合生"两字,因此鲁迅乃根据灌园耐得翁的《都城纪胜·瓦舍众伎》作补,致使文献材料得以完

---

① 《中国小说史略·后记》(1924.3.3),《鲁迅全集》第9卷,第296页。
② 《关于〈三藏取经记〉等》(1926.12.20),《鲁迅全集》第3卷,第387页。
③ 参见蔡元培《记鲁迅先生轶事》,《宇宙风》第29期,1936年11月16日。该文说:"在南京时,先生于办公之暇,常与许君季茀影抄一种从图书馆借来的善本书,后来先生新完成的有校订本《魏中散大夫嵇康集》"。按:许季茀(寿裳)的《亡友鲁迅印象记》(人民文学出版社1953年版)也有类似的回忆。
④ 据丁锡根《〈中国小说史略〉笺补拾零》,其中的"起今随今"系"起令随令"之误。

整。再如,鲁迅曾说起他的《中国小说史略》的立论以及所据版本与盐谷温的《支那文学概论讲话》多有不同:"六朝小说他据《汉魏丛书》,我据别本及自己的辑本……唐人小说他据谬误最多的《唐人说荟》,我是用《太平广记》的,此外还一本一本搜起来……"①就这点来看,显然也是肯定了重视"孤本秘籍"之类对于提高学术研究质量的意义。

唯其如此,在许多场合鲁迅对于包括郑振铎和胡适在内的其他学者利用"孤本秘籍"中的材料而获得的合理正确的考证研究成果,表示了由衷的敬意。例如,对于郑振铎,鲁迅曾经明确地说过:"……郑振铎教授又证明了《四游记》中的《西游记》是吴承恩《西游记》的摘录,而并非祖本,这是可以订正拙著第十六篇的所说的,那精确的论文,就收录在《佝偻集》里。"②至于对于胡适,类似的话更多。如鲁迅说:胡适为《水浒》写的两种考证性的序文"极好,有益于读者不鲜"③,"我没有做过序,做起来一定很坏,有《水浒》《红楼》等新序在前,也将使我永远不敢献丑"④。再从《中国小说史略》一书来看,在论及《水浒》《水浒后传》《红楼梦》《西游记》等古代小说时,无不明确地指出了吸收胡适的考证意见的地方⑤,不仅如此,鲁迅在指导日本学者翻译《中国小说史略》时还特别嘱咐他要根据《胡适义选》来订正自己的有关错误。⑥

既然如此,那么鲁迅为什么在事实上还会对"胡适之法"予以讥评,而且又是抓住"孤本秘籍"的问题呢?个中原因当是复杂的,而从一般的诱导因素而言,鲁迅分别与郑振铎和胡适之间的私人感情恩怨问题不容忽视。

---

① 鲁迅《不是信》,写于1926年2月1日,《鲁迅全集》第3卷,第229—230页。
② 《〈中国小说史略〉日本译本序》,写于1935年6月9日,《鲁迅全集》第6卷第347页。这里所说的郑氏的证明,指郑的《西游记的演化》一文,收入《佝偻集》,生活书店1934年版。
③ 鲁迅《致胡适》(1924.1.5),《鲁迅全集》第11卷第421页。
④ 鲁迅《致胡适》(1924.6.6),《鲁迅全集》第11卷第429页。
⑤ 例如《中国小说史略》第十五篇中有"又有一百十回之《忠义水浒传》,亦《英雄谱》本,'内容与百十五回本同'(《胡适文存》三)"句,该书《后记》又说:"雁荡山樵陈忱,字遐心,胡适为《后水浒传序》,考得其事尤众。"
⑥ 参见鲁迅《致增田涉》(1934.5.31),《鲁迅全集》第13卷,第579页。这里所说《胡适文选》,亚东图书馆1930年版,其中有《红楼梦考证》等文。

使先生和后生相印

鲁迅与郑振铎虽然同为学者,且有若干共同的学术文化兴趣,由此也有一定的交往,甚至还有过学术合作①,但两人的思想情感并不和谐,这样,或由具体的学术文化观点的歧异②,或因思想政治方面的差距③,再加上当时左翼——进步文化人圈子中的复杂多变的人事关系④,鲁迅尽管承认过郑氏"热心好学,世所闻知"、"既无色采,又不诡随"⑤的一面,但更多时候的倾向性看法,则认为郑氏有"投机者"之嫌⑥,鲁迅还对友人说:"谛君曾经'不可一世',但他的阵图,近来崩溃了,许多青年作家,都不满意于他的权术,远而避之。他现在正在从新摆阵图,不知结果怎样。"⑦

鲁迅与胡适的关系大抵也是如此。20 世纪 20 年代末以来,两人曾有过的某种程度的私谊因双方的思想政治歧异加剧而消解,尤其是鲁迅对胡适的反感更为明显。⑧这样,当鲁迅在否定郑振铎的学术成绩的时候,以习惯性的"杂文笔法"顺手刺一下胡适,或许是合于逻辑的。

至于对直接的诱发因素的探讨,有如下几点似乎值得重视。例如:在郑振铎的《插图本中国文学史》由北平朴社于 1932 年 12 月初版之后,海内外学术界总的说来是好评如潮,如日本学者长泽规矩也在日本的《书志学》(第 1 卷第 2 期,1933 年 3 月)发表文章,推崇郑著,谓此书引用材料既新且富,又不墨守旧说,不像王国维那样拘于儒家之见,而是突破了传统的旧套。⑨但与此同时,也有学者对郑著作了苛评,如吴世昌发表在《新月》(第 4 卷第 6 期,1933 年 3 月)上

---

① 鲁迅郑振铎曾共同编选过《北平笺谱》(1934 年出版)和《十竹斋笺谱》(1934 年出版)。
② 主要如郑振铎曾对"阿 Q"形象的塑造有不同看法,鲁迅曾予以反批评。
③ 郑振铎曾自认为属"左翼作家"阵营,但是鲁迅对此不表赞同。
④ 这种人事关系集中表现为《译文》事件前后,鲁迅对于郑振铎等人多有误解。以上三例的详细情况可参见金梅、朱文华著《郑振铎评传》的"与鲁迅的关系"一节。
⑤ 鲁迅《致许寿裳》(1935.1.9),《鲁迅全集》第 13 卷,第 14 页。
⑥ 参见鲁迅《致李霁野》(1929.10.20),《鲁迅全集》第 11 卷,第 688 页。
⑦ 鲁迅《致曹靖华》(1936.4.1),《鲁迅全集》第 13 卷,第 340 页。
⑧ 当时瞿秋白以鲁迅笔名(何家干)写的几篇杂文,集中地从思想政治角度批判胡适,多有偏激之处,鲁迅显然表示赞同。
⑨ 参见陈福康《郑振铎年谱》(1933 年 3 月条),书目文献出版社 1988 年版,第 189 页。

的《评郑著中国文学史》,彻底否定此书,认为对读者(即使中学生)来说,该书不值得有"最低限度的信仰"。①据笔者推测:可能长泽规矩也与胡适、郑振铎有一定的交往,但与鲁迅没有特别联系;②再说鲁迅本对郑振铎的治文学史能力大有怀疑③,对长泽规矩也写的书评意见自然不以为然,而郑著事实上也留下了一些疵点;④再说乍看起来郑著的新奇似乎在于体例上的独特性——"插图本",而那些珍贵的插图的确采自"孤本秘籍"。如此种种原因,导致鲁迅在私人通信中忍不住地讥评"恃孤本秘籍,作惊人之具"的"胡适之法",或许算得上是"言之成理,持之有故"了。

当然,这样的讥评与鲁迅的一贯的严肃的学术立场(主要如前文所分析指出的那种正确的意见和诚恳的态度等),毕竟是一种矛盾,这一矛盾表明,鲁迅在个别学术问题上,的确羼杂了某种个人感情因素。

由此可以说:以鲁迅一生的整体性的睿智,在如此一个较为细小的具体问题上留下疵点,虽说是一眚不足以掩大德,属一种可以理解的历史文化现象,然而终究是令人惋惜的。对于今人来说,也值得从中摄取经验教训。

1999年12月改定

原载《鲁迅研究月刊》2001年第12期

---

① 参见陈福康《郑振铎年谱》(1933年3月1日条),第188—189页。

② 长泽规矩也(1902—1980)日本汉学家。曾与增田涉同学,1926年毕业于东京帝国大学中国哲学文学科。又曾在北京大学学习。此人与增田涉的实际关系如何,似可探究。总之,关于这一问题,笔者纯为推测,有待求证。

③ 据增田涉回忆,鲁迅认为郑振铎"没有写历史的力量"。参见增田涉著、钟敬文译《鲁迅的印象》,湖南人民出版社1980年版,第73页。

④ 郑振铎曾于1933年7月14日致函赵景深,感谢其为《插图本中国文学史》作勘误表。参见陈福康《郑振铎年谱》,第191—192页。

鲁迅作品解读

《呐喊》与《彷徨》与《野草》

刘大杰

文艺界最伤心的事,是把作品的批评当作友谊的赞美,或是谩骂的复仇。在批评者与被批评者的心中与笔底,早已有了成见的善意或恶意。这样伤心的事,在今日的中国文艺界,已是最平常而又最普遍的了。

我不是鲁迅的仇敌或朋友,对于他没有成见的爱与憎。在一个杂志上,看见过一次他的照片,知道他是一个锋芒毕露稍稍有几根胡子的人。我今天所说的话,全是我自己所要说的,不是友谊的赞美,也不是谩骂的复仇。

近来曾有人批评鲁迅不是革命文学的先觉,没有接受革命的潮流。还有人说他不是 Proletariat 的作家,不过是醉眼陶然逢人骂骂而已。我不责怪鲁迅没有做革命的文学,我讨厌以最新的招牌来攻击人的徒辈,我不失望鲁迅不是 Proletariat 的作家,我厌恶以 Proletariat 来装饰自己的 Bourgeois。

中国人就是好投机,听说去年革命军到上海的时候,某博士也预备着一本《中山哲学》。此事的真假,到现在还不知道。商业上,政界上的投机,我们用不着管,在文化运动上,作出投机的事业,真是最痛心的事。

厨川白村氏曾说,Bourgeois 这个字,除了社会学与经济学上的意义以外,英美人用得最普通的,是绅士的意义。所谓 Bourgeois 的文学,是带有绅士气而失却了真实人间性的作品。我觉得厨川氏的解释,非常正当。现在一般人,专好搬弄几个空空洞洞的新名词,对着不能识字读书的第四阶级大摆其 30 年来

使先生和后生相印

对于中国民族罪孽深重的留学生的臭架子,他们实在是布尔乔亚精神的结晶。不能由他们手里创造真正的文学,这是可以预料的事实。

因此,我们知道文学这东西,没有轻浮的绅士气而又能够抓住真实的人间性的,自然就有永久性。专迎合一时期的潮流而产生的作品,在这一时期,或者可以盛行,这时期一过去,这种作品,也就跟着消灭了。

莎士比亚、歌德的作品,谁也不能承认它是 Proletariat 的文学。但是,到现在,我们还是一样地爱读。因为时代及其他的东西,虽长在变迁,人间性这东西,总有相同的一大部分,被保存着,超过了时间与空间。弱者反抗强者,贫者反抗富者的这种心理,无论在东西,或是今古也是不会变的。我们现在还爱读莎士比亚、歌德的作品,不能以 Bourgeois 或是 Proletariat 去分开;也不能以"为艺术的艺术",或是"为人生的艺术"去限制。他们的作品,若真能捉住最深的人间性的时候,无论到任何世纪,它绝不会因某个小时代的挫折而至于灭亡,老实说,它就永远不至于受挫折。

我憎恶以新名词来估量他人作品的真价,我要抛弃这个,永远抛弃这个。我要客观的,来说我自己要说的话。

鲁迅的著作,除创作,译文以外,还有《热风》《华盖集》,等等。我因为不喜欢这些,好像不喜欢周作人的《谈虎集》《泽泻集》一样,所以今天只谈谈《呐喊》《彷徨》与《野草》。

我们读完鲁迅的这三本集子,我们知道他是一个写实主义者,以忠实的人生观察者的态度,去观察潜在现实诸现象之内部的人生的活动。他不是人道的教师,也不是社会生活的指导者。他有锐利的眼光,捉住旁人所不注意的种种的人生的活动。他板着面孔,庄严的毫不容情的,用他讽刺的笔,把这些东西逼真地写出来。他不批评,也不说教。把人类的社会的丑恶,一件件陈列在读者的眼前,他就算尽完了责任。

在中国写实主义的作家里面,鲁迅是成功的一个。他有最丰富的人生经验,他有最锐利而讽刺的笔锋。在《呐喊》与《彷徨》里面,差不多没有一篇,不是写他自己在人生路上体验过或看见过的事情。所以《祝福》《孔乙己》《在酒楼上》《离婚》《故乡》写得那样真切而又动人。现在一般的青年文士,缺少人生的经验,专靠理想去创造,结果是不自然。他们所有的经验,都是学生时代的生活,与一点恋爱的浪漫史,所以现在的新文学家作品,充满了恋爱的故事,就是这个原因。

鲁迅开始创作,已是中年了。他没有恋爱的浪漫的生活,使他偏向浪漫的世界去,使他感到的,最初就是社会与人类的丑恶,是现实世界的黑暗。他在第一篇《狂人日记》里面,就是写现实与理想的争斗,真与伪、黑暗与光明的冲突,对于旧礼教的怀疑,对于习惯眼睛底下的颜色的反抗。从《狂人日记》以后至《彷徨》诸篇,作风一直没有变过。等到《野草》,才离开写实主义,很明显现出神秘的象征的情调来。在《呐喊》与《彷徨》里面,作者很强地把握着现实的色彩,他的观察现实的眼,比任何人都要锐利。在这个社会里所发生的种种悲剧,作者通过了现实的个性,描写出来而得到成功。他对于社会的丑恶与人类的伪善,不加指摘地实在地暴露出来。到了《野草》,作者一切都变了。

就是欧洲的作家,中年老年的作品,往往也有显明的界限。大概人到中年,血气正盛的时候,一切的欲望——建设的或破坏的——都很强烈。因此写出来的作品大半是写实世界的东西。到了老年,走了长期的人生之路,一切都到了心灰意懒的时候,写出来的东西,容易偏向神秘的理想的浪漫的世界去。

易卜生我们知道他是近代剧的始祖,我们看他的作品,可以分出三个时期来。第一期为浪漫的时代,第二期为纯写实的时代,第三期到了晚年,复归于浪漫的神秘时代。在《赫格兰特的海贼》《娜拉》《海上夫人》这三本剧里,很可以找出这三时代的痕迹来。

不仅是易卜生,如从自然主义时代——《父亲》《债鬼》——变到象征的时代——《死的舞蹈》——的史特林堡,再如由《日出之前》而变到《沉钟》《可怜的亨利》的霍卜特曼等,在他们创作的年代,都可看出这明显的痕迹。但是他们在某一个时代,都肯努力,都能创出几部伟大的作品来。在气魄狭小的中国人,就是敷衍，就是退缩，就是容易满足。弄到结果，永远是平庸，平庸……

中国人缺少根底的生命之力，大半是外表的活动。没有法国人的热情，没有俄国人的彻底性，没有英国人的固执，这种消沉的民族，能产生出几十万字的惊心动魄的长篇大著吗？

鲁迅的年龄，同外国的人比起来，正是创作力最盛的时候，然而他的创作时代，似乎走到了末路，他由《彷徨》到了《野草》，由壮年到了老年，由写实时代到了神秘时代了。在《野草》里，很强烈地现出诗的感伤的与病的色彩来。《呐喊》的作者，是对于人生对于社会对于一切，都还抱有一点希望，如阿Q，如单四嫂子，如孔乙己等，都还在人生的路上挣扎。到了《彷徨》，是由失望而走到绝望之途，如《孤独者》中的魏连殳，《在酒楼上》的吕纬甫，《祝福》中的祥林嫂，都是这类的人物。至于《野草》，人生已经走近坟墓了。《过客》与《希望》两篇，很沉痛地表现了人生的虚幻与微小。由《呐喊》而至于《彷徨》，由《彷徨》而至于《野草》中的坟墓，这是鲁迅作品的内心的移动的过程。鲁迅的心是老了，是到了晚年了。

我们不能责备鲁迅在《野草》之前，没有发表更伟大的作品，根本只怪得中国这民族，是平庸是容易满足，是缺乏彻底性。在外国的文学家，除了短命的雪莱、济慈不满30岁以外，那一个，不是继续几十年如一日的创作生涯。在衰弱的东方人们，这实是一件不可能，也是不可勉强的事。我们去责备谁呢？

鲁迅虽不是我们理想的作家，在今日中国的文坛，他已得了相当的位置。他就是没有接受革命的潮流，就不是Proletariat的作家，然而他的作品，仍是有他的真价。时代的眼睛，绝不是盲目的。对于文艺这东西，它时时在加以选择，加以批评。好的作品，绝不会遗漏。

我在前面说过，鲁迅是一个富有人生经验的作家，所以在他笔下表现的人生的苦闷，比旁人表现得要深一层。郁达夫所表现的东西，是未成熟的青年的烦恼，鲁迅所表现的，是人世共感的苦闷。读《祝福》，读《孤独者》，读《在酒楼上》，都可深深地感着这人间苦。

在日本有人称芥川龙之介氏,为技巧派作家,读过他的《鼻子》《猴子》《罗生门》的人,都会知道他描写的技巧。在中国可称为技巧派的作家的,只有鲁迅。《示众》一篇,可视为代表。

我们读完《呐喊》与《彷徨》,看出作者有很深的乡土艺术的意味。本来一个作家,想故意离开民族和乡土,而来呼喊什么新招牌的文学,牌子虽新,货物毕竟是不实在。读鲁迅的作品,他所表现的地方色彩,非常浓厚。除了《野草》不说,《呐喊》与《彷徨》里面的几篇,大半是写鲁镇,写S城,写未庄。如《祝福》《风波》《孔乙己》《明天》是写鲁镇的,《在酒楼上》《孤独者》是写S城的。至于《阿Q正传》《故乡》《离婚》的地方色彩,更不用说了。

我们读了这几篇小说,鲁镇、S城、未庄风气的闭塞,乡民的愚昧,以及男女的、教育的、城市的、农村的状态,我们都得有很深的印象。因此,就说鲁迅是一个乡土艺术的作家,也不是无理。

《呐喊》与《彷徨》里,共有小说26篇。我认为得了艺术的成功而可译给外国人看看的,有《孔乙己》《阿Q正传》《祝福》《故乡》《在酒楼上》《离婚》6篇。这当然是我个人的直觉。我觉得在这6篇里所表现的,都是人生最沉痛最严肃的部分。用以表现这严肃的部分的作者的笔锋,旁人说他是讽刺是俏皮,我觉得是人类的同情,是最深一层的眼泪。在这6篇里,把胆怯的、退缩的、敷衍的、病的、不彻底的,精神文明的中国民族的劣根性,全部展开在读者的眼前。

在《野草》里,我喜欢读《求乞者》《希望》《过客》三篇。读完这3篇,我们只觉到人类的伪善与人生的虚空。什么人生,不过在这虚空的路上跑。

但是,鲁迅的发表《野草》,看去似乎是到了创作的老年了。作者若不想法变换变换生活,以后恐怕再难有较大的作品罢。我诚恳地希望作者,放下呆板的生活(不要开书店,也不要作教授),提起皮包,走上国外的旅途去,好在自己的生活史上,留下几页空白的地方。不要满足过去,也不要追怀过去。未来,伟大的未来,望着黑暗向前冲去。不要管旁人的明枪暗箭,也不要迎合今日的新招牌,趁着还有点精力,努力着写出几本伟大的东西来。我们在期待着,期待使先生和后生相印着……

文艺这东西,时代的眼睛,时时在选择。真真好的作品,绝不会遗漏。不好的作品,也决不会存留。专迎合一个小潮流的东西,寿命是不会长久的,时代已告诉我们了。

我不是鲁迅的仇敌或朋友,对于他没有成见的爱与憎。我今天所说的话,全是我自己所要说的。不是友谊的赞美,也不是谩骂的复仇。

原载《长夜》(半月刊),1928年5月15日

谈《祝福》与《弟兄》

赵景深

鲁迅的《祝福》

我常觉得,越是质朴的乡人,甚至于残废的穷苦老人,他们的灵魂也愈美丽。以这个为题材,写成一篇小说,一定很飘逸而有诗意,在陀司托以夫斯基的作品里是时常看到的,就是屠格涅甫的《唔唔》、显克微支的《老仆人》所写的老仆个性,简直不是我们常人所可以捉摸得到的,可以说是伟大的诗篇、无声的音乐。这种引我们到无穷尽的、渺远的、空灵境界的作品,有时竟会毫无作意,只是为了要显示那美丽的灵魂。《祝福》中所写的那个女仆,自然也是有诗意的东西。

不过这篇《祝福》却是有作意的。作者所要写的是那人世间同情心的淡薄,以及女仆无可诉苦的悲境。女仆被人强奸本非由她心愿,这完全是命运捉弄她的。这就好像一个有残疾的人受人嘲笑一样的痛苦,命运使一个人生来有了残疾,你有什么法子想呢?凡看到《爱的教育》《义侠的行为》,小学同学在嘲弄克洛西的父亲是卖野菜的人时,谁都要同情克洛西。卖菜有什么卑污,何至于受人这般奚落!——总之,像这些对于弱者加以侮辱,都不应该是人类的行为,并且是人类的羞耻。我们看到女仆做起事来战战兢兢,连摆筷子都要受拒绝;替女仆着想,她这时心里是如何的难堪!一个人有了不可言说的隐病,诸如不贞、残疾、卑贱……自己的命运注定,已经是无限的伤悼,再加之以不关痛痒的人给以嘲笑和严冷,她或他恐怕要不会感到这个世界还有所谓快乐了。

莫泊桑的《马丹拔蒂士特》说到女主人公为了童年被人强奸,不曾自尽,便受尽了世人的嘲笑,《羊脂球》写那妓女牺牲自己给异族蹂躏,为了救护祖国同行的旅客;后来旅客不但不感谢她,反而更加贱视她,不去理睬她。这就是所谓"人"的真相!我想引证小说是引证不完的,到处只看见人在吃人,到处只看见霜一般的、狰狞的面孔!

原载《文学周报》第4卷第24期,1927年8月

鲁迅的《弟兄》

鲁迅的《弟兄》以前在《莽原》拜读的时候,觉得有些儿生涩,也许那时候我的精神有些不好罢?及至《彷徨》出版后,《弟兄》一篇也搜集在内,我又细看两遍,方才觉得是很细腻很有深意的。

《弟兄》一篇,盖讥讽人性之虚伪而作也。我们看张沛君口口声声称赞自己弟兄和睦,不过是沽名钓誉,图得人家称赞他几句罢了。页二一七云:

"他仿佛已经有什么大难临头似的。"这是表示他对于弟弟的疾痛,并非真心着急。"仿佛"两字,用得多么冷酷!

一直叙到页二二四,作者把读者都引入疑云阵里。以为沛君真是爱弟弟靖甫的。但此时沛君"凌乱的思绪","乘机而起",便赤裸裸的露出他的真相来了:

他仿佛知道靖甫生的一定是猩红热,而且是不可救的。那么,家计怎么维持呢?靠自己一个?虽然住在小城里,可是百物也昂贵起来了……自己的三个孩子,他的两个,养活尚且难,还能进学校去读书么?只给一两个

谈《祝福》与《弟兄》

读书呢,那自然是自己的康儿最聪明,——然而大家一定要批评,说是薄待了兄弟的孩子……

最明显的是他所做的梦。他梦见靖甫已经死去。

他命令康儿和两个弟妹进学校去了;却还有两个孩子哭嚷着要跟去。他已经被哭嚷的声音缠得发烦,但同时也觉得自己有了最高的威权和极大的力。他看见自己的手掌比平常大了三四倍,铸铁似的,向荷生的脸上一掌批过去……

像这样用梦境刻露沛君的心情,而又写得极恰当,是我所最佩服的。我不大懂得心理学,尤其不知道奥国弗洛伊特的精神分析学,但从道途听说,知道梦是实际生活缺陷的填补,凡在日间所感到不满的,这种欲望在夜间便可满足。沛君待弟弟完全是一番假意,郁积在心中,于是在梦中将他的希望满足了,他实在是想虐待靖甫的孩子。致神经过敏的想,也许靖甫这个穷教员还存得几个钱,沛君想将他攘夺过来;犹之《孤独者》中所写,连殳的族人想得他的破房子,出于同一动机罢?

我们再看最后一段,沛君的心思更是洞若观火矣。月生接着公文倒毙男尸一事,便向沛君说:

"……我来办。你还是早点回去罢,你一定惦念着令弟的病。你们真是'鹡鸰在原'……"

"不!"他不放手,"我来办。"

月生也就不再去抢着办了。沛君便十分安心似地沉静地走到自己的桌前,看着呈文,一面伸手去揭开绿锈斑烂的墨盒盖。

这时我们须知道,靖甫的病还不曾痊愈,不能翻译罗希金的论文集《胡麻与百合》呢。

在我的意思,以为秦益堂的事穿插在沛君的事里面,是使我觉得生涩的原因。细心读去,脉络原是很清楚的。秦益堂的事能够不说,专写沛君一方面,自然可以使人看时一贯而下,但这样又不能衬托出沛君来。或者,这篇的前段,能以沛君为观点出发,也许更容易了解一些。我这篇并非批评,不过以读者的资格,写出自己读时所感,而主要点,便是写我对于《弟兄》的解释。

一九二七,六,二〇于汕尾旅次。

选自赵景深《文学讲话》,亚细亚书局 1927 年版

鲁迅《唐朝的钉梢》

陈子展

沪语轻荡子弟追蹑女人，勾搭调戏，谓之钉梢。鲁迅先生《三闲集》[①]有《唐朝的钉梢》一文，举张泌《浣溪沙》十首之九为例，译为白话诗。并谓钉梢或不始自唐朝云云。予以为陈《东门之池》三首，当系最古之钉梢诗。诗云：

东门之池，可以沤麻。彼美淑姬，可与晤歌？

东门之池，可以沤纻。彼美淑姬，可与晤语？

东门之池，可以沤菅。彼美淑姬，可与晤言？

倘合三首之意，译为一首白话诗，当得下文：

在东门的那个污池里，

浸浸搓绳的草，

浸浸绩线的麻，

我想都可以。

你漂亮的摩登小姐呀，

我可不可以和你攀谈攀谈，

还和你唱道："妹妹我爱你！"

未知贤明之读者以为何如，又鲁迅先生见之以为何如也！

原载《申报·自由谈》，1933年4月23日

---

① 编者注：应为《二心集》，此文有误。

《孔乙己考》及《再谈〈孔乙己〉》

陈子展

孔乙己考

予初读鲁迅先生之《孔乙己》,仿佛描摹吾乡之一"书憨子"。湘中俗话,所谓书憨子,恒指不成器之蹩脚文人。此犹为敬语;稍带嘲詈,则直以"桐油罐""破夜壶"称之矣。予始就学,亦尝学"上大人孔乙己"之描红书,塾师盖书憨子之流,固较孔乙己高一等。及读《孔乙己》,以此诨名称八股文人一流之废物,视书憨子、桐油罐、破夜壶诸种,则远鄙倍,益隽妙矣。顷从友人芝冈先生读书手册,借抄明人叶盛《水东日记》一条云:"上大人,丘乙己。化三千,七十士。尔小生,八九子。佳作仁,可知礼。尚仕由山水,中人坐竹林。王生自有性,平子本留心。王子去求仙,丹成入九天。山中方七日,世上已千年。以上数话,凡乡学小童,临仿字书,皆昉于此,谓之描朱。尔传我习,几遍海内,然皆莫知所谓。或云仅取字画简少,无他义;或云义有了了可解者,且有所出也。"此所称丘乙己,即孔乙己,孔子名丘,不待注释也。明人初学,即习此描红书,而不知其语从何出。《敦煌掇琐》中辑,教育类有一条云:"上大人,丘乙己。化三千,七十二。女小生,八九子。牛羊万,曰舍屯。(编者眉批云,以下字迹模糊不可读。)"可知此一描红语诀,由来甚古,盖远在唐宋以前已有之欤?而孔乙己为不朽矣。

原载《申报·自由谈》,1933 年 5 月 20 日

再谈《孔乙己》

前作《孔乙己》，列入《蓬庐絮语》。谓此描红语诀，在唐宋前即有之。顷得若璋先生自其所著《屏俗讨源》抄寄"上大人"一条，益足证予前说之不谬矣。撮要如次：

> 梁章巨浪迹续谈引传灯录云，或问陈尊宿，如何是一代时教。陈曰，上大人，丘乙己。五灯会元载郭功甫谒白云，云曰，夜来枕上作个山颂谢功甫大儒，乃上大人，丘乙己，化三千，七十士。尔小生，八九子，佳作仁，可知礼也。公初疑，后闻小儿诵之，乃有省。据此则唐宋时已有此语矣。祝枝山猥谈解其义云，此孔子上其父书也。上大人为一句。孔为一句，乃孔子自称也。一己化三千七十士尔为一句，言一身所化士有如此数也。小生八九子佳为一句，盖八九乃七十二，言三千人中七十二人更佳也。作仁可知礼又为一句，作犹为，仁与礼相为用，七十子善为仁，其于礼可知也。

唐宋塾师之生活未知何似，然自此一训蒙之描红语诀视之，其学蕴俭陋可知，似与鲁迅先生所描写之孔乙己相去不远也。吾乡农民扮演之俗剧有张糊涂一种，一题张先生讨学钱，此亦描写旧时代之蹩脚文人者，张糊涂盖亦孔乙己之流也。张糊涂自述其塾师生活云：

> 在上辞别孔夫子，两旁又辞众贤人。
> 为人教书真难事，最不值钱臭斯人。
> 教书说难真正难，蓝衣坐白背坐弯。
> 一直教到十月满，好的学东把钱还。
> 坏的学东反胡说，先生带着学生顽。
> 读完四书与五经，满腹文章记在心。
> 虽然不是读书种，也在拿书教学生。
> 正月里，是新春，家家户户去接灯。

使先生和后生相印

> 学东接我观灯去,又怕玷辱我斯文
> 二月里,是花朝,学东接我把馆教。
> 他问学钱要多少,我说一百也不多,
> 八十也不少,升半大米我也要。
> 三月里,是清明,家家户户上祖坟。
> 学东接我去踏青,南瓜炖肉待先生。
> 四月里,四月半,学东接我去吃饭。
> 酒肉鱼虾吃一餐,还送几只盐鸭蛋。
> 五月里,是端阳,教书先生回了乡。
> 个个学东送节茶,送我几条老黄瓜。
> 六月里,是伏天,教书教得汗涟涟。
> 学钱只有六十文,倒要先生教一年。
> 七月里,七月七,教书只有一枝笔。
> 五经四书我不知,三字经上我第一。
> 八月里,是中秋,教书先生到了头。
> 学东个个把节拜,每人带块月饼来。

此剧即借糊涂先生之口,写出塾师之假斯文,寒酸相,苦生活。曲既诙谐有趣,亦于若辈村夫子予以不少之同情。盖塾师与农民接近,故在农民剧中犹非十分敌视之人物。当国民革命军初起时,各地农民协会类皆有小学教师参加,亦以小学教师与农民最为接近,同属被支配阶级,其在经济地位上亦略相当也。张糊涂孔乙己流之塾师时代早已过去,今之小学教师当知所以自勉矣。

原载《申报》,1933 年 8 月 14 日

"立此存照"解

陈子展

有一个青年朋友看见黎烈文氏主编的《中流》半月刊创刊号,他说:"这个杂志连补白的东西都好。"

我说,"你怎么见得?"

"你见署名晓角的《立此存照》两条不是很深刻老辣的东西么?我们看报轻轻看过的小新闻,他偏偏寻出大道理来,轻轻巧巧的剪下,尖尖锐锐的批评几句。古人论文说是一针见血,寸铁杀人,不是这种东西吗?"

"对的,很对!"我点头笑了。

"'立此存照'这标题也很好,不过我只心知其意,究竟作什么解释?显然现出了一个青年人处世经验的不够,至少他关于债权债务方面的经验不免缺乏。"我还没有回答,他又继续的问道:"这句话有什么出典没有?"

"出典是有的,或许作者晓角并不留意到这个出典。"

"什么出典?"

"这个出典有近的,有远的。好,就从近的说罢。在一部清人小说里,忘记了作者的姓名,说是赵㧑叔在江西等候做知县的时候,等了许久,还不到手,他的名士老脾气又发了,开口动笔,不免骂人。有一次,有一个道台拿着自己穿了礼服的画像请他题诗,他便提笔写道'孔雀其翎,红顶其帽,恐后无凭,立此存照'。那位道台老爷看呆了,哭笑不得。这'立此存照'四字是借用的,含有尖刻

使先生和后生相印

的讥讽的意味。"

"原来是怎样用的呢?"

"这就说到这个出典的远处了。这本来是契约上常用的话头,追根溯源,倒很古远,如今所存古代契约一类的文章,除了汉晋之间,王褒僮约,石崇奴券,杨绍买地别以外,都是三十多年前甘肃敦煌石窟发见的李唐五代的契约文,在这种契约文的券尾,每每写着'恐人无信,故立此契,用为后凭。'或是'恐人无信,故立此契,两共手章书纸为记'。'恐后无凭,故立此契,用为验耳。''恐人无信,故立此契我后凭。''恐人无信,故勒私契,用为后凭。''恐后无凭,故立此为契,字为定。''恐人无信,设立此契,用为后验。'……现在所用契据文的结尾,如用'今欲有凭,立此文契一纸　付某某永远收执为据''恐后无凭,立此某券存照。'……尤以仅用'立此存照'这句简括的话为多,正和古代的相差不远,可以看见古今契约文体的一点嬗变的痕迹。至于晓角先生所用'立此存照'那个题目只是借用的。因为借用,故意用在不甚切合的地方,又好像很切合,出人意料,令人会意,所以有趣,好笑。这个凡是善于讥讽诙谐的作家,每每欢喜用这类修辞的手法。又,这种借用,似乎也是引用辞格的一法,我以为不妨称为借引。这借引的名辞如何成立,我想不必注册专利,准许修辞学家自由采用。"

"哦,我懂得了。立此存照,题目就很可玩味。"

我们的谈话,就此结束,那个青年告别,走了。

原载《星洲日报》,1936 年 10 月 5 日

谈谈《阿Q正传》的艺术特色

——1981年9月12日在日本大阪外国语大学的一次报告

蒋孔阳

任何一部伟大的作品,它的艺术特色的形成,都不是偶然的,而是由各种因素因缘汇合而成。其中主要的有三点:①文学的历史传统;②时代风云的影响;③作家个人的理想和禀赋。鲁迅的《阿Q正传》之所以能在中国的新文学史中取得突出的艺术成就,也和这三方面的因素分不开。首先,鲁迅和中国小说的历史传统,就结有不可分解之缘。早在三味书屋读书时,他已经在隔着纸临摹中国旧小说的图像。以后,他又专门研究过中国古代的小说。他辑录过《古小说钩沉》《唐宋传奇集》等资料,讲授和撰述过《中国小说史略》等专著。这说明鲁迅对于中国古代的小说,是积之有素,修养甚深的。它们对于《阿Q正传》以及其他小说的创作,不能不打下深刻的烙印。其次,《阿Q正传》写成于五四的革命潮流方兴未艾之际,当时国际的风云和西方小说的影响不断高涨地向中国袭来。鲁迅不仅受到了冲击,而且他走在时代的前面热烈地欢迎这一冲击。拿西方的小说来说,他还在留学日本的时候,就读过很多俄国、东欧以及其他国家的小说,并且作过翻译介绍。这样,西方小说无论在内容或形式方面,都曾对他产生过强大的影响。他的第一篇小说《狂人日记》,就是在果戈理同名小说的影响下写成的。他自己就说,他之所以能够写小说,"大约所仰仗的全在先前看过的百来篇外国作品和一点医学上的知识,此外的准备,一点也没有"①。

  中国古代小说的基础,加上西方小说的影响,给鲁迅小说的艺术创造确定了方向,即一方面是中国的,具有浓厚的民族风格;另一方面又是现代的,闪耀着五四以来革命的光辉。那就是说,他的小说虽然是中国的,但又不同于旧小说,而是为中国小说的发展开辟了一个新的历史阶段。中国的新小说,是从鲁迅开始的。但是,这还只能说明鲁迅小说的历史地位,而还不足以说明他的小说那种独创的艺术特色。艺术的美,来自于艺术家作为"人"的本质力量在艺术形象中的外射。那就是说,艺术家本身的理想和抱负,他的气质和修养,决定了他的作品的艺术特色。鲁迅的个性特征,他的理想和抱负,都是十分鲜明的。他那"我以我血荐轩辕"的爱国主义热情,他那"大胆地看取人生并且写出他的血和肉来"②的现实主义精神,他那"意思是在揭出病苦,引起疗救的注意"③的启蒙主义理想,都像血液流注在人体中一样流注到了他的作品中去,从而形成了他的小说独特的艺术的美,独特的风格和特色。《阿Q正传》是他的代表作,因此,这种风格和特色表现得最为明显。现在,我想从三个方面来作一些粗略的探讨。

  第一,清醒的现实主义和"白描"的艺术手法。

  早在战国时期,韩非子就曾经谈到画鬼容易画狗难④的问题。的确,在艺术上,要把真实的生活如实地描绘出来,要比任意的想象和鬼画符困难得多。一个作家,能够用清醒的眼光来观察周围的现实生活,并将之如实地描绘出来,尤其不容易。在西方,是从文艺复兴以后,文艺方才逐步地从中世纪的蒙昧和黑暗中解放出来,开始带有了作者自觉的个性的色彩。但是,真正能够用清醒的现实主义的眼光来观察和描绘现实生活的,还得等到19世纪批判现实主义的

---

  ①③ 《我怎么做起小说来》,见《南腔北调集》。
  ② 《论睁了眼看》,见《坟》。
  ④ 《韩非子·外储说》:"客有为齐王画者。齐王问曰:'画孰最难者?'曰:'犬马最难。''孰易者?'曰:'鬼魅最易。夫犬马人所知也,旦暮罄于前,不可类之,故难。鬼魅无形者,不罄于前,故易之也。'"

一些大师,如像司汤达、巴尔扎克、果戈理、托尔斯泰等。中国文学,长期以来沉陷在封建文艺当中,大多数是鲁迅所说的"瞒和骗",只有极少数杰出的代表,如像《儒林外史》和《红楼梦》,可以算得上是清醒的现实主义作品。五四以后,人们开始从封建的迷信当中挣脱出来,因而现实主义的文艺开始在中国取得胜利,其中最杰出的代表就是鲁迅。他一再号召人们要正视惨淡的人生,要睁开朦胧的醉眼,要敢于清醒地看取周围的现实。他的小说,就具体地实现了他自己的主张。他跨越了当时风靡一时的浪漫主义的感伤情绪,用最清醒的眼光分析、解剖和描绘了当时中国的现实生活。因此,他的小说可以说是真正的清醒的现实主义。

所谓清醒的现实主义,我认为至少包括两层意思:其一是清醒的,而不是模糊的。那就是说,作者对于他所描绘的现实是清楚的,有明确的认识和看法;其二是现实的,而不是空想的。那就是说,作者既不无中生有,也不任意美化或丑化,而是把现实的真实面貌,如实地反映出来。鲁迅的《阿Q正传》,在艺术的描写上,正具有这样的两个特点。首先,鲁迅对阿Q和他周围的现实,具有十分清醒的认识,他是有意识地要"将旧社会的病根暴露出来,催人留心,设法加以疗治的希望"①。其次,他又不是故意把自己的想法和认识讲出来,而是按照现实生活本身的逻辑发展,如实地描写人物,描写他们之间的关系,从而让现实生活以其本身的力量来打动和教育读者。例如赵太爷不准阿Q姓赵的一段描写,说赵太爷的儿子进了学,报到村里来,阿Q喝了两碗黄酒,便手舞足蹈地说,这于他也很光彩,因为他和赵太爷原来是本家。第二天,地保把阿Q叫到赵太爷家:

太爷一见,满脸溅朱,喝道:

"阿Q,你这浑小子!你说我是你的本家么?"

阿Q不开口。

赵太爷愈看愈生气了,抢进一步说:"你敢胡说,我怎么会有你这样的

---

① 《〈自选集〉自序》,见《南腔北调集》。

使先生和后生相印

本家？你姓赵么？"

阿Q不开口，想往后退了；赵太爷跳过去，给了他一个嘴巴。

"你怎么会姓赵！——你那里配姓赵！"

这段话，作者没有任何的解说，也没有任何添枝加叶的描绘，而只是朴朴素素的，实实在在的，把赵太爷和阿Q之间的一段对话，如实地记录了下来。开始一看，似乎不大可理解：怎么能够禁止一个人姓什么呢？但仔细一想，才体会到这不仅真实，而且说明了作者由于对现实有了极其清醒的深刻的认识，所以他才能够写出这样高度典型化的对话来。首先，它极其真实地反映了赵太爷与阿Q之间压迫与被压迫的关系。阿Q完全处于被压迫的地位，赵太爷对于他，可以毫无顾虑，要怎么办就怎么办。他可以不许阿Q姓赵，他也无须讲什么道理。凭着骂和打耳光，他就可以对阿Q为所欲为。这一情况，在落后的封建社会中，是完全真实的。正是在这样的社会基础上，才可以产生"皇帝"。鲁迅因为对这一社会现实具有清醒的认识，所以他才会描写得如此具体，如此生动。其次，它还极其深刻地塑造了阿Q与赵太爷的典型形象。阿Q一贯处于被压迫的地位，他对赵太爷的"权威"从来没有想到要怀疑，更不敢去怀疑，因此，赵太爷对他无理的侮辱，他既不想到要加以辩驳，也不敢有所开脱，而只能够"不开口"，只能够"往后退"。短短几行字中，鲁迅连着写了两次"阿Q不开口"，这是多么有分量的笔墨！而赵太爷呢？他根本没有想到阿Q也是一个人，也是一个他的同胞兄弟，他只想发挥他的"权威"，只想放纵他那野兽一般地凌驾在别人之上的"权威"，因此，他不仅没有想到要为自己的错误行为负责，而且还振振有词地以他自己的错误行为作为理由去折磨他的同胞兄弟……封建的权力就这样把赵太爷抬到了一个丧尽了人性的统治者的地位。鲁迅看得清，所以写得准，他以他独特的清醒的眼光，看到了人物本质的性格特征以及他们之间的本质的关系，所以他能够以现实主义的方法，如实地塑造了阿Q和赵太爷这两个典型的艺术形象。

这种清醒的现实主义的描写方法，在《阿Q正传》中，可以说到处都是。例如阿Q的两次挨打,就由于作者有清醒的认识,所以两次写来,都能按照生活的实际情形,作了既相同而又不相同的描写。

第一次描写,是写阿Q碰到了假洋鬼子。他老实却又不安本分,禁不住"秃儿,驴……"轻轻地说出来了:

> 不料这秃儿却拿着一支黄漆的棍子——就是阿Q所谓哭丧棒——大踏步走了过来。阿Q在这刹那,便知道大约要打了,赶紧抽紧筋骨,耸了耸肩膀等候着,果然,拍的一声,似乎确凿打在自己头上了。

第二次描写,是在恋爱的悲剧中,当阿Q向吴妈跪了下去,吴妈哭着跑出去:

> 阿Q对了墙壁跪着也发愣,于是两手扶着空板凳,慢慢的站起来,仿佛觉得有些糟。他这时却也有些忐忑了,慌张的将烟管插在裤带上,就想去春米。蓬的一声,头上着了很粗的一下,他急忙回转身去,那秀才便拿了一支大竹杠站在他面前。

这两次描写,共同的地方,是假洋鬼子和赵秀才对阿Q都无所顾忌,要打就打;而阿Q除了挨打之外,也别无任何反应。不同的,则是因为所处条件的不同,因此打和挨打的方式都不同,写法也就不同。第一次挨打,是阿Q自己惹起来的,他知道要挨打,因此作者着力写他准备挨打的姿势。第二次,他并不知道那么快就要挨打,作者只是着力写他神情恍惚的状态,即至"蓬的一声",他才发现自己挨了打,他才看见是谁打了他。这些地方,都说明作者对生活的熟悉,具有清醒的认识,所以他随便写什么,都能符合生活的实际,都能逼真地将生活反映出来,从而给人以深刻的印象。

鲁迅这种清醒的现实主义的描写方法,还表现在心理的描写和分析上。例如阿Q"中兴"之后,从外面回到未庄:

> 据阿Q说,他是在举人老爷家里帮忙,这一节,听的人都肃然了。这老爷本姓白,但因为合城里只有他一个举人,所以不必再冠姓,说起举人来就是他。这也不独在未庄是如此,便是一百里方圆之内也都如此,人们几乎

多以为他的姓名就叫举人老爷了。在这人的府上帮忙,那当然是可敬的。但据阿Q又说,他却不高兴再帮忙了,因为这举人老爷实在太"妈妈的"了。这一节,听的人都叹息而且快意,因为阿Q本不配在举人老爷家里帮忙,而不帮忙是可惜的。

这真是一段相当深刻而又真实的描写。鲁迅用显微镜,不仅把这位举人老爷呼之欲出地给刻画出来了,而且对阿Q周围的那些"听的人"的心理,也毫发毕现地给刻画出来了。他们"都肃然了","都叹息而且快意",鲁迅是以多么清醒的眼光来洞察他们的五脏六腑啊!我们掩卷一想,我们一生当中,不是都仿佛曾经经历过这样的场面吗?好像果戈理在一篇描写地主生活的作品中,曾叹息过:"这世界是多么沉闷啊!"阿Q所生活于其中的世界,又何尝不令人感到窒息式的沉闷呢?阿Q,难道是他自己把自己培养成阿Q的吗?当我们嘲笑阿Q的时候,我们应当想一想,我们自己身上有没有阿Q的影子?我们自己身边还有没有阿Q?

鲁迅小说创作中一个基本的艺术特色就是看得清,抓得准。正因为这样,所以他善于用极其俭省的笔墨,把客观事物的主要特征,很快就描绘出来。这种艺术手法,在中国称为"白描"。《儒林外史》等古典小说,就喜欢用"白描"的手法。鲁迅受了这种影响,也喜欢用"白描"手法。他说:

> 忘记是谁说的了,总之是,要极省俭的画出一个人的特点,最好是画他的眼睛。我以为这话是极对的,倘若画了全副的头发,即使细得逼真,也毫无意思。[①]

鲁迅的《阿Q正传》,很多地方都采用这种"白描"手法。一方面善于抓主要特点,另一方面却又写得神情惟妙惟肖,十分真实。除了上面的一些例子外,我们再举一例。第二章《优胜纪略》,写阿Q赌钱,幸而赢了一次,赢了一堆洋钱,但忽然打起来了,一阵乱,他的钱被抢得精光,"他这回才有些感到失败的痛苦

[①]《我怎么做起小说来》,见《南腔北调集》。

谈谈《阿Q正传》的艺术特色

了"。然而,接下去,鲁迅写道:

> 但他立刻转败为胜了。他擎起右手,用力的在自己脸上连打了两个嘴巴,热剌剌的有些痛;打完之后,便心平气和起来,似乎打的是自己,被打的是另一个自己,不久也就仿佛是自己打了别个一般——虽然还有些热剌剌——心满意足的得胜的躺下了。
>
> 他睡着了。

用自己打自己来取得精神的胜利,固然已经出人意料,构思奇特;而"他睡着了"四个字,尤其是神来之笔,令人叫绝。遭到了那样大的失败,受到了那样大的侮辱,却居然"得胜的躺下",而且"睡着了",这就是真正的阿Q!他的麻木,他的自我欺骗,他的精神胜利法,真是到家了。正因为这样,所以鲁迅特别另起一段,写下这四个字。不用任何多余的描写和议论,阿Q之所以为阿Q,也就一目了然了。

第二,《阿Q正传》另一个艺术上的特色,是悲剧性与喜剧性的结合。

《阿Q正传》本来是为《开心话》做的,所以带一点滑稽、幽默和喜剧味道。而阿Q的命运却又是十分可悲的。他最后被送上了"大团圆",这又不能不说是悲剧性的了。因此,《阿Q正传》的整个风格,可以说是在用喜剧性的笔墨来写悲剧性的命运。然而,这还只是表面的,根本的问题是阿Q性格的本身,既有悲剧性的一面,又有喜剧性的一面,因此反映在艺术的创作上,也就自然地形成了悲与喜相结合的艺术特色了。

鲁迅说:"悲剧将人生的有价值的东西毁灭给人看,喜剧将那无价值的撕破给人看。"①那也就是说,因为人生有价值的东西遭到了不应该的毁灭,所以令人痛心,悲;至于那些表面冠冕堂皇、实际上丑恶的东西,把它们的假面具撕开,使人不仅觉得好笑,而且感到高兴,所以喜。悲和喜,是人生最基本的两种感情。在人生的现实生活中,悲和喜常常是交织在一起、结合在一起的。正好像小孩

---

① 《再论雷峰塔的倒掉》,见《坟》。

子有时哭有时笑,人的一生也是有时悲有时喜的。但是,在文学艺术当中,却常常是将悲和喜分开来表现。写悲的不写喜,写喜的也不写悲。悲剧和喜剧、悲剧家和喜剧家,在西方文学艺术的历史上,常常是分开的,甚至是对立的。

可是中国过去的情况,有些不同。中国过去的戏剧家,常常将悲和喜交错在一起写。关汉卿的《窦娥冤》,应当说是一个悲剧,但却穿插了不少喜剧的场面,结尾也是喜剧性的。至于一些庸俗的市侩小说或戏剧,硬要将悲剧改成喜剧,那更是所在多有。例如《红楼梦》,其超出前人的地方,正在于它的真正的悲剧性。然而却有那么一批人,硬要把它的悲剧性改成喜剧性,成为《红楼圆梦》《红楼续梦》之类的东西。对于这种做法,鲁迅是深恶而痛绝之的。他认为这是害了"十景病"。害了"十景病"的中国,"决不产生一个悲剧作家或喜剧作家或讽刺诗人。所有的,只是喜剧底人物或非喜剧非悲剧底人物"①。

因此,我们说《阿Q正传》的艺术特色之一,是把悲剧性和喜剧性结合在一起,绝不是说它像《红楼圆梦》之类一样,把悲剧的内容硬改成一个喜剧的结尾,或给喜剧的内容硬加上一些悲剧的成分。不是的,我们不是这个意思。我们是说,鲁迅以他清醒的现实主义的眼光,看到了现实生活中悲喜交织的内容,因而如实地反映了这一内容,使他的《阿Q正传》,既充满了悲剧性,也充满了喜剧性。首先,阿Q这个人确实可悲,他的不幸的确是悲剧性的。他的地位那样低下,遭遇又那样悲惨。经济上最后只剩下一条千万不能再卖的裤子,政治上连姓都不准有一个。人生的大不幸,莫此为甚。鲁迅两次写他的"优胜纪略",其实都是"失败纪略"。他的所谓"中兴",也完全是假的,而且是昙花一现的。他很快地走到了"末路",走到了"大团圆"。这样一个命运多舛的人,如果是一个十足的坏蛋,那也活该。然而阿Q又不是那么一个坏人,他是一个地地道道的劳动人民:"割麦便割麦,舂米便舂米,撑船便撑船",而且,"真能做"。他虽然有很多严重的缺点,甚至有像欺侮小尼姑那样极其恶劣的行为,但他毕竟没有做

---

① 《再论雷峰塔的倒掉》,见《坟》。

谈谈《阿Q正传》的艺术特色

过什么伤天害理的事。相反的,他处处吃亏,处处挨人的整。正因为这样,所以他的不幸的命运能够引起人的同情,他的不幸和"大团圆",令人悲。

然而,另一方面,和他的不幸的命运极不相称的,却是性格中存在着那么多令人可厌、可恨甚至可恶的东西。他妄自尊大,不肯承认自己不幸的处境,常常要摆出"先前阔"或者"我的儿子会阔得多啦"之类的自欺欺人之谈。他还不能正视现实,喜欢讳疾忌医。自己头上明明长有癞疮疤,可就是不肯承认癞疮疤。至于他的精神胜利法,就更不用谈了,完全是打肿脸充胖子,用血泪糊成的哈哈镜。不仅令人可笑,而且令人可悲。阿Q的命运是悲剧性的,但却常常表现为喜剧性的情节,这就是由他性格本身的缺点所决定的。正因为这样,所以鲁迅在写《阿Q正传》时,从头到尾,都采用了以带有喜剧性的游戏笔墨,来描写一个沉痛的令人同情和哀怜的悲惨故事,从而使它具有独特的悲剧性与喜剧性相结合的艺术特色。

关于这点,我们可以举两个例子来说明。一是他挨了打,还自以为得到了胜利,心里想:"'我总算被儿子打了,现在的世界真不像样……'于是也心满意足的得胜的走了。"

阿Q想在心里的,后来每每说出口来,所以凡有和阿Q玩笑的人们,几乎全知道他有这一种精神上的胜利法。此后每逢揪住他黄辫子的时候,人就先一着对他说:

"阿Q,这不是儿子打老子,是人打畜生。自己说,人打畜生。自己说,人打畜生!"

阿Q两只手都捏住了自己的辫根,歪着头,说道:

"打虫豸,好不好!我是虫豸——还不放么?"

但虽然是虫豸,闲人也并不放,仍旧在就近什么地方给他碰了五六个响头,这才心满意足的得胜的走了,他以为阿Q这回可遭了瘟。然而,不到十秒钟,阿Q也心满意足的得胜的走了,他觉得他是第一个能够自轻自贱的人,除了"自轻自贱"不算外,余下的就是"第一个"。状元不也是"第一个"么？"你算是什么东西"呢？

这里，阿Q的性格以及鲁迅的描写，都是非常喜剧性的。一个人被人欺侮到那样的程度，还自以为第一个能够自轻自贱，因而以这"第一个"为骄傲，岂不十分可笑？因而完全是喜剧性的。然而，我们掩卷一想，古人说"哀莫大于心死"，阿Q处于这样被压迫的地位，竟至麻木到不觉得自己在受压迫，难道这还不是"心死"吗？人生的悲哀，难道有更甚于此的吗？

另一个例子，是他被判死刑"大团圆"的时候：

> 于是一个长衫人物拿了一张纸，并一支笔送到阿Q的面前，要将笔塞在他手里，阿Q这时很吃惊，几乎"魂飞魄散"了：因为他的手和笔相关，这回是初次。他正不知怎样拿，那人却又指着一处地方叫他画花押。
> "我……我……不认得字。"阿Q一把抓住了笔，惶恐而且惭愧的说。
> "那么，便宜你，画一个圆圈！"
> 阿Q要画圆圈了，那手捏着笔却只是抖。于是那人替他将纸铺在地上，阿Q伏下去使尽了平生的力画圆圈。他生怕被人笑话，立志要画得圆，但这可恶的笔不但很沉重，并且不听话，刚刚一抖一抖的几乎要合缝，却又向外一耸，画成瓜子模样了。

无辜地冤枉地被送上"大团圆"，这是悲剧。然而阿Q并不意识到这悲，他还生怕被人笑，立志要把圈画得圆，把自己的生命稀里糊涂地送掉，这又不能不说是喜剧。阿Q命运的悲剧性和他性格的喜剧性结合在一起，就产生了《阿Q正传》悲剧性与喜剧性相结合的艺术特色。

第三，夹叙夹议和抒情的政论性，是《阿Q正传》的另一个艺术特色。

鲁迅写小说，是有明确的目的的，他绝不是为写小说而写小说。他要用小说来"揭出病苦，引起疗救的注意"，他要用小说来"改良这人生"。因此，他是有话要说，有意见要发表，然后才写小说的。正因为这样，所以他在写作的过程中，常常情不自禁地把自己的一些想法，一些议论，灌注进作品中去了。其结果，一是造成了夹叙夹议的一种独特的艺术描写的方法，二是作品中充满了抒情的政论性的艺术特点。

《阿Q正传》中,到处都是夹叙夹议,即是一方面加以叙述描写,一方面又不断地加以评论。例如阿Q与王胡打架的一场:

> 有一年的春天,他醉醺醺的在街上走,在墙根的日光下,看见王胡在那里赤着膊捉虱子,他忽然觉得身子上也痒起来了。这王胡,又癞又胡,别人都叫他王癞胡,阿Q却删去了一个癞字,然而非常渺视他。阿Q的意思,以为癞是不足为奇的,只有这一部络腮胡子,实在太新奇,令人看不上眼。他于是并排坐下去了,倘是别的闲人们,阿Q本不敢大意坐下去。但这王胡旁边,他有什么怕呢?老实说:他肯坐下去,简直还是抬举他。
>
> 阿Q也脱下破夹袄来,翻检了一回,不知道因为新洗呢还是因为粗心,许多工夫,只捉到三四个。他看那王胡,却是一个又一个,两个又三个,只放在嘴里毕毕剥剥的响。
>
> 阿Q最初是失望,后来却不平了:看不上眼的王胡尚且那么多,自己倒反这样少,这是怎样的大失体统的事啊!他很想寻一两个大的,然而竟没有,好容易才捉到一个中的,恨恨的塞在厚嘴唇里,狠命一咬,劈的一声,又不及王胡响。
>
> 他癞疮疤块块通红了,将衣服摔在地上,吐一口唾沫,说:
>
> "这毛虫!"
>
> "癞皮狗,你骂谁?"王胡轻蔑的抬起眼来说。
>
> 阿Q近来虽然比较的受人尊敬,自己也更高傲些,但和那些打惯的闲人们见面还胆怯,独有这回却非常勇武了。这样满脸胡子的东西,也敢出言无状么?
>
> "谁认便骂谁!"他站起来,两手叉在腰间说。
>
> "你的骨头痒了么?"王胡也站起来,披上衣服说。
>
> 阿Q以为他要逃了,抢进去就是一拳,这拳头还未达到身上,已经被他抓住了,只一拉,阿Q跄跄踉踉的跌进去,立刻又被王胡扭住了辫子,要拉

到墙上照例去碰头。

"君子动口不动手!"阿Q歪着头说。

王胡似乎不是君子,并不理会,一连给他碰了五下,又用力一推,至于阿Q跌出六尺多远,这才满足的去了。

以上一段,写得非常生动。作者一方面叙述阿Q和王胡是怎样打起来的,以及打起来后又怎样;另一方面则对阿Q的每一个行动都给以评论,说明阿Q为什么会这样做。就在这既叙述又评论的过程中,阿Q性格的典型意义,格外鲜明地突出出来了。由于叙述和描写,所以阿Q的形象活生生地活了起来;由于评论和议论,所以阿Q性格的一些微妙之处,以及心理的活动过程,我们可以更深入地理解。像这种把议论夹杂在叙述当中的写法,议论不仅没有游离在情节与性格之外,而是变成了情节与性格的有机的组成部分,更深刻地揭示了人物性格的发展。

鲁迅不仅用夹叙夹议的方式来描写阿Q的形象,而且有时直接走进作品中去,发出一些议论。这些议论,充满了作者自己的感情,因此是抒情的;同时它们又是针对社会的痼弊而发的,因此具有强烈的政论性的特点。例如赵太爷打了阿Q一个耳光,不准他姓赵之后,鲁迅跟着就发挥了一通议论,说:

说也奇怪,从此以后,果然大家也仿佛格外尊敬他。这在阿Q,或者以为因为他是赵太爷的父亲,而其实也不然。未庄通例,倘若阿Q打阿八,或者李四打张三,向来本不算一件事,必须与一位名人如赵太爷者相关,这才载上他们的口碑。一上口碑,则打的既有名,被打的也就托庇有了名。至于错在阿Q,那自然是不必说。所以者何?就因为赵太爷是不会错的。但他既然错,为什么大家又仿佛格外尊敬他呢?这可难解,穿凿起来说,或者因为阿Q说是赵太爷的本家,虽然挨了打,大家也还怕有些真,总不如尊敬一些稳当。否则,也如孔庙里的太牢一般,虽然与猪羊一样,同是畜生,但既经圣人下箸,先儒们便不敢妄动了。

这段议论,是一种心理的分析,也是一种社会的批判,它入木三分地揭示了产生阿Q这一典型性格的典型环境。就是因为有这样的典型环境,有这样的未庄,才会产生那样麻木、那样稀里糊涂,而又那样不争气的阿Q!他们这些人,从来没有用清醒的眼光来看一看周围的现实,因此他们对周围的明显的事实都是视而不见,自然谈不上明辨是非了。他们的脑子中根本没有是非的观念,他们有的只是对于"权威"如赵太爷之流的盲目崇拜。这样,当赵太爷虐待和欺侮他们的兄弟阿Q的时候,他们都成了帮凶。鲁迅的这一段议论,是那样清醒,那样深刻,深深地打中了未庄那个社会根深蒂固的毛病,因此具有社会批判的性质,带有浓厚的政论性。而当鲁迅发出这些议论的时候,他的心情是那样的沉重,充满了炽烈的感情,因此这一议论的本身又是充分地抒情的。正是这种抒情的政论性的特点,使鲁迅的《阿Q正传》像火一样地灼人,像刀刃一样地锋利,具有独特的战斗性的艺术特色。

关于《阿Q正传》的艺术特色,简单地谈到此地为止。我还想补充一点的,是文艺作品的艺术特色,都具有强烈的个性色彩,不仅不同作家具有不同的艺术特色,甚至同一作家的不同作品,也各自具有不同的艺术特色。例如鲁迅的《祝福》,就完全是悲剧性的,并不具有《阿Q正传》那种悲、喜相结合的艺术特色。又例如《风波》,就以叙述描写为主,而并不像《阿Q正传》一样,具有那么多夹叙夹议的地方。

1981年10月整理

原载《文艺理论研究》1982年第1期

《朝花夕拾》的艺术

潘旭澜

在鲁迅的二十来个创作集里,《朝花夕拾》并不是最重要的集子。所以,在数量繁多的鲁迅研究论著中,谈论它的,相对而言,就很少。不但远远不如小说、杂文,而且也不如散文诗、诗歌。然而,《朝花夕拾》自有它独特的认识价值、思想意义和艺术成就,这是鲁迅其他任何一个创作集所不能包括和代替的。

《朝花夕拾》,鲁迅自己说它是"从记忆中抄出来的""回忆文"。(《朝花夕拾·小引》和《三闲集·鲁迅译著书目》)这是写于1926年2月至11月的10篇叙事散文。它们以作者本人的经历为线索,前7篇是回忆童年在家里生活和在私塾里上学的情景,后三篇记述从绍兴到南京读书,又到日本留学,然后回到绍兴任教的见闻与感受,各篇之间有一定的连续性,但又各自独立完整。

从鲁迅的童年到青年,也就是《朝花夕拾》所记述的二十多年里,帝国主义的侵华战争,中国国内的重大政治事件,都接连不断。《朝花夕拾》并没有直接去描绘这些战争和事件。它所写的都是作者自己经历过的、目睹耳闻的事情,甚至是一些无关紧要的琐事,诸如童年对猫和鼠的好恶,得到一部绘图的《山海经》的经过,看一位长辈所赠的《二十四孝图》时的想法,去看五猖会之前先要被迫背书,看迎神赛会中的无常,从家里的园子玩到进私塾读书,父亲生病求医和病亡时的种种情形,决心离家去南京求学的缘由以及在洋务学堂里的形形色色。到日本留学,这是较大的事情了,但也只是写受到某些日本同学的歧视和一位对中国人民怀着友好感情的老师的关切。即使涉及辛亥革命的篇章,也没有写武装起义或革命中心的政治风云,而是写绍兴县城里一个知识分子的遭遇。作品写到的人物,诸如阿长、"我"的父亲、闰土的父亲、寿怀鉴、某名医、陈莲河、衍太太、藤野先生、范爱农等人,都不是有重大影响的著名人物,既不是叱咤风云的英雄,也不是什么大奸巨恶,只不过是一些普普通通、平平常常的人,纵使不尽是默默无闻,也不过是在一个县城以及附近有些名气的中医,一所医学专科学校里不受重视并且有点寒酸的教授罢了。

然而,《朝花夕拾》这些叙事散文,如同鲁迅的小说一样,善于"以插曲表现大的事件"(法捷耶夫:《论鲁迅》),以生活琐事反映社会面貌,以个人遭遇抒写时代风云。一个小孩子,从长辈那里得到的第一个画图本子,竟是《二十四孝图》。这里不仅有荒诞不经的《哭竹生笋》《卧冰求鲤》,还有"将肉麻当作有趣","以不情为伦纪,诬蔑了古人,教坏了后人"的《老莱娱亲》,更有宣扬违反人性、沽名钓誉而居然得到"天赐黄金"的《郭巨埋儿》(《二十四孝图》)。儿童入了私塾,有问题不可以问,只能极其枯燥沉闷地一味放开喉咙读书,不知所云地读着《论语》《幼学琼林》之类的封建教条(《从百草园到三味书屋》)。这里所反映出来的,固然是儿童教育、封建教育制度方面的问题,同时也反映了其他一些上层建筑的荒谬、不合理、背逆历史潮流,甚至也反映了整个社会的停滞、沉闷、缺乏生气。《琐记》里所写的,水师学堂的游泳池,因为淹死了两个年幼的学生,便填平造上关帝庙,让"伏魔大帝关圣帝君"来镇压,并且每年7月15日总请和尚来放焰口、捏诀、念咒;以及矿路学堂的凄凉景象,煤矿里掘出来的煤,只能供烧两架抽水机,矿里积水半尺深,几个矿工"便在这里面鬼一般工作着"。这些完全说不上重大事件的生活图景,却极为生动、有力地表现了:半封建半殖民地的中国,不作根本的变革和彻底的改造,无论"洋务运动"或者"维新变法",都必然只能以失败、破产告终。还有像《范爱农》,一个不知名、穷愁潦倒的知识分子的遭遇,对于偌大的中国,看起来无足轻重。但是,这个热烈拥护辛亥革命,在绍兴光复时脸上出现从来没有见过的笑容,办事兼教书"实在勤快得可以",为人正

使先生和后生相印

直的范爱农,在辛亥革命后仅仅9个月,便先是被孔教会会长的校长设法去掉了学监的职务,又成了革命前的样子,接着,"景况愈穷困,言辞也愈凄苦",再后便各处飘浮,最后"落水"死去了。虽然,范爱农是知识分子,阿Q是农民,但是前者的"落水"而死,常常使我不禁想到后者的"大团圆"。这不也是从另一个角度反映了辛亥革命没有成功,未能完成应该由它来完成的任务么?其他各篇,也都有这种"以小见大"的特点。

要做到以小见大,必须"选材要严,开掘要深"(《二心集·关于小说题材的通信》)。首先是选择具有典型意义的人和事,选择具有典型意义的生活现象,否则,就会成为陈年流水账,成为生活丛林中干枯、杂乱的落叶堆。反对使散文成为"小摆设"的鲁迅,为什么在自己的散文里,都写这么一些远非重大事件的经历和见闻;为什么要"重提"这些上不了历史的"旧事"?原来,他是在沙里淘金。所以,这些看来似乎材料随手拈来、信笔所之的散文,是经过长期酝酿,比较周密的计划,对大量素材进行严格的选择的。经过严格选择来的材料,还要作深入的开掘,使其所蕴含的内在的意义,充分地显示出来。唯其如此,鲁迅能以仅仅三万余字的篇幅,生动而又深刻地反映近代史上一个重要阶段的中国社会生活面貌若干侧面,提供了许多为各种历史著作所没有提供的东西。

事离不开人,事和人总是联系在一起的。因此,叙事散文虽然和短篇小说不同,但它必然要写人。《朝花夕拾》无论写一件事情的始末或演变的作品,或者着重写某一人物的作品,所有的各式各样的人物,都只是从与"我"发生联系这个角度来写的。像范爱农、藤野先生、阿长等人是写得较为完整的,像父亲、寿怀鉴、某名医、陈莲河、衍太太等人则写得并不完整。由于《朝花夕拾》是一本有连贯性的散文集,有些人物,作者能采用《史记》纪、传中常用的"互见"的办法。既可以从若干侧面或层次去描写值得写的人物,运用时又自由灵活,适合于散文——特别是题旨不在于写某一人物的散文的特点。

《朝花夕拾》写人,总是将他们放在一定的时代与社会背景之中,注意把握和表现他们与时代、社会的内在联系。如果《藤野先生》没有写出当时中国是一个落后的弱国,某些充满狭隘的民族偏见的日本学生是如何歧视中国留学生,那么藤野对中国人民的真挚的友好感情,他"希望新的医学传到中国去"的美好的愿望,就不易表现出来,至少不能像我们所看到的这么动人,从而,也就不可能像我们在这篇作品里看到的那样可敬、可亲,作者对这位老师的感念也就大半失去依据。其他作品中的一些人物,也都是这样。

同《呐喊》《彷徨》一样,《朝花夕拾》里描写人物,经常是抓住一些特征非常鲜明的东西,以洗练的笔触去勾画,使其神情毕肖。你看那位三味书屋的私塾先生寿怀鉴罢。学生放开喉咙读书的时候,他也大声朗读着《李克用置酒三垂岗赋》。作者真实、准确地将这位老先生朗读时自己加上去的尾音"呢……""噫""嗬……"写上去,简直是点石成金。不但使读者知道老先生在读什么,而且使人从无声的文字里听到了那抑扬顿挫的音调,还使人听出他深为激赏的心情。接着,鲁迅进一步写道:"我疑心这是极好的文章,因为读到这里,他总是微笑起来,而且将头仰起,摇着,向后面拗过去,拗过去。"寥寥数笔,若不是体察入微,是根本写不出的。当老先生读得入神的时候,竟连学生们由"人声鼎沸"到"静下去了",在下面各搞各的"小动作"也全未发觉。于是,这位老先生的思想、性格就和他读书时的声调、姿态、神情一起,久远地活在读者心上。然而这段写得绘声绘影、穷形尽相的文字,即便连有关的下文都算上去,也不过三百多字。再看看衍太太。鲁迅在《父亲的病》末了写她"精通礼节",在"我"的父亲病危时,向他们一家布置了不少封建迷信的玩意儿,当病人即将断气时,又迫使"我"快叫唤,而且还要大声,当受到烦扰的病人觉得紧张和痛苦时,她还一个劲地催促:"叫呀!快叫呀!"使"我"不得不直叫到病人咽了气。不论是出于什么用心,她迫使年幼无知的"我"干这样的蠢事,都成为"我"终生的遗憾,"觉得这却是我对于父亲的最大的错处"。到了《琐记》里,作者进一步描写这个人物。她对于自己的儿子管得很严,而对别家的孩子则是完全不同的一种态度。别的邻居阻止孩子们吃冰,她则"和蔼地笑着",怂恿孩子们比赛,"看谁吃得多"。她将画着男女性交的画塞给"我"看,然后和她的丈夫大笑起来。她怂恿孩子们比赛打旋

使先生和后生相印

子,不停地加油叫好,弄得有个上当的孩子跌倒了,正好这孩子的婶母走进来,她马上变成另一副腔调,说是不听她的话才这样。后来竟然唆使"我"偷家里的东西去变卖来吃、用,而"我"并没有照她的教唆去做,她却放出流言,"说我已经偷了家里的东西去变卖了"。作者把握了衍太太为人的主要特征,通过几件事情,步步深入地解剖,将这个外表宽厚可亲,内心却非常奸险恶毒的女人的人品心性高度传神地揭示出来。我认为,衍太太是一个写得非常生动、深刻,具有高度典型意义的人物,在许多两面派、教唆犯、流言家身上都可以看到她的影子。这在写真人真事的散文中,更是难以达到。然而,作者写这个人物,总共只用了一千字左右的篇幅,这是多么令人赞叹的大手笔呵。

阿长、范爱农、藤野先生不但着笔较多,而且各自都是一篇的主要人物。这里只谈谈阿长。作者不但对她作了较为全面的介绍,而且通过几件互不关联的事情描绘了她的性格。在《狗·猫·鼠》里已先写了她踏死"我"心爱的隐鼠。到《阿长与山海经》,又采用先抑后扬、前后呼应的手法来写她。开头写她"喜欢切切察察",低声絮说什么时"还竖起第二个手指,在空中上下摇动,或者点着对手或自己的鼻尖"。对"我"管得很严,拔一株草都说是顽皮,动不动就要告诉家长。夏天睡觉又在床上写"大"字,挤得"我"没有翻身的余地。这些真切生动的细节描写,都带着明显的贬义。接着写她元旦清早给"我"的磨难。这些"古怪的仪式"虽然是出于善良的动机,但因"烦琐之至","非常麻烦",使"我"至今还记得很清楚。再来,写她讲"长毛"的故事,更进一层地写她缺点。当"我"以为她长得很丑,倘若"长毛"来,一定最安全了,她却反驳道:

"那里的话?!"她严肃地说,"我们就没有用处?我们也要被掳去。城外有兵来攻的时候,长毛就叫我们脱下裤子,一排一排地站在城墙上,外面的大炮就放不出来;再要放,就炸了!"

这些话表现了十足的愚昧和阿Q精神。"不料她还有这样伟大的神力。"虽然是写"我"童年的感想,但更是尖锐的讽刺和批判。到这里,作者才掉转笔锋写买《山海经》——也就是这篇散文要着重写的一件事。"我"念念不忘,渴望得到绘图的《山海经》。可是,谁都"不肯真实地回答我"。只有阿长,虽然她根本不知道《山海经》是什么,"我"原也认为对她说也无益,所以向来没有同她说过。但她却自己主动来问,并且在她告假回来时,一见面就高兴地说:"哥儿,有画儿的'三哼经',我给你买来了!"这件事,充分表现了她对孩子的心思观察得多么细致,对孩子的愿望是那么体贴,为了满足孩子的正当愿望又是那样认真、郑重其事。以至"我"惊喜、激动得"似乎遇着了一个霹雳,全体都震悚起来"。于是,"我"对她有了新的看法:"别人不肯做,或不能做的事,她却能够做成功。她确有伟大的神力。谋害隐鼠的怨恨,从此完全消灭了。"透过天真的儿童心理,对她身上美好的质素的赞扬是何等热烈和真挚! 作为一个连真正的姓名都很少有人知道的下层劳动者,她善良、真诚、热爱和关心孩子。她思想、性格上有很多消极、落后的东西,是封建思想毒害的结果,与其说是她的过错,不如说是她的不幸。前面所说的作者的讽刺和批判,既是对她身上的消极、落后的东西,也是对着造成这些消极、落后东西的统治思想和社会制度。《阿长与山海经》等文这样写阿长,使我想起中国史传文学中"不虚美""不掩善"的主张。我认为,这既是一种尊重事实、实事求是的科学态度,也是与现实主义精神相通的。《朝花夕拾》不是史传文学,但作为写真人实事的散文,这样来写人物,无疑是应该肯定的。而且,对于文学创作中,描写较为复杂的性格,避免将人物简单化、绝对化,也是有益的经验。

由于以鲁迅自己的经历为线索,《朝花夕拾》写得最多的自然是"我"。这部散文集为人们提供了关于作者的家庭、童年、少年、青年的许多真实的资料。然而,它绝不是简单地叙述作者所经历的外在生活现象,而是透过外在的生活现象,描述了"我"从童年到青年的心灵的历程。这种心灵的历程和外部经历既一致又不一致。所以一致,是因为心灵的一切变化,都是客观事物所决定的,由周围环境所引起的。所以不一致,是因为主观世界与客观世界两者变化发展的不平衡。生活中有这样的情况:一个人生活中发生了一件比较重要的事,但对他的心灵的影响却不大;相反,有的在生活中并不重要的事,却在心灵中发生了较大的影响。鲁迅也没有在这些"回忆文"中寸步不遗地描述自己的心灵历程,而是只描述、抒写了其中的若干典型感受。《从百草园到三味书屋》那段经常被人们引用的关于百草园的文字(即"不必说碧绿的菜畦……色味都比桑椹要好得远"),的确是诗意浓郁的杰作。为什么作者能把一个普普通通的园子的景物写得那样美好,那样富于诗情画意呢?我想,这固然是由于作者体物入微,能够发现生活中为别人所不注意因而没有发现的美,但更重要的是由于作者通过自然景物,抒写了一种深切的典型感受。文中的菜畦、皂荚树、首乌藤、黄蜂、油蛉、蟋蟀、云雀,等等,都不是自然界的草木、昆虫、翎毛,而是"我"感受中的东西,是诗化了的东西。正是凭借这些东西所构成的生机蓬勃的画面,抒写了一个受到封建家庭有形与无形禁锢的儿童,置身于无所拘束的自然景物中的欢乐,对于自由、美好、光明生活的渴望和追求。所以,它既是写景又是抒情,说它寓情于景或借景寄情都无不可。从而,"状溢目前"与"情在词外"就有机地统一起来。同时,"我"的这种感受,又是无数有过某些相同相似的经历的人所共有的,只不过别人没能像鲁迅抒写得这么真切、生动,因而也就更易于引起人们的共鸣。

当然,散文集里写得更多的是社会生活、人事关系中的感受。譬如《五猖会》写有一回看到较盛的赛会,对于装扮角色的人,尤其是参加装扮犯人,穿红衣、带枷锁的孩子,非常羡慕。"我想,我为什么不生一场重病,使我的母亲也好到庙里去许下一个'扮犯人'的心愿的呢?"这直接写出来的看赛会的感受,不但反映了一般儿童的好奇、好动、爱热闹、爱出风头的特点,而且反映了一个深受封建家庭管束而生活见识较少的孩子,摆脱封建牢笼的强烈而又天真的愿望。接着写有一次要到东关看五猖会,这"儿时所罕逢的一件盛事",使"我"多么高兴呵。可是,就在"我"迫不及待地等着动身的时候,父亲却来叫"我"背书,背不出不准走。作者着力地描写诵读时之急,之难,之苦。当书能背出来了,终于去看五猖会了,作者写道:"开船以后,水路中的风景,盒子里的点心,以及到了东关的五猖会的热闹,对于我似乎都没有什么大意思。"接着在结尾又一再强调,"直到现在",别的都"完全忘却,不留一点痕迹",而背书则"还分明如昨日的事",并且一直是一想起就对父亲要在那时候叫"我"背书而诧异。于是,被迫背书时之扫兴,有如当头一盆冷水,有如承受残酷的磨难,但又无可奈何,不能抗拒也不敢抗拒;对父亲之完全不能体会、理解"我"的心情的诧异,对那冷酷、专横的命令的说不出的牢骚和反感,是那样强烈、深刻,以致不但对五猖会这罕逢的"盛事"完全倒了胃口,毫无兴趣,而且久久不能忘却,一直记忆犹新。将孩子在兴致、情绪很高的时候,突然受到自己父亲的意外的压抑与破坏,那种复杂、说不清楚但却异常深切的感受,写得既生动又含蓄,既传神又简练。这不但是卓越的艺术,而且也是很有价值的儿童心理学的材料。

  艺术,必须诉诸人们的感情,以情感人,以情动人。从艺术与感情的关系这一特定的角度来说,感情是艺术的血液。"繁采寡情,味之必厌。"(《文心雕龙·情采》)《朝花夕拾》虽然不是抒情散文,却时时使人感到一种"热到发冷"(《且介亭杂文二集·陀思妥耶夫斯基的事》)的感情流贯于作品中。由于这种"热到发冷"的感情是深邃内向的,也由于这些散文是叙事为主的,所以,作者的感情大多是融注在叙事、状物、写人之中。即使作者抒写自己童年到青年这一段人生旅途的典型感受,也很少作直接、单纯的抒情。这种"热到发冷"的感情本身,这种与它很相适应的表达方式,虽然表面上往往使人感到似乎不够强烈,但其感染力却深沉而持久。

  《朝花夕拾》有一些篇章也直接抒情,它们大多在文章的结尾。中国古代诗人作家,很重视诗文的结尾,提出写诗要"卒章显其志",为文要"凤头豹尾"。鲁迅往往在非直接抒情不能充分表达自己的感情时,才在结尾淡淡地写上一、二句。譬如《范爱农》的结尾,这样写着:"现在不知他唯一的女儿景况如何?倘在上学,中学该毕业了罢。"就是这样两句,而且连个感叹号都未用。这在感情充沛、喜爱大段大段抒情的作者和读者看来,简直不算抒情。然而,它却抒发了鲁迅对于老朋友范爱农的深挚的怀念,对他穷困潦倒直到"落水"而死的由衷的同情,对他身后萧索的无限感慨,自然,还有对他"唯一的女儿"的关切。这就使作品更显得韵味无穷。再如《从百草园到三味书屋》的结尾,说"我"蒙在小说上描下来的两大本绣像,因为要钱用,卖给一个有钱的同学——锡箔店店主的儿子,"听说现在自己已经做了店主,而且快要升到绅士的地位了。"于是,最后一句写道:"这东西早已没有了罢。"似乎只是随便对两个绣像描本的下落捎带一下以结束全文。其实,只要不是太粗心的读者,循着全文读到这里,就会发现,原来这不很像抒情的句子,确实是在抒情。它抒发了对儿童时代描制的两个画本的忆念之情,自然也是对在私塾里利用老师读书入神,偷偷摆脱那些《论语》之类的枯燥乏味的课本,让个性自由驰骋的喜悦的怀恋。同时,它又包含着人事沧桑之感和流露出对绅士们的憎恶。这样的抒情的结尾,既文气连贯,扣住主题,又余音袅袅,很可令人吟味的。《二十四孝图》则是以抒情开始的:

> 我总要上下四方寻求,得到一种最黑,最黑,最黑的咒文,先来诅咒一切反对白话者,妨害白话者。即使人死了真有灵魂,因这最恶的心,应该堕入地狱,也将决不改悔,总要先来诅咒一切反对白话,妨害白话者。

除了这一段以外,文中又一再写着:"只要对于白话来加以谋害者,都应该灭亡!"这些自然都是反封建、反复古派的革命感情;都在一定程度上表现了作者感情的强烈和坚决。不过,它们并没有取得预期的艺术效果。尽管一连用了几个"最",形容词的色彩也极为浓重,有的词、句又不止一次地重复以加重语气,但感染力却较为有限。鲁迅自己曾说:"我以为感情正烈的时候,不宜做诗,否则锋芒太露,能将'诗美'杀掉。"(《集外集拾遗·诗歌之敌》)这些抒情看来就有"锋芒太露"的情况,《二十四孝图》虽然不是诗,但在这样的散文里"锋芒太露",也是不宜无保留地加以称颂的。当然,这只存在于《朝花夕拾》里个别的篇章罢了。

鲁迅喜爱讽刺艺术。他不但给予讽刺小说《儒林外史》以极高的评价,而且在他的大多数杂文里总是将严肃的论战性与尖刻的讽刺结合起来。在《朝花夕拾》里,我们也常常可以看到作者对于生活的深刻的观察、严正的态度与讽刺机锋、幽默笔调的结合。《父亲的病》开头,作者讲了S城曾经盛传过的一个名医的故事。在讲这故事时,作者并没有加以评论。但读者从这个名医有一夜到城外诊急病,诊金非一百元不去,去了"却只草草地一看,说道'不要紧的'",第二天病家又来请复诊,病人已经没有脉了,这名医先是开了"凭票付英洋壹百元正"的"处方",随后因病家不满意,又另开一张,将壹百元改为贰百元。这一个故事本身,已经勾画出这个所谓"名医"的嘴脸:不学无术,名不副实,架子很大,善敲竹杠,草菅人命,贻误病人;但为人活络,善于随机应变,所以能一直招摇撞骗。这完全像鲁迅自己评论《儒林外史》所说的:"无一贬词,而情伪毕露,戚微辞之妙选,亦狙击之辣手矣。"(《中国小说史略·清之讽刺小说》)但他的讽刺,并不一式采取这样的写法。有时在一段白描之后,也加上简洁的评点。前面提到过的《琐记》里写水师学堂游泳池淹死两个学生后,于是填平盖上关帝庙来镇压,还造了字纸亭,又每年七月半请和尚来放焰口,捏诀,念咒,这些都用白描写得活灵活现。在兜了一点圈子,造成了一点曲折波澜之后,才评点道:"'乌烟瘴气',庶几其可也。"这样,既写出作者自己认识这些怪现象的过程,又给读者留下一些思考的余地。当读者经过一些思考后,看到作者的评点,将会发出会心或赞许的微笑,而得到更深刻的印象。有的现象本身含义比较明显,也就在描绘之后加上一句反语来评点。《藤野先生》的第一段,写东京樱花盛开的时候,花下成群结队的"清国留学生速成班"的学生,有的大辫子将学生帽顶得像座富士山,也有的将辫子解散,并弄得"油光可鉴,宛如小姑娘的发髻一般,还要将脖子扭几扭",生动地描绘了这怪模怪样之后,紧接着写道:"实在标致极了。"这么一句反语,确实是"笔挟秋霜"(天目山樵评语本《儒林外史》)。《朝花夕拾》的讽刺的机锋,不仅针对以前社会上的可笑、可悲、可恶、可恨的现象,而且也常常直指现实中的"绅士""正人君子"之流。这在《狗·猫·鼠》《二十四孝图》《无常》等篇中最为突出。鲁迅常常将敌手自我标榜或他们同类互相吹捧的话,加以戳破、分析、引申,用来"揭穿麒麟皮下的马脚"。也常常将敌手对他的诬蔑攻击,加以点染、发挥,反其意而用之,从而使诬蔑攻击者自己现了原形:

> 至于无常何以没有亲儿女,到今年可很容易解释了:鬼神能前知,他怕

使先生和后生相印

> 儿女一多,爱说闲话的就要旁敲侧击地锻成他拿卢布,所以不但研究,还早已实行"节育"了。

这解颐妙语,巧妙地揭露了以旁敲侧击的方式诬蔑鲁迅"拿卢布"的"闲话"是多么恶毒和荒谬,而这种锻炼人罪的流言家又是多么可怕、可恶和可恨。这些讽刺文字,都寓庄于谐,谐中有庄,达到了庄与谐的高度统一。

读《朝花夕拾》时,好像鲁迅就在面前,向我们漫谈他经历过的往事。他立足于现实而回忆过去,时而叙述,时而描写,时而说明,时而议论。他着重回忆过去,但又不时联系到"近时的话"即时事,还往往援古证今、旁征博引。他好像漫不经心,想到哪里就讲到哪里,但又线索清楚,气势连贯,主题明确。他对往事和现实都直言无忌,想说什么就说,该怎么说就怎么说,但他的批判的锋芒都是指向封建思想、封建制度以及半封建半殖民地社会的丑恶现象,而且处处可以看出他的冷静、认真思考。他叙事、写人、状物,不论只写一点或多方面描摹,都笔墨省俭,但却生动、真切、传神。他常有出人意料的巧思,但却写得入情入理。他诙谐幽默,谈笑风生,却绝无庸俗、油滑。他从不作连篇累牍的抒情,而将真情融注于叙事、写人、状物之中,自然余味无穷。凡此种种,既和鲁迅的杂文有相同之处,又自有其"回忆文"的内容、写法所带来的特点。上面所说的这些特色互相结合、互相渗透,成为一个辩证统一的整体,就构成了《朝花夕拾》的艺术风格。倘若要用传统的文学批评的术语来表述,那么,说它"洒脱,清俊,机趣,隽永",大约不算太离谱吧。当然,这只是就大体上而言。《狗·猫·鼠》一文,"近时的话"和议论占了一半以上的篇幅,《二十四孝图》也有类似的情况,和作者为数颇多的一部分杂文更接近,而和其他"回忆文"反有更多差别,在《朝花夕拾》里就并不是很协调,不论这两篇作品本身应该如何评价,它们的艺术风格和其他几篇就会有一些大同小异之处。

鲁迅曾说,"五四"以后,"散文小品的成功,几乎在小说戏曲和诗歌之上"(《南腔北调集·小品文的危机》)。这是对许多优秀散文作家的大量作品的总的评价。我认为,继承并发展了我国古典文学的现实主义的传统,撷取外国文学的有益的东西,在散文领域有独具特色的《朝花夕拾》,无疑是20世纪20年代最优秀的散文集之一,从各方面加以认真、深入的研究,对于了解中国现代散文的历史,对于繁荣当前的散文创作,都是有益的、必要的,而这是有待于大家今后努力的。

1981年4月4日草成

原载《纪念鲁迅诞生一百周年论文集》,复旦大学出版社1981年版

《狂人日记》塑造"狂人"形象的艺术特点

邓逸群

《狂人日记》是中国新文学的奠基作品,它的产生,在中国文学发展史上,开辟了一个新的时代。鲁迅自己说过:"《狂人日记》意在暴露家族制度和礼教的弊害。"(《且介亭杂文二集·〈中国新文学大系〉小说二集序》)家族制度即封建宗法制度,礼教即维护封建制度的孔孟之道。也就是说,这篇作品的矛头直接指向封建制度和维护这种吃人制度的旧礼教。作品揭示了两千多年的封建社会是"吃人"的社会,并且勇敢地提出了"将来容不得吃人的人,活在世上"的革命理想,表现了前所未有的彻底的反对封建制度、反对封建文化的精神,吹响了反对封建吃人制度的战斗号角。

令人惊叹的是,这些光辉的思想,是通过一个"狂人"的形象来表现的,而且,这个形象是如此地震撼人心!正因为这个缘故,《狂人日记》自发表到现在六十年来,在人们的许许多多的评论中,无论对它的思想还是对它的艺术,看法都很不一致,特别是对"狂人"这一形象的理解,意见更加分歧。这说明,这部篇幅虽然不长的作品,它所包含的深刻的思想内容和艺术的独创性,还需要我们去作进一步的探讨和研究。本文仅就"狂人"形象的艺术特点,谈一点看法。

多年来,在研究者中间,如何认识"狂人"的形象大体有三种意见:

(一)认为:狂人并非狂人,而是鲁迅所创造的反封建战士。狂人要冲破黑暗,挣脱多年的锁链。只是他周围的人都被统治阶级愚弄得麻木了,反而说他是疯子；或者说，狂人原是一个清醒的反封建战士。说他是狂人，这是封建统治者对他的诬陷和栽赃。持这种观点的同志在分析狂人形象时，无法回避狂人发狂的事实，于是他们解释说：非狂人而有狂人言行者，是由于作者考虑到当时社会环境的黑暗，不便直说，才不得已把他写成"狂人"；或者说是作者为了对封建统治者的诬陷来一个将计就计的"先发制人"，索性把这个反封建战士装扮成一个疯子，以便更加无顾忌地对他们进行揭露和批判。这种看法是不符合作品的实际的，因而他们在分析狂人形象时，也常常自相矛盾。

（二）认为：狂人确是狂人，不过不是一般的狂人，而是一个被折磨得发了狂，而发狂以后仍然没有停止战斗的反封建战士。这种看法，与前一种看法不同，他们承认"狂人"是"狂人"，但是发了狂又怎能进行战斗呢？他们解释说：之所以发狂后仍然能够继续战斗，是因为他发狂之前的清醒认识在起作用。自然，这种看法也不符合作品的实际情形。实际上，作品中"狂人"的思想一直在发展，在提高。他从怀疑"吃人的事对吗"到"将来容不得吃人的人，活在世上"的对封建制度的彻底否定，并提出革命的理想，发出"救救孩子"的呼吁，这难道是一个"疯子"能做到的？能用发狂以前的清醒认识来加以解释的吗？显然，这种说法也不能解释为什么"狂人"既是"狂人"，又是"反封建战士"。

（三）认为：前两种看法都是错误的。狂人既不是发狂的战士，也不是清醒的战士，他不过一个普普通通的狂人而已。因此，要把狂人的认识同作者的思想区分开来。作品中狂人的反封建思想，是鲁迅的思想，是鲁迅通过狂人的嘴表达了自己的思想。按照这种说法，狂人就变成了鲁迅思想简单的传声筒。这样，狂人岂不成了一个失败的概念化的形象了？！

这三种意见，表面上不同，实际上却有一个共同点，这就是：把"狂人"和"反封建战士"，"狂态"和"清醒"对立起来，割裂开来，要么是"狂人"，要么是"清醒的反封建战士"。第三种意见看到了前两种意见的矛盾，提出了狂人是普普通通的狂人，狂人的思想是鲁迅的思想加到狂人身上去的看法。这种看法，表面上解决了"狂人"与"反封建战士"，"狂态"与"清醒"之间的矛盾，实际上，只是把这一矛盾掩盖起来罢了。

为什么分析狂人的形象会产生如此分歧的意见呢？实际上，这里提出了两个问题：（一）《狂人日记》中的狂人形象是不是现实生活的反映？（二）《狂人日记》中的狂人形象是如何反映现实生活的？前面三种意见的争论，都与这两个问题联系着。

《狂人日记》中的狂人自然表现了鲁迅的反封建的革命民主主义思想，这是没有问题的。但是狂人首先是清朝末年、五四前夕已经出现的反封建的民主主义战士在艺术上的反映和概括。当时，由于民族民主运动的发展，反对旧道德旧礼教的革命潮流的激荡，出现了最初的民主主义革命派的人物，在封建家族内部也产生了最初的觉醒者，他们向旧制度发出了反叛的战叫，从堡垒内部冲击着旧制度旧思想。所以说，狂人的形象有着深厚的社会基础和生活基础，他是当时已经出现的新人物的形象的反映。鲁迅在《狂人日记》中表现了他的反封建思想，但鲁迅的思想是通过"狂人"形象的塑造表现出来的，这与把狂人看成是"普普通通的狂人"，狂人思想是鲁迅思想的简单的传声筒，有着原则的区别。那种看法，表面上解决了"狂人"与"战士"，"狂态"与"清醒"之间的矛盾，却也同时否定了狂人形象的社会的生活的基础，否定了狂人形象的真实性和典型性。

但是，光是承认《狂人日记》是当时现实生活的真实反映，"狂人"是清朝末年、五四前夕已经出现的反封建的民主主义战士在艺术上的反映和概括这一点还不够，还需要进一步分析，这个反映有些什么特点，有哪些创造性？

我们知道，文学艺术是观念形态的东西，它是现实生活在作家头脑中的反映，但是，这个反映，不是现实生活的翻版，不是事实的照相，不是生活现象的摹写。文学艺术对于现实生活的反映是能动的反映，优秀的艺术典型，总是作家根据生活，对生活进行提炼、概括、典型化的结果。而作家对生活进行提炼、概括、典型化的手段和方法又是多种多样的。文学艺术家的创造，正如列宁所说的："绝对必须保证有个人创造性和个人爱好的广阔天地，有思想和幻想、形式

《狂人日记》塑造"狂人"形象的艺术特点

和内容的广阔天地。"(《党的组织和党的文学》)《狂人日记》是作家对现实生活的反映,但是这个反映从内容到形式都不是一般的,它具有极大的个人创造性。看不到艺术反映生活的特点,把"狂人"这个独创的艺术形象看得"太死"、"太实",是不能深刻地分析狂人形象的一个很重要的原因。

我们既不能把狂人形象看成是鲁迅思想的简单的传声筒,又不能把这种反映看成是机械的照相。那么,鲁迅塑造狂人形象的能动性和创造性表现在什么地方呢?鲁迅的狂人形象的独创性最突出的一点,就是在狂人这个形象身上,把"疯狂"与"清醒"巧妙地结合在一起。我们说狂人"狂",这是就他的表现形式说的;说狂人"清醒",则是就这个形象所概括的社会内容,所表现出来的对封建制度的态度而言。狂人的"清醒认识",始终没有脱离他的狂态,"狂态"是表现狂人"清醒认识"的一种艺术手段。"狂人"与"反封建战士"的对立统一,"狂态"与"清醒认识"的对立统一,这正是鲁迅的狂人形象的独特的艺术创造。

如果离开了艺术能动地反映生活的根本要求,简单地从生活的事实出发,"狂态"与"清醒认识"自然是统一不起来的。在现实生活中,可以说没有一个狂人能表现出对现实生活的清醒认识,也没有一个对现实生活具有清醒认识的人竟是一个疯子。但,二者的统一,在艺术上是允许的。如果我们只从简单的生活事实出发去评论鲁迅的独特的艺术创造,那么,可以肯定地说,只能使自己的分析充满了矛盾,并且将对这个独特的艺术形象不能有任何深刻的、准确的理解。前面三种意见都有其片面的真理,但又都不自觉地把艺术看成是生活的机械的照相。这就使得他们在克服对方意见片面性的时候,又常常陷入另一种片面性。记得鲁迅先生曾经嘲笑过一个军阀,因为这个军阀看到当时童话作品中动物也能说人的话,而且还被称作 mr.,不禁大为光火,说是有失人类的尊严。现在,我们对《狂人日记》的评论,就艺术观点来说,就把艺术真实看成生活的翻版的意义上说,是否也多少有些陷入被鲁迅所嘲笑过的那个军阀的那种境地呢?

这里,想附带提一下,不久前,严家炎同志发表了《"狂人日记"的思想和艺术》一文(见《昆明师院学报》一九七八年第三期),这是一篇很好的评论《狂人日记》的文章。但,其中对于以往评论界关于狂人形象的三种意见的评论,有值得商榷的地方。他批评了第一种"狂人并非狂人"的观点,认为这是对作者的意见的不尊重,不符合作品的实际。也批评了第三种把狂人看成为"普普通通的狂人"、狂人的思想是鲁迅的思想的这种观点,认为:"作者借狂人的话有所寓意,也必须有一定的条件,即狂人本身确有某种哪怕是极为微弱的进步思想;如果狂人毫无反封建思想,作者想要寓意也很困难。"他认为第二种意见正确的东西比较多,但把狂人看成是一个战士,估价稍稍高了些。总之,在"清醒的战士"与"发狂的狂人"之间,在三种意见中间,严家炎同志采取折衷的观点:(一)狂人不是一个普通的狂人,但又不够战士的资格;(二)狂人是真狂,但也有清醒的时候。"这要看是哪一种精神病患者,还要看患者发病较重还是发病较轻的时候","不能完全排除在他发狂以后的原先若干进步思想还可能以曲折的方式继续起某种作用。"也就是说他把问题纠缠在狂人的觉悟程度和狂人的发狂程度上面,这样,表面上看,好像分析得很具体很全面,克服了那三种看法的片面性,实际上却把一个深刻的社会问题,作为一个病理学上的问题来进行分析了。严家炎同志在"狂人"和"战士"二者之间都作一点保留,使二者统一起来,而不是从艺术反映生活的特点,从鲁迅反映生活的艺术独创性上使二者统一起来。所以,这种折衷的意见也不能解释狂人的形象。

问题还在于,鲁迅是怎样把狂人的"狂态"和"清醒认识"结合在一起的呢?这就要谈一谈关于"象征"的问题。"象征"在《狂人日记》中,不仅仅是作为一种艺术手法被运用,它首先已经成为作者对现实进行艺术概括即典型化的手段。借助这一手段,鲁迅把狂人的"狂态"与"清醒认识"统一起来,从而使形象达到某种哲理的概括,完成了对狂人形象的独特的创造。

伟大的无产阶级文学奠基人高尔基在给契诃夫的一封信中说:"比方有人说,《万尼亚舅舅》和《海鸥》是新型的戏剧艺术,现实主义在这儿上升到了富有鼓舞力量的,含义深刻的象征境界,我认为这说得很对……别人的戏不能从现

《狂人日记》塑造"狂人"形象的艺术特点

实中抽象出来,达到哲学的概括,——您的戏却做到了这一点……"自然,鲁迅和契诃夫不同,但高尔基对契诃夫的评论,对我们理解狂人形象是有启发的。在《狂人日记》中,鲁迅同样把现实生活上升到含义深刻的富有象征性、哲理性的境界。

例如,狂人多次提到"吃人",不管是易牙蒸子献君,还是徐锡麟的被杀,不管是易子而食,还是狼子村的吃人,表面的意义是把人杀了吃,而它的象征意义却指的是封建制度、封建礼教的"吃人"。又如,狂人把"古久先生的陈年流水簿子,踹了一脚",这里的"陈年流水簿子"表面的意义是指记载着财物收支的记账簿,它的象征意义则指的是两千多年封建社会的历史,又"古"又"久",散发着糜烂、腐朽的气息。它表达了狂人对于这个历史以及传统的封建礼教的鄙视和叛逆精神。

《狂人日记》中狂人的语言和细节、情节都具有双重的意义。一般地说,表面的意义表示"狂人"的"狂态",内在的象征的意义则是表现"反封建战士"的"清醒认识",它反映了五四前后一种觉醒了的革命思潮,概括了当时已经出现的清醒的反封建战士的精神品质。二者是紧密地结合在一起的。

象征,作为典型化的方法,一般来说,它是具有很高的概括性的。甚至可以这样说,《狂人日记》如果不用象征的手法,将很难把"四千年来时时吃人"的罪恶制度和历史通过艺术的形式再现出来,将达不到这样高度的概括和这样丰富的思想容量。当然,"象征"也很容易流于抽象的概念,这里的关键在于作者对于现实的具体描写的真实性与象征意义的结合。鲁迅借助他的医学知识和对于疯人的直接观察,出色地描绘了精神病患者的"妄想"或"幻觉",使作品具有高度的真实性。例如小说开头:

今天晚上,很好的月光。

我不见他,已是三十多年;今天见了,精神分外爽快。才知道以前的三十多年,全是发昏;然而须十分小心。不然,那赵家的狗,何以看我两眼呢?

我怕得有理。

使先生和后生相印

这样的描写,自然有象征意义,但同时也是精神病患者"妄想"和"幻觉"的多疑、恐惧心理状态的一种表现。据周作人等人的回忆,鲁迅曾直接观察过一个疯子,这人就是他的表兄弟。此人"向在西北游幕,忽然说同事要谋害他,逃到北京来躲避……住在西河沿客栈里,听见楼上的客深夜囊囊行走,知道是他们的埋伏,赶紧要求换房间……鲁迅留他住在会馆,清早就来敲窗门,问他为什么这样早,答说今天要去杀了,怎么不早起来,声音十分凄惨。午前带他去看医生,车上看见背枪站岗的巡警,突然出惊,面无人色。……"(周遐寿《鲁迅小说里的人物》)

这件事,在鲁迅的日记中也有记载。当然,《狂人日记》不是他的发疯的表兄弟的摹写,但表兄弟发疯的病态和心理活动,却成为鲁迅从事艺术创造的生活材料,并且概括到他所创造的形象中去,使狂人的形象更加惟妙惟肖。鲁迅自己也说过:写《狂人日记》"所仰仗的全在先前看过的百来篇外国作品和一点医学上的知识"(《南腔北调集·我怎么做起小说来》)。鲁迅是学过医的,他的医学知识帮他更好地把握了狂人的心理活动和精神状态、言行举止,从而淋漓尽致地表现了疯子的"幻觉"与"妄想","惊悸"与"多疑",那种特有的心理状态和思维逻辑,因而使这种描写具有很高的真实性和可信性。而小说采用"日记体"来表现,无疑也加强了真实性和可信性。总而言之,没有这种真实性做基础,象征的意义就容易落空,变为抽象的概念。同样,对狂人心理状态的真实描写,如果没有上升到象征和哲理概括的境界,就无法通过狂人的言行,以特有的方式揭露吃人的封建制度的狰狞面目。那么,狂人就只能是普普通通的狂人而已。

在《狂人日记》的开头,作者在附"识"中写了日记的来历,最后说:"持归阅一过,知所患盖'迫害狂'之类。语颇错杂无伦次,又多荒唐之言;亦不著月日,惟墨色字体不一,知非一时所书。间亦有略具联络者,今撮录一篇,以供医家研究。"既然作者并不是把这个"狂"作为病理学上的"狂",那么"医家"自然也不是指真的医生,而是指立志于变革社会的革命者。鲁迅曾不止一次地说过,他创作的目的在于揭出病苦,引起疗救的注意。这也正是鲁迅创作《狂人日记》的目的。《狂人日记》是鲁迅用白话创作的第一篇新文学作品,它强烈地体现了鲁迅用自己的独特艺术服务于改革旧制度的革命斗争精神,这种精神在鲁迅的整个创作道路上,放射着光芒。

原载北京鲁迅博物馆鲁迅研究室编《鲁迅研究资料》(6),天津人民出版社1980年版

造人·"伪士"·日常生活
——重读《伤逝》,兼及"五四"新文化运动的意义

金 理

托多罗夫《启蒙的精神》一书设专章讨论"求真"与"向善"这一启蒙内部最复杂纠缠的命题①,《伤逝》中也留下过"善"/"爱"与"真实"之间惊心动魄的搏斗痕迹:

> 我要明告她,但我还没有敢,当决心要说的时候,看见她孩子一般的眼色,就使我只得暂且改作勉强的欢容。但是这又即刻来冷嘲我,并使我失却那冷漠的镇静。

当面对子君"孩子一般的眼色",涓生曾经尝试换上"欢容"以示慰藉,在这一个瞬间,"爱"差点突破"真实"的樊篱,但随即人格分裂,另有一个"我"——一个由"五四"启蒙理性及真实律令所支撑的"我"——登场,对上述举动抱以"冷嘲"。从涓生忏悔的话语——"我为什么偏不忍耐几天,要这样急急地告诉她真话的呢?""我没有负着虚伪的重担的勇气,却将真实的重担卸给她了。"——来看,他所有"悔恨"展开的前提,是认定两个人的感情已经死亡,这是不容置疑的"真实"。他需要"悔恨"的"错误",并不是当两人日渐淡漠的时候无法让爱情重新创生,而仅仅是在"真实"和"说谎"之间,时机不当地选择了"真实"。"爱"的问题,在

---

① 托多罗夫《启蒙的精神》,马利红译,华东师范大学出版社2012年版,第100页。

此被置换成了关于"真实"的问题。启蒙精神对科学求真的崇拜引发"信服的伦理":"它有一种绝对无条件的禁欲主义态度,从不追问它自己的意义和它行动的后果。它是没有责任的,它也应该没有责任。"①正是对启蒙理念的坚执,视"真实"为至高无上的法则,促使涓生无视责任而不惜抛弃子君。在鄙弃这个男人负心薄幸之余,我们也必须看到涓生对子君感情"变化"的背后是他对启蒙理念不变的忠诚②,由此才能体察到启蒙的困境、启蒙理念内部的冰冷与残忍。

鲁迅有着强大的叙述自觉,在《伤逝》中,作家的态度似乎介于"可靠的叙述者"与"不可靠的叙述者"之间,有的时候鲁迅分享着涓生的困境与无奈,有的时候又起身与涓生展开辩难,正是这种游移/犹疑的姿态造成了《伤逝》的歧义性以及巨大的阐释空间。或许更有意思的追问是,这种游移到底是鲁迅在表达形式上精心甚至是理性的选择?抑或本就源自作者自身的内在困惑和分裂?鲁迅是新文化运动最伟大的体现者,也是这场运动最深刻的批判者。我把《伤逝》理解为启蒙之父对"五四"启蒙的反思。鲁迅的批判和反思,主要从如下几个方面展开。

"从解放中把自己解放出来":"造人"神话的反省

涓生是《伤逝》文本世界里的第一主体,以创世者/主宰者的身份存在,如同上帝造人,涓生创造出子君这样的新生主体。"人类在启蒙运动之前所受的监管首先是宗教性质的",启蒙运动将人从宗教监管下解放出来,将人的创造力量和理性能力绝对化。子君的诞生令涓生一度感到"震动"和"狂喜",这样的感受,既包含了涓生自我印证为创世者之后的优越感,也流露出他引领子君协同进步、趋向完善的自信心。启蒙伴随着"祛魅",但创世者在造人过程中启蒙心态的意识形态化,使得启蒙的信仰往往也会成为"关于上帝意图的基督教教义

---

① 格奥尔格·皮希特《什么是启蒙了的思维?》,詹姆斯·施密特编《启蒙运动与现代性:18世纪与20世纪的对话》,上海人民出版社2005年版,第377页。
② 参见卢建红《涓生的"可靠性问题"》,《现代中文学刊》2012年第6期。

在世俗空间中的一种移植"①。类似造人故事在"五四"所开启的时代中当不少见,张恨水《啼笑因缘》第五回:家树拿着凤喜的照片,端详那"含睇微笑的样子","踌躇满志"地开始设计造人计划:"等她上学之后,再加上一点文明气象,就越发地好了。我手里若是这样地把她栽培出来,真也是识英雄于未遇,以后她有了知识,自然更会感激我……"这个细节进一步敞亮了造人故事中权力意志和男性思维的勾连。

霍克海默和阿多诺早就论证过,启蒙是在对神话的"祛魅"过程中确立自身的,但是两者之间又存在隐秘关联,"启蒙精神用以反对神秘的想象力的原理,就是神话本身的原理","启蒙精神摧毁了旧的不平等的、不正确的东西,直接的统治权,但同时又在普遍的联系中,在一些存在的东西与另外一些存在的东西的关系中,使这种统治权永恒化"②。我们不妨来勘查涓生如何处置与子君的"关系",如何维护其"统治权",如何将启蒙反转为了神话。涓生的"启蒙"导致了"新人"子君的诞生,前者的世界由于后者的出现而一度生气勃勃,意义充盈;更有趣的是,涓生曾经想过,子君要求独立的思想,"比我还透彻,坚强得多"。然而,当子君日益获得自身的主体性去成长和行动时,涓生发现,"她不仅日渐脱离了自己的控制,建立起她的'功业'和一个属于她自己的世界,而且大有反过来凌驾于他之上,以她的规则来规划他的生活的趋势:'这是我积久才看出来的……自觉了我在这里的位置:不过是叭儿狗和油鸡之间。'"诚如张业松指出:"创世者竟然沦落到与叭儿狗和油鸡争位置的地步,这样一种主体性的沦丧当然不可容忍"③,所以涓生要奋起"抗争和催逼",在他的要求下,油鸡被杀掉,阿随被抛弃,一步步剥除掉子君周围的事物,终于宣布"我已经不爱你了!"导致子君二度出走,抑郁而终。

造物主/涓生在"虚空"当中创造出新的主体/子君,但最终,又以"不爱"的

---

① 托多罗夫《启蒙的精神》,第15、25页。
② 霍克海默、阿多诺《启蒙辩证法》,洪佩郁、蔺月峰译,重庆出版社1990年版,第10页。
③ 张业松《文学史线索中的巴金与鲁迅》,《当代作家评论》2006年第1期。下一节中引用的评论也来自此文,特此说明并致谢。

名义亲手剥夺了附丽于子君的意义,导致新生主体的隐匿,"从虚空中创生,复归于虚空","过去一年中的时光全被消灭,全未有过","只有寂静和空虚依旧",启蒙行动的后果蛀空了启蒙过程本身的意义。这样的结局,对于涓生来说,在"悔恨和悲哀"的同时,是促使其自觉:"像自己这样的'创世者'和'救世主'说到底只是'僭主',不仅外强中干,而且根本无法承担自己的行为所导致的后果。"创造者亲手"杀死"了自己的创造物,一个轮回下来,这个创造者陷入"更深的虚空",还负担了毁灭的罪孽,这是"涓生的焦虑和痛苦根源,也是鲁迅的焦虑和痛苦根源;为了抵御这一焦虑和痛苦,'我要将真实深深地藏在心的创伤中,默默地前行,用遗忘和说谎做我的前导……'一种反对'瞒和骗'、以'揭出病苦,引起疗救的注意'为目的的反抗遗忘的文化努力,竟然走到了自己的反面,到了要'用遗忘和说谎做我的前导'的地步……《伤逝》让涓生陷入的,是极其复杂难言的处境和'后果',而这个处境和'后果',却是由他自己一手造成的。而'涓生'(谐音'捐生'?)也正是鲁迅自己和整个新文化先驱阵营的镜像,涓生的努力、成就、罪孽、'悔恨和悲哀',他的整个处境和'后果',也正是他们的。由此,这个作品所表达的鲁迅内心之苦,其苦何如,不问可知"。

诚如小说副题所示,这是"涓生的手记",而非"涓生和子君的故事",鲁迅既呈现涓生在自由恋爱和结婚时的所思所想,又呈现涓生事后对当日所思所想的解释甚或修饰①;既让"悔恨和悲哀"穷形尽相,也使得隐秘心计无处遁形,有意以子君沉默不言来成全涓生"独霸"舞台,而造人神话的专断与暴力由此显露无遗。由于涓生的干涉,子君在奔向自由途中未及发展成熟却香消玉殒。三年后,茅盾在《创造》中续写/改写了发生在子君身上"早夭"的故事。此时造物主的名字叫君实,找来"一块璞玉",准备"亲手雕琢而成器",将娴娴"造成为一个理想的女子"。于是在短短两年内,娴娴"读完了君实所指定的书","以他的思想为思想以他的行动为行动",君实当然"自以为创造成功"。然而渐渐地,娴娴"跳了出去,有自己的思想,自己的见解了","对于丈夫的议论常常提出反驳"。

---

① 郜元宝《鲁迅精读》,复旦大学出版社 2005 年版,第 64 页。

使先生和后生相印

非但君实"觉得夫人是精神上一天一天的离开他,自己再不能独占了夫人的全灵魂",也如子君一般,创造物反过来干涉造物主的生活,君实"看见自己的世界缩小到仅存南窗下的书桌",甚至创造物反转了启蒙和训导的主权,甚至在旁人眼中,"娴娴近来思想进步,而君实反倒退步"。最终造物主痛苦地承认"煞费苦心自以为按照了自己的理想而创造的,而今却发现出来完全不是那么一回事"!茅盾日后在《创作生涯的开始》一文中指出此篇"暗示了这样的思想:革命既经发动,就会一发而不可收,它要一往直前,尽管中间要经过许多挫折,但它的前进是任何力量阻拦不住的。被压迫者的觉醒也是如此"①。其实除了几处零碎语句暗示"革命"意味之外,整个文本更像是用甜腻、肉感的语言编织成的小资市民通俗剧。倒是不妨把茅盾自述中的"革命"置换成"新人"主体性的成长,创造物"既经发动,就会一发而不可收","任何力量"包括创造者都"阻拦不住",就像弗兰肯斯坦无法控制自己创造的巨人怪物。《伤逝》讲述的故事是:启蒙者塑造出一个新的主体,新生主体日益成长,日益有摆脱原先创造者的意志而自行独立的倾向,此时创造者出面干涉,导致了被创造者中途夭折。我们可以为《创造》拟一个副标题——子君们的复仇:新生主体被创造出来以后,渐渐不受创造者的掌控,终于以强旺的生命意志"推翻统治",反过来带给创造者沉重的挫败感。②此外,在基督教的创世神话中,上帝创造的亚当、夏娃在试图反抗上帝的意志后被区分出了性别,而《伤逝》与《创造》呈现的是,女性/创造物的独立给予男性/造物主沉重的挫败感。③

---

① 茅盾《创作生涯的开始》,《茅盾全集》(34),人民文学出版社1997年版,第393页。
② 与子君不幸被禁锢在狭小的寓所内不同,娴娴获得了更多与现代都市、社会互动的空间,女性这一今不同昔的"逃逸",在《创造》中促使男性感受到主体性的危机。
③ 还能联想到,1905年,鲁迅译作《造人术》发表于《女子世界》第四、五期合刊。正如刘禾所说:"《女子世界》既然是一份专门讨论女性话题的杂志,那么,鲁迅翻译《造人术》,对于当时正在展开的有关女界的讨论具有何种意义呢?"(见刘禾:《鲁迅生命观中的科学与宗教——从〈造人术〉到〈祝福〉的思想轨迹》,《鲁迅研究月刊》2011年第3、4期)而王德威则指出:"造人"被视为"一种现代中国文学或文化想象主体",其肇始人之一正是鲁迅,"鲁迅翻译小说的动机显然超介绍泰西科技或挑战上帝造人的神学观念。他毋宁希望借此表达对中国国民主体重生的热切渴望"(见王德威《从摩罗到诺贝尔——现代文学与公民论述》,《现代中国文化与文学》2015年第2期)。上述议题都值得进一步思考。

将眼光转向历史情境,在小说文本之外,现实中的"造人"事件及悲剧不绝如缕地上演。比如1920年的袁舜英自杀事件①:袁舜英与其丈夫李振鹏在新婚后有过"一段安乐的日子",冲突开始于李到城市读书,接受新思潮后"眼界渐高",假期回家"对于女士很严厉的督责她读书",并安排进城求学,李对袁说:"你不要再学那乡里大娘的样子,总要学城里的女学生。"袁此前从来"没有开过眼识过字",尽管遵照丈夫的指令发奋读书,成效却不显著。终于李下了最后通牒:"能改良就好,不能改良,顶好,就回家去算了","我不久要留美,前途正远,她我何能管得许多。……"李振鹏所规划的"造人"工程,是把"乡里大娘"改造成"城里的女学生",但是,袁舜英以自杀说明了"造人"的失败。再比如1923年东南大学教授郑振埙将自己的婚姻史写成长文刊于《妇女杂志》,引发热议。郑希望自己的妻子"改良",但见效甚微,"郑在北京读书,其妻留在家中,与之共处的邻居和女仆都是旧式女子,如果妻子改变了习惯,她在女伴中必然受到孤立。郑开导她说:'别人的妻学时髦旁人会笑她,你是我的妻,你有资格可以学时髦,没有人笑的。'"这番话一方面见出启蒙精英对自身文化领导权的极度自信,另一方面也让人联想起涓生,他对于子君在狭小的寓所中、在房东太太的嗤笑与冷眼下"终日汗流满面"的生活,不会有同情而尽责的理解。"造人"过程耗尽了丈夫的全部耐心,郑最终将妻子送回老家(如同涓生对子君的处置),决定离婚:"近年来,我因失了爱情,觉得世界上一切富贵功名,都没有竞争之兴趣,非与她离婚,不能恢复我的竞争性与奋斗性。"——这口吻,与涓生的辩解"我一个人,是容易生活的……只要能远走高飞,生路还宽广得很",如出一辙。

肖特曾指出,18世纪的启蒙运动对女人的看法是矛盾的,"既对女权主义的出现提供了鼓励,又提供了将它缴械的武器","虽然康德说'要有勇气运用你自己的理性'!但这个勇气究竟从何而来,它在个人生活中碰到了什么冲突,什么

---

① 本节中袁舜英事件的引文,原始材料出自1920年《大公报》(长沙)等对该事件的报道,此处转引自海青:《"自杀时代"的来临?》,中国人民大学出版社2010年版,第116—121页。本节中郑振埙《我自己的婚姻史》及相关评论,同样转自上述专著,特此说明并致谢。

因素干扰它的实现,对这些问题,康德漠不关心。他的计划是要正式把启蒙宣称为个人对理性使用的一个要求;理性,就像康德的批判著作所证明的那样,被看作是一个普遍的、非历史的才能。"[1]同理,"五四"启蒙也可能忽视了子君这样特殊群体"在个人生活中碰到了什么冲突,什么因素干扰它的实现"。1916年美国无政府主义者艾玛·高德曼在赴华计划失败后,请求巴金将其著作译成中文"贡献于中国的青年",《妇女解放的悲剧》刊发于1926年《新女性》杂志,恰好与《伤逝》被收入《彷徨》出版同一年。高德曼注意到,妇女解放运动的效果完全和其目的背道而驰,"解放的目的是要使女子成为一个真正的人,她的判断力和活动力应该达到完全的地步,一切人造的障碍都应该来毁坏掉,并且向较大的自由去的道路上的千百年来压制和奴役的迹印都应该洗清的","然而现在所达到的结果反囚禁了她的精神,把她所重视的幸福之泉源阻塞了。仅仅表面的解放把近代妇女弄成了一个不自然的人造的东西",她们改变自己的天性换来枯涩的生活,最终变成"人造的新女子",而"所谓智识界"女性受误导尤深,恰如子君。为纠正这种趋势,"她们第一步便应该从解放中把自己解放出来"[2]。"从解放中把自己解放出来",前一个"解放"指向一套抽象人为的价值观念,后一个"解放"才真正体贴女性的身心感受。

"造人"神话的反省,一方面如上所言指向女性的自由自决,另一方面也指向启蒙者的自省。"启蒙运动假设人性是无限可塑的"[3],这是启蒙的逻辑起点,但是否也隐含着启蒙的限度。至少《伤逝》提醒我们启蒙降落在现实境遇中有可能导致的复杂性。鲁迅在这一文本中探索性地试验了长篇内心独白的叙述方式,这一方式赋予涓生的叙述以强力的话语覆盖,而我们必须深入去辨析作者与叙事者的多重关系。简单地说,一方面,鲁迅"入乎其内",感同身受涓生的

---

[1] 罗宾·梅·肖特《启蒙运动的性别》,《启蒙运动与现代性:18世纪与20世纪的对话》,第477、480页。

[2] 高德曼《妇女解放的悲剧》,李芾甘译,《新女性》1卷7号,1926年7月。

[3] 詹姆斯·施密特《什么是启蒙?问题、情景及后果》,《启蒙运动与现代性:18世纪与20世纪的对话》,第1页。

困境,涓生的成就、罪孽、"悔恨和悲哀",以及"后果",正是以鲁迅自身为代表的整个新文化先驱阵营的镜像。另一方面,鲁迅又从这个阵营中"选择出自己",拉开一定的间距,以此"出乎其外"的超越性视角(《伤逝》中不时出现反讽语调)来审视现代启蒙的缺陷,甚至在实践中已有"自别异"的尝试,由此需从"伪士"批判说起。

拒绝"从外部被赋予的救济":"伪士"批判的形象化书写

"伪士"批判是贯穿鲁迅思想与实践历程的一根通轴。我将《伤逝》理解为对这一批判命题的文学化、形象化。鲁迅在早年的文言论文《破恶声论》中提出:"伪士当去,迷信可存","当"字显示出斩钉截铁的决断,故而首要问题是:何谓"伪士"?

"今之中国,其正一扰攘世哉"①,中国现代是大规模输入西潮的时代,也是一个名词爆炸的时代,各种口号、学说、主张、思潮、主义……如过江之鲫。在喧嚣的舆论场域中,形形色色的人发表五花八门的意见,这些"扰攘"的言论,被鲁迅归纳为"恶声"。作为"恶声"的理论后盾,"则有科学,有适用之事,有进化,有文明",这四者都是当时最典型的启蒙话语,代表着进步的意识形态,"腾沸于士人之口",但何以它们会转变为"恶声"? 如同鲁迅说"新名词,传入中国,便如落在黑色染缸,立刻乌黑一团"②,而这就跟"伪士"有关。当新名词在中国传播的时候,当读书人与知识分子在接受新名词的时候,往往会发生如下几种情形:"轻才小慧之徒"对新学话语一知半解,什么"德先生""赛先生",根本没有深入钻研与独立思辨,而仅止于浮光掠影地皮相了解,就在"函胡不明"中汲汲运用于现实。也有的人是被"众嚣"所挟持,"莫能自主",随波逐流般摇旗呐喊,实则

---

① 鲁迅《破恶声论》,《鲁迅全集》第8卷,人民文学出版社2005年版,第27页。本节中对此文的引用不再一一注出。
② 鲁迅《偶感》,《鲁迅全集》第5卷,第506页。

使先生和后生相印

自欺也欺人。还有更等而下之的,为私欲所蒙蔽,"号召张皇"新学话语者大抵假"公名"而"钓名声于天下"。1922年的时候,郁达夫写过一篇小说《血泪》,第一人称叙事者"我"自日本留学归国后,每每遇到青年们追问:"你是主张什么主义的?""足下是什么主义?"当"我"再三表示无法作答时,其中一位"主义的斗将"就谆谆告诫:"现在中国的读书人,若没有什么主义,便是最可羞的事情,我们的同学,差不多都是有主义的。……现在有一种世界主义出来了。这一种主义到中国未久,你若奉了它,将来必有好处。"这是普遍情形,1929年柔石在《二月》中写小镇中学里一群青年教师热衷谈论"主义","好似这时的青年没有主义,就根本失掉青年底意义了"。上述作品真切描绘出当日的时代风气:"主义"成为判明个体类属甚至安身立命的重要依据,大多数"主义"自西方移植,而且成为与个人利益息息相关的象征资本。《血泪》中的"我"恰因为于"主义"无所属而潦倒不堪,而一位"主义的斗将"因为其所提倡的"主义""现在大流行了"而"阔绰得很"。不过,与其说这是相信、宗奉"主义",不如说是投机、消费"主义",诚如沈定一所言:"只是借传播主义来维持生活,就活现一个择肥而噬的拆白党。"①

据此可以发现"伪士"的特征:"伪士"是一批炮制、传播、推广新名词、新话语的人。这些新名词、新话语的内容往往基于科学、进化论等新思想;而鲁迅"伪士"批判的锋芒所向,是将口号、名词、言论、学说、主义等同主体相剥离,勘查实际操守,结果往往发现"提倡者思想不彻底,言行不一致"②,"只偷一些新名目,以自夸耀,而其实毫无实际"③。此即流弊所在,因为"倘以欺瞒的心,用欺瞒的嘴,则无论说A和O,或Y和Z,一样是虚假的"④。这种知人论世的方法,可以视作"鲁迅思想的原点"⑤。伊藤虎丸先生对"伪士"有过一个经典

---

① 沈定一《告青年》,《劳动与妇女》第2期,1921年2月20日。
② 鲁迅致宋崇义信(1920年5月4日),《鲁迅全集》第11卷,第382页。
③ 鲁迅《〈奔流〉编校后记》,《鲁迅全集》第7卷,第194页。
④ 鲁迅《论睁了眼看》,《鲁迅全集》第1卷,第255页。
⑤ 钱理群《与鲁迅相遇》,生活·读书·新知三联书店2003年版,第89页。

的归纳：

> 鲁迅所说的"伪士"，(1)其论议基于科学、进化论等新的思想，是正确的；(2)但其精神态度却如"万喙同鸣"，不是出于自己真实的内心，唯顺大势而发声；(3)同时，是如"掩诸色以晦暗"，企图扼杀他人的自我、个性的"无信仰的知识人"。也就是，"伪士"之所以"伪"，是其所言正确（且新颖），但其正确性其实依据于多数或外来权威而非依据自己或民族的内心。①

章太炎在《辨性》中论"伪"："计度而起，不任运而起，故曰伪。……伪者，谓心与行非同事。"②"伪士"口头播弄的话语，与内心（"自己或民族的内心"）没有关联。我们其实可以再细分清楚一些，借名、盗名以"遂其私欲"者，是"伪士"群体构成中最等而下之者。例如，上海《民国日报》副刊《觉悟》"评论"和"通信"栏中曾经展开过一场关于"浮荡少年"的讨论（自1920年8月到1921年4月）。受过新式教育的学生，满口"自由恋爱""妇女解放"，依靠这些新名词构成的"象征性资本"来诱骗女学生，老舍小说《赵子曰》就讽刺过"浮荡少年"，他们标举"美名词"而满足私欲，等同于"伪士"。然而，问题并不是仅仅纳入道德论范畴就可以解决的。有一类"伪士"，我们考察其"精神态度"时，发现弊端并非出于"欺瞒的心""欺瞒的嘴"之类道德素质的低劣，症结在于名词符号是新的，精神态度与思维方式却是旧的。在此我们必须重温康德在《答复这个问题："什么是启蒙运动？"》中的告诫："一场革命也许能够废除专制的政府及其私利的追求。但革命本身不能够改变思维方式。新的偏见如同它们所取代的旧的偏见一样，将会成为驾驭缺少思想的广大人群的圈套。"舒衡哲在讨论"五四"启蒙时提醒道："关于自然和社会的新的科学知识本身不足以对抗长期以来形成的屈服于专制权威的习惯。这样，启蒙就不仅仅意味着是新的知识，而是意味着一种

---

① 伊藤虎丸《亚洲的"近代"与"现代"》，《鲁迅、创造社与日本文学》，孙猛、徐江、李冬木译，北京大学出版社2005年版，第13、14页。

② 章太炎《辨性上》，《章太炎文选》，姜玢编选，上海远东出版社1996年版，第387页。

新的思维方式。"①启蒙必须经由"新的知识"与"新的思维方式"这两个支点来实现②,但是"一场革命"爆发与"新的知识"出现并不必然确保思维方式的更新,诚如王元化先生所言:"思维模式和思维方式,是比立场观念更具有稳定性和持久性的东西。它在相当长的时间内,不会随着时代的不同和社会条件更易而变化,因此成为文化传统的一个重要基因。在一定的条件下,相同的思维模式和思维方式也会出现在立场观点完全相反的人身上,也就是说,有些人虽然立场观点迥然不同,但他们的思维模式和思维方式却是一模一样的。因为后者是一种抽象的传承,并不涉及立场观点的具体内容。"③思维方式很可能跨越时代鼎革而持久地延续下来,甚或出现以"旧的思维方式"去接受、运思"新的知识"的情形。不幸这样的情形为现代以来中国的历史实际所一再印证,也被老舍等敏感的文学家写入小说加以讽刺④,钱玄同就曾感慨:"改变中国人的思想真是唯一要义。中国人'专制''一尊'的思想,用来讲孔教,讲皇帝,讲伦常,……固然是要不得;但用它来讲德莫克拉西,讲布尔什维克,讲马克思,讲安那其,讲赛因

---

① 舒衡哲《"五四":民族记忆之鉴》,中国社会科学院科研局、《中国社会科学》杂志社编:《五四运动与中国文化建设——五四运动七十周年学术讨论会论文选》(上册),李存山译,社会科学文献出版社1989年版,第173页。以上对康德的引用,借鉴、综合了舒衡哲文与何兆武先生的译本,参见康德:《答复这个问题:"什么是启蒙运动?"》,《历史理性批判文集》,何兆武译,商务印书馆1990年版,第24页。

② 黄兴涛先生也以"现代基本观念"和"现代思维方式"这两方面的关怀来理解"思想现代性"(Modernity of Thinking and Ideas)。在现代汉语中,"思想"是名词,但传统的思与想的动词涵义也仍有保留;从事实逻辑上讲,人类进行思想活动时,思维方式与基本价值观念当然也是紧密联系在一起共同发生作用的。"没有这种'思想现代性'的整体性形成,社会'现代化'的整体使命将是无法全面实现的。"参见黄兴涛《清末民初新名词新概念的"现代性"问题》,《天津社会科学》2005年第4期。

③ 王元化《思辨录》,上海古籍出版社2004年版,第42页。

④ 在老舍小说《赵子曰》《猫城记》中,年轻学生单凭对新知识的一知半解就盲目地追求新思想,打着"新名词"的旗号混日子,这种学习知识的态度,使得"新制度与新学识到了我们里便立刻长了白毛,像雨天的东西发霉",因为"采取别人家的制度学识最容易像由别人身上割下一块肉补在自己身上,自己觉得只要从别人身上割来一块肉就够了,大家只管割取人家的新肉,而不管肌肉所需的一切养分。取来一堆新知识,而不晓得研究的精神",最终在一星半点的"新"知识底下填充着"糊涂"的"老底","他们在平日以摹仿别人表示他们多知多懂,其实是不懂装懂。及至大难在前,他们便把一切新名词撇开,而翻着老底把那最可笑的最糊涂的东西——他们的心灵底层的岩石——拿出来,因为他们本来是空洞的,一着急便显露了原形,正如小孩急了便喊妈一样"。老舍《猫城记》,《老舍全集》第2卷,人民文学出版社1999年版,第237、283页。

斯,……还是一样的要不得。"①而今天的史家也观察到:"通观中国启蒙运动发展的全过程,不能不痛苦地承认,人们在更多的场合,其实仍在继续使用着传统的思维方式,包括对于进化论、人权论及社会主义这样一些西方启蒙运动最具体的卓越成果,人们也经常是以传统的思维方式来对待来处置的。"②上述情形,被鲁迅形容为"皮毛改新,心思仍旧"③,所谓"旧",是指并没有在主体内心培育出坚实的接受、含纳、消化新名词的根基。打个比方,"伪士"批判的实质,类似一个"接球手"④的问题:当"球"迎面飞来时,首先应该有主动"迎击"、吸收、消化的意愿与行为(鲁迅讽刺过不敢直面"球"的人:比如神经"衰弱过敏"者,"每遇外国东西,便觉得仿佛彼来俘我一样,推拒,惶恐,退缩,逃避,抖成一团"⑤,"有力量,有自信力的人是不至于此的"⑥)。接下来要自我追问:当"球"迎面飞来时,是否已经作好准备伸手牢牢地接住它;当遭遇那些代表着科学、进步价值的名词、话语之后,主体是否有健康的精神态度、坚实的根基去接受,并且"把它变成我自己的"⑦。

我们再深入一步,"名"(学说、主义、思想……)在现代中国的创制——新的字词符号以及其所代表的崭新的概念、思想内容的出现、撒播——大抵离不开一个翻译、引介西方现代思想知识的过程。所以,"接球手"问题的特殊性在于,它粘连着后发国家在特殊时代中的困境,这是"一个离开了中国近代化问题就不存在"⑧的问题。具体而言:一方面,"接球手"面对的"名",大多是在西方历史发展中已然产生的"名",其中蕴含着"无论是在物质文明还是精神文明方面都

---

① 钱玄同致周作人信(1932年4月8日),《钱玄同五四时期言论集》,沈永宝编,东方出版社中心1998年版,第373页。
② 姜义华《"理性缺位"的启蒙》,上海三联书店2000年版,第5页。
③ 鲁迅《随感录四十三》,《鲁迅全集》第1卷,第347页。
④ 伊藤虎丸《早期鲁迅的宗教观》,《鲁迅、创造社与日本文学》,第96页。
⑤ 鲁迅《拿来主义》,《鲁迅全集》第6卷,第40页。
⑥ 鲁迅《关于知识阶级》,《鲁迅全集》第8卷,第228页。
⑦ 威廉·巴雷特《非理性的人》,杨照明、艾平译,商务印书馆2004年版,第169页。
⑧ 伊藤虎丸《早期鲁迅的宗教观》,《鲁迅、创造社与日本文学》,第95页。

优越于亚洲的价值"①,也就是说,这些"名"是现成的(已经产生),优越的(已被证明)②;而另一方面,在中国与亚洲,又往往缺乏产生这些"名"、思想与价值的社会经济基础、制度条件等。这个时候,"近代主义"式的"伪士"往往应运而生,"近代主义"是竹内好独创的概念,主要指"在残存着等级制意识的前近代社会里,将欧洲近代思想作为权威从外部拿来时产生的意识形态","也就是说,基督教也好,马克思主义也好,存在主义也好,被拿来的确实都是欧洲近代思想,但是,接受这些思想的主体方面的意识,仍残存着前近代的等级制意识,即尊卑观念、权威主义,欧洲近代思想是被作为权威接受下来的"③,借用上文所述正是新的知识勾连着旧的思维方式,这并不是真正的、充分的启蒙。那么鲁迅的态度是怎么样的?这就是竹内好提炼的关键词——"挣扎""抵抗":"面对自由、平等以及一切资产阶级道德的输入,鲁迅进行了抵抗。他的抵抗,是抵抗把它们作为权威从外部的强行塞入。……总而言之,他并不相信从外部被赋予的救济。"④真正的启蒙,就是要摆脱"伪士"而成为"真的人"。

我们把上述这番思考落实到《伤逝》文本内部:

> 默默地相视片时之后,破屋里便渐渐充满了我的语声,谈家庭专制,谈打破旧习惯,谈男女平等,谈伊孛生,谈泰戈尔,谈雪莱……她总是微笑点头,两眼里弥漫着稚气的好奇的光泽。

《伤逝》中的这番叙述,也许是极具代表意味的"五四"启蒙图景吧:一个渴望学习新观念的年轻女性,无助地爱上了类乎上帝般存在的男性。子君将涓生视为

---

① 伊藤虎丸《鲁迅与日本人——亚洲的近代与"个"的思想》"序言",李冬木译,河北教育出版社2002年版,第5页。
② 因此才有史家认为,"近代中国新名词的思想史意义之所以格外突出",从根本上说,取决于"它们所携带的先进西方思想文化及其物化形态的'现代性'因素之能动作用"。参见黄兴涛《近代中国新名词的思想史意义发微——兼谈对于"一般思想史"之认识》,《新史学》,杨念群、黄兴涛、毛丹主编,中国人民大学出版社2003年版,第325页。
③ 参见伊藤虎丸《鲁迅与日本人——亚洲的近代与"个"的思想》"序言",第7页。
④ 竹内好《作为思想家的鲁迅》,《近代的超克》,李冬木、赵京华、孙歌译,生活·读书·新知三联书店2005年版,第148页。

启蒙者,涓生通过从西方文学中获得的观念、价值征服了子君,以至于涓生求爱的动作都是沿袭自西洋电影("我含泪握着她的手,一条腿跪了下去……"),而这个"食洋不化"的举动竟然成为子君后来无数次怀旧、温习的对象。还有一个细节:涓生热爱散步,而"散步"作为一种极富浪漫主义色彩的资产阶级文化生活方式(或者说,将"散步"标举为生活方式),也有可能移植自西方①。

"五四"启蒙者的绝大部分说服力源自于他们的欧美和日本文学知识,由这些知识组织出来的现代性话语无疑具有一种威权,如杜赞奇所说,因为它的表达者可以用现代性的名义来压制他人。②启蒙者通过翻译的供给(注意涓生的职业身份:译者)获取了文化与象征资本,又在播撒现代性话语的过程中取得了一种想象性的领导权,涓生正是其中的一个。其实即便在当时,启蒙运动的领袖也隐隐地对此生出了某些质疑,1920年9月,胡适在北大开学典礼上的演讲中,就以为这是"浅薄的'传播'事业":

> 现在所谓新文化运动,实在说得痛快一点,就是新名词运动。拿着几个半生不熟的名词,什么解放,改造,牺牲,奋斗,自由恋爱,无政府主义……你递给我,我递给你,这叫做"普及"。这种事业,外面干的人狠多,尽可让他们干去,我自己是赌咒不干的,我也不希望我们北大同学加入。③

鲁迅在《伤逝》中的叙述,以及胡适的不满,其实指向同一幅图景——"半生不熟的名词"的传递。在这些经典的启蒙图景中,完成的只是话语的翻译、编排、传递与默认,这些自然也是必须的,但问题在于这样的启蒙完全只是观念

---

① 福楼拜笔下的包法利夫人邂逅赖昂,提的第一个问题是:"附近总该有散步的地方吧?"见福楼拜《包法利夫人》,李健吾译,浙江文艺出版社1992年版,第76页。1900年,颜惠庆从弗吉尼亚大学学成回国任教于上海圣约翰大学,"他带回一把吉他、一辆自行车以及与未婚妻在月光下长久散步的习惯",而"散步习惯令校园周围的村民感到惊奇"。见叶文心《民国时期大学校园文化》,中国人民大学出版社2012年版,第44页。

② 杜赞奇《现代性话语的知识和权力》,转引自史书美《现代的诱惑:书写半殖民地中国的现代主义(1917—1937)》,何恬译,江苏人民出版社2007年版,第82页。

③ 胡适《提高与普及》,《胡适文集》(2),人民文学出版社1998年版,第65、66页。

形态的存在(到这一步是远远不够的),《伤逝》告诉我们这种观念形态的存在甚至凌驾于生命与死亡之上。一个类似上帝般的启蒙者在宣谕("破屋"里"充满了我的语声"),一个被启蒙者默然地接受("总是微笑点头")。喊着"我是我自己的"子君只是在"半生不熟的名词"的意义上被涓生从西方文学中贩卖的观念所征服,而没有将这些观念内化为自身的血肉。"他们谁也没有干涉我的权利!"但这恰恰是一个被干涉、被权威从外部导入而塑型的"自我"。

所以,只停留于名词传递式的启蒙——准确地说,未经生命机能化的启蒙——是脆弱而不堪一击的;子君是一个不合格的"接球手",没有勇气或能力贯彻他们一切类似"我是我自己"一般的伦理冲动。这样的理解对子君来说确实非常残酷。我把《伤逝》解读为"五四"启蒙之父对"启蒙"未经合法化的深刻质疑。自然,这里质疑的矛头,更主要地指向涓生,由他所主导的启蒙是失败的,本质上这就是"伪士"的启蒙。甚至可以说,子君的缺陷,几乎毫无例外地也集中在涓生身上。

先前关于《伤逝》的理解中,有一种具有代表性的意见,在讨论悲剧何以发生时归咎于"历史原因":"宣扬个人解放爱情自由的资产阶级民主主义思想,在反对封建制度和封建思想的斗争中,曾经起过进步的历史作用,在中国,在五四前后,它构成了反封建革命潮流的一个部分。但是,这种思想有着严重的局限。当革命形势向前发展,特别是在十月社会主义革命以后,中国无产阶级登上历史舞台,马克思列宁主义开始在中国传播的历史条件下,它愈来愈显得软弱无力了。"这样的意见着力于在历史条件的变迁中考较思想的科学性与革命性,它集中于"思想"而对获得、运思"思想"的"主体"关注不够,我要追问的是:即使涓生"跟上形势",选择了正确的思想解放武器,他是否一定就能避免成为"伪士"?如果回答是肯定的,即判断的最终根据只在思想的真伪,那么鲁迅在革命文学论战中与创造社与太阳社的辩难,胡风和阵营内部"航空战士"们的苦斗,意义何在?顺便说一句,胡风给"航空战士"勾勒出这样一副嘴脸:"急于坐着概念的飞机去抢夺思想锦标的头奖"①,"把思想概念当作一面大旗,插在头上就可以吓软读者的膝盖。旗子是愈高愈好,于是他自己也就腾空俯视了"。②——"航空战士"分明可以纳入鲁迅诊断的"伪士"谱系中。

"重返人间现实":日常生活的辩证法

涓生是一个发现了旧社会黑暗根源的独醒者、先觉者,但还不能说他已经获得了真正的主体性,在这个阶段,"他虽然确实摆脱了过去自己深信不疑并且埋没于其中的'被赋予的现实',但他是被作为'新的权威'的新的'思想'和'普遍真理'所占有"。③对于这样一批独醒者的心灵世界,可以借用俄罗斯宗教哲学家弗兰克的话来描述:

> 企图"逃避"世界的虚华琐事,以便在与世无争的孤独中安享平静的生命,这种感伤主义—田园式的愿望是虚伪的和错误的。这种愿望的基础是一种暗自的信念:我之外的世界是充满邪恶和诱惑的,而人本身,我自己,是无罪孽的和善良的……然而实际上,这个恶的世界就包含在我自身之中,所以我无处可逃……谁还生活在世界中和世界还生活在他之中,谁就应当承担世界所赋予的重担,就应当在不完善的、罪孽的、世俗的形式中活动……④

《伤逝》的叙事中让人颇感费解的是,先前可以使涓生"骤然生动起来"的子君,何以在涓生的视域中,那么快地显现出退步、保守、甚至庸俗:"子君竟胖了起来……管了家务便连谈天的工夫也没有,何况读书和散步","她近来实在变得很怯弱了","子君又没有先前那么幽静……子君的功业,仿佛就完全建立在这

---

① 胡风《如果现在他还活着》,《胡风全集》第2卷,湖北人民出版社1999年版,第669页。
② 胡风《今天,我们的中心问题是什么》,《胡风全集》第2卷,第614页。
③ 伊藤虎丸《鲁迅与日本人——亚洲的近代与"个"的思想》,第120页。
④ 弗兰克《精神事业与世俗事业》,《人与世界的割裂》,徐凤林、李昭时译,山东友谊出版社2005年版,第254页。

吃饭中……她似乎将先前所知道的全部忘掉了","子君很颓唐,似乎常觉得凄苦和无聊,至于不大愿意开口,我想,人是多么容易改变呵！","但子君的识见却似乎只是浅薄起来"……如果我们参照弗兰克的论述,这可以理解成：从一个有着"我自己,是无罪孽的和善良"的信念、依借着"新的'思想'和'普遍真理'"从原先身在其中的现实世界脱离出来、"企图'逃避'世界的虚华琐事"的"我"的眼光看出去,仍然处于世界内部和世俗形式中（在相识初期,涓生就认为子君"大概还未脱尽旧思想的束缚",显然涓生意识中子君和自己在启蒙结构中的位置是不同的,他原本就高高在上）、并且担负着"虚华琐事"（"喂阿随,饲油鸡"）的子君,无可避免地变得"怯弱""无聊""浅薄"……

为什么在涓生看来,一个抗争者和现实的日常世界必须是脱离的？

关于这个问题,日本学者伊藤虎丸先生有过至为精彩的论述："获得某些思想和精神,从以往自己身在其中不曾疑惑的精神世界中独立出来,可以说是容易的。比较困难的是,从'独自觉醒'的骄傲、优越感中被拯救出来,回到这个世界的日常生活中（即成为对世界负有真正自由责任的主体）,以不倦的继续战斗的'物力论'精神,坚持下去,直到生命终了之日为止。——这是比较困难的。"[①]准此理解,《狂人日记》中"然已早愈,赴某地候补"的惊人逆转,就能获得不同一般的正面解读："鲁迅轻描淡写地交代的狂人的痊愈,不可不谓是意义重大的新生","标志了'超人'的'精神界之战士'重返人间现实的再次自觉。……从表面上看个人主体从上向下的位移,内部却发生了对现实世界真正构成意义的变化：一个多少带着浪漫色彩、处于脱离状态的主体,质变为一个'对世界负有真正自由责任的主体'",鲁迅没有"让他的狂人坚持他的狂并以此作为空泛的批判之所——在另一个意义上也正是逃避现实之所,而是让他清醒地认识到他的失败,并且进一步从狂中走出来。走进复杂的现实中,从而与他置身的环境恢

---

① 伊藤虎丸《〈狂人日记〉》,《鲁迅、创造社与日本文学》,第116、117页。

复有机的联系"①。

从伊藤虎丸先生上述这番话中可以分析出两个不同阶段,而我们会发现涓生恰恰还处于第一个阶段:

在第一个阶段,人被"新的'思想'和'普遍真理'"从上面或从外部被赋予、所占有,他越是身陷这些往往裹挟着权力色彩的观念形态中,其个人的存在越是容易从他置身的世界中、从他与周遭事物的交互关系中抽离出来。这个时候,"如果价值外在于己身,如果身外强力迫使我们行动,那么我们就会沦为它们的奴隶——也许那是一种极其崇高的奴役方式,但奴役就是奴役"②。在这个阶段,他常常以"先觉者"自负(涓生在子君面前陶醉于"独自觉醒"的优越感),因独握真理而对"后进者"示以轻蔑、焦躁(涓生对子君日益生出的"鄙弃感",但鲁迅通过祥林嫂的追问深刻地颠覆了启蒙者精神和道德上假想的领导权),又往往因"独异"而感受到来自社会的伤害(涓生总是感觉到被"讥笑,猥亵和轻蔑的眼光"所包围)。满足或止步于这一阶段的个体,一方面,在这个世界内部找不到自己的位置(涓生四处碰壁,"不知道怎样跨出那第一步"),他越是沉迷于观念形态的存在,越是与日常生活格格不入,但是,"记住某种一般性教条,熟读某种普遍性理论,并且去信奉它们,并不是具有思想"③,"强迫的敬重"反而"限制一个人""狭隘其自由"④。另一方面,他对现实的批判往往会沦为"抽象的姿态"而"逃遁到空空荡荡的世界里去"⑤,他的实践无法进入历史,甚至可谓无效,

---

① 参见张新颖《20世纪上半期中国文学的现代意识》,生活·读书·新知三联书店2001年版,第79—82页。

② 以赛亚·伯林《浪漫主义的根源》,吕梁等译,译林出版社2008年版,第76页。这段话出自伯林对康德道德哲学的转述。

③ 伊藤虎丸《鲁迅与日本人——亚洲的近代与"个"的思想》,第122页。

④ "强迫的敬重"出于赫尔岑《法意书简》:"人惟不屈物以从其理,亦不屈己以就物,始可谓自由待物;敬重某物,如果不是自由的敬重,而是强迫的敬重,则此敬重将会限制一个人,将会狭隘其自由……这就是拜物——你被它压服了,不敢将它与日常生活相混。"转引自以赛亚·伯林《赫尔岑与巴枯宁论个人自由》,《俄国思想家》,彭淮栋译,译林出版社2001年版,第110页。

⑤ 卢卡契《现代主义的意识形态》,《现代主义文学研究》(上),中国社会科学出版社1989年版,第148—151页。

涓生自叹"过去一年中的时光全被消灭,全未有过","只有寂静和空虚依旧"。于是,由于启蒙的结果蛀空了启蒙本身的意义,如涓生这般被"悔恨和悲哀"所缠绕的启蒙者很快地坠入疲劳、颓废……总之,这一阶段的个体并未将"半生不熟的名词"内化到血肉机能中,如果对此无所自觉则止步于不合格的"接球手",甚或变成"伪士"。

所以,进入第二个阶段的意义不言自明。必须在这个阶段获得再次的"觉醒",此时的"觉醒"并不是抛弃在第一个阶段获得的那些"思想"和"普遍真理",而是"从被一种思想所占有的阶段,前进到将其作为自己的思想所拥有的阶段——真正获得主体性的阶段"[①]。他将"外在于己身"的主义、思想、学说等收归于个人,甚至化为一种生命感觉,持存着这样的生命感觉,将主体位置降落到现实境遇中,投入现实世界成为负有自由责任的主体。这个时候他已经完全滤去了疯狂、焦虑、忧郁等在"五四"文学中经常可以发现的"现代主义者"似的症状,而置身于具体的世界中,脚踏实地、沉稳坚毅、埋头苦干,鲁迅笔下的黑衣人、夏禹、墨子正是其中典型。

为什么操劳着日常家务的子君在涓生视野中变得"不可爱"?根源在于"人生要义"与日常生活的分裂,涓生反复表达过类似的悔悟:"回忆从前,这才觉得大半年来,只为了爱——盲目的爱——而将别的人生要义全盘疏忽了……"在"五四"的典型话语尤其是青年人的话语表达中,日常世界以及与此相关的具体性事务往往遭到贬斥,1919年毛泽东在《恋爱问题——少年人与老年人》一文中就义正辞严地宣告:"烧菜、煮饭等奴隶工作,是资本主义的结果。"[②]显然以阶级分析的方式设置了压抑形态(在涓生看来,是"吃饭""家务"与"读书""散步"的对立,而子君就不幸将生命消耗在了"烧菜、煮饭"之中)。日常生活与"人生要义"的分裂,往往还与性别结构相比附:女性意味着家庭、传统、现世、安稳、日

[①] 伊藤虎丸《鲁迅与日本人——亚洲的近代与"个"的思想》,第122页。
[②] 毛泽东《恋爱问题——少年人与老年人》,《毛泽东早期文稿》,湖南出版社1995年版,第436页。

常;男性意味着社会、现代、未来、创进、超越。由此,日常生活中的女性,承受着多重转喻:一是象征着落后的"分利者"。以梁启超、郑观应、严复等为代表的思想界将男女两性塑造为"生利者"与"分利者"的二元对立,"当现代意义上的经济发生时,妇女的家务劳动因其只有使用价值而没有交换价值从而被视为是一种没有创造性的劳动"①,涓生不时流露出对家庭生产和劳动的轻视,子君任劳任怨操持家务却只落得"识见浅薄"的评价。二是被视为必要的牺牲品。女性一旦埋没于日常生活,就将昔日的斗志与激情完全涣散,甚至沦为男性前进的羁绊。"五四"以来不少作品涉及这一主题,比如1920年代叶圣陶的《春光不是她的了》、1940年代路翎的《谷》。这些作品,一方面表达男性启蒙者对作为一度的启蒙对象与同盟军的女性最终"掉在无边的空虚里"的不满,如同《谷》中林伟奇在"艰难的理想的道路"上行进时无法忍受左莎"所需要的日常的家庭生活";另一方面,更隐微的企图,也为"五四"高潮时狂飙突进却又在现实重压下疲软虚脱的男性主体作自我开脱。如同为了确保肌体的健康,必得排除已被感染的痈疽,将退守日常生活的女性批判为负面象征,由此才能修复、重塑男性的自我形象。故而涓生才不惜一切要与子君"分离":"我觉得新的希望就只在我们的分离;她应该决然舍去……"

由此可知,"重返人间现实""回到这个世界的日常生活中",在"五四"以来的氛围中并不容易达成,甚至不妨说这种主体下降的方式隐含着对"五四"启蒙的反思。涓生的困境当非孤例,再以丁玲创作于1929年的中篇小说《韦护》作参照。两篇小说几乎用同样的人物结构与情节元素"编码"而成:一对"新人"恋爱、同居,但好景不长,男方渐渐在童话般的爱情与事业之间感到难以两全,同时也感受到周围环境的压力,当女方(子君/丽嘉)仍然沉浸在爱情的梦幻中时,男方(涓生/韦护)开始转变(毫无例外,男方终于"看不惯"女方),最终男方离开了女方。对《韦护》这一革命加恋爱的作品当然有多种解读,但韦护同样可以被

---

① 刘慧英《女权、启蒙与民族国家话语》,人民文学出版社2013年版,第30页。

理解为"被一种思想所占有"却无法将主体位置降落到现实境遇中的个体。涓生宗奉民主与科学,韦护更为"先进"地接受了马列主义,但一致的是,这些信仰对于他们而言更多是一种抽象名词,正如丽嘉近乎直觉般地对韦护们的批评:"你们有些同志太不使人爱了。你不知道,他们仿佛懂了一点新的学问,能说几个异样的名词,他们就也变成只有名词了……"韦护的原型是瞿秋白,在其绝笔《多余的话》里,瞿秋白沉痛地说,中国现代的"文人""书生""对于宇宙间的一切现象,都不会有亲切的了解,往往会把自己变成一大堆抽象名词的化身。一切都有一个'名词',但是没有实感。……对于实际生活,总像雾里看花似的,隔着一层膜"①。这是作为"抽象名词的化身"的启蒙者的幡然自省吧。无法赋予"抽象名词"以"实感",习惯于关注大问题,习惯于被崇高感、使命感所感召,与此同时,对真实的日常生活问题、对切身的身心状态问题往往无法处理与安置,无法将历史、政治的大课题安放在"实际生活"的情境中展开。

顺着这个思路,我们尝试着来理解《伤逝》中最让人费解的段落之一——

我看见怒涛中的渔夫,战壕中的兵士,摩托车中的贵人,洋场上的投机家,深山密林中的豪杰,讲台上的教授,昏夜的运动者和深夜的偷儿……子君——不在近旁。她的勇气都失掉了,只为着阿随悲愤,为着做饭出神……

发出此番自白之前,涓生已经产生了"独自开溜"的想法,"其实,我一个人,是容易生活的……只要能远走高飞,生路还宽广得很",每当他这么想的时候,就在向往中依稀"看见"种种生活,这种种生活组成了远方的乌托邦,投身到这一乌托邦之中就能兑现自身价值与"人生要义";而相比之下,子君却是在浪费生命。但是,涓生的自白并不等于鲁迅的态度,正是在这一刻,叙述者和作者发生了分裂,鲁迅在其间设置了反讽:涓生认识不到,子君的"吃饭""家务"其实和"怒涛中的渔夫,战壕中的兵士"并无区别。涓生所设想的种种生活与子君的生活似乎有高下之别,

---

① 瞿秋白《多余的话》,《多余人心史》,东方出版社1998年版,第63页。

我想理解这一语段的关键是暂且放弃价值上的褒贬而寻找到这几者之间的共同点——各安其位,子君和"渔夫""兵士"一样,各在"当下之行"中从容尽着生命之理。鲁迅其实是通过涓生这面反思之镜来启示读者:扎根当下,"斗争总要从此时此地前进"①,"我"的脚站在哪里,生命的意义就从哪里开始创造。这并非闭塞掉人类超越性的精神向度,而是将"向上之需要"拉回到"此岸"的实践中,如同"过客"一般,在不断的行走中使过去和未来收入当下以生成化、生命化。

可相参证的是,鲁迅在逝世前不久写下感人至深的《"这也是生活"……》,临近生命的终点,发现"外面的进行着的夜,无穷的远方,无数的人们。都和我有关"②。初看这个表达——"无穷的远方,无数的人们",似乎和《伤逝》中浮现在涓生眼前的种种生活很相像,但鲁迅马上把由"无穷的远方,无数的人们"所组成的远方乌托邦世界紧紧地拉回到了最切身的生命经验上。下面这段话特别具有警醒的意味——

> 第二天早晨在日光中一看,果然,熟识的墙壁,熟识的书堆……这些,在平时,我也时常看它们的,其实是算作一种休息。但我们一向轻视这等事,纵使也是生活中的一片……我们所注意的是特别的精华,毫不在枝叶。给名人作传的人,也大抵一味铺张其特点,李白怎样做诗,怎样耍颠,拿破仑怎样打仗,怎样不睡觉,却不说他们怎样不耍颠,要睡觉。其实,一生中专门耍颠或不睡觉,是一定活不下去的,人之有时能耍颠和不睡觉,就因为倒是有时不耍颠和也睡觉的缘故。然而人们以为这些平凡的都是生活的渣滓,一看也不看。……删夷枝叶的人,决定得不到花果。

强行区分生活的整体性,比如像涓生那样区分"吃饭""家务"与"读书""散步"的生活,进而凛然地设定价值高下,"决定得不到花果"。《"这也是生活"……》的最后一句话发人深省:"战士的日常生活,是并不全部可歌可泣的,然而又无不

---

① 胡风《给为人民而歌的歌手们》,《胡风全集》第3卷,第439页。
② 鲁迅《"这也是生活"……》,《鲁迅全集》第6卷,第624页。

和可歌可泣之部相关联，这才是实际上的战士。"

日常生活的辩证法，这一反思性态度可从以下层面把握。首先，"五四"启蒙张扬的个人主义，斩断自我与世界、与他人的纽带，轰毁与家庭、传统和社会的关联，先觉者饱尝依归无所之苦，同时也无法重建与社会环境新的有机联系以展开有效的历史实践。涓生的遭遇告诉我们，由"伪士"所引导的启蒙并不具备合法性，必须身经第二次觉醒。而鲁迅的文学，是一种关乎生命具体性的文学，"今天和当下的事业以及我对自己周围人的关系，是与我生命的具体性，与生命的永恒本质相联系的……我就必须完成切近的具体事业，因为生命的永恒因素就是表现在这些具体事业之中"①。所谓"生命的具体性"，在我的理解，是不将"个人"凝固成一个自外于现实世界、高高在上而又一尘不染的封闭"自我"，而是舍身到"不完善"、甚至污浊罪孽的现实中，通过"完成切近的具体事业"——哪怕它们是平庸、烦琐的（往往如此）——来担负起变革现实世界的责任。这也接通了知识分子岗位意识对此前高蹈的广场取向的反思。②其次，"五四"启蒙的主流所追求的个人解放，事实上关注的是那个普遍意义上的"人"，而非现实生活中具体鲜活的生命个体。实则启蒙是整体性的工程，其变革必然通过日常生活的细密纹路渗透进"人生安稳的一面"中去。《伤逝》追问的正是，如何将宏大叙事允诺的解放目标，从抽象名词的状态中解脱出来，与具体个人的在场体验相对接。"生活的意义就在它的各种可能生活中展开和呈现，生活的意义就在于生活自身，而不可能在别处，人没有必要生活在别处，无须多此一举地去以纯属幻想的某种高于人的目的为目的，但这并不意味着生活的意义会成

---

① 弗兰克《精神事业与世俗事业》，《人与世界的割裂》，第262页。
② 关于"岗位意识"，参见陈思和《现代知识分子岗位意识的确立：〈知堂文集〉》，收入《中国现当代文学名篇十五讲》，北京大学出版社2003年版。陈思和将周作人视作岗位意识的代表，饶有意味的是，与鲁迅一样，周作人深谙"生活的整体性"之理："有些人把生活也分作片段，仅想选取其中的几节，将不中意的梢头弃去。这种办法可以称之曰抽刀断水，挥剑斩云。生活中大抵包含饮食，恋爱，生育，工作，老死这几样事情，但是联结在一起，不是可以随便选取一二的。"周作人《上下身》，《雨天的书》，河北教育出版社2002年版，第74页。

为无解的困惑,因为生活本身就先验地包含生活意义的答案。"①

结　语

我把《伤逝》理解为"五四"启蒙之父对"启蒙"的反思,至少包括以下几个方面:"造人"神话的反省、"伪士"批判的形象化书写、日常生活的辩证法。

詹姆斯·施密特曾经将孟德维尔、德·萨德、尼采、霍克海默等对启蒙运动的历史演变进行过无情的"否定主义"的批评者,视作启蒙运动的"黑暗作者",辩证的是,恰恰只有经过上述批评,"才有可能赎回启蒙运动的希望","这些黑暗的作者对启蒙运动与支配的同谋关系的无情揭露,'把隐含在康德的理性概念以及隐含在每一个伟大的哲学那里的那种乌托邦从它的外壳中释放出来……'这样,悖论性地,只有通过吸收和占据启蒙运动的最激烈的批评者的论证,才有可能让启蒙的希望永葆生机"②。亦如托多罗夫所言:"正是通过批判启蒙思想我们才能始终忠实于它,才能发挥它的教益。"③

同样,"五四"的一系列基本命题(比如自由、民主、个人主义等)乃至具体的展开方式(比如、"名词传递"的启蒙、学生运动等),都遭遇过挑战,但是借用余英时先生的话来说,这些来自反面的力量并不是 Anti-May Fourth,而是 Counter-May Fourth。④也就是说,"五四"开启的传统并非稳固不变与日趋僵化的,在外部有强大的"对手方",在内部诞生"自反性叙事"⑤,甚或怀疑的声音往往来自

---

① 赵汀阳《论可能生活》,中国人民大学出版社 2004 年版,第 14 页。
② 詹姆斯·施密特《什么是启蒙?问题、情景及后果》,《启蒙运动与现代性:18 世纪与 20 世纪的对话》,第 25 页。
③ 托多罗夫《启蒙的精神》,第 29 页。
④ 余英时《论士衡史》,上海文艺出版社 1999 年版,第 370 页。
⑤ 关于"自反性叙事",参详逄增玉阐释:"如果说五四新文化和新文学在反对'旧传统'中实际上使自己成为与现代性中国匹配的'新传统',那么这种从新文化内部诞生的、对五四思想价值的整体或某一方面的质疑和解构性叙事,就构成了对新传统的'反传统',而这种自反性的'反传统',实际上又成为新文学建立的'新传统'的组成部分。"见逄增玉《内生的自反性叙事》,《对话历史:五四与中国现当代文学》,王风等编,北京大学出版社 2014 年版,第 297、298 页。

"五四"时期的领军者。于是,不断在辩难中深化,不断面对怀疑和反思,最后把这些怀疑、反思也吸纳到自身的传统中。在这一意义上,"五四"新文化是一个具有内在紧张性的传统,其中既包含着明确的主张,也不断生成对这些主张的重新检讨,惟其如此,这才是一个具有韧性和回旋空间的"活的传统"。

2015 年 6 月 15 日改定

原载《南方文坛》2015 年第 5 期

鲁迅思想综论

我们所以哀悼鲁迅先生

陈子展

有人很诧异的问我:"你为什么会跟在许多青年朋友的后面,瞻仰了鲁迅先生的遗容,还要徒步参加'鲁迅先生殡仪'的行列?你和鲁迅先生的关系怎样?"他的这一诧异,连我自己也很觉得是可诧异的。因为我很惭愧平日绝少机会和鲁迅先生接近,不曾和他通讯往来,得过他的一通手札;也不曾写得出什么像样的东西,找他题笺作序。我只在黎烈文、林语堂两先生的宴席上见过他两次,还在此新书局门市部碰过他两三次而已。总之,我和他没有平常人的所谓"友谊",我不能称他为"我的朋友鲁迅先生",也不能说"我和鲁迅"怎样怎样,这是确实的事情。而且我有过一个时期在《申报·自由谈》上写稿,怕人家把我看作"鲁迅派",故意打着古文调子,这在我也不当讳言。还有不当讳言的,就是鲁迅先生曾经介绍他一个朋友写的骂我的文章给《新语林》,虽说不曾刊出,我却为了这件小事,写了一篇"谈骂人"的文章刊在《社会月报》上,隐隐地对他提出了抗议。又最近关于文坛上两个口号发生了纠纷,我对于他骂到几个青年朋友,稍嫌过分,也做了"老与老前辈"一篇短文,在《立报言林》上发表。我所以说到这些好像和悼念鲁迅先生不相干的话,就是要说明我在平日虽和鲁迅先生并没有亲昵的关系,又没有深切的情谊,有时还不免在某一种薄物细故上表示了我的不肯和他苟同的意见,可是当我听到他逝世的消息,比死了一个最敬爱的师友,还要震惊,叹惋,竟一时怅怅惘惘,彷彷徨徨,心中好像失去了主宰一样。这种悲哀的情绪,只是有我自己才知道的!

其实,这也是不足诧异的事。十多年来,我读了鲁迅先生常常发表的许多文章,就无异乎常常亲见其人,亲闻其语,成了他的"未知的友人"。而且每每为他的至大至刚的正义感所激动,增加了我对于一切黑暗势力的愤怒,虽说我不能和他一样有积极向前奋斗的精神,但我不能不钦佩他这种伟大的精神,服膺他这种伟大的人格,推为一般青年志士的模范。有时我的笔下恭维他的文章,终不及我的心头恭维他的人格。你看!从旧时代过渡到新时代的所谓"士大夫阶级",不曾利令智昏的,不肯曲学阿世的,不愿同流合污的,能有几个?他们都把"士大夫阶级"的面子扫尽,他们都是"活尸"。因"尸身难得腐朽,权厝于空气之中"。只有鲁迅先生要竖起脊梁做人,宁肯放弃他从寒酸子弟爬到"士大夫阶级"的优越的地位,愿和贫苦大众站在一条战线上,这种为社会、为人类而奋斗而牺牲的伟大的人格,不够感动人、启发人么?难怪许多和鲁迅先生似乎不曾识面的学生,工人,学徒,店员,当他们去吊鲁迅先生之死,瞻仰遗容或参加殡仪的时候,不免要流泪,要悲咽了。我以为进步的有觉悟的群众对于作为一个战士的鲁迅先生的逝世的悲哀情绪,算是表示了伙伴的爱。原来男女的爱,亲子的爱,兄弟的爱,只是个人间的爱,家族间的爱。朋友的爱,虽说也是个人和个人间的爱,不过还可以说是由兄弟扩大起来的爱至于伙伴的爱,这是集团的爱,也就是社会的爱。是由兄弟朋友充类至尽的爱,是同志的爱,是人间最伟大的爱。由这一种爱力的结合,发挥,才能达到光明的世界。许多和鲁迅先生亲厚的朋友,乃至和他素昧生平的朋友,听到他的逝世,莫不表示悲痛,悼惜,我以为要从伙伴的爱,才能得到解释的。可不是么?

原载《中流》(半月刊)第 1 卷第 5 期,1936 年 11 月 5 日

鲁迅的前期和后期

——以"人性的解放"为中心

章培恒

鲁迅的一生常被划分为前期和后期两个阶段,并把1927年或1928年作为其后期的开始,至于其前后期的区别,则通常认为是从进化论进到了阶级论,从绅士阶级的逆子贰臣进到了新兴阶级的战士。由于这种划分,在事实上还产生了重鲁迅后期和重鲁迅前期的区别。大致从20世纪40年代末开始,就出现了以鲁迅前期尚非阶级论者为理由而在某种程度上否定其当时作品的倾向。这种意见在出现时就是与对"胡风派"的批判联系在一起的,因而在20世纪50年代的"肃清胡风反革命集团"的运动以后,就更具有了不可动摇的性质。而在"文革"中经过了对鲁迅——主要是后期的鲁迅——的貌似"神化"的恶毒歪曲以后,在相当一部分人中造成了鲁迅的后期是极"左"的印象,所以在今天又有了某种肯定鲁迅前期而不满其后期的现象。当然,也有对鲁迅的全部都很憎恨的,例如台湾的苏雪林女士和大陆的某些人,但那与本人所要讨论的鲁迅的前后期问题无关,在这里不予涉及。

在上述的分期中,存在着两个问题:第一,把其前期思想概括为进化论虽然似是依据鲁迅的自述:"我有一件事要感谢创造社的,是他们'挤'我看了几种科学底文艺论,明白了先前的文学史家们说了一大堆还是纠缠不清的疑问,并且因此译了一本普列汉诺夫的《艺术论》,以救正我——还因我而及于别人——的只信进化论的偏颇。"(《三闲集·序言》)但却还有一个未解决的疑问:鲁迅当时既相信进化论,那么,他认为社会是在朝着怎样的方向进化,他是在为怎样的未来社会而斗争?所谓绅士阶级的逆子贰臣同样如此。他必然是有了一种追求目标,这才走上背叛绅士阶级的道路的,绝不会光为了背叛而背叛。那么,其所追求的目标是什么?第二,在其前期和后期之间是毫无共同点抑或存在着某些共同点?若是前者,这种截然相反的变化是怎么发生的?若是后者,其共同点又是什么?我想,如能准确地解决这两个问题,将会对鲁迅的遗产有一种较为确切的理解。

我的看法是:鲁迅的前期是在为"人性的解放"而斗争,当时在理论上给予他以支持力量的是进化论;他的后期仍然是在为"人性的解放"而斗争,而在理论上给予他以支持力量的则是阶级论——实际上是马克思主义,他认为经过无产阶级革命而达到的无阶级社会就是人性解放的社会。

一

鲁迅在1934年所作的《〈草鞋脚〉小引》(载《且介亭杂文》)中简述中国新文学的历程说:"最初,文学革命者的要求是人性的解放,他们以为只要扫荡了旧的成法,剩下来的便是原来的人,好的社会了,于是就遇到保守家们的迫压和陷害。大约十年之后,阶级意识觉醒了起来……"此处所说的"文学革命者"显然包括他自己在内。这是只要看一看他在《〈自选集〉自序》(载《南腔北调集》)中的如下说明就可以了然的:"我做小说,是开始于1918年,《新青年》上提倡'文学革命'的时候的。……我的作品在《新青年》上,步调是和大家大概一致的,所以我想,这些确可以算作那时的'革命文学'。"而且,早在他的青年时期,鲁迅就很关心人性问题。根据他的好友许寿裳的回忆:"鲁迅在弘文学院的时候,常常和我讨论下列三个相关的问题:一、怎样才是最理想的人性?二、中国国民性中最缺乏的是什么?三、它的病根何在?"(《亡友鲁迅印象记》)因此,他在"文学革命"时期为"人性的解放"而斗争正是顺理成章的事;何况他在1925年冬天所作《坚壁清野主义》(载《坟》)中还明白地说过:"要风化好,是在解放人性,普及教育……"这都可见《〈草鞋脚〉小引》之提出"人性的解放",绝非漫然着笔。在鲁迅研究者中,常把鲁迅的前期说成是为改造国民性而努力,但用他在这里所说的"人性的解放"也许较之"改造国民性"更为确切。从上引的"只要扫荡了旧的成法,剩下来的就是原来的人"这样的话来看,"人性的解放"乃是要去掉人性所受的种种束缚,原是与人性的自然趋势相一致的;而"改造国民性"的内涵却较为模糊,既可顺着人性的自然趋势来改造,也可反其道而行之。

关于"人性的解放"的具体内容,可从其《坟·文化偏至论》的如下论说中窥见一斑:"诚若为今立计,所当稽求既往,相度方来,掊物质而张灵明,任个人而排众数。人既发扬踔厉矣,则邦国亦兴起。奚事抱枝拾叶,徒金铁国会立宪之云乎?"他进一步解释说:"十九世纪末之重个人"是一种新的思潮,"试案尔时人性,莫不绝异其前,入于自识,趣于我执,刚愎主己,于庸俗无所顾忌。……盖自法朗西大革命以来,平等自由,为凡事首,继而普通教育及国民教育,无不基是以遍施。久浴文化,则渐悟人类之尊严;既知自我,则顿悟个性之价值;加以往之习惯坠地,崇信荡摇,则其自觉之精神,自一转而之极端之主我。"(同上)而这也正是解救中国和中国人的唯一途径:"……国人之自觉至,个性张,沙聚之邦,由是转为人国。"(同上)至其"掊物质"的主张,实也与"任个人"相关:"若夫兴起之由,则原于外者,为大势所向,脊在平庸之客观习惯,动不由己,发如机械,识者不能堪,斯生反动;其原于内者,乃实以近世人心,日进于自觉,知物质万能之说,且逸个人之情意,使独创之力,归于槁枯,故不得不以自悟者悟人,冀挽狂澜于方倒耳。"(同上)换言之,不"掊物质而张灵明",就不能"由己",也必然"逸个人之情意",做不到"任个人而排众数"了。而在他看来,"任个人而排众数"正是"十九世纪末之""尔时人性"的体现。

《文化偏至论》虽然作于1907年,但在"文学革命"时期,鲁迅的这种基本观点并没有改变,而是更为丰富和充实。

使先生和后生相印

他在1918年曾经颂扬"个人的自大":"'个人的自大',就是独异,是对庸众宣战。除精神病学上的夸大狂外,这种自大的人,大抵有几分天才——照Nordau等说,也可说就是几分狂气。他们必定自己觉得思想见识高出庸众之上,又为庸众所不懂,所以愤世嫉俗,渐渐变成厌世家,或'国民之敌'。但一切新思想,多从他们出来,政治上、宗教上、道德上的改革,也从他们发端。所以多有这'个人的自大'的国民,真是多福气!多幸运!"这种"个人的自大",其实就是"任个人而排众数"的主张的贯彻。

到了1925年,鲁迅又说:

约翰·弥耳说:专制使人们变成冷嘲,我们却天下太平,连冷嘲也没有。我想:暴君的专制使人们变成冷嘲,愚民的专制使人们变成死相。大家渐渐死下去,而自己反以为卫道有效,这才渐近于正经的活人。

世上如果还有真要活下去的人们,就先该敢说,敢笑,敢哭,敢怒,敢骂,敢打,在这可诅咒的地方击退了可诅咒的时代。(《华盖集·忽然想到·五》)

在这里他其实是在号召向"愚民的专制"宣战,而在这种"连冷嘲也没有"的环境里的战斗,实在不能不是孤军奋战,所以仍然是"任个人而排众数"。

在这样的战斗中,鲁迅要求人们重视自身的价值:"是黄莺便黄莺般叫,是鸱鸮便鸱鸮般叫。我们不必学那才从私窝子里跨出脚,便说'中国道德第一'的人的声音。"(《热风·随感录·四十》)因此,不但不要被人"压服",也不要"求人尊敬",否则便成为"可怜虫"——"可怜他们竟不知道自己将褒贬他的人们的身价估得太大了,反至于连自己的原价也一同失掉"(《华盖集·我的籍和系》)。这与他在《文化偏至论》里所说的"张大个人之人格,又人生之第一义也"也是相通的。

当时的鲁迅不但热烈颂赞这种"排众数"的个人的人格力量,而且主张个人的利益,也即出于人性的要求的满足。这是《文化偏至论》在论述"任个人而排众数"时所未曾涉及的。

他所主张的个人利益,概括地说就是"一要生存,二要温饱,三要发展。苟有阻碍这前途者,无论是古是今,是人是鬼,是《三坟》《五典》,百宋千元,天球河图,金人玉佛,祖传丸散,秘制膏丹,全都踏倒他"(《华盖集·忽然想到·六》)。虽然只有三条,内容却很丰富。例如,他在《华盖集·北京通信》中重述了这三条后,又解释说"我之所谓生存,并不是苟活"。那么,"生存"一项中就显然包含了作为尊严的人而生存的意思在内。在另一处,他又指出:"但又要问:我们中国的人道怎么样?那答话,想来只能'……'对于人道只能'……'的人的头上,决不会掉下人道来。"因此,他要求"向人道前进"(《热风·六十一·不满》)。然则所谓"发展",也就是沿着"人道"的方向发展。换言之,他所主张的个人利益,就是个人的符合"人道"的生活。

也正因此,他不仅对当时在包办婚姻制度下被动地建立家庭的广大青年的痛苦怀着很深的同感,发出了"我们还要叫出没有爱的悲哀,叫出无所可爱的悲哀。……我们要叫到旧账勾消的时候"(《热风·四十》)的叫号,就是对已有相当社会地位的、被迫过着独身生活的人,尽管他们正在迫害青年,但鲁迅在憎恶其压迫行为的同时,也同情其"被社会所逼迫"的一面:

> 至于因为不得已而过着独身生活者,则无论男女,精神上常不免发生变化,有着执拗猜疑阴险的性质者居多。欧洲中世的教士,日本维新前的御殿女中(女内侍),中国历代的宦官,那冷酷险狠,都超出常人许多倍。别的独身者也一样,生活既不合自然,心状也就大变,觉得世事都无味,人物都可憎,看见有些天真欢乐的人,便生恨恶。尤其是因为压抑性欲之故,所以于别人的性底事件就敏感,多疑;欣美,因而妒嫉。其实这也是势所必至之事:为社会所逼迫,表面上固不能不装作纯洁,但内心却终于逃不掉本能之力的牵掣,不自主地蠢动着缺憾之感的。(《坟·寡妇主义》)

这也正是人道主义者的声音。至于对当时的广大群众——包括鲁迅自己——所处的奴隶地位,他当然更是深恶痛绝。在1925年所作的《灯下漫笔》(收入《坟》)中,他尖锐地指出:

> 但实际上,中国人向来就没有争到过"人"的价格,至多不过是奴隶,到现在还如此,然而下于奴隶的时候,却是数见不鲜的。

使先生和后生相印

因此,他把中国历史概括为"(百姓)想做奴隶而不得的时代"和"暂时做稳了奴隶的时代"的"循环",并且说:"而创造这中国历史上未曾有过的第三样时代,则是现在的青年的使命!"(同上)联系其上文来看,这"第三样时代"也就是"中国人""争到"了"'人'的价格"的时代。

在这里必须注意的是:鲁迅所渴望的虽然是"中国人"获得解放的时代,但他绝不以"中国人"的群体利益来抹杀个人的利益。他在1918年说:"道德这事,必须普遍,人人应做,人人能行,又于自他两利,才有存在的价值。"(《坟·我之节烈观》)又说:"人类总有一种理想,一种希望。虽然高下不同,必须有个意义。自他两利固好,至少也得有益本身。"(同上)这种意见他在后期也仍未改变,1933年6月18日致曹聚仁信说:"现在做人,似乎只能随时随手做点有益于人之事,倘其不能,就做些利己而不损人之事,又不能,则做些损人利己之事。只有损人而不利己之事,我是反对的,如强盗之放火是也。"(《鲁迅全集》人民文学出版社1982年版卷12《书信》)这也就是上文所说的他的"主张个人的利益"。而这同样是人道主义的主张。马克思在《神圣家族》中曾引用过18世纪唯物主义者的如下言论:"人并不邪恶,但却是服从于自己的利益的"(爱尔维修);"人在他所爱的对象中,只爱他自己;人对于和自己同类的其他存在物的依恋只是基于对自己的爱"(霍尔巴赫);"社会利益只是一种抽象,它不过是个人利益的总和……如果承认为了增进他人的幸福而牺牲一个人的幸福是一件好事,那么,为此而牺牲第二个人、第三个人,以至于无数人的幸福,那更是好事了……个人利益是唯一现实的利益"(边沁)(见《神圣家族》中译本,第169—170页)。由此可见,"服从于自己的利益"乃是人性的本然,因此,排斥"个人利益"、要求"为了增进他人的幸福而牺牲一个人的幸福"乃是反人性的,也即反人道主义的主张。值得特别注意的是:马克思认为上引爱尔维修等人的理论是显示了"18世纪的唯物主义同19世纪的英国和法国的共产主义的联系"(《神圣家族》中译本,第169页)。

总之,鲁迅前期确在追求"人性的解放",而这种"人性的解放"显然是属于人道主义——更确切些说,是马克思、恩格斯在《神圣家族》中所肯定的"真正的人道主义"(见《神圣家族》中译本卷首恩格斯、马克思于 1844 年 9 月作于巴黎的《序言》)——范畴的。至于被鲁迅作为"人性的解放"的前提的"扫荡""旧的成法",更是其前期的贯彻始终的战斗内容:从反对中国传统的旧文化、旧思想到反对陈源之流的"正人君子"乃至段祺瑞、章士钊之流的镇压学生运动,都贯穿着这样的精神。

在从事上述追求和战斗时,从理论上给予他支持的是进化论:

  生命的路是进步的,总是沿着无限的精神三角形的斜面向上走,什么都阻止他不得。

  自然赋与人们的不调和还很多,人们自己萎缩堕落退步的也还很多,然而生命决不因此回头。无论甚么黑暗来防范思潮,甚么悲惨来袭击社会,甚么罪恶来亵渎人道,人类的渴仰完全的潜力,总是踏了这些铁蒺藜向前进。(《热风·六十六·生命的路》)

响彻在这些诗一般的语言中的,正是进化论的声音。如果是在改革顺利地进展或仅仅小有挫折的时候,这样的言语是能对人起鼓舞作用的罢;但若出现了大的逆转,看不到黑暗的尽头,它们就显得苍白无力了。然而,如果只以进化论为武器,实在也只能这样地来预测社会的进程,而不可能作出坚实有力的论证。上引的这一段话,是鲁迅在 1919 年的"五四运动"之后说的,那正是"文学革命"的高涨时期。而到了 1925 年,鲁迅就只能把裴多菲的"绝望之为虚妄,正与希望相同"作为其所作《希望》(载《野草》)的结句,用以自我振作了。这也就意味着进化论作为观察和瞻望社会发展的思想武器的效力正在迅速消失。

二

鲁迅后期之不同于前期的,用他自己的话来说,一则是"看了几种科学底文艺论","救正"了"只信进化论的偏颇",再则是:"先前,旧社会的腐败,我是觉到了的,我希望着新的社会的起来,但不知道这'新的'该是什么;而且也不知道'新的'起来以后,是否一定就好。待到十月革命后,我才知道这'新的'社会的创造者是无产阶级,但因为资本主义各国的反宣传,对于十月革命还有些冷淡,并且怀疑。现在苏联的存在和成功,使我确切的相信无阶级社会一定要出现,不但完全扫除了怀疑,而且增加许多勇气了。"(《答国际文学社问》)但他的变化,尤其是后一种变化,其实是"清党"后的现实所促成的,如同他在1933年11月致姚克的信中说:"即如我自己,何尝懂什么经济学或看了甚么宣传文字,《资本论》不但未尝寓目,连手碰也没有过。然而启示我的是事实,而且并非外国的事实,倒是中国的事实,中国的非'匪区'的事实,这有什么法子呢?"(《鲁迅全集》卷十二《书信》)

鲁迅的反对"清党"以后的国民党政权,大致在四个方面:

第一,是对要求改革的人们——其中主要是青年——的大肆杀戮,如同他在1927年9月《答有恒先生》(《而已集》)中所说:"血的游戏已经开头,而角色又是青年,并且有得意之色。我现在已经看不见这出戏的收场。"于是,"我的一种妄想破灭了。我至今为止,时时有一种乐观,以为压迫,杀戮青年的,大概是老人。这种老人渐渐死去,中国总可比较地有生气。现在我知道不然了,杀戮青年的,似乎倒大概是青年,而且对于别个的不能再造的生命和青春,更无顾惜"。

第二,是对思想、言论、出版、集会等自由以及人权的其他方面的扼杀。也是在作于1927年9月的《扣丝杂感》(《而已集》)中,他尖锐地指出:

……今天看见北京教育部禁止白话的消息,我逆料《语丝》必将有几句感慨,但我实在是无动于衷。我觉得连思想文字,也到处都将窒息,几句白话黑话,已经没有什么大关系了。

那么,谈谈风月,讲讲女人,怎样呢?也不行。这是"不革命"。"不革命"虽然无罪,然而是不对的!

这也就意味着,对于言论的钳制是比北洋军阀政府时期更其严酷了。不但如此,在别的方面的统治和镇压也无不更为凶狠。他在1933年1月所作的《论"赴难"和"逃难"》(《南腔北调集》)中比较北伐以前在段祺瑞执政时的北京与北伐以后在国民党政府时期的北平的情况说:

>……那时的北京,还挂着"共和"的假面,学生嚷嚷还不妨事……然而,你瞧,来了呀。有一回,对着请愿的学生毕毕剥剥的开枪了……死了一些莘莘学子。然而还可以开追悼会,还可以游行过执政府之门,大叫"打倒段祺瑞"。为甚么呢? 因为这时又还挂着"共和"的假面。……

>后来,北伐成功了。北京属于党国,学生们就都到了进研究室的时代,五四式是不对了。为什么呢? 因为这是很容易为"反动派"所利用的。为了矫正这种坏脾气,我们的政府,军人,学者,文豪,警察,侦探,实在费了不少的苦心。用诰谕,用刀枪,用书报,用煅炼,用逮捕,用拷问,直到去年请愿之徒,死的都是"自行失足落水",连追悼会也不开的时候为止,这才显出了新教育的效果。

总之,当时的国民党政府是一个连"共和"的招牌都已抛掉了的政府,所以,民主、自由、人权都无从谈起。至于一般人民的贫困、生命的无保障,当然更不在话下。这在他的《推》《踢》(《准风月谈》)、《不知肉味和不知水味》(《且介亭杂文》)等作品中均有愤慨的揭露。

第三,是剿共和对外的屈辱投降。将这种政策的后果说得最为鲜明的是他作于1933年4月的《中国人的生命圈》(《伪自由书》):

>"边疆"上是飞机抛炸弹。据日本报,说是在剿灭"兵匪";据中国报,说是屠戮了人民,村落市廛,一片瓦砾。"腹地"里也是飞机抛炸弹。据上海报,说是在剿灭"共匪",他们被炸得一塌胡涂;"共匪"的报上怎么说呢,我们可不知道。但总而言之,边疆上是炸,炸,炸;腹地里也是炸,炸,炸。虽然一面是别人炸,一面是自己炸,炸手不同,而被炸则一。只有在这两者之间的,只要炸弹不要误行落下来,倒还有可免"血肉横飞"的希望,所以我名之曰"中国人的生命圈"。

再从外面炸进来,这"生命圈"便收缩而为"生命线";再炸进来,大家便都逃进那炸好了的"腹地"里面去,这"生命圈"便完结而为"生命〇"。

所谓"生命〇","即'生命零',意思是存身之处完全没有了"(人民文学出版社1982年版《鲁迅全集》第5卷为"生命〇"所作的注)。

国民党政府统治下的上述情况,与鲁迅前期所主张的"一要生存,二要温饱,三要发展""向人道前进""争到""'人'的价格",显然都是背道而驰的。就此点而言,他的反对国民党政府的统治,正是其反对北洋军阀政府的统治的继续。而如上所述,他在前期的斗争本是为了求得"人性的解放","生存""温饱""发展""人道""'人'的价格"等都是"人性的解放"的具体内涵,因此,他的后期的斗争同样是前期的为了"人性的解放"的斗争的继续。

三

那么,鲁迅后期的赞颂苏联十月革命是否与"人性的解放"的要求相矛盾呢?我以为并不。

他在1932年所作《林克多〈苏联闻见录〉序》(《南腔北调集》)中,叙述其从该书中所获得的对前苏联的认识说:"所见所闻的苏联,是平平常常的地方,那人民,是平平常常的人物,所设施的正是合乎人情,生活也不过像了人样,并没有什么希奇古怪。……倒是有了许多极平常的事实,那就是将'宗教,家庭,财产,祖国,礼教……一切神圣不可侵犯'的东西,都像粪一般抛掉,而一个簇新的,真正空前的社会制度从地狱底里涌现而出,几万万的群众自己做了支配自己命运的人。"所有这一切,正是"争到"了"'人'的价格"的具体说明。

应予说明的是,鲁迅所说的"像了人样""做了支配自己命运的人",并不只是指的在物质生活上获得了生存下去的条件,同时也包含着在精神上去掉了束缚人性的枷锁的内容。照马克思主义的观点,"宗教,家庭,财产,祖国,礼教"之类"'神圣不可侵犯'的东西"正是扭曲人性、导致异化的枷锁,这在《1844年经济学—哲学手稿》《神圣家族》等著作中都有论述。马克思所追求的共产主义社会原是"以每个人的全面而自由的发展为基本原则的社会形式"(《资本论》),而这些"'神圣不可侵犯'的东西"却显然是与"每个人的全面而自由的发展"相背驰的。鲁迅特地把抛弃这些东西作为其所赞颂的前苏联人民"像了人样"的内涵之一,也正意味着他所追求的仍然是"人性的解放"。

在这里还需要说明的是:鲁迅之不以英、美的社会作为其所追求的目标,而把视线转向前苏联,其原因当然是多方面的;但他认为在资本主义社会里人的个性和自我仍然受到压抑,却无疑是重要原因之一。他在1931年9月作的《〈夏娃日记〉小引》中说:

> 我们知道,美国出过亚伦·坡(Edgar Allan Poe),出过霍桑(N. Hawthorne),出过惠德曼(W. Whitman),都不是这么表里两样的。然而这是南北战争以前的事。这之后,惠德曼先就唱不出歌来,因为这之后,美国已成了产业主义社会,个性都得铸在一个模子里,不再能主张自我了。如果主张,就要受迫害。这时的作家之所注意,已非应该怎样发挥自己的个性,而是怎样写去,才能有人爱读,卖掉原稿,得到声名。连有名如荷惠勒(W.D. Howells)的,也以为文学者的能为世间所容,是在他给人以娱乐。于是有些野性未驯的,便站不住了,有的跑到外国,如詹谟士(Henry James),有的讲讲笑话,就是玛克·土温。
>
> 那么,他的成了幽默家,是为了生活,而在幽默中又含着哀怨,含着讽刺,则是不甘于这样的生活的缘故了。因为这一点点的反抗,就使现在新土地里的儿童,还笑道:玛克·土温是我们的。

"新土地"是指前苏联。在他看来,"产业主义的社会"是束缚个性、压制自我的,面对于这种束缚和压制的"反抗",则是与前苏联的社会原则相一致的,所以前苏联的儿童把玛克·土温看做"是我们的"。这也就进一步证明了鲁迅是把前苏联作为"人性的解放"——至少是向着"人性的解放"迈进——的社会的。

现在就可以理解在本文第一节开始时所引《〈草鞋脚〉小引》中"最初,文学革命者的要求是人性的解放……大约十年之后,阶级意识觉醒了起来,前进的作家,就都成了革命文学者"这段话的意思了。这里的"阶级意识觉醒了起来"显然并不意味着否定了"人性的解放"的要求、只主张工农的解放而要将其他的人都打翻在地还踏上一只脚了,而是意味着只有从"觉醒了"的"阶级意识"出发,通过无产阶级革命,才能达到"无阶级社会"——"人性的解放"的时代。

当然,这里还存在一个问题:前苏联是实行"无产阶级专政"的,那么,这与"人性的解放"的关系又如何呢?

首先,鲁迅认为"无产阶级专政"乃是被迫的。这在他作于1933年10月的《〈解放了的唐·吉诃德〉后记》(《集外集拾遗》)中说得很明白。

《解放了的唐·吉诃德》是前苏联卢那察尔斯基所作的,为"无产阶级专政"辩护的剧本。鲁迅在该文中引了剧中"专制魔王的化身"的谟尔却伯爵的如下自述:

> ……统治者,过着奢华的生活,强迫人们对着你祷告,对着你恐惧而鞠躬,而卑躬屈节。幸福就在于感觉到几百万人的力量都集中到你的手里,都无条件的交给了你,他们像奴隶,而你像上帝。……毁坏上帝和人的一切法律,照着自己的意旨的法律,替别人打出新的锁链出来!权力!这个字眼里面包含一切:这是个神妙的使人沉醉的字眼。生活要用权力的程度来量它。谁没有权力,他就是个死尸。

应该说,这确是"专制魔王"的心理的真实写照。剧本认为,正因存在着这样的"专制魔王",所以新社会的创造者也不得不采取同样的手段。在剧本中作为革命者而现身的德里戈这么说:"是的,我们是专制魔王,我们是专政的。……不过他们的剑是为着奴隶制度去杀人,我们的剑是为着自由去杀人。……现在,我们在这个短期间是压迫者……"鲁迅引用并同意这种辩解,还举出希特勒在德国的暴行来作为前苏联实行"无产阶级专政"的必要性的证明,并且说"反革命者的野兽性,革命者倒是会很难推想的"。他的意思是:在这样的"反革命者的野兽性"面前,革命者是不得不采用专政手段的。

但正像德里戈说"我们在这个短期间是压迫者"一样,鲁迅也认为这只是短时期的权宜的措施。他在作于1932年的《我们不再受骗了》(《南腔北调集》)中说:

"苏联是无产阶级专政的,智识阶级就要饿死"。——一位有名的记者曾经这样警告我。是的,这倒恐怕要使我也有些睡不着了。但无产阶级专政,不是为了将来的无阶级社会么?只要你不去谋害它,自然成功就早,阶级的消灭也就早,那时就谁也不会"饿死"了。

在这里他不仅指出了"无产阶级专政"的目的——为了实现"无阶级社会",而且认为"只要你不去谋害它","阶级的消灭也就早",那时便用不到"无产阶级专政"了。

其次,鲁迅是把"无产阶级专政"与暴政严格地区别开来的。他曾把"正面之敌的实业党的首领,不是也只判了十年的监禁么"(《我们不再受骗了》),作为前苏联并不"凶恶"的实例来赞美的,这就可见他心目中的"无产阶级专政"确实不过是一种防御敌人破坏的手段。他在1932年12月批判《汉奸的供状》一诗时说:"接着又是什么'剖西瓜'之类的恐吓,这也是极不对的,我想。无产者的革命,乃是为了自己的解放和消灭阶级,并非因为要杀人,即使是正面的敌人,倘不死于战场,就有大众的裁判,绝不是一个诗人所能提笔判定生死的。现在虽然很有什么'杀人放火'的传闻,但这只是一种诬陷。"(《南腔北调集·辱骂和恐吓决不是战斗》)这与他的赞扬前苏联对"正面之敌的实业党的首领""只判了十年的监禁"实是同一机杼。

其实,从鲁迅的思想体系来说,"人性的解放"和他所理解的"无产阶级专政"是并不矛盾的。以"无产阶级专政"来防御敌人的破坏,与他在前期所作《论"费厄泼赖"应该缓行》(《坟》)中的反对"纵恶"是完全一致的。他在该文中说:"但是,'疾恶太严','操之过急',汉的清流和明的东林,却正以这一点倾败,论者也常常这样责备他们。殊不知那一面,何尝不'疾善如仇'呢?人们却不说一句话。假使此后光明和黑暗还不能做彻底的战斗,老实人误将纵恶当作宽容,一味姑息下去,则现在似的混沌状态,是可以无穷无尽的。"这与他后来的赞同"无产阶级专政"如出一辙。他的《论"费厄泼赖"应该缓行》作于1925年12月29日,而要求"解放人性"的《坚壁清野主义》则作于1925年11月22日,两文实为同一时期的作品。这也就意味着:在鲁迅看来,倘若"纵恶","人性的解放"的目的就不能实现,因为那会使"现在似的混沌状态"成为"无穷无尽"。

总之,鲁迅的后期仍以"人性的解放"为其追求的目标。从他把束缚"个性"、扼杀"自我"视作应该"反抗"的社会现实(所以他肯定玛克·土温在这方面的哪怕是不充分的"反抗"),把抛掉"'宗教,家庭,财产,祖国,礼教……一切神圣不可侵犯'的东西"——实际上也就是束缚个人的东西——与"几万万的群众自己做了支配自己命运的人"相提并论,就可以清楚地看出他心目中的理想社会——他当时称之为"无阶级社会"——到底是怎样的。其实,西方的纪德等知识分子也是从这样的思想立场来理解马克思主义——那应该是正确的理解——和认同前苏联及其"无产阶级专政"的。然而,当纪德于1936年去访问了前苏联并看到了若干真相以后,他发现了现实与理想之间的距离,于是他写了《访苏联归来》;虽然其真实目的还是希望前苏联改进,但却遭到了猛烈的攻击,被诬为"疯狂的反前苏联反共分子""法西斯的奸细"。而他对前苏联的不满,就正是基于"人性的解放"的原则。例如,他认为:在前苏联,"众人的幸福是以每个人的非个性化取得的,众人的幸福是以牺牲个人而得到的。为了得到幸福,就得听话、随大流"(《访苏联归来》,朱静、黄蓓译,花城出版社1999年7月版,第20页)。强调"个人"而反对"非个性论",正是"人性的解放"的基本内涵。又如,对于无产阶级专政,纪德原来也是拥护的,但他认为前苏联当时实行的已不是无产阶级专政了,所以他公然反对:

"我们是无产阶级专政。"他们对我们说。我们很不以为然。

是的:实行专政是显而易见的,但那是一个人的专政,不再是团结起来的无产者的专政,不再是苏维埃专政。重要的是不要自欺欺人,实事求是,毫不含糊地承认:这不是大家所要的专政(同上,第36页)。

而他之所以不要这样的专政,是因为在当时的苏联,"现在要求人们听话、服从。要求大家赞同苏联所做的一切,不仅是无可奈何的赞同,而是诚心诚意地,甚至还要满腔热情地赞同。最令人奇怪的是他们竟然能做到这一点。另外一方面,哪怕一丁点反对意见,一丁点批评都会招致最严重的惩罚,人们立刻就噤若寒蝉了。我想今天在其他任何国家,哪怕在希特勒的德国,人们的思想也不会比这里更不自由、更遭受扭曲、更胆战心惊、更唯唯诺诺"(同上,第31页)。换言之,这是一个扼杀个人的思想和言论自由,也即扼杀个人的人的尊严的专政,因而也正是"人性的解放"的追求者所难以容忍的(至于在"无产阶级专政"的名义下所进行的残酷的清洗,是在纪德访苏的同一年开始的,纪德当时对此尚无所知)。正因为前苏联当时的现实是与"人性的解放"大相径庭的,所以从理论上说,坚持"人性的解放"的要求的后期鲁迅与这样的现实也是不可调和的;他之赞美前苏联及其"无产阶级专政",当是出于与纪德同样的误解。不过,他始终没有到前苏联去访问,而当纪德的《访苏联归来》发表时,他已去世了。——《访苏联归来》发表于1936年11月,他则去世于同年10月。

原载《庆祝王元化教授八十岁论文集》,华东师范大学出版社2001年版

鲁迅精神的当代意义

吴中杰

在计划经济时期,作家的地位是由长官意志划定的;在市场经济的背景下,作家的影响力往往借助于商业炒作;而在两种经济体制的过渡时期,作家们则既要靠拢庙堂,又要深入市场,诗外的功夫做得分外吃力。

但是,文学自有它的发展规律。作家的社会价值和文学地位,既不取决于长官意志,也不能依靠市场炒作,而是由作家自身的思想趋向和作品的艺术成就来决定的。于是,时间老人就成为最权威的鉴定者,作家的价值,只有经过历史的检验,才能最后确定下来。在文学史上,有多少走红作家、有多少文坛领袖,都经不住历史长河的洗濯,褪去了鲜艳的颜色,或者被冲刷得不知去向。只有自身坚硬者,才能屹立中流,千古长存。

鲁迅,曾受到过政治的追捧,但捧的未必是他的真价值,有时,为了某种需要,还会将原意进行歪曲;他也不断受到攻击,无论是生前或死后,但攻击的也未必是他的实在缺点,因而,他始终打而不倒。鲁迅并不认为自己是完人,更不把自己当作圣人,他说:"我的确时时解剖别人,然而更多的是更无情面地解剖我自己。"① 又说:"我从别国里窃得火来,本意是在煮自己的肉。"② 这就表示他

---

① 《坟·写在〈坟〉后面》。
② 《二心集·"硬译"与"文学的阶级性"》。

要不断克服缺点取得前进的意思,他也欢迎别人的批评。但是,他始终没有遇到一个真正的狙击手,这使他很失望。

早在20世纪20年代,就有人认为鲁迅的时代已经过去,到20世纪90年代,又有人把他当作一块"老石头",想要踢开。但是,鲁迅还是屹立在中国现代文学的排头,而且深刻地影响着中国当代的文学和文化。这就是说,鲁迅至今没有过时,他还有着当代意义。

一个作家能够在文学史上站得住,就很不容易,还要对当前文化思想产生作用,那就更难了。但这也未必是好事。鲁迅曾经说过:"我以为凡对于时弊的攻击,文字须与时弊同时灭亡,因为这正如白血轮之酿成疮疖一般,倘非自身也被排除,则当它的生命的存留中,也即证明着病菌尚在。"[①]鲁迅不是一个希图不朽的人,他曾为他攻击时弊的杂文还能结集出版而感到悲哀。但事实是,直到现在,鲁迅的作品还没有过时,这一方面是由于鲁迅思想的前卫性和深刻性,另一方面也由于中国深层文化思想变动太慢的缘故。

鲁迅作品涉及面广,它是多方位的。我们这里只从两个方面来考察它的当代意义。

一、知识分子的独立精神

这里,首先要厘清的问题是:什么是知识分子?我们常常有一种误解,以为有一定的文化知识就算是知识分子。其实不然。知识分子当然要有知识,这是毋庸置疑的,但有知识不一定就是知识分子。知识分子还要有强烈的社会责任感和独立精神,这样他们才能成为一个积极的社会群体。

我国古代文人的社会责任感,一向是很强的。从屈原的"长太息以掩涕兮,哀民生之多艰"到顾宪成的"风声雨声读书声,声声入耳;家事国事天下事,事事

[①] 《热风·题记》。

关心",无不表现出一种以天下为己任的胸怀。但是,要说到独立精神,那就比较差了。他们总有一种挥之不去的依附思想。大多数文人依附于庙堂,后来也有一些人依附于商家。这种依附性,也是由于社会历史条件造成的。因为中国长期处于封建专制主义的统治下,"普天之下莫非王土,率土之滨莫非王臣",所以学成文武艺,只能货与帝王家。那时的文化人,叫做士。古代的士与现代知识分子最大的不同,就是缺乏后者的独立性,而被人所养。一提到士之被养,我们就会想到战国时期孟尝君、信陵君等豪门的"养士"之风,——他们养了许多文士和武士,为己所用。但我们这里所说的士之被养,涵义要广泛得多。在封建专制主义的统治之下,所有的士,其实都是被庙堂所养,包括孟尝君、信陵君们自己,一到不被君主信任时,就只有被杀或逃亡,命运也就很惨了。既然士为庙堂所养,自然也要为庙堂服务,他们的整个思想都是围绕着庙堂的利益旋转的。这就叫做存在决定意识。其中志向大、自视高的,每每想做王者之师,一般的也总想弄个大官小官当当。隋唐以后的科举制度,为中下层文士和武士走向庙堂提供了攀升之路。虽然能爬上去的人并不很多,但正如唐太宗所说:"天下英才,尽入吾彀中",这样一来,这些"士"们,也就不去想那些与庙堂不利之事了。

但是到得五四时期,情况就有了变化。科举已经停考,士人不能再通过这条路径攀向庙堂,而大学的相对独立和文化市场的发育,又为现代知识分子的产生提供了物质基础,于是在新文化运动的催化下,就产生了具有独立精神和自由思想的中国现代知识分子群体。

独立精神和自由思想是一种时代文化精神,这种精神不但体现在新文化战士身上,而且也体现在同时代其他正直的学者身上。自称"思想囿于咸丰同治之世,议论近于曾湘乡张南皮之间"的陈寅恪,在为王国维所写的纪念碑铭中就特别强调:"先生之著述,或有时而不章。先生之学说,或有时而可商。惟此独立之精神,自由之思想,历千万祀,与天壤而同久,共三光而永光。"

最充分地体现这种时代文化精神的是鲁迅。他不但在五四时期反对传统思想时，表现出这种独立精神与自由思想，而且在新文化运动退潮之后，许多新文化人士与权力者妥协，甚至支持权力者的时候，他仍旧坚决维护自由思想的原则与旧势力进行搏斗。最突出的表现在1925年女师大事件中对于被压迫学生的支持和1926年三一八惨案后对于枪杀学生的暴虐者的抗争，最后他自己也被迫走出北京。

有人认为，鲁迅长期在教育部当官，却又要反对这个政府机构行政长官的政令，这是非常矛盾的，于是加以讽刺道："其实一个人做官也不大要紧，做了官再装出这样的面孔来可叫人有些恶心。"但实际情况远非如此简单。鲁迅在民国元年进入教育部是应教育总长蔡元培的邀请，协助他实行新的教育主张，后来政府变动而他却一直留任，那是为了饭碗问题——但在张勋复辟时期他曾辞职以示抗议；而作为一个教育部的官员，仍能保持自己的独立精神和自由思想，敢于揭露教育当局以至政府执政者的反动嘴脸，坚决与之斗争，那就显得更加难能可贵。因为作为官员，本是受着上级政令约束的，若表现出自己的独立精神和自由思想，就要冒很大的风险。1925年女师大学潮中，教育总长章士钊在"呈请执政将周树人免职"的呈文上，提出的理由就说是"又该校务维持会擅举该员为委员，该员又不声明否认，显系有意抗阻本部行政，既情理之所难容，亦法律之所不许"，所以执政府马上照准。而鲁迅的答辩书中，也没有说他作为部员，在法律上是可以抗阻本部行政的。他之所以能够打赢官司，只是由于章士钊这位政法专家兼逻辑学家，竟疏忽了一项逻辑要素，在呈文中倒填了日子，所以为鲁迅所驳倒："查校务维持会公举树人为委员，系在八月十三日，而该总长呈请免职，据称在十二日，岂先预知将举树人为委员而先为免职之罪名耶？"当然，这与当时的司法还有相对独立性，平政院还能够据理判案有关，否则，下级是很难告赢上级的。但鲁迅作为一名教育部官员，敢于抗阻本部行政，支持被压迫的学生，后来又公开直斥政府执政者的暴虐行为，却是需要极大的勇气的。而那些比较自由的大学教授们，却还在帮权力者说话，两者真是不可同日而语。

鲁迅能持此独立精神，与他早期所接受之个性主义思想有关。早在日本留学时期,他就介绍过西方思想家崇尚个性的主张和摩罗诗人争天拒俗的作品,并且提出救国之道:"是故将生存两间,角逐列国是务,其首在立人,人立而后凡事举;若其道术,乃必尊个性而张精神。"①他的抗暴行动,就是这种个性主义的表现。现在,有人在考证 1926 年 3 月 18 日群众游行的政治背景,似乎那些学生是被某种政治势力所利用的。当然,能够确切厘清当时的实际情况,对历史研究是有好处的。但不管当时的群众游行有无政治背景,执政者开枪打死游行群众的行为,总是不可饶恕的。对于此种暴行,难道不该谴责吗?

在上述斗争实践的基础上,鲁迅对于知识分子的社会职责问题作了进一步的思考,提出了深一层的看法。1927 年 10 月 25 日,他曾在上海劳动大学做过一个题为《关于知识阶级》的演讲,其中就说到知识分子与权力者的关系,以及知识分子应有的态度。他说:"知识和强有力是冲突的,不能并立的;强有力不许人民有自由思想,因为这能使能力分散。""然而知识阶级将怎么样呢?还是在指挥刀下听令行动,还是发表倾向民众的思想呢?要是发表意见,就要想到什么就说什么。真的知识阶级是不顾利害的,如想到种种利害,就是假的,冒充的知识阶级;只是假知识阶级的寿命倒比较长一点。"

鲁迅后期的同情和支持共产党,在很大程度上,是他前期抗暴思想的延续。在广州,他目睹了国民党新军阀对于共产党人和革命青年的疯狂屠杀;到上海后,又亲身受到国民党当局的压迫和通缉。这不能不引起他的反抗。对当时共产党的某些举措,其实他并不很赞成,但是,为了支持被压迫者,他还是参加了一些活动。例如,共产党在 1930 年 2 月组织中国自由大同盟,中共中央想借助鲁迅的声望,希望他也能做该盟的发起人,就派与鲁迅接近的党员冯雪峰去联系。据雪峰回忆,鲁迅并不赞成这种做法,认为一成立马上就会被解散,不能起什么实际作用,但他还是答应参加。他的名字原来排在下面的,到发表出来时,却升到第二名了(第一名是郁达夫),这当然很引起当局的注意,于是就有浙江

---

① 《坟·文化偏至论》。

省党部呈请通缉"堕落文人鲁迅"之事。既然如此,他只有用硬功夫来对付。鲁迅的骨头是最硬的,他决不会在压迫者面前屈服。直到逝世前不久,国民党当局通过鲁迅一个旧日的学生与他联系,说是可以解除通缉令,但希望"预先得到先生的谅解",却被鲁迅所拒绝。他写信回复道:"我的余命已经不长,所以至少通缉令这东西是不妨仍旧让他去的。"①

接着,在 1930 年 3 月,鲁迅又参加了中国左翼作家联盟,而且也应邀成为它的发起人之一。但他对这个组织也并不看好,在当月 27 日致章廷谦信中即说:"梯子之论,是极确的,对于此一节,我也曾熟虑,倘使后起诸公,真能由此爬得较高,则我之被踏,又何足惜。中国之可作梯子者,其实除我之外,也无几了。所以我十年以来,帮未名社,帮狂飙社,帮朝花社,而无不或失败,或受欺,但愿有英俊出于中国之心,终于未死,所以此次又应青年之请,除自由同盟外,又加入左翼作家连盟(按:原文如此),于会场中,一览了荟萃于上海的革命作家,然而以我看来,皆茄花色,于是不佞势又不得不有作梯子之险,但还怕他们尚未必能爬梯也。哀哉!"这就是说,鲁迅之所以参加这个组织,还是出于爱护和培养青年之心。虽然他对左联有自己的看法,但当这个组织受到压迫,它的成员被捕、被害时,他仍要站出来抗议、斗争。

当然,鲁迅后期思想也有很大的变化。正如他自己在《三闲集·序言》中所说:"我一向是相信进化论的,总以为将来必胜于过去,青年必胜于老人,对于青年,我敬重之不暇,往往给我十刀,我只还他一箭。然而后来我明白我倒是错了。这并非唯物史观的理论或革命文艺的作品蛊惑我的。我在广东,就目睹了同是青年,而分成两大阵营,或则投书告密,或则助官捕人的事实!我的思路因此轰毁,后来便时常用了怀疑的眼光去看青年,不再无条件的敬畏了。"又说:"我有一件事要感谢创造社的,是他们'挤'我看了几种科学底文艺论,明白了先前的文学史家们说了一大堆,还是纠缠不清的疑问。并且因此译了一本蒲力汗

---

① 内山完造《忆鲁迅先生》,《鲁迅先生纪念集》。

诺夫的《艺术论》，以救正我——还因我而及于别人——的只信进化论的偏颇。"

但是，他的个性主义并没有同时轰毁。虽然鲁迅此时已从进化论转向阶级论，而阶级论必然要走向集团主义，但他仍时时保持自己的见解。在1928年"革命文学"论争中，他就反对"革命文学家"们的思想意识至上论，而同时强调文艺的审美性；反对超越时代论和虚假的理想性，而坚持文艺的现实性。左联成立之后，他对那些过激措施也很不满意，不参加这些活动，也不理会反"作品主义"的论调，而坚持用自己的笔参加战斗。甚至，在立三路线占共产党内统治地位时，当时中共中央实际负责人李立三约鲁迅谈话，援引法国作家巴比塞为例，要鲁迅公开发表宣言，拥护共产党当时的政治主张，也为鲁迅所拒绝。他回家后，对陪同谈话的冯雪峰说："要我像巴比塞那样发表一个宣言，那是容易的；但那样一来我就很难在中国活动，只得到外国住起来做'寓公'，个人倒是舒服的，但对中国革命有什么益处！我留在中国，还能打一两枪，继续战斗。"[①]所以，左联成立以后，鲁迅与那些领导人时常发生矛盾，也就并不奇怪了。

鲁迅与左联某些领导人的矛盾，不是仅限于最后一年的两个口号的论争，从"花边文学"的讥笑到"调和派"的诬蔑，花样简直层出不穷，以致使鲁迅觉得要横站着战斗，以防"战友"从背后射来的冷箭。他最后对于周扬等人的鞭挞，只不过是矛盾的总爆发；而周扬等人却始终不认为自己有什么错误，顶多只是对鲁迅不够尊重罢了。这也只是因为鲁迅的地位过于崇高，才有此说，看看1949年以后，整了这么多作家，他又尊重过谁呢？可见这不是个人间事，而是两种文化思想的冲突。这一边是要求别人绝对服从自己的领导，那一边则坚持知识分子的独立精神和自由思想，所以冲突是不可避免的。对于这场斗争的意义，鲁迅自己是认识得很清楚的，所以他才会抱病修改补充《答徐懋庸并关于抗日统一战线问题》，并说："倘只我们彼此个人间事，无关大局，则何必在刊物上

[①] 《一九二八至一九三六年间上海左翼文艺运动两条路线斗争的一些零碎参考材料》，《雪峰文集》4卷，1981年5月第一版。

喋喋哉。"①鲁迅一直在为知识分子的独立精神而斗争。

当然,一个人不可能完全不受时代环境的影响,不可能没有思想上的局限,鲁迅也不例外。比如,1931年九一八事变之后,他在就"日本占领东三省的意义"问题所作的《答文艺新闻社问》中说:"这在一面,是日本帝国主义在'惩膺'他的仆役——中国军阀,也就是'惩膺'中国民众,因为中国民众又是军阀的奴隶;在另一方面,是进攻苏联的开头,是要使世界的劳苦群众,永受奴隶的苦楚的方针的第一步。"这后一部分意见,原是前苏联为了自己的利益而创造出来的,当时为中国共产党所接受,甚至提出"保卫苏联"的口号,这也影响了鲁迅。正是在这种观点的影响下,鲁迅于次年还写了《林克多〈苏联闻见录〉序》和《我们不再受骗了》,为前苏联的贫困和专政辩护。在今天看来,其中有些意见显然不符合实际,但在当时有这样的看法却并不奇怪。因为20世纪20年代末至30年代初,资本主义世界正经历着一场严重的经济危机,而第一个社会主义国家的建立和发展却给人们带来了希望,整个世界的知识阶级都在向左转,个人主义文学大师罗曼·罗兰和纪德,都向往前苏联,为前苏联辩护。他们是到前苏联参观,看到了某些真相之后,才有所怀疑,有所批评——纪德因发表了《从苏联归来》,而引起左派文人的围攻,其中包括罗曼·罗兰;但等到50年后罗曼·罗兰本人的《莫斯科日记》发表出来,人们才知道,原来他本人也有批评意见,只是生前不愿公布而已。

鲁迅本有两次访问前苏联的机会,一次是在1932年,高尔基邀请他去参加前苏联第一次作家代表大会,鲁迅那时很向往苏联,本来准备要去的,但临时右脚神经痛,接着又因母病赴北平探亲,没有去成;第二次是在1935年,鲁迅却已不愿意去了。据知情人说,1935年冬,胡愈之正要从香港出发赴莫斯科之前,"莫斯科中共代表团又来电要宣侠父设法转请鲁迅先生前往莫斯科治病,为此,侠父又请愈之同志冒着生命危险,秘密潜回白色恐怖下的上海与鲁迅先生商

---

① 1936年8月28日致杨霁云。

量。鲁迅表示不愿意去,原因如他去苏联,他就不便于及时在国内发表文章,不能与蒋介石反动政府进行针锋相对的斗争,发挥不了战斗作用。鲁迅还说,在上海,国民党最多把我枪毙了,但他们不敢!如果到了莫斯科反而不见得好。另外,他从报上得知斯大林正在搞肃反扩大化,他在这种时候去苏联也不合适。愈之尊重鲁迅先生本人意见,只好单身又回到香港"[1]。可见这时鲁迅对前苏联的看法已有转变,也可见他对斯大林的专制主义的反感。

二、文艺创作的自主意识

说到文艺创作问题,人们很容易将鲁迅与"遵命文学"的口号联系在一起,好像鲁迅是"遵命文学"的倡导者。这是一种宣传力量导致的误解。

不错,鲁迅谈到他在《新青年》时期的小说创作时,的确曾经说过:"这些也可以说,是'遵命文学'。"但这语气很有点勉强,而且带有某种调侃意味。所以接着作出许多解释:"不过我所遵奉的,是那时革命的前驱者的命令,也是我自己所愿意遵奉的命令,决不是皇上的圣旨,也不是金元和真的指挥刀。"[2]

我说他语气勉强,且有调侃意味,不但从这段话本身读出,而且还有其他材料可作旁证。这就是鲁迅在《〈农夫〉译后附记》中所说的话:"今年上半年'革命文学'的创造社和'遵命文学'的新月社,都向'浅薄的人道主义'进攻,即明明白白证明着这事的真实。""乖哉乖哉,下半年一律'遵命文学'了,而中国之所以不行,乃只因鲁迅之'老而不死'云。"可见鲁迅所说的"这些也可以说,是'遵命文学'",显然是针对新月社和创造社的"遵命文学"而来的,是一种调侃,一种反讽。后来的人为了强调文艺必须服从政治的需要,不管鲁迅说话的语境,抽取出来,作为鲁迅所提倡的创作口号了。

---

[1] 金城《党的坚强战士》,《胡愈之印象记》增订本,中国友谊出版公司1996年第二版。
[2] 《南腔北调集·〈自选集〉自序》。

鲁迅说:"凡对于以真话为笑话的,以笑话为真话的,以笑话为笑话的,只有一个办法,就是不说话。于是我从此不说话。"①何况鲁迅已死,他也无从说话了。

但如果查阅一下鲁迅著作,我们就会发现,鲁迅是一向主张创作的自主性的。还在北京时期,鲁迅就反对配合形势去写作,他说:"即使是真的文学大家,然而却不是'诗文大全'每一个题目一定有一篇文章,每一回案件一定有一通狂喊。他会在万籁无声时大呼,也会在金鼓喧阗中沉默。"②在广州,他又说过:"好的文艺作品,向来多是不受别人命令,不顾利害,自然而然地从心中流露的东西;如果先挂起一个题目,做起文章来,那又何异于八股,在文学中并无价值,更说不到能否感动人了。"③直到晚年病重时,他还说:"我们的创作也常现出近于出题目做八股的弱点。"④这里说的是左翼文艺运动的情况。

最值得引起我们注意的,是1927年12月在上海暨南大学做的演讲:《文艺与政治的歧途》。在这里,鲁迅开宗明义就说:"我每每觉到文艺和政治时时在冲突之中。"冲突的原因,在于文艺和政治的趋向不同:"政治是要维持现状,自然和不安于现状的文艺处在不同的方向。""政治家最不喜欢人家反抗他的意见,最不喜欢人家要想,要开口。"而到了19世纪以后,出现了反抗的文艺,就和政治不断地冲突起来。"政治想维系现状使它统一,文艺催促社会进化使它渐渐分离;文艺虽使社会分裂,但是社会这样才进步起来。文艺既然是政治家的眼中钉,那就不免被挤出去。"

有人说,鲁迅在这里是指革命文艺与反动政治的冲突,而革命文艺与革命政治是统一的,相互促进的。其实不然,这并非鲁迅的原意。鲁迅说的是文艺与政治本身的冲突。所以他接着就分析革命成功之后的情况:"这时,也许有感觉敏锐

---

① 《坟·说胡须》。
② 《华盖集·忽然想到(十一)》。
③ 《而已集·革命时代的文学》。
④ 《且介亭杂文末编·论现在我们的文学运动》。

的文学家，又感到现状的不满意，又要出来开口。从前文艺家的话，政治革命家原是赞同过；直到革命成功，政治家把从前所反对那些人用过的老法子重新采用起来，在文艺家仍不免不满意，又非被排轧出去不可，或是割掉他的头。"

这就涉及人们常常提出的一种假设：鲁迅如果活到今天会采取什么态度？是歌颂呢，还是继续批判？我想，还是应该从鲁迅自己的话里去寻找答案。鲁迅说："革命成功以后，闲空了一点：有人恭维革命，有人颂扬革命，这已不是革命文学。他们恭维革命颂扬革命，就是颂扬有权力者，和革命有什么关系呢？""所以以革命文学自居的，一定不是革命文学，世间那有满意现状的革命文学？除了吃麻醉药！"可见，在鲁迅看来，批判是文学的根本使命，只有高举批判的旗帜才能促使社会的进步。

到得20世纪30年代，鲁迅深化此项命题的研究，又提出了"帮忙文学"和"帮闲文学"的概念。1932年11月22日，他在北京大学做的一个演讲，题目就叫做《帮忙文学与帮闲文学》。鲁迅认为，中国文学可以分为两大类：廊庙文学和山林文学。"廊庙文学，这就是已经进入主人家中，非帮主人的忙，就得帮主人的闲。"用现代话讲起来，就是"在朝"的文学；山林文学则是"下野"的文学。"这一种虽然暂时无忙可帮，无闲可帮，但身在山林，而'心存魏阙'。如果既不能帮忙，又不能帮闲，那么，心里就甚是悲哀了。"

什么是帮忙文学？就是帮主人做诏令，做敕，做宣言，做电报，——做所谓皇皇大文；至于帮闲文学，则是帮主人消闲的东西。鲁迅举例说："明末清初的时候，一份人家必有帮闲的东西存在的，那些会念书会下棋会画画的人，陪主人念念书，下下棋，画几笔画，这叫做帮闲，也就是篾片！所以帮闲文学又名篾片文学。小说就做着篾片的职务。"——当然，这是指供人消闲的小说。

鲁迅用这个观点来观照文学史，就找出许多具体的实例。他认为，《诗经》中有几篇是用于侑酒的，也就有帮闲的成分；屈原的《离骚》，"却只是不得帮忙的不平"；司马相如以辞赋见长，被"俳优蓄之"，也是一个帮闲，但他不满于这种待遇，"他常常称病，不到武帝面前去献殷勤，却暗暗的作了关于封禅的文章，藏在家里,以见他也有计划大典——帮忙的本领,可惜等到大家知道的时候,他已经'寿终正寝'了。"①纵观中国文学史,鲁迅认为:"不帮忙也不帮闲的文学真也不太多。"所以有人做世界文学史,称中国文学为官僚文学,鲁迅说:"看起来实在也不错。"②

当然,鲁迅并不想在杂文和演讲里系统书写中国文学史,只是为了揭露现代帮闲文人,而探索其历史渊源。正如他自己所说:"'发思古之幽情',往往为了现在。"③这里,说古是为了道今。或者,如马克思所说:"人体解剖对猴体解剖是一把钥匙。"④那么,知今又有利于说古。鲁迅是在观察现代文坛上帮忙文学和帮闲文学之后,才对古代文学有更深入的理解。

鲁迅对于当时文坛的剖析,我只想举一个例子来加以说明。20世纪30年代中期,有所谓"京海之争",先是"京派"作家沈从文撰文奚落"海派"文人,接着,"海派"文人苏汶撰文还击,于是引起了一场热烈的争论。鲁迅当时写了一篇不满千字的短文:《"京派"与"海派"》,却把问题说得很清楚。他说:"籍贯之都鄙,固不能定本人之功罪,居处的文陋,却也影响于作家的神情,孟子曰:'居移气,养移体',此之谓也。北京是明清的帝都,上海乃各国之租界,帝都多官,租界多商,所以文人之在京者近官,没海者近商,近官者在使官得名,近商者在使商获利,而自己也赖以糊口。要而言之,不过'京派'是官的帮闲,'海派'则是商的帮忙而已。但从官得食者其情状隐,对外尚能傲然,从商得食者其情状显,到处难于掩饰,于是忘其所以者,遂据以有清浊之分。而官之鄙商,固亦中国旧习,就更使'海派'在'京派'的眼中跌落了。"这种剖析,真是入木三分。至于后来京海两派互送秋波,做起一碗"京海杂烩"来,那是另一回事了,但也还是利益问题作怪。

---

① 《且介亭杂文二集·从帮忙到扯淡》。
② 《集外集拾遗·帮忙文学与帮闲文学》。
③ 《花边文学·又是"莎士比亚"》。
④ 《政治经济学批判·导言》。

使先生和后生相印

现在有些人对鲁迅的批判精神颇有非议，认为他好斗，缺乏宽容之心，有违自由思想原则。其实，鲁迅的批判，就是为了争取思想自由。鲁迅的文章，并非都是阶级观点之争，更多的是对于文人依附思想的批判。比如，他对于"现代评论派"的反感，多半因为那些当年在北洋军阀政权下拜服权势者"孤桐先生"的人，当国民党得势时，又到青天白日旗下来"服务"了，而且，有的人还与新的权力者相结合。他在《隐士》一文中，引了一句古诗"翩然一只云中鹤，飞来飞去宰相衙"来讽刺那些奔走权门的"隐士"，当然并非无的放矢。

但鲁迅并不因此而一笔抹杀中国文学史，他说："我并不劝人立刻把中国的文物都抛弃了，因为不看这些，就没有东西可看。"而且，即使是写帮忙文学和帮闲文学的人，有些还是重要作家，因为他们究竟有文采。鲁迅也并不苛求当代作家，他说："有人说文学家是很高尚的，我却并不相信与吃饭问题无关，不过我又以为文学与吃饭问题有关也不打紧，只要能比较的不帮忙不帮闲就好。"①

鲁迅的批判，特别是对于帮忙文学和帮闲文学的批判，是为了中国文人能摆脱依附思想，走上一条思想独立的道路。这对中国文化的现代化，是非常必要的。

只可惜许多推崇鲁迅和非难鲁迅的人，都忽视了这一点。这使我想起了恩格斯对黑格尔那段有名的论述："不论哪一个哲学命题都没有像黑格尔的一个著名命题那样引起近视的政府的感激和同样近视的自由派的愤怒，这个命题就是：'凡是现实的都是合理的，凡是合理的都是现实的。'"②

现在应该是正确解读鲁迅的时候了！

原载《鲁迅：跨文化对话：纪念鲁迅逝世七十周年国际学术讨论会论文集》，大象出版社 2006 年版

---

① 《集外集拾遗·帮忙文学与帮闲文学》。
② 《路德维希·费尔巴哈和德国哲学的终结》。

"五四"前夕思鲁迅：
全球化时代如何造就伟大的个体

陈思和

今年是2016年。100年前,中国文化新旧蜕变处于最激烈也是最精彩的时刻。从1915年到1919年,中国思想文化领域发生了很多事情:1915年,陈独秀主编的《青年杂志》,即后来大名鼎鼎的《新青年》创刊,高举了"民主"与"科学"两面旗帜;1916年经历了袁世凯称帝复辟的逆流,新文学运动开始酝酿;再往后,1917年胡适之发表《文学改良刍议》,发起白话文运动,《新青年》阵营已经布局成功;1918年,鲁迅发表白话小说《狂人日记》,李大钊开始介绍十月革命和马克思主义;1919年,"五四"学生爱国运动兴起。这短短五年中经历了三个"五四":思想启蒙的"五四"(1915年),新文学的"五四"(1917年),以及学生爱国运动的"五四"(1919年)。中国的命运由此改变。

现在我要问的是,在这个伟大的历史转折过程中,究竟是哪些人起了最重要的作用？我特意查了一下,鲁迅是1881年出生,李大钊是1889年出生,胡适是1891年出生,他们发挥重要作用时的年龄与我们现在在读的博士们差不多;陈独秀算是大一点,他是1879年生,但他已经担当了新文化运动的主将。那时候真正的长者应该是北京大学校长蔡元培,他是1868年1月出生,也是属兔的(丁卯年)。我想了一下,"五四"时期新文化运动的参与者里面几乎没有"50后"出生的一代。康有为是1858年出生,严复是1854年出生,但他们在新文化运动兴起时,已经被看作是过时的人物。而正是陈独秀、鲁迅、胡适这样一批70后、80后和90后的青年知识分子,他们开创了现代中国的新纪元。他们所开创的时代,真正是年轻人的时代。

中国怎么会遇到这样一个风云际会的时代?那个时候,出生于1860年代末的蔡元培先生已经担任教育总长、北大校长,掌一代文化之祭酒。但是我们今天呢?这个念头在我脑海里萦绕,久久挥之不去。中国的知识分子现状和百年前的中国相比,似乎停滞了一轮(十二年)。我们这一批出生于1950年代的学者当中可能有的人当了大学校长,有的人成了知名学者,有了一定的话语权,现在似乎是可以做蔡元培先生当年做的事,虽然肯定没有像蔡先生做得出色,但至少在做。而1960年代出生的一代学人,以及70后、80后的学者,现在能不能发挥像当年陈独秀、鲁迅、胡适他们的作用,引领文化革命的风气呢?这我不敢说。我们高校里的70后、80后的青年教师,可能还在为评职称、发表论文、争取科研项目、买房还贷等等繁琐事情而烦恼。也许这样的环境决定了我们今天很难产生陈独秀、鲁迅这样天马行空的人。更不要说90后的青年人了,整个儿还没有登上社会舞台。所以,说整个中国的知识分子现状比100年前的中国要滞后一轮,这种说法还是留有余地的。或许我们可以指责"文革"耽误了十年的人才培养,我们也可以找许多其他理由来进行推诿,而我们以现在这样的姿态来纪念"五四"100周年,我觉得是惭愧的,因为在"立人"的意义上我们似乎没有太大进步。

但是,我接下来还要问的是:当时的中国是不是只有陈独秀、鲁迅、胡适?这也是一个偏见。那个时代确实也有很多年长的学者在积极从事学术工作。但我们现在编撰现代文学史和现代历史,开端就是"五四",中国历史进入现代是从"五四"开始的。"五四"是照亮历史的灯塔,但是灯塔是有局限的,凡是灯光照不到的地方,就是一片黑暗。"五四"以前或者"五四"以外的生活历史,比如当年一批五六十年代出生的"遗老"的工作,就不可能进入我们的视野之中。这样一种情况属于正常吗?从理论上来说,并非不正常,因为之所以会造成这

"五四"前夕思鲁迅：全球化时代如何造就伟大的个体

样的历史，不是说当时的"50后""60后"不存在，其实都是存在的，但是一旦遇到那个突变的十年，世界大势（世界大战、十月革命等等）与中国形势（民主共和）发生激烈碰撞，碰撞的结果就是诞生了革命性、创造性的"80后""90后"群体，这是历史赋予的一个千载难逢的契机，缔造出了史无前例的新人群体。

我把这样一个现象解释为中国文化发展中的"先锋"因素，"五四"新文化运动本身具有先锋性而非常态的，像我们现在的环境是常态性的、按部就班的自然发展。常态的社会也许千百年来都是在慢慢地进化，而"五四"新文化运动之所以值得纪念，就在于它突然之间产生了"先锋"作用。范式一下子变了，历史话语权一下子被移交到"80后""90后"的青年手中，由他们大踏步地向前迈步。这样一来，中国的命运就发生了改变，20世纪的中国不再是延续了2000多年的皇权专制笼罩下的国度。

关于"五四"的先锋精神，我想稍微多说几句。因为这是中国现代转型过程中产生的一个相当特殊的文化现象，中国历史上是没有发生过的。为什么会有这样千载难逢的机会，给这批年轻人创造了去改变中国命运的客观条件？这个条件不是权力机构给的，而是在中国思想土壤里刚刚崛起的民主意识突然爆发出强大力量。皇权专制体制突然崩溃，千年的封建大厦土崩瓦解，传统断裂了，每个人的个人命运都有机会与国家、社会的命运联系在一起。这种巨大的创造能力就是来自于中国青年当家作主的意识。整个"五四"新文化运动就是一个浩浩荡荡的青春运动，就是青年运动。我们现在为什么定"五四"是青年节？因为这是青春的，是青年的运动。在这个青年运动中，陈独秀和鲁迅没认为他们自己是青年，他们当时都被认为是年长的一辈人，但是他们创造了一个青年的、青春的运动。我把这个运动界定为一种"先锋运动"。"先锋运动"是发生在一战前后世界性文学文化思潮，意大利、俄国、法国、德国都有发生，而在中国就产生了"五四"新文化运动。西方先锋运动对中国自然会发生影响，当时《新青年》《东方杂志》等著名刊物上就有很多介绍西方"先锋运动"的文章。"五四"作为一种"先锋运动"的特征，为什么说它是先锋的？

使先生和后生相印

首先,先锋运动对于社会秩序的猛烈冲击。它不是为艺术而艺术的自律运动,而是企图重新激活艺术与社会进步之间的关系,来打破陈旧、缓慢的社会进化轨迹,用激进的方法来批判社会,推动社会的快速进步。这样我们就理解为什么"五四"精英们对于中国传统文化以及现状做如此激烈的批判,甚至全盘否定。其次,这种批判的彻底性还表现在对于批判者自身也做了同样否定性的反省,批判者不是在批判社会大众时高高在上,把自己装扮成一个"神",而是把自己也看作是旧社会的一员,在自我否定中强调自己必须蜕旧变新,成为新的人。鲁迅在《狂人日记》里最典型地描写了这种极端的心态。狂人发现了他周围的人都在"吃人"以后,渐渐地发觉一个可怕的事实:原来自己以前也是吃过人的。这样就把人类身上遗传而来的兽性普遍化了,任何人都没有特殊性。唯一的道路就是每个人自己去反省、去觉悟、去克服自身的吃人本性,这样才能做新的人。需要强调的是,鲁迅描绘的这样一种通过自身的反省方法来完成自己的蜕变,正是一种个体的觉悟,让觉悟了的伟大个体从无所不在的庞大的社会传统中决裂出来,并且反过来与之对立、与之斗争。这就是作为先锋性质的"五四"给我们带来的伟大的"个人的发现"(郁达夫语)。鲁迅这种抉心自食式的批判精神和个人主义,在郭沫若的新诗、郁达夫的小说里也是可以处处体察的。不是某个先知先觉的天才意识到这些问题,而是整个时代的先锋性思潮决定了激进知识分子的意识形态。

鲁迅、郭沫若这一代人都有着一种大无畏的天马行空精神。他们不仅否定旧的历史社会,还否定了从这种历史社会中产生出来的自己,但这种自我否定不是消极的,而是把自己身上的坏的因素(历史遗留下来的旧因素)否定以后,就能产生新的生命因素。这个新的生命因素就是青春活力,就是最宝贵、最活跃,也是最单纯的、最充满力量的精神。而这正是我认为我们今天最缺乏的精神。今天的社会应该是80后、90后的舞台,应该由80后、90后们来讲"五四",来讲鲁迅,来讨论应该从"五四"继承什么,否定什么,青年人应该是我们这个时代的先锋。青年人要有自信来感应时代对青年的召唤。但这需要青年人自己

"五四"前夕思鲁迅：全球化时代如何造就伟大的个体

争取，如果你自己不争取，时代不会提供给你。"五四"时期也一样，也是靠陈独秀、鲁迅他们自己去争取改变自己的命运。青年人自己要充满活力，这样才能把我们国家带到一个新的未来。然而，"先锋"也有自身的问题。先锋精神不会属于大多数，总是少数有先锋精神的人带动了大多数，"五四"先锋精神最后融汇到激进的政治斗争中去，与革命实践结合起来改变国家命运，那就是陈独秀、李大钊在共产国际支持下的建党活动，张国焘、张申府、毛泽东、周恩来等一批精英都加入进去了。"先锋"是一种具有革命性、反叛性的精神，它本身的存在形态都很短暂。先锋的文化运动最终会转移到实际的政治运动中去，欧洲的先锋运动也是这样。另一方面，当社会主流力量足够强大的时候，"先锋"也会慢慢被主流文化所接纳，"反主流"最终会成为主流文化的一道风景。反叛者一旦成了社会名流、著名学者、媒体明星，那就不再是"先锋"，而变成"常态"的一部分。像胡适、傅斯年一代人都是这样。我们在这样一种对"五四"的整体认知下，再来讨论思考鲁迅所代表的先锋精神，有什么意义？鲁迅的哪一部分是当下的我们最值得学习的？现在所处的大时代、大环境，其实是不利于学习鲁迅的，因为今天是常态的时代而非先锋的时代。凡是在动荡年代、先锋思潮涌现的时代，鲁迅的形象一定是非常活跃的，大家都会把他当作精神旗帜。而在常态的时代又如何理解鲁迅？如果我们把鲁迅归入"常态"的文化系列中去，比如研究"鲁迅如何继承中国传统文化""鲁迅思想里的儒佛道""鲁迅怎样成为一个国学大师"诸如此类的题目，是这样来研究鲁迅，还是把鲁迅作为中国20世纪文化突变时代产生出来的伟大个体？这是我所思考的问题。

谈到这次论坛的主题——"拿来主义与文化主体性：从鲁迅传统看中国与世界"，我不是很理解。我的想法是，今天是全球化时代，我们登录互联网，我们走到街头巷尾日常生活，我们遇见的还有没有纯粹的"中国文化"？可以说是没有的，我们遭遇的是全球化。哪怕一个最缺乏文化素养的人走进麦当劳，他也和全球文化进行了面对面接触。在这样一个时代，我们首先需要思考的当然不是"拿来"不"拿来"的问题，因为根本不需要考虑这个问题，全球化时代的"常

使先生和后生相印

态"就已经是被全球文化覆盖了一切。我们要考虑的是,如何在全球化的常态中保持具有先锋性的个体。鲁迅这样的个体就是在痛苦的选择当中慢慢形成的。

我认为鲁迅的精神就是先锋精神,鲁迅的传统就是先锋文化的传统。鲁迅常常喜欢说,不管三七二十一,就这么做了。他比较偏激,喜欢持一种较极端的态度。作为一种对社会有超前认识的先锋,他肯定处于孤独之中。我认为鲁迅对自己深陷其中的孤独状态是不喜欢的,他是希望有集体,有团队,有新生力量来与他合作。鲁迅不是故意沉溺孤独的超人,他早年参加光复会,后来参加《新青年》阵营,参加广东的北伐革命,最后参加共产党领导的左翼作家联盟,他的人生的每一个阶段都在寻找中国社会最尖锐的有代表性的政治力量、最具有革命性反叛性的群体,他一直站在最前沿的位置不停地进行选择,可每次选择和结盟以后,他又感到了失望,到后来都散了,他是在满怀期待过后又陷入失望,最终出走。这也是典型的先锋者的态度,永远激进,永不满足,不停地向前探索。

鲁迅晚年和周扬领导的左联发生冲突以后,他就不再向外寻找先锋力量了。他不愿再去接触比左联更加激进的社会组织(譬如托派),那时的鲁迅完成了独立的个体的战斗性格。晚年的鲁迅有意识地把萧红、萧军、胡风等都拉到左联的外面,有意识地培养黎烈文、巴金、黄源、赵家璧、吴朗西、孟十还等年轻人,却不再和别的政治力量组合。我们要注意到,他聚合了这批年轻人,而这批年轻人的背后是当时的新媒体:文化生活出版社、良友图书公司、《申报·自由谈》《中流》《译文》《作家》《海燕》等十来家出版社、杂志和报纸副刊。还原当时的影响,就像我们今天的互联网。当时的新文学作家不太关注都市的大众媒体,而市民文学(通俗文学)的作家们则关注较多。新文学作家那个时候还属于学院派,或者左翼战斗团体,比较追求高大上。但是鲁迅却一直都主动参与媒体,将那个时代的新媒体人团结在一起,在上海形成了属于自己的非常独立的力量。鲁迅在他的时代,就已经很注意媒体传播与先锋精神的互动关系。很可惜鲁迅55岁就去世了,他的生命之火燃尽了,很多新的尝试也就无以为继了。

从鲁迅本身的战斗行为来说,他面对的从来不是"中外"问题,也不是"拿来不拿来"或者"寻找文化主体性"的问题,鲁迅是在不断抗拒成为主流,尤其是貌似代表全社会其实只是体现统治者主体的文化。于是他一直站在被压迫的社会底层的族群立场上,站在主流文化体系之外进行战斗,促使其自身的裂变,培养其成熟的战斗的个体,或者说是伟大的叛逆的个体。所以鲁迅是永远的先锋。抗拒奴化,强调立人,他一辈子都在自觉做叛逆者。今天我们面对的所谓全球化,几乎对它无法抗衡,在这样的文化氛围中,鲁迅作为伟大的"先锋"、独立的个体,他在中国给我们后代究竟揭示了什么?我们从什么意义上去理解、感悟鲁迅的传统?这应是我们今天的"80后""90后"思考的问题。

原载《探索与争鸣》2016年第6期

类型的美

王安忆

倘若要把阿Q归行的话，大约是归丑行，鼻梁上涂块白的角色。《阿Q正传》就是丑角戏。戏曲里的丑角戏，总是很奇妙地给人感受，它将卑琐、鄙陋、难看，赋予了观赏性。昆曲《活捉张三郎》，讲的是宋江杀了阎婆惜，阎婆惜心有不甘，变做鬼来捉奸夫张三郎。张三郎自然是丑，婆惜则是旦行中的贴旦，可说是丑上加丑。这两人的品格均是低下的，行事也几称得上下流。婆惜一以色诱惑三郎，二以鬼恐吓三郎。三郎呢？又是怕又是心动，欲罢不能，终是在惊恐万分中被婆惜牵了去阴间。其间，无一点可称得上高尚的品行与思想。可是，二人的作为一旦转化成戏中的表演，却立刻变成了美。这美是"审美"中的"美"，并不简单指视觉直接感受的舒服和愉悦，那种表面的好看多半是属于现实生活的。而这是要间接一些，更接近于表面底下的，舒服和愉悦内在的规则，有些类似于黄金分割定律的含义。它大约是和对称、平衡、协调有关，比较抽象。"审美"的"美"，就是这样的抽象的美的含义。戏台上的婆惜与三郎，将那些丑陋的品质化为一招一式的程式，这些程式是多年来从各种性格、行为、气氛中归纳、概括、提炼出来，既具有描写的功能，同时又是舞蹈的性质。丑行与生、净、青衣这些较为"正"的行不同，它行动委琐，丑陋，与美的一般定律相反。它的审美化的任务就更艰巨，更需要充分运用和体现审美的定律，因此也更接近审美的本质，也就是纯美。能够提炼出这一行的程式，是一项灿烂的成果。据传，唐明皇是扮丑的。想他,三千后妃,又有极艳的杨玉环,莺歌燕舞,良辰美景,早已烂熟于心,审美的功课自要比常人更进一级,于是,或许,才能了然"丑"里的美。

关于丑的美,法国雨果有另一番创造,那就是《巴黎圣母院》的卡西莫多。在此,雨果试图对古典审美法则略略叛逆一下:"对于那条希望'力'也能像'美'一样能导致和谐的永恒法则来说,他可算是一个特殊例外了。"就是说卡西莫多的外形虽然不和谐,但他确也是充满了"力",那么卡西莫多是什么样的呢?"四角形的鼻子","马蹄形的嘴巴","那猪鬃似的红眉毛底下小小的左眼,那完全被一只大瘤遮住了的右眼,那像城垛一样参差不齐的牙齿,那露出一颗如象牙一般长的大牙的粗糙的嘴唇,那分叉的下巴","一个大脑袋上长满了红头发,两个肩膀当中隆起一个驼背……两股和两腿长得别扭极了,好像只有两个膝盖还能够并拢……他还有肥大的双脚和可怕的双手……"这些形状上的条件和"力"并没有产生必要的关系,他的"力"是另外添加的:"但是他虽然生得奇形怪状,却具有某种毅力、机智和勇气,他有一种令人望而生畏的神态。"真正使这个丑人上升为美的,是认识上的真和人性上的善。这压缩在畸形的躯壳和不开化的头脑里的真和善,带他走进了美的又一扇门:崇高。在此,外形和内容是分离以致冲突的,是以互相刺激产生效果,强调的是它的尖锐性质。而中国戏曲里的丑行,外形与内容始终和谐一致。戏曲的程式有着这样的功能,它可在严格的限制内,利用对象本身的条件规划出美的,即和谐的形态。

我以为,《阿Q正传》就是这样的一部戏剧。一个落后灰暗的人物,却担当起审美的大梁。通常来说,人们总是用双重性格,人性的两面性去扭转丑陋在审美中的不利位置,但这实际上也并没有解决根本的问题:丑陋本身与审美的关系,它们大多还是作为负面而存在。面对《阿Q正传》,我们必须将叙述者的态度:哀其不幸,怒其不争,作一面旗帜张出来,使阿Q屈抑于负面的位置,才觉得妥帖。但是,事实上呢?全篇都是阿Q的作为,阿Q是我们最为直接的审美对象,最终他也满足了我们的观赏需要。我们不得不正视阿Q的存在,因为他真的很美。他有一种脸谱的图案性,这种图案性是将具体的人像加以归纳概括

使先生和后生相印

并以装饰感为表现的。电影的《阿Q正传》，总是觉得不像，不是说演员演得不像，而是，电影这东西实在太具象，而阿Q是抽象的，他不是那么真实，虽然形成他的条件都是真实的：他所居住的一个未庄，栖身土谷祠，以打短工为生，打短工不得则进城偷窃，被新官府斩首，还有他头上的癞疮疤，他的受穷受辱，卑微如他，却也有着欲望和自尊。所有这些写实的条件却呈现出一种简单扼要，甚至相对孤立的形态，它们彼此之间的细微，模糊，带有绸染性质的日常化细节，全都在概括中省略了，是依着图案的简练，鲜明，秩序井然的形式布置起来。

我想，鲁迅是个热爱思想的人，但他绝非玄思者，他的思想从来没有离开过现实，只是，这思想锐利到穿透了现实的表层。他看生活，看到的是日常细节之下的本质。即便是小说这种具象性质的艺术，在他，也是突出着思想的骨骼。所以，鲁迅的小说，总是给人"瘦"的感觉，很少血肉。但这绝不是指"干"和"枯"，思想同样是具有美感的，当它达到一定的能量。所以，鲁迅喜爱木刻，那种严峻，强烈，有力，摆脱了琐碎细节的线条，变形的，却突兀着感情性格的事物形态，应是特别合乎鲁迅尖锐和严格的审美观念。现实的人和事，在鲁迅，必是要经过思想的锻炼，才可作表现的材料。此时，人和事，都已经脱离了自然的状态，它们被思想引入了另一个情景之中。

这样，不消说的，阿Q就并不是一个具体和真实的人了，他的所作所为，不是循着常情，而是依着事情的本质，才成其为可能，但鲁迅就有本事营造一个本质的舞台，让阿Q按了本质的逻辑活动起来，这真正是思想的艺术了。阿Q自吹和赵太爷是本家，按常理，赵太爷大概不至天真到与阿Q去对质，可现在对质了，于是，阿Q挨了嘴巴。这一幕，就有些滑稽。《阿Q正传》里的人和事都很天真，阿Q的精神胜利法，是最最天真的：一是以"我们先前——比你阔得多啦"骗自己，次是以"我的儿子会阔得多啦"骗自己；进过城后，一面以鄙薄城里人将长凳叫条凳鼓舞自己，另一面则以未庄人没见过城里的煎鱼鼓舞自己；人们讥笑他的癞疮疤，他先还奋勇地骂和打，骂打不过，就怒目而视，见怒目都吓不怕了，便是"你还不配……"可是，连这些微的安慰人们也不给，还撩他，"于是终而至于打",还是打败,再安慰:"我总算被儿子打了",人们却又得了招,要他承认是"人打畜生"!这一回,几乎没有退路了,阿Q却还有,"他觉得他是第一个能够自轻自贱的人,除了'自轻自贱'不算外,余下的就是'第一个'"。于是,还是阿Q胜利。可不是异乎寻常的天真!有一股谐谑的风趣。如此直接,简明,合乎逻辑的推论,恬不知耻地嵌着一些个倒错的结论和前提,抵达了谬误的彼岸。真有些天衣无缝,顺理成章。颠顶地机灵着的阿Q,就这样步入了他的奇妙的命运。

这命运的故事里,每一个环节,都像是一个玩笑和游戏,带着一股懵懂的烂漫的意味。追究起来,事情似乎是从那晦气的一日开头的。先是遭他看低的王胡的打,后又遭他平生所恶的假洋鬼子的打,小尼姑就正撞上了他的枪口,于是就摸了小尼姑的头皮一把。这一摸却引发了阿Q的欲念,当然,阿Q的欲念是有圣经贤传作伐,比如"无后"的罪过,比如,阴间里挨饿的恐惧,于是,就要和吴妈"困觉",这下声誉全毁,只得出走,想不到在城里发了迹,再回未庄时身份大不同了。可得意过之,又得罪了赵太爷,因赵太爷想买一件皮背心,阿Q没有,连其他的,都没给他留,于是,就放出阿Q可疑的风声,人们又与他疏远了。愤懑不平的阿Q终于"投奔革命党了",决心"革这伙妈妈的命",可革命的事情却不顶遂心,先是晚了一步,静修庵的命叫赵秀才和假洋鬼子革去了,再是投奔这两位同志,却遭了拒绝,被喝令"滚出去"!然后,就因偷窃的前科,被新党捉去,指控盗了白举人藏于赵家的财物。阿Q再没想到,他一心革命,结果却死于革命党的刀下。阿Q的故事好像是一个童话,那么不真实,可有哪一步不对呢?步步都对,亦步亦趋,因果相衔,首尾相应。还是那句话,不是事情的常情,是本质的定律,将这定律抽绎出来,就变成单纯的情节,单纯到类似儿童的趣味。赵太爷会为一件皮背心动气,阿Q会下跪向吴妈求爱,革命党斩了个鸡鸣狗盗之辈。这单纯的情节线索,正是事情深刻处的残酷实质,是不觉醒的阿Q将这实质顽童化了。

一切愚昧、麻木、落后、罪恶,都是在一种不觉悟的蒙昧状态下演绎,这种蒙昧便被利用来规划形式,规划出一种童真式的变形的形状。它不是个别性、独特性的,而是类型化的。类型的美是抽象的美,它不以与现实相似的生动活泼取胜,却是以高度概括的精炼鲜明为优点,它更具有形式的美感和思想的含量。我想,这才是鲁迅小说写得不多的真正原因。类型,需要消耗更大量的现实的资料。而只有类型,才可承载鲁迅思想的重量。

2005年5月4日上海

原载《文汇报》2000年6月9日

"为天地立心"

——鲁迅著作所见"心"字通诠

郜元宝

卓哉先生,遗荣崇实,开拓新流,恢弘文术,诲人不倦,惟精惟一。

——《且介亭杂文·河南卢氏曹先生教泽碑文》

一、"心学"与"文学"的开始

鲁迅著作中"心"字的用法,《科学史教篇》为一转折,此前偶见,皆沿袭旧习,泛指人心而无特殊规定,如"异哉！王何心乎"?(《斯巴达之魂》)"抚心愁叹……不觉生敬爱忧惧种种心"(《中国地质略论》),"笃守旧说,得新见无所动其心"(《人之历史》)或为科学上专有名词如"地心"(《中国地质略论》)、"求心力"、"离心力"、"心房"(《人之历史》)——至是篇,始明确赋予文化根基及个体生命自觉二义,并进一步将"心"区分为"神思"与"学"两端:"盖神思一端,虽古之胜今,非无前例,而学则构思验定,必与时代之进而俱升。"不仅此也,"科学发见,常受超科学之力,易语以释之,亦可谓非科学的理想之感动……盖事业者,成于手,亦赖以心者也",也就是说,"神思"之心比"学"之心更重要,"学"或"学"的延长即"手","非本柢而特菢叶耳",其"深无底极"的"根源"与"本",则是"神思"之心,或曰"理想""圣觉"。鲁迅抱怨对欧洲近世文明,"举国惟枝叶之求,而无一二士寻其本",《科学史教篇》,即所以寻科学之本也。这以后,鲁迅干脆用"心"字专指"神思"之心,而于"学"之心废弃不讲,直呼曰"学""学说"。

随着鲁迅对"心"的理解逐渐朗明化,短暂的科学时代结束了,"心学"时代揭幕,时在1907年至1908年间。

"心"既分为"神思"之心和"学"之心,和"科学"一同让位的,还有"学说"。《科学史教篇》对一切"学"的价值的贬低,已如上述。稍后,《摩罗诗力说》更以"冰之喻"形象说明文学与"学说"功能之不同。他说,要告诉生活在热带的人冰是什么,种种"学说"的解释都间接而无力,唯把冰块直接贴在热带人脸上,才是最好的解释。文学对人生的描绘,即与此相似。鲁迅用这个比喻说明,"与人生即会""直语其事实法则""实利离尽,究理弗存"的文学,价值不仅高于"科学",也高于"学说"。"心学"时代的揭幕,是文学家鲁迅告别科学家鲁迅之始,也为日后文学家鲁迅告别学者鲁迅埋下了伏笔。

鲁迅的"心学"和他的"文学"一同开始,"心学"就是"文学"。作为文化根基与个体生命自觉,有别于科学与学说的神思之"心"的"心声""内曜",在鲁迅看来,就是源初的文学(诗)。

20世纪中国文学又称"新文学",以别于传统旧文学,这原本不成问题。但各人有各人之所谓"新",把鲁迅归入"新文学",固可彰显其个性(相对于形形色色的"旧"),也能淹没其个性(混同于人人皆有的"新"),故不能停留于"新",应撩开"新"的面纱,"籀读其心声,以相度神思之所在"。在鲁迅,"新文学"首先乃是"心文学"。"心"是本体,"新"则系本体一现象。"新"而无"心",只剩一副空壳。"新文学"须植根于新的"心",而非别的什么"新"。判断何为真正的"新",只能用"心"衡量,不能反过来用"新"衡量"心"。这是鲁迅一生文学/思想最吃紧处。

一般认为,鲁迅早期思想核心在"立人",这又大致包含相互支持的两面:"掊物质而张灵明,任个人而排众数。"然而,《文化偏至论》《摩罗诗力说》《破恶声论》三篇大文,基本概念都非"人",而是"心";含义相同或相近的还有"自心"

"自性""我性""此我""精神""神气""本原""本根""根底""精神生活""内部之生活(主观之内面生活)""仁义之途,是非之端""神明""神思""人心(近世人心)""神思新宗(新神思宗)""反观诸己(内省诸己)""性灵""理想""情意""情操""情感""主观""主观性""主观倾向""主观意力""内""渊思冥想""自省抒情""内曜""自有之主观世界""心灵""神""旨趣""大本""灵明""灵府""中心""初""所宅"……这些概念极其庞杂,有《周易》、老庄语,孔子、孟子、陆、王语,《文心雕龙》语,佛家语,以及意译西哲语,汗漫无际,但如果抓住基本概念"心",其立论逻辑还是有序可循——

鲁迅的"心学"和他的"文学"一同开始,"心学"就是"文学"。

首先,凡所议论,皆集矢于"轻才小慧之徒"所表现的"近世人心"之"危",并非单纯从学理上绍述中国传统心性之学所言之"心"(虽然沿用了它的术语),亦非单纯译介西方19世纪末"神思新宗"(尽管奉为主要参照),而是紧紧抓住在中西古今"迫拶"中无路可走的"近世人心"进行现实的逼问。

其次,主张一切文化,根底在"自性""自心",余皆"末"与"荣华",因此文化的危机本质上是"心"的危机,是"本根剥丧,神气旁皇","心夺于人,信不繇己"。

复次,文化改造,根本须是"心"的改造,改造的策略,须是立足于"己心",扩大"内部生活",这样才能"外之既不后于世界之思潮,内之仍弗失固有之血脉,取今复古,别立新宗","储能于初,始长久耳"。

最后,确立"心声"——文学("诗")为一生事业之本,"盖人文之留遗后世者,最有力莫如心声","心声"(广义的诗)为一国家一文化之根本所系。

这四者,层层递进,自成体系。

显然,此一体系并不到"立人"为止。人之为人,贵在有"心"。"立人",必须先立其人之"心",否则立无所立。

鲁迅的"立人"思想,一向认为来自西方话语背景,然而如果着眼于早期著作中"立人"和"立心"之不可分割的关系,则似乎更应该考虑其"立人"思想与中国传统的渊源。实际上,"立人""立心"既是纯正的汉语,也是纯正的中国哲学的概念(特别是宋儒的口头禅)。魏晋时期,"人"即普遍被视为"五行之秀""天地之心"(刘勰《文心雕龙·原道》),宋儒干脆说"立人"就是"为天地立心"(《张子语录》),这也诚如后人解释的:"天地是没有心的,但人生于其间,人是有心的,人的心也就是天地的心了。"①"立人",在根本上就是"立心"。人生天地间,倘无以自立,就好比天地无心。天地无心,整个世界就失去意义,而这正是青年鲁迅最大的忧患。用他的话说,就是"寂寞为政,天地闭矣"。天地缘何而闭?因为"华国"之子孙"本根剥丧,神气旁皇","心夺于人,信不繇己",其所生存的两间"恶声"四溢,一片"扰攘"。处在这样的时代,诗人何为?哲士何为?当然是要"为天地立心"了。

鲁迅所谓"心",已非古人所知所感之"心",而是近世中国之"心";"天地"亦非古人所知所感之天与地,而是鲁迅生存于其中的近代中国"海涛外薄,黄神徙倚"的"扰攘之世"。不过,就思维框架与向往的境界来说,鲁迅的心与往圣先哲的心是相通的。

倘说鲁迅有他的"人学",首先应该是一种"心学",而有别于一般所谓"人学"。

归国以后,"心学"用语的庞杂现象很快消失,集中于"心""人心""精神""灵魂"四词。最常用的还是"心"字。有趣的是,他用"心"字代替留日期间众多同类字眼的同时,又避免其他单字与"心"连缀,而尽量让孤立的"心"单字成词,情愿整句构型迁就这个单字,也不让这个单字经过变形——比如和另一个单字组成双声词——来迁就整句。如此宁拙而勿顺,在语言进化中似乎故意保留一个刺目的非进化或反进化的存在,除了欲彰显"心"字的特殊分量,还能有什么别的意图呢?

二、中西语言接触之际的双重误读

1898年底,江南水师学堂新生、17岁的鲁迅专程回乡参加科举考试(县

---

① 冯友兰《中国哲学史新编》第5卷,第141页。

试),这件事足以说明当时一个"稍稍耳新学之语"的青年学子和传统学术有着怎样的联系。姑且不去深究县试考生应该在哪些范围作准备,但可以肯定,由子思、孟子开始,中经韩愈,直到大程、陆、王的一套"心学",都与"举业"有关,不该陌生罢。鲁迅说他"几乎读过十三经"(《华盖集·十四年的"读经"》),"十三经"中《周易》《孟子》向来就被视为宋明心学的源头。此外,他熟悉的《诗经》、与天地精神相往来的庄子、《尚书》的"人心惟危,道心惟微,惟精惟一,允执厥中"以及老子的"圣人无常心,以百姓心为心",也都位列心学谱系之首。讲"人为天地之心,心生而言立,言立而文明"的《文心雕龙》,始终是鲁迅竭力推崇的少数几本古书之一,后来甚至将它与亚里士多德《诗学》相提并论(《集外集拾遗补编·题记一篇》)。《摩罗诗力说》由"心"而"诗"的论述框架,和《文心雕龙》首篇《原道》即颇相类似。青年鲁迅对周敦颐、王阳明的兴趣也有案可稽。据《周作人日记》,鲁迅很早就通读过《王阳明全书》及《周濂溪集》,至于读书所得,1900年《莲蓬人》一诗有很好的交代:"好向濂溪称净植,莫随残叶堕寒塘。扫除脂粉呈风骨,退却红衣学淡妆。"真是一派理学后进的神情啊,而从来亲炙理学的,无不有染于心学,这已是公开的秘密。

留日后,对心性之学(以及与之相联、实际存在的通俗或准学术的心学)的兴趣该大大减少了吧?不然。且不说王学在近代日本的崇高地位,那些亡命东瀛的维新派与革命党人(梁启超、孙文、章太炎、汪精卫),几乎个个好谈心性(当然还有佛法),流风所及,在"清国留学生"中,"激昂慷慨,顿挫抑扬,才能被称为好文章",20世纪30年后鲁迅还清楚记得"'被发大叫,抱书独行,无泪可挥,大风灭烛',是大家传诵的警句",而《湖北学生界》特刊《汉声》封面的四句古语:"摅怀旧之蓄念,发思古之幽情,光祖宗之玄灵,振大汉之天声!"因为掺杂着种族革命情绪和心性之学的传统,更令他血脉贲张。带着这种修养的中国青年,一旦接触易卜生、尼采、斯蒂纳、叔本华、基尔凯郭尔等"唯心主义"与"主观唯意志论",不难想象会发生怎样的"视界融合"。

用传统心性之学的术语翻译西方"神思新宗",对青年鲁迅来说几乎不可避免。问题是在此翻译过程中,心学和"神思新宗"会形成怎样的碰撞,碰撞中各自又将发生怎样的意义转换。

鲁迅首肯那些"轨道破坏者",是因为他们批判西方近世唯外在物质是务的文化偏至而注重主观内面生活的精神性,批判群众垄断真理而主张个人的反抗与创造。他认为这两方面都是当时中国所急需的。但这些思想家们并不能用"个人"和"精神"一言以蔽之,他们崇尚个人精神,但此"个人"并非东方思维中几乎全无规定的孤立现象,"精神""灵魂"也决不封闭于血肉之躯。易卜生、斯蒂纳、叔本华、尼采、基尔凯郭尔等反抗西方宗教与形而上学哲学的统治,但与海德格尔所谓"本体—神学—逻辑"三位一体的形而上学传统仍然有着千丝万缕的联系(海氏对尼采的解读就证明了这一点)。

鲁迅从他们思想中吸收的"个人""精神",主要取其"争天抗俗"的一面,同时又引入了别有源头的生物主义内容。五四时期,鲁迅对个人的理解更加直率了:"单照常识判断,便知道既是生物,第一要紧的自然是生命,因为生物之所以为生物,全在有这生命,否则失了生物的意义。"他称这是"生物学的真理"(《我们现在怎样做父亲》)。李长之最先发现这种生物主义,据日本学者研究,这是受了大正时代生命主义的影响,如1905年出版的北村透谷《内部生命论》(作于1893年)和中泽临川1916年《生命的凯歌》(伊藤虎丸《鲁迅的"生命"与"鬼"——鲁迅之生命论与终末论》,《文学评论》2000年第1期)。在这种生物主义的理解中,"精神""理想""灵魂"的宗教与形而上学含义大大削弱以至消于无形,个体肉身所具有的"神思"与"灵明"(世俗知识、情感和意志的集合)则大大强化。鲁迅著作中的"心"字,既来自古代汉语,又已经进入现代白话文系统;既属于"心学"的精英文本,又渗透于普通人的心灵体验之中。

同时,也冲淡了中国心学传统"天—地—人—心"的整体观念或容易逃入禅窠的玄学自惬,但心学传统在推广过程中越来越强调将生命(肉身)包含在内的亲近世俗的倾向,如"知行合一""心力合一",则保留下来;普通人可以领会而且日常生活中必须时刻面对的"世道人心"这一面,尤其受到重视。

作为鲁迅思想出发点的两个概念"个人"与"精神",是反宗教反理性的生物主义的个人与中国"心学"传统含义灵活的"心"——与肉体密切相关、善于容纳也善于拒绝的空虚灵动的"腔子"——的大胆拼合。这是鲁迅对"神思新宗"和"心学"的双重误读,其创造性的深层含义,则是孤立的个体肉身面对笼罩性的"世道人心"时几乎毫无援助的精神承担。对鲁迅来说,这种承担不以超脱俗世为前提,毋宁就在和俗人之"心"的对话与搏斗中意识到自己也是一个俗人,才成为可能。承担的后果不必完全世俗化,也可以有形而上学性甚至宗教感,但即使这样,也不能忽略其世俗的基础。鲁迅著作中的"心"字,既来自古代汉语,又已经进入现代白话文系统;既属于"心学"的精英文本,又渗透于普通人的心灵体验之中。维特根斯坦说:"想象一种语言,就是想象一种生活。"确实,任何熟悉中国生活的人,一见"心""人心"这些字眼,脑海里马上就会演出一系列真实的生活场面,而"知我者谓我心忧,不知我者谓我何求"、"天心自我民心,天听自我民听"、"虽有忮心,不怨飘瓦"、"人心惟危,道心惟微,惟精惟一,允执厥中"、"有机事,必有机心"、"心之官则思"、"正心诚意修身齐家治国平天下"、"问君何能尔,心远地自偏"、"劝君莫道山势险,更有人心险于山"、"吾心即宇宙,宇宙即吾心"、"圣人之学,心学也"、"为天地立心,为生民立命,为往圣继绝学,为万世开太平"、"心较比干多一窍,病如西施胜三分"、"以己之心,度人之腹"、"司马昭之心,路人皆知"、"路遥知马力,日久见人心"……从《诗经》时代绵延至今、由精英和俗众围绕"心"这个基本词共同书写的文化母本(心灵体验方式),也总会在不同方面与不同层次被激活。

三、"心"与文学翻译的理想

鲁迅从其特殊的"心"的角度向西方文化的靠近,不是通过理论渠道,而是通过文学翻译来完成——他对"神思"之"心"与"学"之心、文学与学术的轻重缓急,向来就有清楚的划分。

使先生和后生相印

译介外国文学，鲁迅看重的，首先就是外国文学作品中跳动着的外国作家与人民的真实的心。《域外小说集》"序言"要求读者阅读翻译作品时，要"按邦国时期，籀读其心声，以相度神思之所在"，只有这样，才能"不为常俗所囿，必将犁然有当于心"。对《月界旅行》《地底旅行》二书，鲁迅欣赏的是不计结果但求"立志"的主题。他从阿尔志跋绥夫的《幸福》中感受到的是"有血的文人趋向厌世的主我"，而《黯淡的烟霭里》的作者安德列耶夫"有许多短篇和戏剧，将19世纪末俄人的心里的烦闷与生活的黯淡，都描写在这里面"。《一个青年的梦》的作者武者小路实笃的序文《与支那未知的友人》说："在这本书里，放着我的真心。这个真心倘能与贵国的青年的真心相接触，那便是我的幸福了。"这也正是译者鲁迅的目的。《狭的笼》"译者附记"称："通观全体，他于政治经济是没有兴趣的，也并不藏着什么危险思想的气味；他只有一个幼稚的，然而优美纯洁的心，人间的疆界也不能限制他的梦幻——俄国式的大旷野的精神……我掩卷之后，深感谢人类中有这样的不失赤子之心的人与著作。"《爱罗先珂童话集》"译序"说："我觉得作者所要叫彻人间的是无所不爱，然而不得所爱的悲哀，而我所展开他来的是童心的，美的，然而有真实性的梦……我愿意作者不要出离了这童心的美的梦，而且还要招呼人们进向这梦中。"《池边》"译者附记"则说："那是诗人的童话集，含有美的感情与纯朴的心……他不是宣传家，煽动家，他只是梦幻，纯白，而有大心……我本也早已忘却了，而不幸今天又看了他的《天明前之歌》，于是由不得要绍介他的心给中国人看。"

"绍介他的心给中国人看"，这句朴实的话传达了鲁迅从事文学翻译的全部理想。这理想乃根基于俗人之间的心心相印。鲁迅的心是世俗的，翻译，只是想了解另外一些真实的世俗的心。在鲁迅，不同文化间真正可以沟通的，大概也唯有此心罢。

这在他对一些宗教性较强的作家的评骘中可以更明显地看出来。但丁，鲁迅爱其《神曲》"炼狱"篇描写的西绪福斯式的敢于进行绝望的反抗的"异端"，但他自己"就在这地方停住，没有能够走到天国"。1926年的《集外集·〈穷人〉小引》赞赏陀斯妥耶夫思基"因为显示着灵魂的深,所以一读那作品,便令人发生精神的变化。灵魂的深处并不平安,敢于正视的本来就不多,更何况写出"? 但在鲁迅眼里,作为"人的灵魂的伟大的拷问者"的陀氏对人的"灵魂的深处"的正视和描写,首先并非宗教性的,而是"在骇人的卑污的状态上,表示出人们的心来"。基于这种定位,他才惊叹"天才的心诚然是博大的"。1935年作《且介亭杂文二集·陀斯妥耶夫思基的事》,对陀氏的世俗性进行了更透彻的分析,对他创作中的宗教性因素,则明确地表达了虽然敬重却不能了解也不能赞同的态度:"一读他二十四岁时作的《穷人》,就已经吃惊于他那暮年似的孤寂。到后来,他竟作为罪孽深重的罪人,同时也是拷问官而出现了。他把小说中的男男女女,放在万难忍受的境遇里,来试炼它们,不但剥去了表面的洁白,拷问出藏在底下的罪恶,而且还要拷问出藏在那罪恶之下的真正的洁白来……即使他是神经病,也是俄国专制时代的神经病,倘若谁身受了和他类似的重压,那么,愈身受,也就会愈懂得他那夹着夸张的真实,热到发冷的热情,快要破裂的忍从,于是爱他起来的罢。……但是,陀斯妥耶夫思基式的忍从,终于也并不只成了说教或抗议就完结。"

一开始,鲁迅对西方文学宗教母题就不太关心,对"原罪"说甚至还曾大胆地加以非议:"故世间人,当蔑弗禀有魔血,惠之及人世者,撒旦其首矣。然为基督宗徒,则身被此名,正如中国所谓叛道,人群共弃,艰于置身,非强怒善战豁达能思之士,不忍受也。"把宗教异端和中国的离经叛道者对举,正是着眼于二者共同的世俗承担。他赞美"心所思惟,多涉恶事"的亚当及其子孙,推崇拜伦、雪莱"渎圣害俗,张皇灵魂有尽之诗",刻薄地嘲笑挪亚的子孙"敬事主神,战战兢兢,绳其祖武,冀洪水再作之日,更得密诏而自保于方舟"(《摩罗诗力说》)。这和临终不愿忏悔,遗嘱"一个都不宽恕",可谓始终一贯。

中国人要想真正介入世界上的事务,首先必须和世界其他国家与民族的人民的心相互沟通,彼此不再隔绝,而文学在这方面的作用是别的一切文化交流活动无法取代的。鲁迅是一个视创作为生命的作家,他之所以把大部分时间花在翻译上面，就因为相信文学能够成为东海西海心理攸同的最佳媒介。1936年所作《且介亭杂文末编·〈呐喊〉捷克译本序言》，明白道出了这层意思："自然，人类最好是彼此不隔膜，相关心。然而最平正的道路，却只有用文艺来沟通，可惜走这条道路的人又少得很。"不管别人怎样，他自己对这种文学翻译的理想，可谓毕生以之。

四、"国民性批判""鉴别灵魂"与"深知民众的心"

鲁迅对中国或中国人的认识，其小说杂文对中国人种种缺点的概括，向来被说成是"国民性批判"。

确实，鲁迅很早就读过美国人 Arthur H. Smith 的 Chinese Characteristics，因首肯 Smith 书，还读了在它的启发下日本"支那通"的一些相关研究。凡别人对中国的研究，鲁迅一般都很留心，因为那是促使我们自省的重要契机，即使并不高明，也不应一笔抹杀，更不能因此而自护其短。但撇开这点不讲，单看研究成绩，鲁迅对外国人关于所谓中国国民性的认识，基本是不满的。1933年10月27日致陶亢德信指出，Smith 书"错误亦多"；至于日本，虽不断有"支那通"出现，但"尚无真'通'者"。1935年3月5日，给内山完造《活中国的姿态》所作序中，他再次讽刺了那些研究中国国民性的人单凭肤浅片面的见闻就下结论的轻率与无知，认为他们最终达到"支那是'谜的国度'"的结论是不可避免的——他们的研究注定要走进死胡同；内山那样满足于就事论事、不急于下结论的"漫谈""漫文"，他倒认为"总算还好的"。

鲁迅部分采取了美、日学者研究中国国民性的结论而非全部，至于"国民性批判"的方法论本身，则是根本怀疑的。"国民性批判"是站在优势立场居高临下对"他者"进行抽象、静态、细节和现象的研究，由于不肯反省其自我优越感，又很容易将这种抽象、静态、细节和现象的研究上升为终极结论，因此很难深入体察被研究者的全体与内心，从被研究者的角度说，"国民性"就是一种"被描写"。"国民性"概念普遍流行于19世纪欧洲的种族主义理论中,是不难理解的。整个19世纪,西方研究东方的"国民性"时所依据的各种理论,一直就替西方建构着种族与文化的优越感,并为西方向全球进行殖民征服提供着理论依据。

"国民性批判"的方法论局限是根本性的,不唯外国人如此。阿Q被推进革命军政府法庭(其实仍是旧衙门大堂)时,有新派执法者"长衫人物"叫他"站着说!不要跪",阿Q还是身不由己跪下了,"长衫人物"就鄙夷地说:"奴隶性",但也并不叫他重新站起来。阿Q的下跪确乎是"奴隶性",但出于高高在上的"长衫人物"之口,却立刻变成不关痛痒、毫无意义的一句白话。垂死的祥林嫂拦住新派知识分子,问他人死之后怎样,当然又是讲究迷信的"国民性"了,身为新派知识分子的"我"却不知所对。在这种情况下,"我"对无知的乡下女人身上的"国民性"的了解,究竟能否触及她的真实的内心?阿Q和祥林嫂的内心,与国民性研究者是隔绝的,国民性批判的方法论局限在这两个例子中暴露无遗。正是自以为可以认识中国人的这种方法论暴露了——如果不是导致了——对中国人的无知。

Smith将"面子"作为他了解中国国民性的入口,固为鲁迅所激赏,但试将其书谈"面子"的第一章和《且介亭杂文·说"面子"》略加比较,当不难发现二者差距之大,实不可以道里计。Smith认为中国人爱面子,源于"对戏剧的狂热",但这种狂热(他又称之为"戏剧本能")从何而来,何以必然牵涉到面子,却无法说清楚,最后只好将面子类比于南洋土著的"塔布"(禁忌),又将中国人爱面子类比于"英国人之于体育、西班牙人之于斗牛",使人愈觉其渺茫。鲁迅将"戏剧本能"解释成"做戏":"一字一句,一举手一投足,都装模装样,出于本心的分量少,倒还是撑场面的分量多。"这种分析(另外还可举出《论"他妈的!"》《论照相之类》《略论中国人的脸》等许多文章),着眼于自己也沉沦其中的共同的生活世界,举例通俗,说理平易,因为触及了"本心",所以给人的感觉是顿时真相大白,昭然目前,"直解而无所疑沮"矣。

使先生和后生相印

据许寿裳回忆,鲁迅在日本时,确实同他探讨过中国国民性的弱点,主要结论,是认为缺乏"诚"与"爱"。许的回忆,是鲁迅早期有志于国民性批判的一条重要证据,经常为研究者所引用。但是,鲁迅探讨中国国民性所得出的结论,并非作为方法论的国民性批判本身所能够推演出来的。引导鲁迅得出那种结论的思想资源,倒不如说是他更加熟悉的中国古圣先贤的遗教。从先秦儒家到陆、王心学,"诚"与"心""良知"一样,都是人之为人的最高规定。"爱"的意义背景颇不易说,但十年后鲁迅作为文学家复出时写的一篇可以和早期论文媲美的《我们现在怎样做父亲》,就明确把"爱"定义成作为生物的人的一种天性;他批评孔融的父子、母子之间原本无亲——也就是无爱——的说法,认为那"实于事理不合"。"独有'爱'是真的","是"人伦的索子","我现在心以为然的,便只是'爱'"。这样解说的"爱",应该就是十年前在许寿裳面前与"诚"一道提出的那个"爱"吧?它和心学鼻祖孟轲的"四端"说,不是非常接近吗?所以说,早期对"国民性"的思考,思想资源主要来自"心学"。他是从"人心"的角度来理解所谓"国民性"的。

日本学者将 national characteristic 翻成"国民性",原本就非直译,而是借了中国心性之学语词背景的意译;characteristic 主要指事物相互区别的特征,并非"性"的意思。national characteristic 在新译名中,含义已经起了变化,即在现象和特征的描述背后,进而指向心性的深处,只是后来的中日学者在使用新译名时,并没有意识到这个变化罢了。值得注意的是,鲁迅谈国民性,有时要前缀"所谓"二字,如:"难道所谓国民性者,真是这样地难于改变的吗?"(《华盖集·忽然想到〈四〉》)这就明白表示了"国民性"云云,只是暂时借用别人的说法而已。在相同的语法位置上,鲁迅更爱用的,倒是"国民的劣根性"、"民族根性"之类稍稍变化的形式,而"根"与"性",又回到了心性之学的传统。

鲁迅接触 Smith 书并与许寿裳讨论国民性问题,正是在日本潜心写作那几篇文言论文之时,但这些文章很少出现"国民性"三字。偶或一用,也系转述他人话语,如说拜伦因不满他所帮助的希腊人而"极诋彼国民性之陋劣",普希金先受拜伦影响,后又"弃置而返其初;或谓国民性不同,当为是事之枢纽,西欧思想,绝异于俄,其去裴伦,实由天性"——对转述的西方国民性问题的解释,最终还是借助了中国传统的"天性"概念(《摩罗诗力说》)。早期论文作为中心概念谈论的,一直是"心"而非"国民性",这一点似乎至今无人议及。1925年著名的《呐喊·自序》追述近20年前由科学而文学的转变,有一段话往往被论者当作鲁迅"国民性批判"思想的集中表现:"凡是愚弱的国民,即使体格如何健全,如何茁壮,也只能做毫无意义的示众的材料和看客,病死多少是不必以为不幸的。所以我们的第一要著,是在改变他们的精神,而善于改变精神的是,我那时以为当然要推文艺,于是想提倡文艺运动了。"也几乎没有人注意到,鲁迅在这里提到"国民",却未提"国民性";他强调要"改变"的始终不是什么国民性,而是"精神"。1925年3月31日,鲁迅在写给许广平的信中确实说过:"所以此后最要紧的是改革国民性,否则,无论是专制,是共和,是什么什么,招牌虽换,货色照旧,全不行的",但他接着提到"在中国活动的有两种'主义者',外表都很新的,但我们研究他们的精神,还是旧货",可见在他的用语中,"国民性"随时都可以换成"精神"的。另外两处,当论到作为整体现象的中国人时,鲁迅也没有使用"国民性"概念:"历史上都写着中国的灵魂,指示着将来的命运。"(《忽然想到〈四〉》)"'中国大众的灵魂',现在是反映在我的杂文里了。"(《准风月谈·后记》)在鲁迅词典里,"精神"="灵魂"="心"。看来,national characteristic这个外来词只有与中国传统所固有、"百姓日用而不知"的"心""精神""灵魂"之类打通,才能消除其方法论上的限制,而不失为接近中国人真实存在的一种参考。在鲁迅,"国民性批判"只是一种值得借鉴的现象描述法,而要深入透视这些现象,就必须触及隐藏在国民性现象背后的中国人的"根性"与"心"。

在鲁迅,"国民性"是从别人那里接过来的话题和谈论这一话题的方法,他自己更关心、更常用的则是"心""人心"诸概念。在"沉入于国民中"的北京生活时期,他忧愤难消的就是"季世人性都如野狗"(《癸丑日记》),这里"人性"等于"人心",却不能换成"国民性"。谈到中国人的冥顽不化,他一言以蔽之曰:"现在的人心,实在古得很呢。"(《热风·随感录五十八》)。他担心"娜拉走后怎样",因为深知那仅有的"觉醒的心"只能使她像"醉虾"一样经受更大的痛苦。鲁迅认为中国人"许多精神体质上的缺点"来自"可怕的遗传"(《坟·我们现在怎样做父亲》),很快又指出,这种类似生物学的"遗传"其实是靠了复杂灵敏的文化密码的"心传"(《热风·随感录三十九》)。同样,历史上仁人志士的嘉言懿行也必须"活在战斗者的心中",才能进入或者成为一种传统(《且介亭杂文末编·关于太炎先生二三事》),"死者倘不埋在活人的心中,那就真真死掉了"(《华盖集续编·空谈"国民性"》)是从别人那里接过来的话题和谈论这一话题的方法,他自己更关心、更常用的则是"心""人心"诸概念。

作为清醒的现实主义者,鲁迅始终主张要改变中国:"根本方法,只有改良社会。"(《我们现在怎样做父亲》)但也因为是清醒的现实主义者,他的改革社会的思想从不停留于表面,而是指向从根本上构成一定社会文化形态的"世道人心":"有志于改革者倘不深知民众的心,设法利导,改进,则无论怎样的高文宏议,浪漫古典,都和他们无干,仅至于几个人在书房里相互叹赏,得些自己满足。"(《二心集·习惯与改革》)不触及"民众的心",就与他们的真实存在"无干",也就不能从根本上激发他们的自觉。一定的国民性只是国民一定的"心"的外化,国民性的改变,或者鲁迅所首肯的《新青年》所主张的"思想革命"(《华盖集·通信》),根子上是"心"的改变。①

在感慨国民性研究之难时,鲁迅说过:"倘使长久地生活于一地方,接触着这地方的人民,尤其是接触、感得了那精神,认真的想一想,那么,对于那国度,

---

① 1942年4月,许寿裳为王冶秋《民元前的鲁迅先生》做"序",劈头就说:"鲁迅一生功业的建立虽在民元以后,而它的发源却在民元以前。他深切地知道革命先要革心,医精神更重于医身体,所以毅然决然舍弃医学而研究文艺了。"这段话的重要性不在于讲了一件众所周知的旧事,而在其中那句"革命先要革心"。鲁迅是否讲过这话,许氏未作交代,但他将这句放在大家熟知的"医精神更重于医身体"之前,又似乎确有所本(《鲁迅研究月刊》副主编王世家先生来信见告,"革命先要革心",在解放后人民文学出版社出版的汪著中曾被编辑删去,后来才据原版补上)。其实,从鲁迅留日期间几篇重要论文看,他与许寿裳讨论时说出"革命先要革心"的话,不是很自然吗? 至少我是这样想的。

恐怕也未必不能了解罢。"了解别一国度的人们的方法——"接触、感得了那精神"——也就是《域外小说集》"序言"所谓"籀读其心声,以相度神思之所在"吧。认识活的中国人,不能依赖从中国人的标本中提取出来的"国民性",必须穿透这层居高临下、隔岸观火的隔膜的外衣,用"连自己也烧在这里面"的同情的体察(《文艺与政治的歧途》),探索他们(其实也就是我们)的精神、灵魂与内心。

五、万恶之始:历代文功武卫的"治心"

比起"国民性","心"之所以更具观察问题的优越性,首先因为它随时可以获得中国语言传统的奥援,深深扎根于中国人的"内部生活"。不过,"心"之所以比"国民性"更有助于观察中国人的实际问题,还在于它的灵活性与可塑性,在于它可以动态地显示个体生命的历史演变。"国民性"是形而上学的僵化规定,是出于他人之手的"被描写",它只告诉我们某个民族"是什么",却不能告诉我们某个民族特别是这个民族具体的族群与个人"可能是什么"。相反,"心"的体验结果则属于"自己描写",它诉诸人的存在的可能性,诉诸人的自由。

所谓自由与可能性,既能由此上升,也能由此堕落;可以由此得生,也可以由此得死。正是在这点上,鲁迅不同于那些静止地谈论中国民族国民性的论者:"幸而谁也不敢十分决定说:国民性是决不会改变的。在这'不可知'中,虽可有破例——即其情形为从来所未有——的灭亡的恐怖,也可以有破例的复生的希望,这或者可作改革者的一点慰藉罢。"(《华盖·忽然想到〈四〉》)作为认识对象的一国民性可以(也应该)改变,就因为任何国民性都有"破例"的"不可知",而所以如此,又因为任何国民性总根植于民族的"心"。基于"心"的国民性不会一成不变,除非"心"已死去。一个民族的"心",总处于不断变化发展中。早在日本留学时,鲁迅就意识到这个问题。他认为中国人和世界其他民族一样,开始心地都很健康。他赞赏尼采的"不恶野人","盖文明之朕,固孕于蛮荒,野人狉榛其形,而隐曜即伏于内……上征在是,希望亦在是"(《摩罗诗力说》),

而具体说到中华民族,则以为"朴素之民,厥心纯白"(《破恶声论》)。后来又说,人类基于生物天性的"爱","便在中国,只要心思纯白,未曾经过'圣人之徒'作践的人,也都自然而然的能发现","没有读过'圣贤书'的人,还能将这天性在名教的斧钺底下,时时流露,时时萌蘖;这便是中国人虽然凋落萎缩,却未灭绝的原因"(《我们现在怎样做父亲》)。就是那些"圣贤书",一开始,"心"也并没有完全归于"纯厚":"古今的心的好坏,较为难以比较,只好求教于诗文。古之诗人,是有名的'温柔敦厚'的,而有的竟说:'时日曷丧,吾及汝偕亡!'你看够多么恶毒?更奇怪的是孔子'校阅'之后,竟没有删,还说什么'诗三百,一言以蔽之,曰:思无邪'哩,好像圣人也并不以为可恶。"(《花边文学·古人并不纯厚》)

但历史上"心"的自由常被剥夺,本来应该自觉塑造,却往往走向反面,在各种力量的左右下扭曲,变形,堕落。古民"纯白"之心随着文化进步而逐渐退化,似乎历史愈发展,文化对人的天性的伤害就愈大,"纯白"的心灵也就愈不易求,只能深埋于"地底下",留存在文化所不能化及的乡野民间(《中国人失掉自信力了吗?》)。

不过,鲁迅很快发现,所谓文化对心的伤害,主要是该文化的一部分——掌握世俗权势的统治者以及帮助他们施行统治的知识分子——对人心的伤害。他从历史角度考察古代心学家们所谓"千古不磨"的中国之心时,越来越专注于揭露历代文功武卫对"心"的残贼。他认为统治者和帮助他们施行统治的文人对"心"的残贼,是中华民族"心"的堕落的根本原因。

统治者对"心"的伤害,很野蛮,也很简单,就是由外而内,通过控制和戕害人的身体,剥夺人身自由,来控制、戕害人的内心,剥夺内心自由。"庄子曰,'哀莫大于心死,而身死次之。'此之者,两害取其轻也。所以,外面的身体要它死,而内心要它活;或者正因为那心活,所以把身体治死。此之谓治心。"(《伪自由书·内外》)"哀莫大于心死,而身死次之",语见《庄子·田子方》,本是记孔子语,鲁迅误作庄子了;原文也非"身死",而是"人死"。但鲁迅的误记很有意思:人者,身心合一之谓也,身体自由是心灵自由起码的前提,动不动就取消这个起码的前提,就从根本上遏止了心的自由。历代"圣明君主"无不深知此点,《且介亭杂文·病后杂谈》就有这样的揭露:"大明一朝,以剥皮始,以剥皮终,可谓始终不变……真也无怪有些慈悲心肠人不愿意看野史,听故事;有些事情,真也不像人世,要令人毛骨悚然,心里受伤,永不痊愈的。"在鲁迅看来,唐以后,"治心"已成为流传有序的一个传统,"从宋朝到清朝的末年,许多年间,专以代圣人立言的'制艺'这一种烦难的文章取士,到和法国打了败仗,这才省悟了这方法的错误。于是派留学生到西洋,开设兵器制造局,作为那改正的手段。省悟到这还不够,是以峻刑酷法'治心'",这在鲁迅看来实是中华民族积弱不振的万恶之首。"在和日本打了败仗之后,这回是竭力开起学校来。于是学生们年年大闹了。从清朝倒掉,国民党掌握政权的时候起,才又省悟了这错误,作为那改正的手段的,是除了大造监狱之外,什么也没有了……然而,在这样的近于完美的监狱里,却还剩着一种缺点。到今为止,对于思想上的事,都是没有留心。为要弥补这缺点,是在近来新发明的叫作'反省院'的特种监狱里,施着教育……考完放出的良民,偶尔也可以遇见,但仿佛大抵是萎靡不振,恐怕是在反省和毕业论文上,将力气用尽了罢"。(《且介亭杂文·关于中国的两三件事》)使鲁迅不禁毛骨悚然的是,他发现中国的"治心""古已有之,而于今为烈"。在他的少年时代,尽管异族统治,但"心的反抗,那时还不算什么犯罪,似乎诛心之律,倒不及现在之严"(《华盖集·忽然想到〈五〉》)。"别国的硬汉比中国多,也因为别国的淫刑不及中国的缘故。我曾查欧洲先前虐杀耶稣教徒的记录,其残虐实不及中国……中国青年之至死不屈者,亦常有之,但皆秘不发表。不能受刑至死,就非卖友不可,于是坚卓者无不灭亡,游移者愈益堕落,长此以往,将使中国无一好人。倘中国而终亡,操此策者为之也。"(1933年6月18日致曹聚仁书)以峻刑酷法"治心",这在鲁迅看来实是中华民族积弱不振的万恶之首。

比较不那么野蛮的君主,另有一套高明的"治心"术,这除了上面提到的科举取士,还有《且介亭杂文·病后杂谈之余——关于"舒愤懑"》所揭露的:"单看雍正乾隆两朝对于中国人著作的手段,就足够令人惊心动魄。全毁,抽毁,剜去之类也且不说,最阴险的是删改了古书的内容。乾隆朝的纂修《四库全书》……不但搅乱了古书的格式,还修改了古人的文章;不但藏之内廷,还颁之文风较盛之处,使天下士子阅读,永不会觉得我们中国的作者里面,也曾有过很有骨气的人。"将一个民族曾经有过正常的"心的反抗"的记忆巧妙地抹去,好叫他们养成"从来如此"的习惯,确实够"阴险"的了。鲁迅愤怒地称这些是对中国著作的"暗杀",盖所杀者不仅中国之著作,更是中国曾经有过的骨气心力也。

站在人主旁边帮助他们"治心"的,古代是"圣人之徒",现代则是"知识分子"。他们开始也许是害怕,"心里受伤了",便别过脸去,"最好莫如不闻,这才可以保全性灵,也是'是以君子远庖厨'的意思"。等到逃避术用得炉火纯青,便主动伸出手来帮同人主将"治心"的工作做得更好:或者将屠夫的凶残掩盖,粉饰,甚至用美妙的诗文将整个事件描写得异常风雅;或者贡献良法美意,用冠冕堂皇的说辞,严密烦琐的仪矩,将民众的心治得浑浑噩噩,服服帖帖。"治心"的工具也是集大成者,就是具有无上权威的那些皇皇经典:"我看不见读经之徒的良心怎样,但我觉得他们大抵是聪明人,而这聪明,就是从读经和古文得来的……倘不是笨牛,读一点就可以知道,怎样敷衍,偷生,献媚,弄权,自私,然而能够假借大义,窃取美名。"(《华盖集·十四年的"读经"》)这种彻底的"治心",效果确实卓著。在统治稳固时,是自己消化;临到外族入侵,就拱手相让,因为早就替他们预先征服了自己民族的心了:"中国民族的心,有些是早给我们的圣君贤相武将帮闲之辈征服了的……心的征服,先要中国人自己代办。宋曾以道学替金元治心,明曾以党狱替满清箝口。"(《且介亭杂文二集·田军作〈八月的乡村〉序》)缺乏精神原创,有意无意地制造文化垃圾,这在鲁迅看来,也是一种十恶不赦的"治心"。立于这种惨痛的"心史"背景中的鲁迅,听到胡适为"感化"日本人而说什么"要征服中国民族,必须征服中国民族的心",当然禁不住要勃然大怒了,不管说者的真意何在。

听任文坛的虚假繁荣,自鸣得意,不思创造,杜绝对外开放,使青年们除了"枇谷"而外,得不到"精神的粮食",以致"由聋而哑",变成尼采所说的"末人",

最终只能和供给他们秕谷的人一样,做卑微驯服的羔羊——对这种因为缺乏"强烈的独创的创作"而满足于自欺欺人因而也许可以说是无心的罪失,鲁迅一样不肯宽恕:"这现象,并不能全归罪于压迫者的压迫,五四运动时代的启蒙运动者和以后的反对者,都应该分负责任的。"正是有见于这种无心之罪必将导致民族精神的巨大灾难,鲁迅才那么无情地揭露所有以文坛功臣与权威自居的人们"心的腐烂""空虚"与"空洞"(《准风月谈·由聋而哑》)。

鲁迅和知识分子的矛盾,就在他的"诛心之论"专门指向知识分子有意无意地依附权势者并帮助权势者"治心"的行径(他称之为"瞒和骗"以及"帮忙"、"帮闲"与"帮凶")。"横眉启夺娥眉冶,不料仍违众女心。"(《报载患脑炎戏作》)这句好像开玩笑的诗,不啻是他全部"心的反抗"的真实写照。他毕生工作,大半就是毫不宽假地揭露"众女心",像"这样的战士",不管"他们都同声立了誓来讲说,他们的心都在胸膛的中央,和别的偏心的人类两样。他们都在胸前放着护心镜,就为自己也深信心在胸膛中央的事作证",他也只是举起投枪,"微笑,偏侧一掷,却正中了他们的心窝"。

六、自白其心的创作

洞悉"民众的心"并历史地考察各种"治心"的同时,鲁迅也一样真实地表白自己的"心","慢慢地摸出解剖刀来,反而刺进解剖者的心脏里去"的自我解剖(《二心集·"硬译"与文学的阶级性"》)或《野草》的"抉心自食",始终是他的作品的灵魂。

"心"是鲁迅旧体诗经常吟咏的主题。"灵台无计逃神矢,风雨如磐暗故园。寄意寒星荃不察,我以我血荐轩辕。"(1903年《自题小像》)此宋儒所谓"立志",亦即先立其人之"心";1931年《送O.E.君携兰归国》:"椒焚桂折佳人老,独托幽兰展素心。岂惜芳馨遗远者,故乡如醉有荆棘。""素心"者,平素之心也,"纯白"之心也;同年《送增田涉君归国》:"扶桑正是秋光好,枫叶如丹照嫩寒。却折垂杨送归客,心随东棹忆华年。"是追怀往昔的暮年的心;1934年5月《无题》:"万家墨面没蒿莱,敢有歌吟动地哀。心事茫茫连广宇,于无声处听惊雷。"这是自处渊默而与天地精神相往来的大心。1935年10月著名的《亥年残秋偶作》未提"心"字,却是高度概括的一部"心史"。

《野草》二十三篇,"心""精神""灵魂"等用得最多,其中《死后》六见,《这样的战士》五见,《一觉》五见,出现频率之高,为其他作品所鲜见。《影的告别》说"我愿意只是虚空,决不占你的心地"。《求乞者》宣布"我不布施,我无布施心,但我居布施者之上,给与烦腻,疑心,憎恶"。《复仇》(其二)极写耶稣临刑时"透到心髓中"的痛楚,《希望》反复告白"我的心分外地寂寞","然而我的心很平安","我的心也曾充满过血腥的歌声"。《风筝》里"心"字共出现六次:"于是二十年来毫不忆及的幼小时候对于精神的虐杀的这一幕,忽地在眼前展开,而我的心也仿佛同时变成了铅块","但心又不竟堕下去而至于断绝,他只是很重很重地堕着,堕着","我也知道还有一个补过的方法的:去讨他的宽恕,等他说:'我可是毫不怪你呵。'那么,我的心一定就轻松了","有一回,我们会面的时候,是脸上都已添刻了许多'生'的辛苦的条纹,而我的心很沉重","我想,他要说了,我即刻便受了宽恕,我的心从此也宽松了罢","我还能希求什么呢?我的心只得沉重着"。《过客》说不愿看见人们"心底的眼泪,不要他们为我的悲哀",《墓碣文》梦见"即从大阙中,窥见死尸,胸腹俱破,中无心肝",还读到死者的墓志铭:"抉心自食,欲知本味","然其心已陈旧,本味又何由知?"

杂文(这里暂且不谈小说)不同于诗和《野草》,但即便这种"匕首"与"投枪"式的文体,在鲁迅手里也越来越变成"为己"之作,变成自白其心的抒写。如果循代而下,展读鲁迅的杂文,就会发现其中也有一部他个人的"心史"。

20世纪20年代中期,白话小说创作令他声名鹊起时,稍具人心者一读《〈呐喊〉自序》,却无不震骇于那大毒蛇般缠住灵魂的无边的"寂寞"。后来在《俄文译本〈阿Q正传〉序及著者自叙传略》中,他还说那时自己都没有把握,是否"真能够写出一个现代的我们国人的灵魂来……总仿佛觉得我们人人之间各有一道高墙,将各个分离,使大家的心无从相印",《阿Q正传》收到种种出乎意料的反应,竟至于使他自己"也要疑心自己的心里真藏着可怕的冰块"。1926年,从北京出逃的他僻居厦门,一个人对着弥天大夜,自己感到"沉静下去了。寂静浓到如酒,令人微醺。望后山外骨立的乱山中许多白点,是丛冢;一粒深黄色火,是南普陀寺的琉璃灯。前面则海天微茫,黑絮一般的夜色简直似乎要扑到心坎里。我靠了石栏远眺,听得自己的心音"(《三闲集·怎么写·夜记之一》)。到了1927年的"革命策源地"广州,"目前是这么离奇,心里是这么芜杂","虽生之日,犹死之年"。1932年哀集两年来的杂文准备付梓时,干脆题名曰《二心集》。所谓"二心",不仅古之被压迫的臣民不肯顺从的"携贰的心思",也暗示他与"同阶级的人物"截然异趋,而这"同阶级的人物",既指御用帮闲文人,故作超然的骑墙派,也包括"摆出一种极'左'倾的凶恶的面貌"的"同一营垒的战友"。这样的"二心",实在就是《破恶声论》所自期的不肯为任何权威所屈服、敢于"自别异"、"诚于中而有言,反其心者,虽天下皆唱而不与之和"的"心声"与"内曜"。1935年6月,回顾三十年前介绍波兰等欧洲被压迫小国的文学,他强调那是因为"满清宰华,汉民受制,中国境遇,颇类波兰,读其诗歌,易于心心相印,不但无事大之意,也不存献媚之心"(《"题未定"草〈之三〉》),坚决和"倚徙华洋之界,往来主奴之间"的"西崽"们的"心"区以别之。鲁迅晚年不断目击惨状,耳闻流言,忍看朋辈成为新鬼,痛感积毁可以销骨,心境益趋荒凉,"悲愤总时时来袭击我的心,至今没有停止"(《为了忘却的记念》),但他仍不愿有"超然的心",因为那要"像贝类一样,外面非有壳不可的",而是一如既往,希望终于能够"披沥真实的心……要彼此看见和了解真实的心"(《我要骗人》)。直到生命终点,他还无限深情地回忆屈死的"女吊"上场时如何走出巨大的"心"字;当死亡逼近门槛时,他盘算的是死后身体不能给癞皮狗吃,情愿喂狮虎鹰隼,养肥了它们,"天空,岩角,大漠,丛莽"就多了一道"伟美的壮观","捕来放在动物园里,打死制成标本,也令人看了神旺,消去鄙吝的心"(《半夏小集》);躺到病床上只能看看书房一角了,还觉得"无穷的远方,无数的人们,都和我有关"(《"这也是生活"》)。

张载所谓"大其心则能体天下万物"(《正蒙·大心篇》),陆象山所谓"吾心即是宇宙,宇宙即是吾心",就都是这个境界吧。

鲁迅说他的杂文"所收获的,乃是我自己的灵魂的荒凉和粗糙",又说"我并不惧惮这些,也不想遮盖这些,而且实在有些爱他们了"(《华盖集题记》),因为"灵魂"虽然"荒凉和粗糙",到底没有完全屈服与麻木。这也正像他在《萧红作〈生死场〉序》中所说的:"然而我的心现在却好像古井中水,不生微波,麻木的写了以上那些字。这正是奴隶的心!"承认有一颗"奴隶的心",该多么凄苦,多么无奈,但也只有敢于承认这一点的人,才有资格宣称:"那么,我们还决不是奴才。"

七、"吾愿先闻其白心":以心应世的法则

创作是心声的吐露,衡人论事、批评作品,也同样要直指本心。

《庄子·田子方》记叙当时被视为"蛮夷"的楚人温伯雪子路过"礼仪之邦"的鲁国,曾批评"中国之君子"——号称"中国"的鲁国大概有一种文化中心主义吧——"明乎礼义而陋于知人心",对此鲁迅深有同感,并进一步指出:"大凡明于礼义,就一定要陋于知人心。"他认为历史上多少欺蒙、冤枉、颠倒、惨剧、倒退、破坏,就因不知人心、为表面文章迷惑所致(《魏晋风度及文章与药及酒之关系》)。他与人交往,贵在心心相印,以诚待人,否则,"若其本无有物,徒附丽是崇,辄岸然曰善国善天下,则吾愿先闻其白心"。(《破恶声论》)

"先闻其白心",这种简单到近乎天真的应世法则,却往往被"羞白心于人前"的"伪士"诬为"世故"。不过,倒也因此从反面获得了关于"世故"的一种解释:就是鲁迅善于"察见渊鱼"而并不"陋于知人心"的"心学"。

与白色相对,诸色可以看得更清;唯有"白心",能照见一切心。鲁迅的文学很大程度上就是拿着"白心"的镜子来查看别人的心。

对《新青年》几位旧友,他就着眼于各人的心而痛下评骘:刘半农是"浅",失

之浮薄,轻率,但根本善良,热情,耿直,有如"一条清溪,澄澈见底,纵有多少沉渣和腐草,也不掩其大体的清";陈独秀和胡适之就有"韬略"了,独秀的"韬略"好似大门洞开的武库,一目了然,用不着提防,胡适之则重门紧闭,深不可测。比较起来,他更喜欢刘的清浅(《且介亭杂文·忆刘半农君》)。对"老朋友"林语堂,他的评语是"空腹高心"(《且介亭杂文二集·"题未定"草〈之六〉》),而认为顾颉刚口吃,是一边说话一边运用心思所致。李越缦这位"乡贤"风行一时的《越缦堂日记》,他每次看了都"很不舒服",因为"从中看不见李慈铭的心,却时时看到一些做作,仿佛受了欺骗"(《三闲集·怎么写·夜记之一》)。他还看出一些新青年的思想其实很旧,他们的新艺术,不过是从"轻薄的心里挤出来的"(《集外集拾遗补编·看了魏建功君的〈不敢盲从〉以后的几句声明》)。他借"三魂六魄,或云七魄"的传统说法,认为中国的"国魂"也可以一分为三:"官魂""匪魂""民魂","惟有民魂是值得宝贵的,惟有他发扬起来,中国才有真进步",但鉴于民族的良心(知识分子)的种种表现,他断定"民魂"难以发挥,因为许多"貌似'民魂'……有时仍不免为'官魂'","这是鉴别魂灵者所应该十分注意的"(《华盖集续编·学界的三魂》)。

当然,他也看见另外一些人的心。1933年上海纪念"一·二八"事变,"'民族英雄'的肖像一次又一次的印刷着,出卖着",鲁迅则追问"小兵们的血,伤痕,热烈的心,还要被人糟蹋多少时候"?(《伪自由书·对于战争的祈祷》)直到生命的最后一息,他还顾念着5年前"暗暗的死"在角落里的学生柔石,"街道文明了,民众安静了,但我们试一推测死者的心,却一定比明明白白而死的更加惨苦";因为想到柔石的双目失明不知真相的母亲,鲁迅当时还选了珂勒惠支一幅木刻刊登出去,那是"一个母亲,悲哀的闭了眼睛,交出她的孩子去",鲁迅认为,这正如珂勒惠支的自画像,"是一切'被侮辱和被损害的'母亲的心的图像"(《且介亭杂文末编·写于深夜里》)。

对青年人的品评更见出另一种气象。在一篇悼念文章中,他说未名社的韦素园"太认真;虽然似乎沉静,然而他激烈。认真会是人的致命伤吗?至少,在

使先生和后生相印

那时以至现在,可以是的。一认真,便容易趋于激烈,发扬则送掉自己的命;沉静着,又啮碎了自己的心"(《且介亭杂文·忆韦素园君》)。1935年给《〈中国新文学大系〉小说二集》作"序",检阅新文学第一个十年的创作,他只立一个标准,就是看作者们各自表露了怎样的"心"。他看到,"浅草社"作者们如何"挖掘自己的灵魂,要发见心里的眼睛和喉舌","觉醒起来的智识青年的心情,是大抵热烈,然而悲凉的",有许多"无可奈何的自慰的伤心之言"。他提醒读者注意冯沅君小说集《卷葹》的名字本意是"拨心不死"的草,称李健吾的《终条山的传说》十年之后犹能使读者看到"那藏在用口碑织就的华服里面的身体和灵魂",而王鲁彦的"心情"虽然像爱罗先珂的悲哀,最后却"只好将心还给母亲,才来做'人',骗得母亲的微笑。秋天的雨,无心的'人',和人间是不会有情愫的",但后来从作者另一篇小说中,他还是看到了"'人'的心是究竟还不尽的"。对凌叔华小说,他只用了短短一句:"事态的一角,高门巨族的精魂。"这篇长序实在是"心学批评法"的一个范例。其实,1926年他为《浅草》社员编校文稿时,也是用这个方法来解读青年作者的作品的:"我照作品的年月看下去,这些不肯涂脂抹粉的青年们的灵魂便依次屹立在我眼前——灵魂被风沙打击得粗暴,因这是人的灵魂,我爱这样的灵魂;我愿意在无形无色的鲜血淋漓的粗暴上接吻。"(《野草·一觉》)

这些当然也是"诛心之论",但所"诛"者是别样的"心"。鲁迅的"诛心之论"从消极面说,是褊狭、刻毒、阴暗;从积极面说,则是直指人心,洞悉肺肝,使物无遁形,由此,"梦者自梦,觉者是之,则中国之人,庶赖此数硕士而不殄灭,国人之存者一,中国斯托生于是已"(《破恶声论》)——积极面显然是主要的,不过带了太多的愤激而已。

不管怎样,人心总要有一个根本的改变——"诛心之论"的目的在此。俄罗斯盲诗人爱罗先珂的童话《雕的心》,热情讴歌"爱太阳"、"慕太阳"的"雕的心"而批评孱弱萎靡的"人心"而甚至极其酷烈地描写了"雕王"为除去幼雕不幸养成的"人心"而不惜亲自将它们啄死的一幕。胡风认为,翻译这篇童话的鲁迅也有一颗"雕之心"(《从"有一分热,发一分光"生长起来的》)。我想,他是抓住了鲁迅在洞悉"人心"之后心中升起的理想的光——虽然在孱弱的人们看来,这似乎近于一种疯狂的冲动。

八、"心里的尺":探询出路的指针

> 我辈评论事情,总须先评论了自己,不要冒充,才能像一篇说话,对得起自己和别人。我自己知道,不特并非创作者,并且也不是真理的发见者。凡有所说所写,只是就平日见闻的事理里面,取了一点心以为然的道理;至于终极究竟的事,却不能知。(《坟·我们现在怎样做父亲》)

1919年这段话,完全可以看作1907年另一段话的白话文翻译:"以是之故,则思虑动作,咸离外物,独往来于自心之天地,确信在是,满足亦在是。"(《文化偏至论》)

上面两段话都将个人的"确信"或"心以为然的道理"绝对置于"真理"或"终极究竟的事"之上,我觉得这是讨论鲁迅最恰当的出发点。鲁迅之为鲁迅,关键在此。

现代中国是一个"扰攘之世",因为骤然失去传统的秩序,人们普遍仓惶迷离,无家可归,纷纷寻找新的秩序,希望可以安顿自己。在向外寻找新秩序的时候,个人内心的是非好恶往往被看得很轻,而绝对真理、历史必然性之类外在的标准则被看得很重;人们并且进一步用后者来规范前者,要求前者,解释前者,直至取消前者。中国知识分子本来就有崇尚"天理""天道"的传统,这个传统一旦和西方近世理性主义汇合,就结成一张几乎不可挣脱的意识形态罗网。文学家鲁迅正是在这种情势下螳臂当车,"争天抗俗",用"心"取代"理",用"心以为然"的标准抗衡"真理"或"终极究竟的事"。在他看来,越是"扰攘之世"就越应当尊重个人内心的声音,评判问题的标准只能从个人内心寻求,并不存在和个人"心以为然"的标准漠不相干的"真理"或"终极究竟的事"。"心"是"评论事情"乃至一般"说话"的基准,任何超越这一基准的先验权威,个人都有资格、有能力、有理由坚决抗拒之。他的"心以为然"的"心"好像一种过滤器,一切都必须通过这个过滤器的检验,才能证明它们的合法性。

近代以来,一个为启蒙主义者共同关心的问题,就是如何在"王纲解纽"、准的无依的无序状态,为中国文化的再造建立一个有效基准。从晚清、"五四"直到今天,提供的各种答案,综合起来,无非三种:一、全盘西化,以西方文化标准为标准,"言非同西方之理弗道,事非合西方之术弗行";二、中国文化本位主义,用中国固有的标准为标准;三、折中调和,无论"中体西用"或"西体中用",都是要取二者之长,去二者之短,以造成超越中西方双重局限、史无前例、不偏不倚的新文化。

前两套方案,鲁迅在1907年就已经彻底与之划清界线了:"聚今人之所张主,理而察之,假名之曰类,则其类之大较二:一曰汝其为国民,一曰汝其为世界人。前者慑以不如是则亡中国,后者慑以不如是则畔文明。寻其立意,虽都无条贯主的,而皆灭人之自我,使之混然不敢自别异……二类所言,虽或若反,特其灭裂个性也大同。"(《破恶声论》)鲁迅反对全盘西化和中国本位,出发点并非静止地比较中西文化异同与优劣,从而定其弃取,而是以注重不注重"自我"为唯一判断的标准,这与鲁迅一贯主张"自心"为文化之本的观点是吻合的。在他看来,全盘西化也好,中国本位也好,具体选择似乎水火不容,思维方式却如出一辙,即都不约而同地抹杀了在这中间"自心"的根本地位,抽空了文化选择、文化创造的主体,只在离开"自心"的既成文化的高下优劣上面,争一日之短长。

对第三套方案,鲁迅的意见有过一阵反复。《文化偏至论》确定了"自心"为文化发展的始基,但谈到未来中国文化的出路,他还是认为理想的形式应是"洞达世界之大势,权衡较量,去其偏颇,得其神明,施之国中,翕合无间。外之既不后于世界思潮,内之仍弗失固有之血脉,取今复古,别立新宗",对折中方案显然抱有一定的好感。在《破恶声论》否定了第一和第二两套方案之后,折中调和就顺理成章地显现为相当具有蛊惑性,似乎是剩下来唯一可走的第三条道路了。

"为天地立心"

这第三条道路,当时还并不具有怎样的权威性,因此它是否会对个体的"心"构成和前二者一样的压抑与蔑视,一时也看不清楚。直到五四期间,在和《学衡》派的论争中,鲁迅才逐渐修正了以前这种模棱两可的思想,对用折中融会之法拼凑出"一是之学说"的不切实际、同样蔑视内心的迂阔之论,发出了辛辣的嘲讽(参见《热风·"一是之学说"》)。

全盘西化,中国本位,折中调和,这三副药方的共同点,就是将文化改造误解为在现成道路上进行非此即彼的文化选择。三者选择的对象不同,但就他们所选择的对象的现成给定的本质来说,又全无二致。其中致命的一点,就是不敢抛开现成给定的对象进行独立创造。进一步追究起来,他们之所以不敢抛开现成道路进行独立创造,根本原因,又在于作出选择之前,已经一致抹杀了进行独立创造所必须依靠的"敢于自别异"的个体内心这个始基。

文化创造的路不是现成给定的。走一条不是现成给定的道路,必须有一颗自由无畏的大心。这颗心不固执于已有,虚怀以待一切有益的营养,始终属意于尚未映入眼帘的道路。

1927年12月,在介绍陶元庆的绘画时,鲁迅发表了一段非常精辟的论述,寥寥数语,抵得过一部文化哲学:

> 他并非"之乎者也",因为用的是新的形和新的色;而又不是"Yes""No",因为他究竟是中国人。所以,用密达尺来量,是不对的,但也不能用什么汉朝的虑俿尺或清朝的营造尺,因为他又已经是现今的人。我想,必须用存在于现今想要参与世界上的事业的中国人的心里的尺来量,这才懂得他的艺术。(《而已集·当陶元庆君的绘画展览时》)

鲁迅处处强调"自心"的重要,但他从未给"自心"的具体内容作过任何僵死规定。不作规定才是最本质的规定,因为"心"是不能被规定的。

鲁迅的"心"在面对具体事务时,固然清楚地显示着自己的是非好恶,但在面对整体文化出路这样的根本问题时,他的"心"永远是虚灵的,像一只空虚的杯子,未曾容纳什么,却因此而可以容纳一切。

这样的"心",这样"心里的尺",只是"无";这个"无",却是一切生机勃勃的"有"的始基。

世上本无路,路在人心中。

九、"吐露本心":"转变"关口的支撑点

20世纪20年代中期以后,迫于形势,鲁迅对"革命文学"发生了浓厚兴趣。他认识"革命文学",主要参照当然是前苏联革命进程中的文学现象。然而他理解前苏联革命中的文学,并不从理论出发,而是以普通读者的身份,用自己一直充满确信地运用着而从未放弃的方式,直接从前苏联文学作品中感受作家们所展露和所描写的"心"。他对前苏联乃至中国所谓"革命文学"的态度,是以自己对"革命时代的活着的人的心"的真实感受为转移的。

在1926年,他就这样读解前苏联作家里培进斯基作品:"他(里培进斯基)还是不免于怀旧的。然而他眼见,身历了革命了,知道这里面有破坏,有流血,有矛盾,但也并非无创造,所以他决没有绝望之心。这正是革命时代的活着的人的心。"(《华盖集续编·马上支日记之二》)"革命时代的文学"不等于由概念推导出来的纯乎其纯的"革命文学",而是跳动着"革命时代的活着的人的心"的文学,是从这样的"心"发出的"心声""内曜"。同年对勃洛克《十二个》的读解如出一辙:"人多是'生命之川'之中的一滴,承着过去,向着未来,倘不是真的特出到异乎寻常的,便都不免并含着向前和反顾。诗《十二个》里就可以看见这样的心:他向前,所以向革命突进了,然而反顾,于是受伤……"而单凭托洛茨基论勃洛克的文章,鲁迅就很有把握地自以为看到了托洛茨基的"心",断定托氏不仅是"一个暗呜叱咤的革命家和武人",还是"一个深解文艺的批评者"(《集外集拾遗·〈十二个〉后记》)。对前苏联作家的体认,给他批评在相似甚或相同处境中的中国作家的创作提供了直接参考,比如,他从叶永蓁《小小十年》中就看到了"背着传统,又为世界的思潮所激荡的一部分的青年的心",他赞赏这位青年作

者"逐渐写来,并无遮蔽,也不装点,虽然间或有若干辩解,而这些辩解,却又正是脱去了自己的衣裳"。这种批评,简直就是对勃洛克、里培进斯基的批评的翻版。

鲁迅对前苏联文学这种"籀读其心声,相度其神思之所在"的心心相印的解读法,是在长期文学实践中自己确立起来的,前苏联作家(包括前苏联批评家)的作品不过给了他一个机会再次确认这种解读法,并进一步坚定了他一贯所抱的文学是"心声""内曜"的主张。

正是基于这种确信,当激进的青年文学家从意识形态的单向度要求出发对他大肆围攻时,他可以比以前更坚定、更响亮地主张,创作必须"抒写自己的心",最好必须是在"感到寂寞时","一感到干净时,即无创作,他已经无所爱"(《而已集·小杂感》),"好的文艺作品,向来多是不受别人命令,不顾利害,自然而然地从心中流露出来的东西。如果先挂起一个题目,做起文章来,那又何异于八股,在文学中并无价值,更说不到能否感动人"(《而已集·革命时代的文学》)。他热情鼓励中国的青年们"大胆地说话,勇敢地进行,忘掉了一切利害,推开了古人,将自己的真心的话发表出来'"(《三闲集·无声的中国》)。他就是这样用他的"心"直接对抗他们的"意识":"……多少伟大的招牌,去年以来,在文摊上都挂过了,但不到一年,便以变相和无物,自己告发了全盘的欺骗。中国如果还会有文艺,当然先要以这样直说自己所本有的内容的著作,来打退骗局以后的空虚。因为文艺家至少是须有直抒己见的诚心和勇气的,倘不肯吐露本心,就更谈不到什么意识。"(《三闲集·叶永蓁〈小小十年〉小引》)

上述文章均写于1926—1929年,正是通常所谓鲁迅思想的"转变"期。作为文学家的鲁迅,在"转变"期构成思想的剧烈冲突的,并非对于某种政治立场、社会理想与哲学思想由开始的"不信"转到后来"信",而是两种不同的文学观念——《三闲集·文艺与革命(并冬芬来信)》所谓"写的是外表"还是"内心"的文学——的冲突。在和激进的青年文艺家们论争中,通过有意识的学习,鲁迅确立了文艺"不过是一种社会现象"的认识,然而在这个大前提下面,他的文学的支撑点仍是个体的"自心",而非群体的"阶级意识",正如上面提到的那封给冬芬的回信,在承认了文艺的社会性之后,马上又补充说,文艺"是时代的人生记录"。

他的文学始终偏向主观人生,而非客观社会;偏向个体内部生活("心"),而非强行规定(虚构)的群体"意识"。在这个意义上,可以肯定地说,并不存在文学家鲁迅的所谓"转变",因为他没有在一贯坚守的"心"之外,为文学——包括他决定为之辩护甚至为之献身的"革命时代的文学"——确立别的支撑点。他的文学一直是《摩罗诗力说》所确认的"心声""内曜",就像《汉文学史纲要》对屈原的文学的界定:"凭心而言,不遵矩度",或者《魏晋风度及文章与药及酒之关系》所推崇的魏晋文学家的"师心使气"。

余　　论

"然其心已陈旧,本味又何由知?……"

"……答我。否则,离开!……"

——《野草·墓碣文》

75年前这个严峻的发问,始终折磨着关心鲁迅、关心中国现代历史的每一个读者的心。人们根据自己的经验、立场与知识背景,纷纷探索鲁迅的心,希望以各自的方式求得一个正解。长期以来,这几乎构成现代文学乃至文化史研究一个最大的兴奋点,而研究者的见仁见智,言人人殊,本身就是一种有趣的景观。

有人,如夏济安、李泽厚、汪晖、王晓明、吴俊等,深刻分析了鲁迅的个性心理,尤其他的黑暗面,但他们的分析更多从现代西方哲学找依据,最后(李泽厚和汪晖)不得不以存在主义或弗洛伊德之类(吴俊)解释鲁迅。这当然未尝不可,而且,当鲁迅与中国传统之关系的研究出现不能兼顾19世纪、20世纪西方思想影响的缺失时,李、汪的偏重还尤其显得必要。但是,如果过分强调19世纪、20世纪西方思想的一元影响而不察鲁迅思想所根植的传统渊源，则又不免顾此失彼。

有人，如林毓生，在概括儒家传统特别是程朱理学和陆王心学的思维特征为"强调'心'的理智与道德作用"、"强调从思想文化方面对社会作整体改造"之后，直接跳到五四，认为五四沿袭了这种思维习惯并把它推向极端，鲁迅便是这种极端偏至的传统思维方式的代表。这种说法对儒家传统的概括是否确当姑置勿论，但它至少化约了复杂的五四语境，抹杀了鲁迅以及其他五四代表人物对自身或许与之具有某种瓜葛的传统思维包括心学思维方法的挣脱与改造——尽管与此同时，他们仍然以各自的方式接续了心学的精神气脉。

有人，如朱维铮，否认章太炎与王阳明的亲和关系，一定程度上也阻断了将鲁迅与包括"心学"在内的中国传统心灵体验方式联系起来的思考进路。谢樱宁《章太炎年谱拾遗》对此多有驳正，兹不赘述。

更多的人在研究鲁迅与中国传统时，胶着于鲁迅自己供认的"庄子韩非之毒"，对鲁迅未曾明言的包括"心学"在内的传统的其他方面，则不屑一顾。

有人，如胡风、冯雪峰，对鲁迅在多元拿来的基础上进行一元创造的智慧和勇气，阐释甚力，对鲁迅不落痕迹的思想形态也多有触及。正是他们的有关论述（比如冯雪峰强调鲁迅的思想不等于任何曾经影响过鲁迅的思想，胡风进一步强调鲁迅的文学/思想的本质是"心与力的结合"），触发了我对于鲁迅"心学"的兴趣。限于时代环境，他们未能深究鲁迅与传统心灵体验的关系，即便对多元拿来的多元也往往只能述其有限的几元。但是，在所有关于鲁迅思想方式的解释中，胡、冯的说法还是最接近事情的本相。这是现代中国两位极能进行独立运思的值得尊敬的人物，他们的遗憾只是时代加给的。他们关于鲁迅的解释所蕴涵的思想努力，往往将问题逼近到鲁迅的"心学"的门槛，可惜这种努力的意义至今仍然被遮蔽着。

鲁迅的"心"究竟怎样，可从不同角度探索，这里只想提出一点：鲁迅的"心"以中华民族几千年的"心学"（由精英和俗众共同书写的心灵体验的历史）为依托,不过在他身上,又最能看出中国传统心灵体验方式的现代转换。鲁迅凭其心的挣扎,把在别人那里呈现为赤裸裸的概念形态的思想理论问题转换为活生生的"直剖明示"的文学问题——心灵体验、心灵判断、心灵取舍的问题,在"古今中外"激烈交战、几乎无路可走的绝境,开辟出自己的道路——心的道路。鲁迅在中国文化史上的特殊地位,主要就在于他身处"扰攘之世",奋其毕生心力,为"心夺于人,信不繇己"因而"本根剥丧,神气旁皇"的"华国""立心",在于他的"立心"大业所完成的对中国传统心灵体验方式的继承与超越。鲁迅的思想/文学是特殊形态的一种心学。

原载《鲁迅研究月刊》2000 年第 7 期

主体的确立、主体位置的降落和主体内部的分裂
——鲁迅现代思想意识的心灵线索

张新颖

一

对青年鲁迅的思想产生了直接影响的章太炎,在《民报》时期发表的一系列论文——如《俱分进化论》《五无论》《四惑论》等——当中,对以进化论为中心的外来的公理主义作了言词激烈的批判,一再阐发他"用国粹激动种性"[1]的主张。需要特别强调的是,章太炎张扬国粹论,是与个人的主体性觉醒和主体性建设密切相关的,是要把国粹作为个人的自觉意识的思想和精神资源,从另外一个角度来说,就是,"作为方法的国粹,乃是从国粹对于个人情感所具有的魔力中寻求个人的主体性的原动力"[2]。

鲁迅从这一思想的理路和架构中继承了核心的精神,即以个人的主体性的确立为根本要务,而要完成此种确立,则必须立基于个人自身的历史和现实境遇,必须从个人最深切处出发,仅仅靠引进的西方近代观念,靠流行的种种新式说词,是完全不足恃的。他早期的论文之一《破恶声论》(1908 年),就像章太炎

---

[1] 章太炎《东京留学生欢迎会演说辞》,原载 1906 年 7 月《民报》第 6 期。
[2] 《鲁迅与拜伦》,藤井省三《鲁迅比较研究》,上海外语教育出版社 1997 年版,第 19 页。

使先生和后生相印

一样对引进的、流行的"恶声"进行了相当严厉的指斥,而与此相对,则标举出根植于个体之中的"心声""内曜""白心"等概念。置于全篇之首的"本根剥丧,神气旁皇……"一句,显明地揭示出鲁迅思想关注的重心:"本根"。而这民族、国家的"本根",实系于个人的"本根",所以接下来就说:"吾未绝大冀于方来,则思聆知者之心声而相观其内曜。内曜者,破黮暗者也;心声者,离伪诈者也。"①在这篇未完的论文中,有许多抵抗时俗的惊人之见,伊藤虎丸特别提出其中"伪士当去,迷信可存,今日之急也"②这句话来讨论。经过多年的困惑和思考,这位著名的中国现代文学研究者认为:"鲁迅所说的'伪士',(1)其议论基于科学、进化论等新的思想,是正确的;(2)但其精神态度却如'万喙同鸣',不是出于自己真实的内心,唯顺大势而发声;(3)同时,是如'掩诸色以晦暗',企图扼杀他人的自我、个性的'无信仰的知识人'。也就是,'伪士'之所以'伪',足其所言正确(且新颖),但其正确性其实依据于多数或外来权威而非依据自己或民族的内心。"③十几年之后,鲁迅写到,阿Q被拉到大堂,尽管告诉他站着也行,但他还是不由自主地跪了下来,长衫人物(也就是"伪士")唾弃地说:"奴隶性!……"伊藤虎丸把这一描绘作为一幅典型的"伪士与迷信之图";并且他还指出,这种"伪士"的概念,可以认为来自尼采,鲁迅用对"伪士"的批判,来强调个人的"独",并对多数主义进行批判。另一方面,被"正信"所拒斥而鲁迅认为"可存"的"迷信",其中包含着与精神"本根"相联系的"白心"和与精神能力相联系的"神思","当'迷信'与'心声'交响、'人各有已,不随风波'的时候,'白心'与'神思'就苏醒了"④。

章太炎思想模式中的最根本的东西在鲁迅那里得到了突出的强调,但鲁迅和章太炎一个巨大的差异在于,鲁迅并不相信以国粹为手段、为方法作用于个

---

① 《破恶声论》,《鲁迅全集》第8卷,人民文学出版社1981年版,第23页。
② 同上,第28页。
③ 《亚洲的"近代"与"现代"》,伊藤虎丸《鲁迅、创造社与日本文学》,北京大学出版社1995年版,第17页。
④ 伊藤虎丸《早期鲁迅的宗教观》,载《鲁迅研究动态》1989年第11期。

体建设的构想,也许可以说,章太炎眼里的国粹和鲁迅眼里的国粹几乎完全是两种东西吧。章太炎以先觉的现代意识烛照传统文明,在东方文化的长流中整理、阐发,甚至是"硬造"出与他自己的思想和主张紧密相关的个人化的"传统",并以此作为他的中国现代意识的本土性资源;而鲁迅在不断的现实经验的刺激和现代思想的影响下,所追问的却是中国传统文明的负面性,他要问的是中国国民性中最匮乏之处和它的病根所在,这显然与章太炎对待国粹的思路恰恰相反。

在对章太炎的模式中作为手段的国粹否定了之后,鲁迅自然就会向域外寻求磨砺精神、锻造思想的机会和方式。1907年所作的《摩罗诗力说》,一开始就标明,古国文明,式微萧条,枯槁在前。那么怎么办呢?鲁迅引用了尼采《查拉图斯特拉如是说》中的话,作为这篇早期长篇论文的题记,其实也正揭示出他自己的思想路向:"求古源尽者将求方来之泉,将求新源。嗟我昆弟,新生之作,新泉之涌于渊深,其非远矣。"①

在东京留学时期,周氏兄弟一面前往《民报》社听章太炎讲《说文解字》,听他张扬"用国粹激动种性"一类的主张,一面却尽心搜求和翻译域外小说。这两种性质看起来似乎是相矛盾的事,在当时的鲁迅那里却正合乎其思想的逻辑。他以极端的方式——几乎可以说是,在两个极端之间——进行着摩擦力巨大的精神和文学试验。

一端是"自此始入华土"的"异域文术新宗"。②1909年先后出版的两册《域外小说集》,收入波兰的显克微支,俄国的契诃夫、迦尔洵、安德烈夫,英国的王尔德,美国的爱伦·坡等7个国家10位作家的16篇作品,其中鲁迅翻译了安德烈夫的《谩》与《默》、迦尔洵的《四日》三篇小说。作家作品的选择不仅如译者在序言中自诩的那样"至审慎",而且渗透于此种选择中的现代意味是相当浓烈

---

① 《摩罗诗力说》,《鲁迅全集》第1卷,第63页。
② 《〈域外小说集〉序言》,《鲁迅全集》第10卷,第155页。

的。但是这种浓烈的现代意味似乎出现得过早,在当时的社会文化环境中无法弥漫开来,注定了《域外小说集》无声无息的孤独命运。这种过早出现的孤独用另一件事来比照可以看得更清楚:大约十年后,留美归国后的胡适调查外文书籍的出售情况,他在书店里看到的外文作品,都是与欧美的新思潮无缘的:"怪不得我后来问起一位有名的英文教习,竟连 Bernard Shaw 的名字也不曾听见过,不要说 Tsheckhov 和 Andrejev 了……"①1921 年《域外小说集》出新版本,鲁迅在前一年以周作人的名义写了一篇序,其中对十多年前的遭遇仍然耿耿于怀,他特别解释说,这些短篇里,"所描写的事物,在中国大半免不得很隔膜;至于迦尔洵作品中的人物,恐怕几于极无,所以更不容易理会。同是人类,本来决不至于不能互相了解;但时代国土习惯成见,都能够遮蔽人的心思,所以往往不能镜一般明,照见别人的心了。幸而现在已不是那时候……"②

　　与选译作品的现代精神内涵和选译者本身过早产生的现代意识这一端恰成强烈反照,另一端却是译文的古奥,鲁迅在新序里承认是"句子生硬,'诘屈聱牙'",而当初的序言却自称"词致朴讷"。"朴",即是回到过去的意思,《域外小说集》特意用古字古义,正可见章太炎的深刻影响。问题是,之所以选择这样做的内在实质是什么?《域外小说集》的诞生,简直可以称之为一个翻译奇观,一方面它一反清末的意译风尚,"宁拂戾时人"③,也严格直译;另一方面这种直译所用的却是古奥的汉语。这就像是在相距最远的两端寻求亲近、贴合,企图在最不可能的情形中创造出可能性。它的结果不免是"生硬"的,但正是这刺眼的"生硬",表露了两种语言及其内涵的文化意义系统之间摩擦的艰难和剧烈。仅仅把《域外小说集》的直译理解成照搬过来是远远不够的,甚至可能是错误的:这样理解的直译,往往是以所译的语言及其文化意义为本位,如果用汉语来进行翻译,汉语只不过是传达所翻译的对象的工具。《域外小说集》的野心,却是

---

① 胡适《归国杂感》,载《新青年》1918 年 1 月号。
② 《〈域外小说集〉序》,《鲁迅全集》第 10 卷,第 163 页。
③ 《〈域外小说集〉略例》,《鲁迅全集》第 10 卷,第 157 页。

主体的确立、主体位置的降落和主体内部的分裂

想以异域的思想和文学来试验汉语的接受性，通过有意识地追求艰难、剧烈的摩擦，试验汉语再造、新生的能力。通常所理解的直接照搬式的直译，不把与个体自身内部发生密切关系作为必须的条件，而鲁迅是把不与个体自身内部发生密切关系的介绍西方近代观念的做法斥之为"伪"的，不与自身内部发生密切关系，不产生巨大的摩擦，又怎么能改造和建设自身呢？《域外小说集》序言里所说的"籀读其心声，以相度神思之所在"，深意正在于此。《域外小说集》的译者在把个体从异域的文学和思想那里获得的感受诉诸汉语的时候，有意识地使用尽可能古的字词义，这与鲁迅"白心"的思想紧密相合。这个"白心"，是与中国知识分子的文化传统正相反的东西，是被这一传统污染之前的、执著于内部生命真实的心灵状态，《域外小说集》选择尽可能古的汉语，也就是想尽可能地越过这一文化传统，而求接近于这一传统之前的"白心"状态的语言。这显然也是一种在不可能中创造可能性的企图。对于鲁迅的思想逻辑而言，对应于个体内部的深处，他理想中所要求的语言也应该处于民族文化的内部深处。

辛亥革命前鲁迅的现代思想意识，最集中地体现于《文化偏至论》《摩罗诗力说》《破恶声论》三篇论文和两册《域外小说集》当中。在这一时期，尤可深究尼采这样的思想家、拜伦这样的"摩罗诗人"、安德烈夫这样的小说家，在鲁迅现代思想意识的形成和凝聚过程中的非同一般的作用。尼采、安德烈夫介入鲁迅现代思想意识之中没有什么奇怪的地方，他们本身就是此中人；奇异的是以拜伦为"宗主"的"摩罗诗派"，《摩罗诗力说》所论述的诗人们，在思想和艺术风格上他们大多可归为浪漫派或者"前现实主义者"，可是在鲁迅的精神视域中，他们大多染上了尼采的色彩，大多做了接近于现代思想意识的变形，从而成为鲁迅精神力量的个人性现代资源。日本学者中岛长文曾证明鲁迅的拜伦论的十分之七是根据木村鹰太郎的《文界之大魔王》而来；但鲁迅个人的取舍是相当能够说明问题的：他接受了"恶魔"是权力意志象征的人的说法，显然这是尼采式的思想；再如藤井省三所敏锐注意到的那样，木村笔下的拜伦是一个振臂一呼应者云集的英雄，而鲁迅笔下的恶魔形象，却是一个没有跟随者的孤独之士，

"上则以力抗天帝,下则以力制众生,行之背驰,莫甚于此"①。藤井指出:"必须在叫声中,在有时不屑一顾的群众中死斗的角剑之士——诗人,其一生在鲁迅看来是如此孤独。如果回过头来谈拜伦临终的场面,木村写的是不幸的英雄之死与对此叹息的人们——这样一种诗人与群众和谐的通俗关系;与此相反,鲁迅描写的则是因抵抗与压制而败死的孤独的诗人形象。"②关于这样的变形,除了拜伦,还可以举一个裴多菲的例子。《野草·希望》里那句著名的"绝望之为虚妄,正如希望同",来源于裴多菲的一封信,是朋友间打趣的平常话,本来是针对拉车的瘦马所发的议论,"朋友,绝望与希望同样是骗人的东西啊"③! 可是鲁迅使它变成了性质完全不同的东西,成为他个人精神世界深处的真切写照。经过鲁迅而发生的变形记,证明鲁迅现代思想意识的根基在于个体自我的内部需要和个体自我的内部建设,他的"别求新声于异邦",并不只是照搬过来,而必须通过个体自我内部的深处,吸收和转化为个体自我的主体性世界中的有机因素。

二

鲁迅去世后,周作人回忆当年兄弟二人翻译《域外小说集》,说了这样一句:"豫才不知何故深好安德烈夫,我所能懂而喜欢者只有……"④这话真是平淡得令人惊心,它无意中表明,连与鲁迅一起开始文学活动、一起翻译《域外小说集》、后来同样成为新文学重镇的周作人,也不能够对鲁迅的孤独有比较彻底的理解。安德烈夫《谩》《默》两篇的翻译:"对于鲁迅来说真的完全是孤独的行为。从《域外小说集》到《狂人日记》的沉默的十年,对鲁迅来说不仅为思想发展作了准备,还可以说也是期待着能与安德烈夫作品共鸣的中国知识分子成熟起来的

---

① 《摩罗诗力说》,《鲁迅全集》第 1 卷,第 78 页。
② 《鲁迅与拜伦》,藤井省三《鲁迅比较研究》,第 19 页。
③ 参见北冈正子《鲁迅与裴多菲——〈希望〉材源考》,岩波书店 1978 年版。
④ 周作人《关于鲁迅之二》,收入《瓜豆集》,上海宇宙风社 1937 年版。

十年吧。"①《新青年》创办后,金心异来约稿,鲁迅在《呐喊·自序》中写道:"我懂得他的意思了,他们正办《新青年》,然而那时仿佛不特没有人来赞同,并且也还没有人来反对,我想,他们许是感到寂寞了,但是说……"接下去就是那段著名的"铁屋子"论。其实这个情形是十年前鲁迅自己所深刻经历过的情形,他把它移到十年后《新青年》同人的身上了。藤井省三描述道:"恐怕鲁迅在《新青年》同人的心中,看到了他曾在《摩罗诗力说》中描写过的诗人的孤独吧。在翻译《域外小说集》时已经异常早熟的鲁迅,终于在十年后碰上了同样怀着孤独感的一群知识分子。"②

不管怎么说,鲁迅就此结束了早期著译之后的十年沉默期,以《狂人日记》开始了另一个思想和文学的活动期。

在《狂人日记》这篇经典小说的诸多读法中,有一种把它看作是鲁迅本人精神历程和思想意识变化的隐喻性自传,我们无法从作家主观意图的角度确证这种读法的合理性有多大,可是无论作家有意识还是无意识,狂人的精神历程与作家本人的精神历程暗含着内在的对应。从这个意义上说,我把《狂人日记》当作一个标志性和转折性的作品:标志着早期鲁迅树立起来的、充满现代意识的个人主体发生了位移——从上向下的位移。

为什么这样讲呢?《狂人日记》写出了一个独自觉醒者的发现、苦斗和挫折,他要"诅咒"和"劝转""吃人的人",可是所有的努力最终都归于失败;这之后,作品突然发生逆转,狂人反省到"自己也曾吃过人的肉",而且同样是"有了四千年吃人履历"。在这一逆转发生之前的狂人形象,是非常契合鲁迅早期论文中呼唤的独自觉醒的"精神界之战士"的形象的,在这一形象背后,十分明显地映现着尼采"超人"的影子。鲁迅没有把自己说成这样的战士,但分明有过这样的期待,这样的期待索诸中国而没有,就不能不在很大程度上把它作为一种自我的期待和激励。鲁迅留学时期的思想和文学活动,可以对应于狂人要求人

---

①② 《鲁迅与夏目漱石》,藤井省三《鲁迅比较研究》,第97页。

们洗心革面、重新做人的呼吁,这种对应还继续延伸为:狂人的努力失败了,而鲁迅的计划和梦想也都白费了。《呐喊·自序》说到《新生》的流产之后,"我感到未尝经验的无聊","叫喊于生人中,而生人并无反应,既非赞同,也不反对,如置身毫无边际的荒原,无可措手的了","这经验使我反省,看见自己了:就是我决不是一个振臂一呼应者云集的英雄"①。《狂人日记》的逆转,隐约透露出鲁迅思想变化的痕迹,这种变化也许就是在他十年沉默期内发生的。"超人"式的"精神界之战士",意味着从身在其中的世界中脱离出来,独自觉醒,然而,这是一种"尚未经过将自身客体化的'觉醒'",处于脱离现实世界的状态,因而这个世界上也就没有了自己的位置,无从担负起变革现实世界的责任。因此需要获得再一次觉醒,回到社会中来。狂人的"我也吃过人"的反省就是这样的第二次觉醒,获得了这样的"有罪的自觉",个人的主体位置就降落到现实的境遇中。对此,伊藤虎丸论述道:

> 的确,鲁迅在留学时期接受西欧文艺思想的原本性达到了惊人程度。在最初的文学活动中,他获得了这种不同质的外来精神原理,"敢于屹立在"三千年沉重的传统上。但是,如同从许多青年身上看到的那样,获得某些思想和精神,从已往自己身在其中不曾疑惑的精神世界中独立出来,可以说是容易的。比较困难的是,从"独自觉醒"的骄傲、优越感(常常伴随着自卑感)中被拯救出来,回到这个世界的日常生活中(即成为对世界负有真正自由责任的主体),以不倦的继续战斗的"物力论"精神,坚持下去,直到生命终了之日为止——这是比较困难的。②

正是从这个意义上,《狂人日记》的逆转,标志了"超人"的"精神界之战士"重返人间现实的再次自觉。我认为,鲁迅后来自评这篇作品所说的"却比果戈理的忧愤深广,也不如尼采的超人的渺茫"③,其中也正包含着这样的思想。从

---

① 《呐喊·自序》,《鲁迅全集》第1卷,第417—418页。
② 《〈狂人日记〉——"狂人"康复的记录》,伊藤虎丸《鲁迅、创造社与日本文学》,第148—149页。
③ 《〈中国新文学大系〉小说二集序》,《鲁迅全集》第6卷,第239页。

表面上看个人主体从上向下的位移,内部却发生了对现实世界真正构成意义的变化:一个多少带着浪漫色彩、处于脱离状态的主体,质变为一个"对世界真正负有自由责任的主体"。因此,"以'觉醒狂人'的眼光彻底暴露黑暗社会的《狂人日记》这一篇小说,如果从反面看的话,那是一个患被迫害狂的男人被治疗痊愈的过程,也必须看作是作者脱离青年时代,并且获得新的自我的记录"①。同时我们也可以认为,通过《狂人日记》,鲁迅为早年所形成的类似于安德烈夫式的封闭的孤独的内面世界,打开了一扇向现实和环境开放的门,因而从此获得新的自我,即与环境共生的自我。从超越鲁迅个人精神履历的层面上说,"在《狂人日记》中,不仅仅是清末以来思想史、精神史的进一步向前展开;在那里,对起源于近代欧洲的自我,大胆地作了再检讨。可以说,这是在中国现代思想史大发展的同时,鲁迅对以自我为中心而发达起来的西欧近代文学的试验性的回应"②。

对现代主义持有强烈批评意识同时又表现出非凡洞见的文学理论家卢卡契,在《现代主义的意识形态》中考察到,病态心理的意义是所有现代主义文学的中心问题,重要的现代主义作家穆齐尔(Robert-Musil)关于他的小说《没有个性的人》的主人公说过这样的话:"我们面对一个简单的选择:一个人或是随波逐流(入境随俗),或是变成一个神经病人。"卢卡契指出,取决于社会和历史条件的不同,每个时期都给病态心理加上新的重点、不同的意义和艺术功能,如果说自然主义对病态心理的兴趣来自美学需要,企图以此逃避日常生活的沉闷和枯燥的话,穆齐尔的话则表明,病态或精神失常已经成了反对社会现实的一种道义上的抗议。狂人也正是以他的"狂"对他所置身的历史和时代宣战的。然而,卢卡契敏锐地发现:"对于穆齐尔和许多其他现代主义作家来说,病态心理成了他们艺术意图的目标及最终目的。但是在他们的意图深处带着一个固有

---

① 《〈狂人日记〉——"狂人"康复的记录》,伊藤虎丸《鲁迅、创造社与日本文学》,第150页。
② 《鲁迅与安德烈夫》,藤井省三《鲁迅比较论》,第70—71页。

的双重困难,它来自内在的意识形态。首先缺乏明确性。这种由于转入病态心理而表现出来的抗议,只是抽象的姿态;它对现实的否定只是一般的和概括的,没有具体的批判。这一姿态决不会导致任何成效,只是逃遁到空空荡荡的世界里去。"狂人的失败也正可作如是观。卢卡契接着指出:"在穆齐尔的作品中,作为新类型的意识形态基础的东西——遁入神经失常作为对社会罪恶的反抗——在其他现代主义作家作品中,成为不可变更的人类处境。"①就是在这里,鲁迅与卢卡契批判地概括的某种现代主义类型分道扬镳了,他没有让他的狂人坚持他的狂并以此作为空泛的批判之所——在另一个意义上也正是逃避现实之所,而是让他清醒地认识到他的失败,并且进一步从狂中走出来,走进复杂的现实中,从而与他置身的环境恢复有机的联系。回到现实中,然后才能展开可能产生成效的现实反抗。鲁迅轻描淡写地交代的狂人的痊愈,不可不谓是意义重大的新生。

《狂人日记》透露了这样一个在现实及其历史文化情境中的、负有自由责任的主体真正确立起来的信息。只有理解了这一信息,才能理解由此展开的《呐喊》和《彷徨》的小说世界所贯穿的内在统一性;也只有理解了这一信息,才能理解由此展开、伴随着生命延伸的鲁迅杂文世界的内在统一性。特别是,鲁迅直至生命终止才不能不放弃的杂文,这种交织着他人的毁誉、褒贬、消耗着自己的精血和心神的杂文,这种与平庸、繁琐、肮脏甚至是令人愤怒、厌恶、绝望的现实血肉粘连的杂文,写作它的最根本的内在动因,就包含在这一信息之中——如果不嫌重复,那就再强调一遍:这一切都是出于一个主体对于现实世界的自由责任。对于现实的自由责任,是构成这个主体的核心因素,处在主体的内部,对于主体来说,它不是来自外部的动力。

鲁迅逝世前不久,写了一篇感人至深的文章《"这也是生活"……》②,其中说

---

① 卢卡契《现代主义的意识形态》,《现代主义文学研究》(上),中国社会科学出版社1989年版,第148—151页。
② 以下此文的引文见《鲁迅全集》第6卷,第600—601页。

主体的确立、主体位置的降落和主体内部的分裂

到他大病转机后的一天夜里,他醒来了,喊醒了许广平——

"给我喝一点水。并且去开开电灯,给我看来看去的看一下。"

"为什么?……"她的声音有些惊慌,大约是以为我在讲昏话。

"因为我要过活。你懂吗?这也是生活呀。我要看来看去的看一下。"

"哦……"她走起来,给我喝了几口茶,徘徊了一下,又轻轻的躺下了,不去开电灯。

我知道她没有懂得我的话。

自觉地在现实中负有自由责任的鲁迅,平时多显露的是抗争与搏杀,恼怒与愤恨,可是在垂危之际,他却以柔弱无助的方式对生命的自由责任作出了发自灵魂最深处的、已经化为本能的阐释。这个濒死的生命深切表达着这样的经验:屋子里熟悉的一切,"外面的进行着的夜,无穷的远方,无数的人们,都和我有关。我存在着,我在生活,我将生活下去,我开始觉得自己更切实了,我有动作的欲望——但不久我又坠入了睡眠"。

"看来看去的看一下"的意识和行为,长久地体现在鲁迅的杂文写作中,并源源不断地支持着这种写作。不少论者惋惜鲁迅没有把精力集中于文学创作,却以杂文写作的方式与现实的具体人事纠缠不休。我以为,此类说法对这样一个对现实负有自由责任的主体没有充分的认识。这样一个主体是怎样写下那一篇接一篇的杂文的呢?

每想到这个问题,我就会不由自主地想起卡夫卡日记的一段话,我个人认为,鲁迅就是在卡夫卡所描述的情境里写下他似乎是无穷的杂文的:他用一只手挡住笼罩命运的绝望,用另一只手草草记下在废墟中看见的一切;他以一种与众不同的方式看,而且看到的更多。鲁迅的杂文,就是他用另一只手草草记下的他在中国的颓败的现实中所看见的一切。

如果要进一步探究鲁迅与卡夫卡的不同,显然能够看到,他比卡夫卡更深地卷入到了废墟之上的现实的具体性之中,他不仅是"记下"了现实的具体性,而且以极大的精力投入到由现实的具体性所展开的"混战"——中国颓败的现

实中"死缠乱打"的"混战"。鲁迅曾经发出过著名的"痛打落水狗"论,可是终其一生,他个人实际上很少获得过这样的优势,很少站到过这样的优越的位置上,他与之撕扯、搏斗的势力几乎总是过于强大,对比之下,他个人的力量倒是每每处于劣势。正是这种经常性的情境,凸现了鲁迅一贯的坚强韧性和彻底精神,突出地表现在他那种"死缠乱打"的战斗作风当中。"死缠乱打"是正人君子、高人雅士、缙绅阶级所不屑为的,也往往令他们很不舒服。鲁迅的"死缠乱打"岂止令他的对手们不舒服,还每每要给予致命的一击。敢于投身于"死缠乱打"的"混战"中的人岂止要放下所谓智识阶级的体面,不惮于粘上浑浊现实的污泥和秽血,而且要不惮于献出自己的性命。"死缠乱打"的高贵和惊心动魄由此而生。这种高贵性和惊心动魄的程度在鲁迅的小说《铸剑》里得到了非常出色的表现。《铸剑》是《故事新编》里的一篇,我个人认为它是中国新文学中最优秀的短篇小说之一。小说写道,在一个巨大金鼎的沸水中,眉间尺的头和大王的头撕咬、苦斗,渐渐有些不敌的时候,瘦硬如铁的黑衣人"臂膊忽然一弯,青剑便蓦地从他后面劈下,剑到头落,坠入鼎中","即刻直奔王头"。①三颗头在沸水中大战的奇境,几乎可以说达到了恐怖的极致。而在这篇小说的最后一部分,叙述者不无"恶意"和"得意"地强调了这是一场"死缠乱打"的"混战":从一堆煮烂的皮肉中,那些王妃和大臣无论如何也分不出哪是大王的头,哪是两个大逆不道的逆贼的头了。

如果再回到上面所引卡夫卡的话,注意其另外一面,那么,我们所说的鲁迅用一只手挡住笼罩命运的绝望,这又是什么样的情形呢?

三

在留学时期极力张扬的个性自我和个人主体,从新文化之初开始了主体的

---

① 《铸剑》,《鲁迅全集》第2卷,第432页。

主体的确立、主体位置的降落和主体内部的分裂

位移,从此就终生与生存的现实撕扯不清,靠着一种罕见的意志挣扎不已,激烈而凄怆地生活下去。如果我们的论述至此为止,那么,对于鲁迅这样一个复杂的思想家和他那些复杂的作品来说,对于一个屡屡表示自己的思想"太黑暗"的人的意识来说,是不是过于清晰了一些呢?当我们前面一次又一次使用"主体"这个词的时候,我们有没有意识到这个"主体"内部的真实情形呢?内部的混乱、分裂、冲撞……有时候,我们不免会绝望地想,这个"主体"内部的深渊我们无力探究到底,甚至这个"主体"仍然处在理性和语言的把握之外。我们且看这样的自白——

> 我的作品,太黑暗了,因为我常觉得惟"黑暗与虚无"乃是"实有",却偏要向这些作绝望的抗战,所以很多着偏激的声音。其实这或者是年龄和经历的关系,也许未必一定的确的,因为我终于不能证实:惟黑暗与虚无乃是实有。①

> 偏爱我的作品的读者,有时批评说,我的文字是说真话的。这其实是过誉,那原因就因为他偏爱。我自然不想太欺骗人,但也未尝将心里的话照样说尽,大约只要看得可以交卷就算完。我的确时时解剖别人,然而更多的是更无情面地解剖我自己,发表一点,酷爱温暖的人物已经觉得冷酷了,如果全露出我的血肉来,末路正不知要到怎样。我有时也想就此驱除旁人,到那时还不唾弃我的,即使是枭蛇鬼怪,也是我的朋友,这才真是我的朋友。倘使并这个也没有,则就是我一个人也行。但现在我并不。因为,我还没有这样勇敢,那原因就是我还想生活,在这社会里。还有一个小缘故,先前也曾屡次声明,就是偏要使所谓正人君子也者之流多不舒服几天,所以自己便特地留几片铁甲在身上,站着,给他们的世界上多有一点缺陷,到我自己厌倦了,要脱掉了的时候为止。②

---

① 《两地书·四》,《鲁迅全集》第11卷,第20—21页。
② 《写在〈坟〉后面》,《鲁迅全集》第1卷,第283—284页。

使先生和后生相印

　　类似这样的话在鲁迅的文字中实在不能算少,几乎每隔一段时间,他就要禁不住地写上这么几笔,这仿佛已经成了规律和习惯。从这种文字上的规律和习惯的形成,我们应该能够感受到某种隐藏着的力量,正是因为经受着这么一种不可抑制的力量的驱使和压迫,他才每每提起笔,借几行吞吞吐吐、说出一些又咽回一些的文字,缓解内心的重压和焦虑。这种隐藏着的力量没有办法驱除,因为它不在别处,正在他自己内心的最深处。这种力量不仅对于别人是隐藏着的,对于他自己,也常常是隐藏着的,他自己也常常把握不住。当他说他没有把自己全部真实都剖露出来的时候,那没有剖露出来的,也分成两个部分:一部分是他不愿剖露的,他清楚这一部分是什么性质,他要考虑从内心端出来的后果,于是他有意识地压抑了下去;还有一部分是他自己也无力表达出来的,他明明强烈地感受着它的存在,可它又是无形的、无名的,他抓不住它,为了不得不有的言说,勉强给它个名字,也只能是"黑暗"与"虚空"之类。这才是他最个人化的、最大、最深的困境。对于这种困境的感受,他作出过这样的表述:"当我沉默着的时候,我觉得充实;我将开口,同时感到空虚。"①对于这个表述,他又作出过这样的解释:"我沉静下去了。寂静浓到如酒,令人微醺。望后窗外骨立的乱山中许多白点,是丛冢;一粒深黄色火,是南普陀寺的琉璃灯。前面则海天微茫,黑絮一般的夜色简直似乎要扑到心坎里。我靠了石栏远眺,听得自己的心音,四远还仿佛有无量悲哀,苦恼,零落,死灭,都杂入这寂静中,使它变成酒,加色,加味,加香。这时,我曾经想要写,但是不能写,无从写。这也就是我所谓……"②下面就是前引的话。但是这个描述性的解释非但没有使这之前的表述更加清晰,反而使之陷入愈发复杂和深远的感受性当中。

　　在鲁迅的小说里,有三篇自传色彩很强,这就是《故乡》《在酒楼上》和《孤独者》。这三篇作品的叙述者或主人公都是精神上受到挫伤的知识分子,借此我

---

① 《野草·题辞》,《鲁迅全集》第2卷,第159页。
② 《怎么写》,《鲁迅全集》第4卷,第18—19页。

主体的确立、主体位置的降落和主体内部的分裂

们可以透视鲁迅本人复杂的内心状态。基本上,我们可以把这几篇小说当作鲁迅本人的内心对话来阅读。不过,即使考虑到这类作品的存在,大致上仍然可以说,鲁迅的小说和杂文更多地联系着那个处在现实中、对现实负有自由责任的主体这一面;相对地来说,他的散文则更多地联系着这个主体从现实中撤回到他个人的内部、面对自身的这一面。正如人所共识的那样,通常被称为散文诗的《野草》是这一面最深刻、最凝练的个人化表达。这种表达之所以特别富有精神的魅力,其中一个主要的原因在于,这种表达即使是对于作者自身来说,也不是把已知的、定形的、有名的内容表达出来,而常常是借助于这种表达去捕捉自我心灵里未知的、无形的、无名的内容,也就是说,这种表达是探索自我精神世界的一种方式,正是这种自我探索,引领着表达走进精神世界的黑暗的深渊。

在《影的告别》[①]里,"彷徨于无地"的"影子"说:

我愿意这样,朋友——

我独自远行,不但没有你,并且再没有别的影在黑暗里。只有我被黑暗沉没,那世界全属于我自己。

"影子"渴望进入的状态,割断了与世界的一切联系,"有我所不乐意的""在天堂里"、"在地狱里"、"在将来的黄金世界里","我不愿去",特别是,"你"——"影子"就是由"你"而产生的——"就是我所不乐意的":这等于弃绝了自身的现实性存在,因而也就找不到存在的现实性时间和空间,"然而黑暗又会吞并我,然而光明又会使我消失","然而我不愿彷徨于明暗之间","我不如彷徨于无地"。鲁迅在此所表达的孤绝的深度,几乎是超出想象的,勉强来说,可以描述为:一种非现实性的存在("影")存在于非现实性的时空("无地")中。

朋友,时候近了。

我将向黑暗里彷徨于无地。

你还想我的赠品。我能献你甚么呢?无已,则仍是黑暗和虚空而已。

---

① 以下此文的引文见《鲁迅全集》第2卷,第165—166页。

使先生和后生相印

但是,我愿意只是黑暗,或者会消失于你的白天;我愿意只是虚空,决不占你的心地。

在《野草》的孤绝的黑暗和虚空中,闪烁着感情沉郁浓烈、外在形态奇异夺目的意象,如:青白冰上,"红影无数,纠结如珊瑚网"的凝固的火焰(《死火》),"从魔鬼的光辉中"看见的"惨白可怜"的"地狱小花"(《失掉的好地狱》),等等;比这一类相当独特的意象更上一层,是一些似乎撤掉了现实情境依托、被单独凸出出来的、立体感极强的画面:垂老的妇人两手向天,"口唇间漏出人与兽的,非人间所有,所以无词的言语"。(《颓败线的颤动》),"在广漠的旷野之上,裸着全身,捏着利刃,然而也不拥抱,也不杀戮"的男女,"干枯地立着","以死人似的眼光,赏鉴这路人们的干枯,无血的大戮,而永远沉浸于生命的飞扬的极致的大欢喜中"(《复仇》)。在"无物之阵"中举起了投枪的战士,"终于在无物之阵中老衰,寿终"。(《这样的战士》)……从这些梦魇般的世界的表面,就能够感受到一种光怪陆离的美,感受到紧张、错乱和恐怖的现代性经验;而在梦魇的底层,夏济安认为:"鲁迅瞥见了无意识的世界。"可是,夏济安又不无遗憾地把他称之为"中国现代主义的先锋"的鲁迅放到当时世界文学创作的格局中作了对比:《野草》的写作时间,也就是《荒原》(The Waste Land)、《攸里西斯》(Ulysses)、《声音与愤怒》(The Sound and the Fury)等现代主义的重要作品出现的20世纪20年代的中间:"很可能是由于他的恐怖,他没利用他对无意识的心灵状态的知识写出一部杰作。"① 如果我们能够克服以西方的标准看待中国文学的惯性,夏济安在他关于鲁迅的精彩论述中所作的这个结论,就并不一定是可以完全接受的。这本散文诗集,后来的诸多论者,或者认为其象征主义倾向显著,或者认为指出其"超现实主义"特色,或者揭示其包含着的存在主义思想,从这之间的联系和差别之中作了许多富有启发性的探讨。但是,"鲁迅在这个集子里,从艺术和'形而上'方面与西方象征主义和现代主义作的这番调情,并没有把他引向艾

---

① 《鲁迅作品的黑暗面》,《夏济安选集》,台北志文出版社1971年版,第21页。

主体的确立、主体位置的降落和主体内部的分裂

略特的《荒原》或是贝克特、尤奈斯库那种荒诞的世界中去。相反,这反倒促使他回到人性上来"。特别是,这些作品"带有一种对意义的寻求那种人文主义式的激情"①。也许我们对《野草》能够做的探讨,大多只能在梦魇的表面和无意识的底层之间的中间层进行,这一中间层相对容易诉诸语言和理性,但是这一中间层的工作也容易落入一种探求普遍性的陷阱之中。我之所以把对普遍性的探求称为陷阱,是想以此强调对《野草》精神实质的个人性立场的坚持,它应该比较严格地限定为鲁迅个人精神心理的象征性表现和个人探求意义的隐喻性表达;可是趋于极端的个人性是难以阐释的,阐释和理解就容易把它认同为带有普遍性的人类处境,而省略或看低不能被普遍化的极端个人性的部分。特别是在把《野草》和西方的思想和文学比较之后,格外被看重的往往是能够互相通约和认证的部分,这其实是大大有悖于鲁迅写作《野草》的本意的。

当然也不必故意否认能够互相认证的部分,只不过这种相同或相通,并不是刻意去求来的,也不是因袭的结果;如有不同,也并不因为只是和对方"调情"的结果——上面的引文里,就用了这样一个我感觉极不恰当的词。同与不同,都是鲁迅立足于中国情境、深陷个人精神之域的表达自然所生的比较。譬如关于鲁迅与尼采,《苏鲁支语录》的翻译者徐梵澄就有过很中肯的意见:"为什么西洋许多名家中,先生甚推许尼采?想来是在工作的性质上,有些方面相同。尼采是诗人、思想家、热烈的改革者。文章朴茂,虽多写短章而大气磅礴,富于阳刚之美,诗虽好而视为余事。然深邃的哲学,出之以诗的语言,是欧洲近古所罕有的……这些方面,皆与先生不异。譬之黄金则皆是精金,只有量之不同而已。"又说:"即如《野草》,其中如《过客》《影的告别》两篇,便甚与《苏鲁支语录》的作风相似。这很难说是偶然的巧合,或故意模仿;竟不妨假定是于尼采的作品,或原文或日文译本,时加玩味,欣赏,而自己的思绪触发,提笔一写,便成了

---

① 李欧梵《文学潮流(一):追求现代性》,《剑桥中华民国史》第一部第九章,上海人民出版社1991年版,第537页。

使先生和后生相印

那形式了……这只合用文学上的术语说,是受了尼采的'灵感'。"徐梵澄特别指出,尼采诸说,"皆倡之以智识的勇猛,笔下喑呜叱咤,突荡无前"。鲁迅也是一样,"有时冷嘲,似乎更深锐一点"①。

可能是因为对《野草》的探讨基本上只能在其世界的中间层进行,难以潜入黑暗的精神世界的深渊,所以对《野草》的理解和阐释,无论如何复杂,与《野草》本身比较起来,总是显得过于清晰,缺乏相应的纵深感。这不是哪一个阐释者能够克服的问题,根本上它隐约显现出这样一幅徒劳的精神图景:个人世界的黑暗深渊与公众的语言互相捕捉,这之间却总是横亘着绝望的距离。这幅图景不仅适用于《野草》和《野草》后来的阐释者,也同样适用于写作《野草》的作者本人。《墓碣文》用墓碣上残存的文句,把如此绝望的努力化为一幅"酷烈"的自画像——

……有一游魂,化为长蛇,口有毒牙。不以啮人,自啮其身,终以殒颠。……

墓碣阴面又有文句——

……抉心自食,欲知本味。创痛酷烈,本味何能知?……

……痛定之后,徐徐食之。然其心已陈旧,本味又何由知?……

……答我。否则,离开!……②

这本意,原只是画给自己看的自画像。

原载张新颖《20世纪上半期中国文学的现代意识》,生活·读书·新知三联书店 2001 年版

---

① 徐梵澄《星花旧影——对鲁迅先生的一些回忆》第十二部分,《鲁迅研究资料》第 11 辑,天津人民出版社 1983 年版。

② 《墓碣文》,《鲁迅全集》第 2 卷,第 202 页。

鲁迅研究的研究

《鲁迅全集》的一条注

章培恒

本文的准确标题,应作《关于人民文学出版社版〈鲁迅全集〉注释本的一条注》,但太长了,只得简化;虽然简化后的意思不大明确,又只得在正文中加以说明。

总的说来,人民文学出版社版《鲁迅全集》的注释质量甚高,对读者很有帮助。但为了使它更为完善,对其个别疏误之处加以补正,恐怕还是有益的。本文所要谈的是《鲁迅全集》第 3 卷《华盖集续编·马上支日记》中的一条注。现据该社 1963 年版先引正文如下:

> 什么事都不想做。不知道是胃病没有全好呢,还是缺少了睡眠时间。仍旧懒懒地翻翻废纸,又看见几条《茶香室丛钞》式的东西。已经团入字纸篓里的了,又觉得"弃之不甘",挑一点关于《水浒传》的,移录在这里罢——
>
> 宋洪迈《夷坚甲志》十四云:"绍兴二十五年,吴傅朋说除守安丰军,自番阳遣一卒往呼吏士,行至舒州境,见村民穰穰,十百相聚,因弛担观之。其人曰,吾村有妇人为虎衔去,其夫不胜愤,独携刀往探虎穴,移时不反,今谋往救他。久之,民负死妻归,云,初寻迹至穴,虎牝牡皆不在,有二子戏岩窦下,即杀之,而隐其中以俟。少顷,望牝者衔一人至,倒身入穴,不知人藏其中也。吾急持尾,断其一足。虎弃所衔人,踉跄而窜;徐出视之,果吾妻也,死矣。虎曳足行数十步,坠涧中。吾复入窦伺,牡者俄咆跃而至,亦以

尾先入,又如前法杀之。妻冤已报,无憾矣。乃邀邻里往视,舁四虎以归,分烹之。"案《水浒传》叙李逵沂岭杀四虎事,情状极相类,疑即本此等传说作之。《夷坚甲志》成于乾道初(1165),此条题云《舒民杀四虎》。

宋庄季裕《鸡肋编》[5]中云,"浙人以鸭儿为大讳。北人但知鸭羹虽甚热,亦无气。后至南方,乃始知鸭若只一雄,则虽合而无卵,须二三始有子,其以为讳者,盖为是耳,不在于无气也。"案《水浒传》叙郓哥向武大索麦稃,"武大道:'我屋里又不养鹅鸭,那里有这麦稃?'郓哥道:'你说没麦稃,怎地栈得肥胮胮地,便颠倒提起你来也不妨,煮你在锅里也没气?'武大道:'含鸟猢狲!倒骂得我好。我的老婆又不偷汉子,我如何是鸭?'……"鸭必多雄始孕,盖宋时浙中俗说,今已不知。然由此可知《水浒传》确为旧本,其著者则浙人;虽庄季裕,亦仅知鸭羹无气而已。《鸡肋编》有绍兴三年(1133)序,去今已将八百年。

元陈泰《所安遗集》《江南曲序》云:"余童丱时,闻长老言宋江事,未究其详。至治癸亥秋九月十六日,过梁山泊,舟遥见一峰,嵲嶪雄跨,问之篙师,曰,此安山也,昔宋江事处,绝湖为池,阔九十里,皆蕖荷菱芡,相传以为宋妻所植。宋之为人,勇悍狂侠,其党如宋者三十六人。至今山下有分赃台,置石座三十六所,俗所谓'去时三十六,归时十八双',意者其自誓之辞也。始予过此,荷花弥望,今无复存者,惟残香相送耳。因记王荆公诗云:'三十六陂春水,白头想见江南。'味其词,作《江南曲》以叙游历,且以慰宋妻种荷之意云(原注:曲因蠹损无存)。"案宋江有妻在梁山泺中,且植芰荷,仅见于此;而谓江勇悍狂侠,亦与今所传性格绝殊,知《水浒》故事,宋元来异说多矣。泰字志同,号所安,茶陵人,延祐甲寅(1314),以《天马赋》中省试第十二名,会试赐乙卯科张起岩榜进士第,由翰林庶吉士改授龙南令,卒官。至曾孙朴,始集其遗文为一卷。成化丁未,来孙铨等又并补遗重刊之。《江南曲》即在补遗中,而失其诗。近《涵芬楼秘笈》第十集收金侃手写本,则并序失之矣。"舟遥见一峰"及"昔宋江事处"二句,当有脱误,未见别本,

《鲁迅全集》的一条注

无以正之。

在以上一段文字中,共有四条注。其注 4、5、6 分别注释"洪迈《夷坚甲志》"、"庄季裕《鸡肋编》"和"《涵芬楼秘笈》",均不涉及对鲁迅原文理解的原则性问题,所注也简明确切。重要的是注 3。鲁迅的原文是"又看见几条《茶香室丛钞》式的东西",而此注却只注了《茶香室丛钞》,现引其注文如下:

> 《茶香室丛钞》,清朝俞樾所著笔记,共 4 集,凡 106 卷。俞樾(1821—1906),字荫甫,号曲园,浙江德清人。

孤立地来看,这里对《茶香室丛钞》及其作者所作的注一点都不错。但《茶香室丛钞》是一部颇有学术价值的著作,鲁迅自己的《中国小说史略》和《小说旧闻钞》就不止一次地引用过。所以,读者在读了此注后一定会认为鲁迅在此处引这"几条""东西"是觉得其在学术研究上有参考价值,因而特为推荐;虽然细心的读者也许会对他何以曾把它们"团入字纸篓里"而感到诧异。其实,鲁迅在这里称之为"《茶香室丛钞》式的东西",是说这几条中引用古书存在标点错误,并对它们提出批评。而《鲁迅全集》这条孤立来看并不错的注,则对读者起了误导作用。

在鲁迅这段文字中,必须注意的是"仍旧懒懒地翻翻废纸"的"仍旧"和"又看见几条《茶香室丛钞》式的东西"的"又"。这说明鲁迅以前曾"懒懒地翻翻废纸",并看到过几条与这次看见的相类似的东西,所以有"仍然"和"又看见"这样的话头。那么,以前的这种事情发生在何时呢?上引《马上支日记》的这一段文字标明为"六月二十九日",而在同书《马上日记》的同年"六月二十五日"的日记中有如下记载:

> 虽然连吃药也那么蹭蹬,病却也居然好起来了。……但也不想用功,只是清理抽屉。翻翻废纸,其中有一束纸条,是前几年钞写的;这很使我觉得自己也日懒一日了,现在早不想做这类事。那里大概是想要做一篇攻击近时印书,胡乱标点之谬的文章的,废纸中就钞有很奇妙的例子。要塞进字纸篓里时,觉得有几条总还是爱不忍释,现在钞几条在这里,马上印出,

以便有目共赏罢。其余的便作为换取火柴之助……

接着,鲁迅引了四条"胡乱标点"的文字,第一、二条均出于"上海进步书局石印本《茶香室丛钞》",第三条出于"上海士林精舍石印本《书影》",第四条见于"上海亚东图书馆排印本《水浒续集两种序》"。顺便在这里说一下,《鲁迅全集》注释本对《马上日记》中这段文字的注释很好,准确地说明了这些被"胡乱标点"的文字应该怎样点才对。

现在我们把《马上日记》的上引文字与《马上支日记》的那一段对照一下看:《马上日记》说"不想用功""翻翻废纸",《马上支日记》说"仍然懒懒地翻翻废纸";《马上日记》说,在"废纸"中有"胡乱标点"的"很奇妙的例子",而且被作为"例子"的四条中有两条出于"上海进步书局石印本《茶香室丛钞》",《马上支日记》则说在"翻翻废纸"时"又看见几条《茶香室丛钞》式的东西";《马上日记》说"要(把它们)塞进字纸篓里时,觉得有几条总还是爱不忍释",《马上支日记》则说"已经团入字纸篓里的了,又觉得'弃之不甘'"。前后的联系,极为分明。所以,《马上支日记》的所谓"又看见几条《茶香室丛钞》式的东西",乃是指又看见了几条"上海进步书局石印本《茶香室丛钞》"式的东西,也即"胡乱标点"的例子。换言之,《鲁迅全集》注释本在注《马上支日记》的"《茶香室丛钞》式的东西"时,是应把这一点交代清楚的。这样,读者在读《马上支日记》的这一段时,才会明白鲁迅之引那些文字是为了批评其"胡乱标点"。

当然,在这里还有一个问题:在《马上支日记》所引的那些文字中,是否存在"胡乱标点"之处呢?现先引一个明显的例子,那就是《江南曲序》的"至治癸亥秋九月十六日,过梁山泊,舟遥见一峰";这是标点者自己也觉得不通的,所以说"'舟遥见一峰'……当有脱误"。按,这里其实没有脱误,唯原文标点应作"……过梁山。泊舟,遥见一峰,蝶嶫雄跨,问之篙师……"因梁山本在梁山泊中,若乘舟在梁山泊中行,自要经过梁山。所以,点作"过梁山"应是没有问题的。梁山泊在北宋时已有八百里,后虽逐渐缩小,但在明初尚有百里,陈泰的时代梁山泊当在百里以上,则于经过梁山后而泊舟休息,也在情理之中。泊舟后,陈泰与篙师闲话而言及宋江事,更没有什么不对头之处。标点者大概因对"梁山泊"这一名称印象极深,看到此段文字时很自然地点作了"过梁山泊",而在发现"舟遥见一峰"不可通时,不去反思自己的标点是否有误,却武断地说"当有脱误",这样的做法显然是不妥当的。

由这一条既知鲁迅所引此段文字中确有"胡乱标点"之处,我在上面所作的推论就有了事实依据,因而对鲁迅何以引另两条的原因也就更为清楚。其第二条当标点作:"浙人以鸭儿为大讳,北人但知鸭羹虽甚热亦无气。后至南方,乃始知鸭若只一雄,则虽合而无卵,须二三始有子。其以为讳者,盖为是耳,不在于无气也。"其与原来的标点的最大差别,在于原来的标点于"始有子"下用逗号,此用句号。至于原来那种标点法的弊病,只要看一看标点者对《鸡肋编》中此段文字的说明就可以知道。他在读了此段文字后,竟说"鸭必多雄始孕,盖宋时浙中俗说"。但庄季裕明明说是"后至南方,乃始知""鸭必多雄始孕",则此自必是南方"俗说"。"南方"的范围远远比"浙中"广大,标点者本不应擅自将其缩小为"浙中",并由此而推导出《水浒传》"著者则浙人"的结论;其所以有此错误,盖起于在"始有子"下用逗号。因这样一来,"其以为讳者"等语都成了"乃始知"的宾语,而"鸭……须二三始有子"则成了"盖为是耳"的"是"的具体内容。为了强调此类具体内容,汉语在表达上本可将它提前叙述,例如"死亡终究不可避免,人的悲哀就在于此"之类。所以,在"始有子"下用了逗号以后,标点者就把《鸡肋编》的那段文字理解为"后至南方,乃始知""其以为讳者,盖为""鸭……须二三始有子";而此处的"其"又显然代指"浙人"。说得更明白些,那段文字就成了"后至南方,乃始知浙人以鸭儿为大讳者,盖为鸭必多雄始孕耳"的意思。在这样的表述中,庄季裕到了南方"乃始知鸭必多雄始孕"的事实看不到了;它成了仅仅是庄季裕到了南方后所知道的"浙人以鸭儿为大讳"的原因,于是标点者也就可以说"鸭必多雄始孕"为"浙中俗说"了。然而,庄季裕所要表达的若真是这样的意思,他尽可以用"后至南方,乃始知其以为讳者,盖为……"的方式,何必用我们所见的这种易于引起歧义的方式(因为这种表达方式必然使人产生他到南方后知道了"鸭必多雄始孕"之事的强烈印象)？况且"鸭必多雄始孕"这一点也不必特别强调而提前叙述。所以，标点者的这种标点法实在是有问题的。

其第一条的错误，当在于"吾复入窦伺，牡者俄咆跃而至"；"牡者"应属上读。"俄"表时间的短促，相当于现在所说的"一会儿"；因而有个从什么时候算起的问题。若点作"牡者俄……"，那么，是在"牡者"作了什么事情后的"一会儿"呢？若将"牡者"属上读，那就是杀虎者"入窦伺牡者"后的"一会儿"，意思显豁。当然，若点作"吾复入窦伺牡者"，首先要解决的一个问题是：杀虎者是否知道还有一匹雄虎？从上文的叙述——"虎牝牡皆不在，有二子戏岩窦下"——来看，他是知道（当由推测而知）的。同时，以"牡者"属上读后，"俄咆跃而至"句就没有了主语；但这种主语省略的句子在文言文中是常见的。

综上所述，鲁迅所引的这三条中确都存在标点的错误，再联系其在《马上日记》中的有关文字，则其在《马上支日记》中引用这三条，原意当在指出其中的标点问题。《鲁迅全集》注释本于《马上支日记》的这一大段，只注"《茶香室丛钞》"，而不注"《茶香室丛钞》式的东西"，恐是不妥当的。此外，鲁迅引用这几条，是否尚有附带指出标点者所作推断的前后矛盾的意思在内，也值得研究。例如，《水浒》写李逵杀四虎事，既可"本此等传说（指《夷坚志》所引传说。——引者)作之"，则写郓哥之以"鸭儿"骂武大老婆"偷汉子"，又说"煮你在锅里也没气"，又何尝不可是本《鸡肋编》一类记载而作，何能由此而推导出《水浒传》确为旧本，其著者则浙人"的结论？——倘无此类附带意思，鲁迅似不必引得这么长。

原载复旦大学国际文化交流学院汉语研究所编《汉学论丛》第 2 辑，1998 年

"历史文本"是这样构造出来的

——《鲁迅全集》注释献疑

张业松

一

1981年版《鲁迅全集》第3卷《华盖集·题记》,在"也有人劝我不要做这样的短评。那好意,我是很感激的,而且也并非不知道创作之可贵。然而要做这样的东西的时候,恐怕也还要做这样的东西,我以为如果艺术之宫里有这么麻烦的禁令,倒不如不进去;还是站在沙漠上,看看飞沙走石,乐则大笑,悲则大叫,愤则大骂,即使被沙砾打得遍身粗糙,头破血流,而时时抚摩自己的凝血,觉得若有花纹,也未必不及跟着中国的文士们去陪莎士比亚吃黄油面包之有趣"这一段著名的话中,对"文士们"加了一个注。其中说:"文士们指陈西滢、徐志摩等人。他们都曾留学英国,自以为深通英国文学,研究过莎士比亚,并常常以此自炫。如徐志摩在一九二五年十月二十六日《晨报副刊》发表的《汉姆雷德与留学生》一文中说:'我们是去过大英国,莎士比亚是英国人,他写英文的,我们懂英文的,在学堂里研究过他的戏……英国留学生难得高兴时讲他的莎士比亚,多体面多够根儿的事情,你们没到过外国看不完全原文的当然不配插嘴,你们就配扁着耳朵悉心的听。……没有我们是不成的,信不信?'陈西滢在同月21日《晨报副刊》发表的《听琴》一文中也说'不爱莎士比亚你就是傻子'。"

同样的引据,还出现在第 2 卷《故事新编·理水》的注释中。在该文第三部分禹回京都之后与水利局的大员们会商理水之法的场面中,一位大员说,"学者们"以为华夏人口太多了,借洪水泛滥"减少一些倒也是致太平之道。况且那些不过是愚民,那喜怒哀乐,也绝没有智者所玩想的那么精微的。知人论事,第一要凭主观。例如莎士比亚……"这里的"莎士比亚"之下,也有一个注。其中说道:"现代评论派陈西滢、徐志摩等经常标榜只有他们懂得莎士比亚,如陈西滢在 1925 年 10 月 21 日《晨报副刊》发表的《听琴》中说:'不爱莎士比亚你就是傻子。'徐志摩在同月 26 日《晨报副刊》发表的《汉姆雷德与留学生》中说,'去过大英国'的留学生才能'讲他的莎士比亚',别人'不配插嘴'。稍后的'第三种人'杜衡在 1934 年 6 月《文艺风景》创刊号发表《莎剧凯撒传里所表现的群众》一文,也借评莎士比亚来诬蔑人民群众'没有理性','没有明确的利害观念',等等。本篇中这个大员从'愚民'忽然拉扯到莎士比亚,是作者对陈、杜这类人的讽刺。"

二

这样的注释,为鲁迅的旁敲侧击提供一个言论背景,使读者注意到,在"即于现实也针对现实"的杂文中鲁迅固然是有感而发,而小说这样的虚构文学作品也并非完全脱离作者的现实处境一味凌空蹈虚。这样的阅读提示,对于理解鲁迅当然是有帮助的。《鲁迅全集》的编纂作为"国家工程",集举国"鲁研"领域的专门家之力,集腋成裘,在这类细节上体现出对鲁迅著述的微言大义的深入把握,正是题中应有之义。

但也正因为所阐发的是"微言大义",直接引导着读者对鲁迅的言论方式、隐含语义、针对对象,乃至精神格局的理解和想象,这类注释的准确性也就显得尤为重要。一旦有所偏失,其所造成的损害往往就是灾难性的。我曾读过一篇论文,讨论的是同版《鲁迅全集》第 1 卷《坟·论"费厄泼赖"应该缓行》对"林语堂"的注释,开宗明义说:"这条注释给读者留下三点印象:一、林语堂是'费厄泼赖'的倡导者;二、鲁迅写作此文是专门批判林语堂的;三、二三十年代林语堂始终站在进步文学的对立面,事实果真如此吗?"(杜运通:《林语堂代人受过——从鲁迅〈论"费厄泼赖"应该缓行〉的一条注释谈起》,《山西大学学报》1996年第1期)这个问题问得好。记得当年在中学语文课堂上学到鲁迅的这篇著名的文章时,我所得到的"印象"就和这里总结的"三点"相去不远,以致后来进入大学中文系专门学习了中国现代文学,仍长期不能正视"林语堂",或明或暗地以"鲁迅骂过的人,何足道哉"的眼光去看他。其实鲁迅这篇文章又何尝是要针对林语堂?"费厄泼赖"之说出自周作人的《答伏园论"语丝的文体"》,林氏只不过一度附和,并且在附和的同时勇猛地跟随鲁迅扮演着对"正人君子者流""揭竿作乱"的"土匪傻子"的角色。鲁迅对此心知肚明(这方面杜先生的文章做出了清晰的梳理),而所以还要以林氏的附和文为由头《论"费厄泼赖"应该缓行》,乃是因为别有隐情:其时他已与周作人"兄弟失和",相互严守着类似小孩子赌气的立场,别着劲"不和对方说话",忍不住有话要说了,只好找个别的由头说开去。其实鲁迅的字里行间,无不是冲着周作人而去的。"打落水狗"、"打死老虎"等在鲁迅文章中反复提起的关键词汇,在林语堂的被拿来顶缸的文章《插论语丝的文体——稳健、骂人、及费厄泼赖》里根本就没有出现过,而是出自周作人中论"费厄泼赖"之说的《失题》一文。

在这个例子中,一条注释在两个向度上影响了我们对鲁迅的阅读。其一是杜运通先生所论述的"林语堂代人受过",而且因为我们长期习惯于将鲁迅与他人的争论一概视为"两个阶级""两条路线"的斗争,这个"过"一"代"就是几十年,至今仍然影响着我们对林氏的观感和对这场笔墨官司的解读。其实要说到"过",林语堂、周作人在这场笔墨官司中即算有之,充其量也只能放在"进步阵营的内部争论"的范畴内来讨论,事实上"拨乱反正"之后的学术讨论在这一点上也已经不存异议,但习惯性的意识形态化解读思路一经"国家工程"的文献注释固化,并广泛地主导着"国家阅读"时,每一位鲁迅读者的"印象"层面的真正意义上的"拨乱反正"又谈何容易。所以,注释虽小,所关实巨。其二则是导致了对"失和"之后的周氏兄弟之间的交往方式的失察。在这个问题上,记得有人曾经用很大的篇幅做过专门论述,也给我们提供了一些不可多得的认识,但我把这些论述重翻一过,却没有见到对"费厄泼赖"官司的涉及。我想这样的疏失,在《鲁迅全集》似乎被视为鲁迅研究中理所当然的"第一手材料"的情形下,责任恐怕不应当由研究者来承担,而只能归咎于《鲁迅全集》的注释失当吧。

三

回头再说前面引用的两条关于"莎士比亚"的注释。这两条注释所涉及的,是比《语丝》派内部关于'费厄泼赖'的争论"更复杂的问题,即所谓"鲁迅与现代评论派的冲突"。近年随着对胡适、"自由主义知识分子"和"古史辨派"的重新评价,如何认识鲁迅与"现代评论派"的冲突,渐渐成为"鲁研界"的焦点问题的趋向。重新爬梳这一公案的来龙去脉的相关文献之多,简直到了令人眼花缭乱的地步。其中最令人关注的,大概要数由此发端的鲁迅与顾颉刚的冲突。在我看来,鲁、顾冲突在"事实"层面的是非曲直,经章培恒(《灾枣集·序》,山东友谊出版社1998)、项义华(《人之子——鲁迅传·第十五章》,浙江人民出版社2003)等的梳理,已经比较清楚;而在"学理"层面的认识,按历史学家的阐释,"鲁迅与所谓现代评论派的冲突……跳出具体的个人恩怨,此事蕴藏着那一时期中国政治与学术重新分化组合的征兆",而顾颉刚有份参与创立的"新史学也的确开辟了一代风气。然而,由此而来的学术研究日益走向窄而偏的趋向,导致中国学术整体上陷入舍己从人的狭境,其流弊贻害匪浅",所以,立足于今天的视野"深刻反省"中国现代学术发展史上"胡适派与太炎派的异同消长",确也非同小可。(桑兵:《厦门大学国学院风波——鲁迅与现代评论派冲突的余波》,《近代史研究》2000年第5期)

桑兵先生的研究提醒我们,"读鲁迅"和"注鲁迅"远不止是"文学界"的事情,而是深深关系着对"现代中国"的历史文脉的解读。除了他所指出的"学术史"层面的问题之外,"鲁迅与所谓现代评论派的冲突"所以广受关注,更根本的问题还在于"鲁迅思路"与"胡适思路"的历史歧异在我们的时代有没有可能得到弥合。这个问题关系太广,既超出这篇小文的论题范围,也可能不是我有能力做出解答的。但我想,要想解答这样的问题,一个最基本的前提,应该是做到不要曲解历史文献,不管这种曲解是有意识的还是无意识的,也不管是"大"的还是"小"的。无论从哪个角度看,"《鲁迅全集》的一条注"都是小到不能再小的事情,但如果在这样的事情上都做不到准确适当,别的事情又何从谈起呢?

四

早就从媒体得知,新版《鲁迅全集》即将出版。带着一种期待的心情,我写作这篇小文,最想知道的就是:文章开头所引用的两条旧版中的注,新版改掉了吗?

为什么要改?理由很简单,这两条注释中对徐志摩《汉姆雷德与留学生》一文的引用根本是断章取义。我相信,只要找出徐志摩的这篇文章,任何具备起码的阅读能力的人都会看出,出现在《鲁迅全集》注释引文中的那些话,徐氏是带着一种"反省"的态度说出来的,意在告诫像他自己这样的"留学生"身份的文化人不要自炫"高明新派",不要落入"新儒林外史式的势利"的"危险"中去,因为"报仇的神永远在你的背后跟着,随你跑得多快"。

鲁迅并没有直接指证或引用过徐志摩的这篇文章,上举文例中提及"莎士比亚"的地方,是否真与徐氏的言论有关,顶多也只能说是在疑似之间。那么《鲁迅全集》的注释又何以会如此深文周纳地挖掘"潜台词"呢?考徐志摩在"鲁迅与所谓现代评论派的冲突"公案中,因负责《晨报副刊》版面的编辑组织工作,一度显得很活跃,他在编前、编后语中的言论立场也明显偏向于当时与鲁迅发生尖锐冲突的主要对手陈西滢,并曾因这些言论引发了鲁迅的《有趣的消息》《不是信》《我还不能"带住"》等多篇直接针对他的驳斥,使他看起来像是这场冲突中的主要成员之一。但实际上,他在冲突中所起到的作用并不像《鲁迅全集》的注释所诠释的那样大,因为他的言论和立场几乎都不构成冲突的原发性因素,而充其量只是像林语堂站在鲁迅方面那样,起到一方的协力作用。基于旧有的"两个阶级""两条路线""斗争"的意识形态化解读,鲁迅在他所参与的所有论战中,都被作为"先进阶级""正确路线"的唯一代表突出出来,他的对立面也都一概被描绘为群体化的存在,由此,才有诸如"鲁迅与现代评论派"之类的名目被构造出来,徐志摩作为一"派"中的一员,也就必须承载壮大该"派"的队伍和声势的义务了。

"历史"和对"历史文本"的注释,就是这样被构造出来的吗?考虑到周作人、林语堂等人在"女师大风潮"中与鲁迅的协同,这桩"鲁迅与所谓现代评论派的冲突"的公案为什么不能命名为"《语丝》派与《现代评论》派的冲突"?考虑到徐志摩通过《晨报副刊》对这笔糊涂账的搅和,更恰当的命名似乎又应该是"《语丝》派与'《现代评论》和《晨报副刊》派'的冲突"?行文至此,我不禁有些悲哀,为我们的历史和历史解读;同时又有些怃然,为一条注释竟然牵连到这么巨大的疑窦。

2004 年 11 月 7 日

原载《文汇报》"学林"版,2004 年 11 月 28 日

鲁迅研究中一种政治表达的完成
——冯雪峰的《回忆鲁迅》与鲁迅研究

周双全

一

在左翼作家中,和鲁迅交往最多、感情最深的几个人中,柔石和瞿秋白先后牺牲,只有冯雪峰相伴最为持久。因此,解读冯雪峰1952年出版的《回忆鲁迅》,不仅是考察鲁迅和冯雪峰交往的过程,更可以看到鲁迅研究中一种表达方式的形成。

尽管李欧梵在谈论鲁迅的晚年生活时,也主要以冯雪峰的《回忆鲁迅》为主要文本,但在他的著作中却提醒读者:"冯在1952年以后的有关文字不大可信。"[1]在我看来,与其说这是李欧梵对冯雪峰的鲁迅研究的偏见,不如说李欧梵以独特的角度暗示我们解读《回忆鲁迅》时,需要注重政治因素和时代机缘的制约。换句话说,把四个不同时间段中,冯雪峰有关回忆鲁迅的文字串起来一起看更能说明问题。这里不同时间段的划分坐标和现当代的政治坐标相一致:第一个时间段是1949年前,冯雪峰在上海《文汇报》笔会副刊上的题为《鲁迅回忆录》的26节文字,发表时间为1946年10月18日到12月7日。第二个时间段

---

[1] 李欧梵《铁屋中的呐喊》,岳麓书社1999年版。

为1951年8月1日到1952年劳动节,在北京《新观察》半月刊上连载发表的《回忆鲁迅》。这两个部分的回忆文字,到1952年8月,以人民文学出版社出版《回忆鲁迅》的形式正式出现。第三个时间段的文字主要是冯雪峰作为右派分子之后的反省材料与检查。第四个时间段是新时期以后,冯夏熊发表的有关其父冯雪峰和鲁迅与左联的一些文字。这四个时间段中的文字,第三个时间段的文字公开发表的不多,但也最能看出冯雪峰鲁迅研究中政治因素的决定作用。

二

题为《鲁迅回忆录》的26节文字,从鲁迅逝世10周年的纪念日开始发表,主要回忆了1929年的鲁迅。文字的内容因为谈到了冯雪峰对鲁迅的个人印象,也因为谈到了杂文体裁对鲁迅写作的意义,而显得相对比较平实。这部分回忆录在《文汇报》登载的时候,曾有编者柯灵的按语:"以后续稿,在整理中,暂停数天,即当继续刊登,请读者注意。"(文中没有特别标出的引文部分,均参见人民文学出版社1981年7月出版的《回忆鲁迅》)然而因内战再度爆发,1947年5月《文汇报》被禁,冯雪峰续刊的文字一直未见。到新中国成立以后,冯雪峰的《回忆鲁迅》才在《新观察》半月刊上发表。从内容上看,增加了对1936年的鲁迅先生的回忆。以上两次连载的文字,构成了1952年8月人民文学出版社出版《回忆鲁迅》的基本内容。

阅读冯雪峰的这本回忆录,不大容易看到萧红式鲁迅回忆的生活场景描写,倒更多看到冯雪峰对鲁迅的思想分析和评说。侧重叙述一些富有政治意义的事件,又花较多篇幅记叙了鲁迅思想感情及其发展变化的直接材料。应该说,在左翼代表性作家的回忆录中,冯雪峰的表达还是显示出个人视角。如1925年至1927年,冯雪峰在北京听鲁迅讲课,鲁迅留给冯雪峰的印象是"确实非常热情,然而又确实有些所谓冷得可怕"。这种更能说明回忆鲁迅的个人视角,也影响到作者对鲁迅散文集《野草》里的理解,《影的告别》中关于"预约给人们"的"黄金世界",冯雪峰记载了鲁迅对自己作品的辩解,也从左翼作家的角度指出,鲁迅的"这些话""并没有经过深思"。又如在说明鲁迅作品描写对象的时候,回忆录提到鲁迅认为"要暴露社会,材料其实是俯仰即得的,只要每天看报"。这对我们理解鲁迅后期杂文创作提供了一些背景。

特别是左联成立以前,冯雪峰的姿态是以学生求教文学前辈的面貌出现的。如20年代末,围绕《革命与知识阶级》一文的纠葛,冯雪峰解释自己把鲁迅先生认定为所谓"同路人",是受到前苏联机械论者的影响。在直接接触鲁迅先生时,最初的目的就是想请鲁迅参与俄苏文论的编辑工作。

但在大的框架上,冯雪峰已经形成了明确的政治表达方式。对鲁迅作品的研读,已经不仅是文学范围的讨论,在《鲁迅回忆录》里更被上升到思想境界的高度,《野草》中所表达的对虚无和绝望的反抗被描述成鲁迅思想"个人主义本身的矛盾"。甚至在1929年,"从对于革命的关系来说,他总还是留在小资产阶级的左翼的地位上"。因此,这个回忆录的基调就是努力描述鲁迅先生由个人主义向共产主义战士角色的转化。冯雪峰一方面有意识地记载了鲁迅晚年直接的言论,另一方面花了相当多的笔墨去谈自己对鲁迅作品的阅读经验和体会。

在回忆的文字中,冯雪峰仔细分析了"杂文"文体对于鲁迅战斗精神的重要意义,认为从消极层面说,是鲁迅作品稍嫌单薄的补充,从积极层面说,"不仅以为杂文是社会和思想斗争的最灵活和最锋利的武器,所以为他所取用,并且还以为这也由于它更适合于鲁迅先生的战斗的性格和他的思想要求的缘故"。"杂文就不仅更适合于他的思想的表现,并且也更适合于他的思想的方法和他的不停地在思想着的那种状况。"在这里,我们看到冯雪峰的回忆重点在于建立鲁迅精神世界中的政治因素。因此,在叙述鲁迅先生和左联的关系时,冯雪峰突出了鲁迅先生思想中更加标志发展进步的表现。鲁迅的"思想和力量"和"战斗性格"也是继续发展和巩固的。"批判与反对个人主义思想,是他后期的新的主题。""在左联成立初期,鲁迅先生的精神的最显著的表现之一,就是他对于自

使先生和后生相印

己斩断了和旧的阶级与旧的思想的葛藤这件事情,是感到无上快乐的。"甚至1932年,鲁迅被陈赓和朱镜我等人说动,准备写关于红军长征的中篇小说。

就冯雪峰《回忆鲁迅》的内容而言,其鲜明的特色首先是凸显的马列主义理论色彩,这不仅是指回忆录中的内容大量影射左翼文学的活动,更是把鲁迅思想和政治因素联系在了一起。其次是冯雪峰注意透过鲁迅的日常谈吐来解剖鲁迅的精神世界。严格地说,《回忆鲁迅》与其是个人的回忆,不如说是谈他对鲁迅的理解和认识。冯雪峰的《回忆鲁迅》和1960年5月许广平的《鲁迅回忆录》,构成了特殊政治氛围中,以回忆录形式研究和叙述鲁迅的重要文本。

三

新中国成立以后,中央人民政府出版总署规定,出版总署代表鲁迅家属向各私营书店收回鲁迅著作的版权,禁止随便翻印和编选。而冯雪峰1950年则担任了上海市文联副主席。1951年调北京,先后任人民文学出版社社长兼总编、《文艺报》主编、中国作协副主席、党组书记等职务。在主管文化部门的同时,冯雪峰担任了整理出版鲁迅著作的领导工作,1950年11月至1952年7月担任鲁迅著作编刊社(上海)社长兼总编辑,此后又担任人民文学出版社(北京)鲁迅著作编辑室的负责人。解放后的一段时间,有关鲁迅作品的编辑和出版几乎都是在冯雪峰的主持下完成的,1951年就出版了新中国成立以后的第一部鲁迅著作——24本的《鲁迅日记》影印本。在冯雪峰的回忆鲁迅的文字中,更加有意识地注重政治表达也就不足为怪了。

1952年8月出版的《回忆鲁迅》在1956年末,作了不少修改,于1957年6月重排(横排版)出版。例如1952年初版本中,作者对自己20年代后期的鲁迅印象直接下断语说过的"我以前所得到的关于鲁迅先生的印象是不正确的"被删除。作者零星记得的鲁迅的一些言论,被看做"他的自我思想斗争"的标本而继续保留下来。冯雪峰在《人民文学》创刊号发表《鲁迅创作的独立特色和他受俄罗斯文学的影响》,认为"从思想上说,鲁迅是中国最早的一个彻底的资产阶级民主革命者",鲁迅具有"不合时宜的资产阶级的个性解放的思想",有意识地把鲁迅和高尔基进行了一些比较。在鲁迅回忆录中附录的文字。原载1951年《文艺报》第4卷第5期的文章《党给鲁迅以力量》也以回忆的形式说明:"在这最后十年,鲁迅先生也就非常信任地接受我们党对他的领导,承认我们党是他应该和愿意服从的惟一的领导者。"更加直露地强化了鲁迅和政治的关系,并且生动地描写了鲁迅先生"默默长久的微笑"和谈及领袖人物时表现出来的神往,在鲁迅先生的天才和接近领袖之间的因果关系直接画上了等号。

然而,新中国成立后不久,冯雪峰在政治上就开始遭受打击。尽管他在鲁迅研究中继续强化着鲁迅和政治的联系,但他还是因为文艺研究中的方向问题而遭到批判。早在20世纪40年代末,他的寓言就被政治领袖评为"有些教条"①。20世纪30年代左翼文坛曾经出现的两大阵营在建国初文坛权力分配过程中,因为权力分配格局的全面调整而更加激化。冯雪峰、胡风所代表的作家比较显现个人的倾向,而另一些作家更直接受到政治的影响。鲁迅晚年和他们的亲疏各不相同,甚至部分作家在20世纪30年代并未获得鲁迅的好感,可在政治风云面前,作家们的结局却不仅仅是他们的文学研究所能决定的。

四

在1980年第一期《新文学史料》的《左联成立五十周年纪念特辑》里,冯夏熊根据冯雪峰已经发表的文字和"一部分没有发表过的手稿",再次整理了冯雪峰和鲁迅左联时期的关系。在《回忆鲁迅》接近末尾的部分,冯雪峰曾透露了修改鲁迅稿件的事实。在鲁迅临终前写的《死》一文中类似遗嘱的七条内容中,冯雪峰建议鲁迅在第一条的末尾加上"但老朋友的,不在此例",在第五条的"文学

---

① 丁玲《四十年前的生活片断》,《新文学史料》1993年第2期。

家或美术家"前面加上了"空头"两字,使得七条内容看起来更能表示明确的态度。有这样的一个冯雪峰叙述的事实,那么围绕他先后三次整理了鲁迅的文章的论争,恐怕也就不是空穴来风了。而这,最能说明冯雪峰和鲁迅研究的关系。

围绕整理鲁迅文章的争论,我们现在终于可以比较客观地谈论了。首先是鲁迅在左联成立大会上的讲话。在《回忆鲁迅》中对于具体情况的介绍语焉不详,甚至没有提及,"后来在《萌芽》月刊上发表的,是我(冯雪峰)过了三四天后根据记忆记出经鲁迅看过的。其中有些话在大会上未讲过,但平日与我谈话时说过,我也就记进去,也经鲁迅同意的"①。而且编进《萌芽》月刊时是"随便写上了一个记录人的名字"。在关于"第三种人"论争时,署名"洛扬"的文章《并非浪费的论争》1933年元旦发表在《现代》月刊的第2卷第3期,是"与瞿秋白商量后由瞿秋白代我起草的,当时我另外有任务,来不及写"②。而在唐弢的回忆文章里,还是坚持此文是冯雪峰写的。鲁迅文章《论第三种人》的结尾则因冯雪峰增加了"怎么办呢"几个字,使得杂文的语气由尖锐斗争变成了缓和意味的商榷。在施蛰存的回忆里,描述了1928年左右,冯雪峰和杜衡、戴望舒等人一起办文学工场时的交往和友谊,把冯雪峰看做重情义的人,也是自己"最后一个老朋友"。

再就是围绕鲁迅那封著名的公开信《答徐懋庸并关于抗日统一战线问题》的论争。"有人说他在《鲁迅全集》里加进了他自己的东西,派性的东西……"③冯雪峰为此作了详细的补充说明,如何向鲁迅要了徐懋庸的信件,用三天的时间完成了草稿,并获得鲁迅的基本肯定,在誊抄件上继续作了修改。④根据他的年谱上记载的是"8月2日为鲁迅起草《答徐懋庸并关于抗日统一战线问题》。此文经鲁迅修改、补充后发表"。

---

①② 冯夏熊整理《冯雪峰谈左联》,《新文学史料》1980年第1期。
③ 胡愈之《我所知道的冯雪峰》,《回忆雪峰》,中国文史出版社1986年版。
④ 冯雪峰《有关1936年周扬等人的行动以及鲁迅提出"民族革命战争的大众文学"的口号》,《新文学史料》第2期。

鲁迅研究中一种政治表达的完成

论者往往注意到左联时期"两个口号"的论争造成了鲁迅周围左翼作家关系的紧张,却不大愿意提及整个论争和新中国成立后的社会政治背景,那就是冯雪峰的《回忆鲁迅》只能是政治表达的结果。但政治化了的鲁迅研究是不可能固定在基本的几个评价上的,随着政治风云的变化,围绕鲁迅作品解释的话语权,左翼作家依然延续了过去的纠葛。虽然冯雪峰直接被指责的并不是他的鲁迅研究,但冯雪峰离开了《鲁迅全集》的整理出版工作,实际上是宣布了他对鲁迅作品的政治言说只能作为历史材料被保存下来。这和周作人的《鲁迅的青年时代》、郁达夫的《回忆鲁迅》以及萧红《回忆鲁迅先生》的回忆文字有着极大的不同。

编　后　记

本书编讫，有点感想，记在这里。

复旦中文学科建立至今，将近百年，专业林立，方向众多，一派繁荣景象，诚然可喜。但"有一利必有一弊"，某些"专业"彼此隔膜，大有老死不相往来之势，对奢谈"学术共同体"的学者来说，似乎并非吉兆。这自然不是特殊现象，所谓举国一体，全球无异也，但表现在同一学术单位，还是格外触目。

然而本论文集不属此例。作者皆为复旦师生，或曾经为"生"，转眼成"师"，算起来，有陈子展、刘大杰、赵景深一代，蒋孔阳、王运熙一代，丁锡根、陈鸣树、潘旭澜、章培恒一代，吴中杰、吴立昌、邓逸群、唐金海、朱文华一代，陈思和、王安忆、李振声一代，谈蓓芳、郜元宝、张新颖、张业松一代，周双全、杨新宇、金理一代。六代学人的治学范围涵盖中国古代文学、语言学、文艺学、比较文学、现当代文学、文学写作各学科，后先相续，绵绵不绝，均汇聚"鲁迅研究"旗下，而无论问题意识，研究方法，还是作者的学术训练，皆不拘学科分野，"跨学科"性质很明显，而攻其一点，不及其余，所谓专门"吃鲁迅饭"的，亦未之有也。

如果说，复旦师生"鲁迅研究"最大的特点就在于此，那就不能不给人一种启迪。中文系今后不管怎样发展，谋求在一些共同感兴趣的话题上展开对话，并非不可能。但共同感兴趣的话题不是随便可以确定的，必须得到大家承认，引起大家浓厚的兴趣，足以凝聚整个中国语言文学各专业方向的研究力量。

可惜,至少目前,像"鲁迅研究"这样的话题还不是太多,而是太少,太少了。何以至此?后果会怎样?这些都很值得思考。

编选者

2017年10月